民事诉讼法与民法典的协调对接

COORDINATION AND CONNECTION BETWEEN
CIVIL PROCEDURE LAW AND CIVIL CODE

马　强◎主编

法律出版社 LAW PRESS · CHINA
北京

图书在版编目(CIP)数据

民事诉讼法与民法典的协调对接 / 马强主编. -- 北京：法律出版社，2023
ISBN 978-7-5197-8041-8

Ⅰ. ①民… Ⅱ. ①马… Ⅲ. ①民事诉讼法-关系-民法-法典-研究-中国 Ⅳ. ①D925.104

中国国家版本馆CIP数据核字(2023)第110871号

民事诉讼法与民法典的协调对接
MINSHISUSONGFA YU MINFADIAN DE XIETIAO DUIJIE

马 强 主编

策划编辑 周丽君
责任编辑 周丽君
装帧设计 汪奇峰

出版发行 法律出版社
编辑统筹 法律应用出版分社
责任校对 晁明慧
责任印制 刘晓伟
经　　销 新华书店

开本 710毫米×1000毫米 1/16
印张 25.75 **字数** 432千
版本 2023年8月第1版
印次 2023年8月第1次印刷
印刷 固安华明印业有限公司

地址：北京市丰台区莲花池西里7号(100073)
网址：www.lawpress.com.cn
投稿邮箱：info@lawpress.com.cn
举报盗版邮箱：jbwq@lawpress.com.cn
销售电话：010-83938349
客服电话：010-83938350
咨询电话：010-63939796

书号：ISBN 978-7-5197-8041-8
定价：98.00元
凡购买本社图书，如有印装错误，我社负责退换。电话：010-83938349

撰写人员简介

马　强　北京市第一中级人民法院党组书记、院长，中国人民大学法学博士，全国审判业务专家，“首都十大杰出青年法学家”

单国钧　北京市第四中级人民法院党组书记、院长，中国人民大学法学博士，全国审判业务专家

王国庆　北京市第一中级人民法院研究室副主任，中国政法大学法学硕士，北京市审判业务专家

高春乾　北京市第一中级人民法院团河法庭副庭长，北京大学法学硕士，北京市审判业务专家

杨　磊　北京市第一中级人民法院民二庭副庭长，北京大学法律硕士

徐　冰　北京市第一中级人民法院法官，中国政法大学法律硕士

赵　蕾　北京市第一中级人民法院法官，中国政法大学法学硕士

杨　力　北京市第一中级人民法院法官，北京大学法律硕士

丁少芃　北京市第一中级人民法院法官，中国政法大学法学硕士

宁　韬　北京市第一中级人民法院法官，北京大学法学硕士

仇芳芳　北京市第一中级人民法院法官，北京师范大学法学硕士

唐静静　北京市第一中级人民法院法官助理，中国社会科学院大学法律硕士

葛媛媛　北京市第一中级人民法院法官助理，北京大学法律硕士

李洪威　北京市第一中级人民法院法官助理，北京大学法律硕士

孙　慧　北京市第一中级人民法院法官助理，北京大学法律硕士

方　硕　北京市第一中级人民法院主任科员，北京航空航天大学法学硕士

曲建婷　北京市第一中级人民法院主任科员，北京大学法律硕士

序　言

习近平总书记指出,《民法典》在中国特色社会主义法律体系中具有重要地位,是一部固根本、稳预期、利长远的基础性法律。① 法律的生命在于实施,实施的要义则在于书面权利的畅通“变现”。其中一条最重要的方法和路径,就是在具体的争议事件的诉讼中得以适用,使《民法典》的具体规定、概念与具体案件情形连接,让抽象的法律规定得以阐释和展开。② 然而,一方面,《民法典》面临着许多新增制度的理解和适用问题,学术界和实务界一直处于持续探索研究过程之中,当然,探讨的领域也不乏许多具有体系贯通性的老问题,说明实体规范本身的研究还需要长足进展。另一方面,“重实体、轻程序”的认识曾在我国司法实践中长期存在,认为《民事诉讼法》只是关于诉讼方式、步骤的程序性规定,是实体法的“附庸”。此种趋向导致部分领域程序制度供给不足,使得程序与实体未能形成良性互动,甚至产生冲突和矛盾。鉴于此,正确统一实施《民法典》需要从两个维度推进:一是在解释论框架下持续开展实体法规范研究,正确理解适用《民法典》规范,对新增制度出现的问题及时总结,对旧有尚未解决的问题继续研究,使实体法规范通过解释不断丰富。二是在对称性要求下持续进行诉讼程序研究。通过公正高效的诉讼程序设置将实体权利的保护和救济落实到位,真正实现实体规范的价值。诚如学者所言,实体法上所规定的权利义务如果不经具体的判决就只不过是一种主张或“权利义务的假象”,只有在一定程序过程中产生出来的确定性判决中,权利义务才得以实现真正意义上的实体化或实定化。③ 由此,《民事诉讼法》与《民法典》等实体法协调和对接问题便成为民法典时代建设中国特色社会主义法治体系、推进国家治理体

① 习近平:《充分认识颁布实施民法典重大意义　依法更好保障人民合法权益》,载《求是》2020 年第 12 期。

② 参见张卫平:《民法典的实施与民事诉讼活动的协调和对策》,载《中外法学》2020 年第 4 期。

③ 参见[日]谷口安平:《程序的正义与诉讼》,王亚新、刘荣军译,中国政法大学出版社 1996 年版,第 7 页。

系和治理能力现代化的重要课题。

欲实现《民事诉讼法》与《民法典》等实体法的协调和对接，程序法和实体法的关系便成为基础和前提问题。学界对程序法与实体法关系的认识和研究，经历了一个较为长期的发展演变过程。早在20世纪90年代，江伟教授就明确指出，要把民事诉讼法与民事实体法的关系列作市场经济下民事诉讼法学的三大新课题之一。① 崔建远教授亦指出，“民法在总体上忽视程序机制，尤其是把诉讼程序统统交由民事诉讼法去规定。由于未充分考虑到程序机制来设计民法制度，结果有的民法制度不合理，有的过于复杂，有的增加了设计难度，有的适用时疑问迭生。这种状况必须改变，民法必须高度重视程序所起的巨大作用”②。我国第一篇系统论述民事诉讼法与实体法关系的博士论文，将民事诉讼法与民事实体法视为民事法律调整系统。一方面，民事诉讼法依托于民事实体法，按照民事实体法的要求安排其程序以实现民事实体法；另一方面，民事实体法又依赖民事诉讼法，由于民事诉讼法实现诉讼程序自身价值的考虑而受到民事诉讼法的制约，并同时依赖民事实体法得以补充。此外，在二者的结合部分上，民事实体法又向民事诉讼法靠近与渗透。③

跨入21世纪，我国民事诉讼法学随着法治建设的进程有了长足发展。学者们试图突破过去简单解读、阐释民事诉讼法和司法解释文本的语义学束缚，更深层地挖掘民事诉讼法的应有机理、结构和运行方式。但由于程序法研究者欠缺实体法知识，不能持续关注实体法及其理论的发展，程序法与实体法渐行渐远，致使研究重点基本局限于程序维度，缺乏对实体法的关照，实体法与程序法的分离在民事诉讼基本原则、管辖、诉讼标的、当事人适格、共同诉讼、财产保全、证明责任、执行救济等方面都有体现，可以说“几乎贯穿于民事诉讼的所有领域”④，“民事实体法和民事程序法割裂曾被视为我国民事诉讼法学研究中存在的突出问题”。⑤ 近年来，在一些具体诉讼制度的研究上，民事诉讼法的研究开始逐步考量实体法因素，但“仍旧呈现出一种碎片化状态，缺乏系统的、宏观的、整体的观察和思考”⑥。在《民

---

① 参见江伟：《市场经济与民事诉讼法学的使命》，载《现代法学》1996年第3期。

② 崔建远：《民法，给程序以应有的地位》，载《政治与法律》1998年第2期。

③ 参见单国军：《民事诉讼法与民事实体法关系之研究》，载《诉讼法论丛》，法律出版社2000年版，第638页及以下。

④ 张卫平：《民事诉讼法学：滞后与进步》，载《法学研究》2011年第6期。

⑤ 张卫平：《对民事诉讼法学贫困化的思索》，载《清华法学》2014年第2期。

⑥ 李浩：《走向与实体法紧密联系的民事诉讼法学研究》，载《法学研究》2012年第5期。

法典》的酝酿与制定阶段，民事诉讼法学者开始在民事诉讼法研究中关照实体问题，① 民法学者也开始在民法研究中关注民事程序问题，②逐步形成了民法学者与程序法学者之间的互动，对实体与程序的关联审视逐渐演变成为一种新的研究方法。③

时至今日，作为一项系统的、重大的立法工程，《民法典》已正式颁行，其并不仅仅是过去若干民事法律规范的整合和司法解释规范的提升，亦有新的规范的补充和完善，使我国的实体规范更加统一、细化和体系化，也为推动民事诉讼法与民事实体法协调对接提供了最佳的历史契机。④ 我国进入了实体法和程序法相互渗透和融合的民法典时代。《民法典》和《民事诉讼法》不仅有许多相同的法律理念，还有不少相同的法律原则，《民法典》有助于《民事诉讼法》的有效运行，为《民事诉讼法》的体系化、绿色化以及适用性提供规范指引，并促进民事诉讼立法、司法的更迭和发展。⑤ 有论者指出，《民事诉讼法》与《民法典》协调和对接的基本思路主要考虑三个方面：一是《民事诉讼法》如何更好地贯彻和落实《民法典》的原则、精神，保证与《民法典》具有同样的精神，二是在具体制度上，与《民法典》保持一致，及时调整不一致的程序制度，三是通过《民事诉讼法》对《民法典》予以"后期"处理，消除遗漏缺失之处。⑥ 而民事诉讼制度的建构，应当从实体（包含民事实体权利、民事纠纷的性质、民事纠纷的形态、民事纠纷的关系和民事纠纷的环境等具体面向）与程序（包含诉讼价值、诉讼制度体系、诉讼资源等具体面向）两个维度予以考量。基于实体和程序之间的立场差异，两者之间存在紧张关系，然而民事诉讼制度的建构由于缺失对实体法的关照，不能适应与对接实体法的发展，无法与"实"俱进，甚至出现了与实体法相抵触的个别情形，因此，在建构诉讼制度之时，必须注意妥当处置这些紧张关系，以实现程序法的工具价值，并在实现其独立价值的过程中寻求其衡平，从而让程序法追上民法发展的步伐。⑦

---

① 在民诉法学界，当时的讨论重点在于《民法典》的制定如何能够与应然形态或发展形态中的民事诉讼法对接与统合，不仅要顾及民事诉讼法，也要以此为契机推动民事诉讼法的进一步发展，主要研究《民法典》的制定如何考量民事程序的维度。参见张卫平：《民法典与民事诉讼法的连接与统合——从民事诉讼法视角看民法典的编纂》，载《法学研究》2016 年第 1 期。

② 参见崔建远：《编纂民法典必须摆正几对关系》，载《清华法学》2014 年第 6 期。

③ 参见张卫平：《双向审视：民事诉讼制度建构的实体与程序之维》，载《法制与社会发展》2021 年第 2 期。

④ 参见张卫平：《民法典的实施与民事诉讼法的协调和对接》，载《中外法学》2020 年第 4 期。

⑤ 参见洪浩：《民法典时代民事诉讼制度发展的几个基本问题》，载《政法论丛》2020 年第 5 期。

⑥ 参见张卫平：《民法典的实施与民事诉讼法的协调和对接》，载《中外法学》2020 年第 4 期。

⑦ 参见张卫平：《双向审视：民事诉讼制度建构的实体与程序之维》，载《法制与社会发展》2021 年第 2 期。

围绕这一课题，学者们在实体与程序的关联审视方面催生了很多极具价值的研究成果。但通览现有研究可知，现阶段《民事诉讼法》与《民法典》等实体法协调和对接问题的研究主要呈现以下特点：其一，研究的基本立场上，随着《民法典》正式颁行，民事实体规范已处于既定状态，因此，《民事诉讼法》与《民法典》的协调与对接的主题就自然转换为，在《民法典》的既定状态下，单向地考虑《民事诉讼法》与《民法典》的协调与对接问题。但此种转化是否成为应然和必然，尚有待商榷。《民法典》的颁布的确实现了法律文本的既定，但在贯彻实施过程中仍有很大的不确定空间，需要正确地加以解释和论证，而程序维度的考量亦应涵括其中。其二，我国《民事诉讼法》与《民法典》的协调对接是具有中国特色的、符合中国现阶段法治发展规律的"特有问题"，需要更多考虑本土因素，域外经验的参考资料与借鉴意义有限，如何深入发掘我国法治的"本土资源"，需要进一步思考。其三，从整体上看，宏观性、体系性、方法性的研究不多，大多数学者仍在自己熟悉的领域中深入挖掘，似乎重点很多、四处发力，但研究成果仍显碎片化，对程序领域的传统问题与《民法典》颁行后出现新问题的结合上，还有进一步做实做细的空间。其四，民事诉讼法学界已主动向实体法靠拢，不仅有部分宏观性、理念性的思考，更有大量从具体实体制度出发，思考其诉讼主体、审理程序、证据、执行等程序适用的成果，然而民事实体法学者的程序研究相对较少，对贯彻落实《民法典》可能遇到的程序问题，往往仅局限于证明责任等少数方面。其五，作为走在《民法典》司法适用最前沿的人民法院，发声较少，导致现有研究中，"预判"的问题多、"实然"的问题少，理论解构多、实证分析少，《民事诉讼法》与《民法典》的协调与对接研究亟需司法者的视角。

不过，正如有论者指出的，《民事诉讼法》与《民法典》的协调和对接是一项宏大复杂的工程，这一问题几乎涉及《民法典》和《民事诉讼法》的所有方面。① 就本项研究而言，全然兼顾囊括所有问题必然力有不逮，聚焦一域集中发力，纵向深入、横向贯穿，或许是现阶段更好的研究思路，也可构建更为精细明确的解决方案。鉴于此，本节从司法实践出发，以"诉的制度"为中心，在实体法与程序法交融的视域下审视规范与实践。之所以聚焦"诉的制度"，盖因其一方面作为连结实体与程序的桥梁，既具有实体权利的内容，又具有程序的性质，是观察程序法与实体法协调对接的重要研究视角；另一方面，诉的制度所涉及的诉的主体（当事人）与诉的客体（诉讼标的）的确定，不仅构成诉讼程序的开端，使"诉"得以成立并特定化，更延伸

① 参见张卫平：《民法典的实施与民事诉讼法的协调和对接》，载《中外法学》2020 年第 4 期。

至整个审理过程乃至执行过程中，从而成为理论和实践必须加以重视的基础问题。虽然理论上对“诉”的构成要素存在二元论、三元论、四元论等学说论争，①但立足我国传统和实践，我们认为，诉的要素应当包括当事人和诉讼标的。当事人作为诉的主观要素，可使当事人范围以及当事人资格得到确定，是诉成立的先决条件；诉讼标的作为诉的客观要素，使本诉与相同当事人之间的其他诉区别开来，是诉的核心要素。② 基于此，本书以诉的主体与诉的客体为二元界分，并进一步分为诉的主体、诉的主观合并、诉的客体、诉的客观合并四部分，分别考察其与《民法典》等实体法的协调对接问题，并结合《民法典》新增及新修制度，对如何融贯实体和程序实现衔接运用予以具体分析。

具言之，本书分为三编，第一编为“诉的主体与《民法典》主体制度的衔接”。诉的主体与民事主体相关联，行为能力、非法人组织、业主委员会、遗产管理人等《民法典》主体制度如何与诉讼主体、诉讼行为能力等合理衔接，需要在程序与实体交织的视角下予以审视，本书对此进行了一定的论证与回应。第二编为“诉的合并与民事实体权利保护的衔接”。本编内容涉及诉的主观合并和客观合并两大方面。民事诉讼法中的共同诉讼制度一直是学界研究重点，在司法实践中运行也较为混乱，与实体法原理多有抵触，尤其是在多数人之债领域尤为突出。诉的主观合并方面系统地对各类多数人之债的实体规则和诉讼构造进行整体性梳理和反思，并结合司法实践提出相应的审理思路和解决方案。诉的客观合并方面着眼于诉的客体，对诉的客观单纯合并、诉的客观预备合并、诉的竞合合并及反诉问题。第三编为“实体与程序的综合运用”。在前文研究的基础上，选择《民法典》等民事实体法中重要实体制度，如合同解除纠纷、合伙合同纠纷、居住权纠纷、债权人代位析产纠纷、不当得利纠纷、离婚纠纷、公司决议纠纷等，在实体和程序交织视野下展开实践问题分析，以期对在实体程序融贯下统一法律适用、更好贯彻施行《民法典》、完善民事诉讼制度有所助益。

---

① 二元论认为，诉由诉讼标的和诉讼理由构成；三元论认为，诉由当事人、诉讼标的和诉讼理由构成；四元论则主张诉由当事人、诉讼标的、诉讼理由、诉讼请求构成。参见张永泉：《民事之诉合并研究》，北京大学出版社 2009 年版，第 7 页。

② 参见张永泉：《民事之诉合并研究》，北京大学出版社 2009 年版，第 9 页。

规范引用简称

全　称	简　称
《中华人民共和国民法典》	《民法典》
《中华人民共和国民法通则》(已失效)	《民法通则》
《中华人民共和国民法总则》(已失效)	《民法总则》
《中华人民共和国物权法》(已失效)	《物权法》
《中华人民共和国担保法》(已失效)	《担保法》
《中华人民共和国合同法》(已失效)	《合同法》
《中华人民共和国公司法》(已失效)	《公司法》
《中华人民共和国著作权法》	《著作权法》
《中华人民共和国外商投资法》	《外商投资法》
《最高人民法院关于适用〈中华人民共和国民法典〉总则编若干问题的解释》	《民法典总则编解释》
《最高人民法院关于适用〈中华人民共和国民法典〉有关担保制度的解释》	《民法典担保制度的解释》
《最高人民法院关于适用〈中华人民共和国民法典〉婚姻家庭编的解释(一)》	《民法典婚姻家庭编司法解释(一)》
《最高人民法院关于适用〈中华人民共和国民法典〉继承编的解释(一)》	《民法典继承编司法解释(一)》
《最高人民法院关于适用〈中华人民共和国合同法〉若干问题的解释(一)》(已失效)	《合同法解释(一)》
《最高人民法院关于适用〈中华人民共和国公司法〉若干问题的规定(四)》	《公司法解释(四)》
《最高人民法院关于审理人身损害赔偿案件适用法律若干问题的解释》	《人身损害赔偿司法解释》
《最高人民法院关于贯彻执行〈中华人民共和国继承法〉若干问题的意见》(已失效)	《继承法意见》

续表

全　称	简　称
《最高人民法院关于审理民事案件适用诉讼时效制度若干问题的规定》(2020 年修正)	《诉讼时效规定》
《中华人民共和国民事诉讼法》(2021 年修订)	《民事诉讼法》
《最高人民法院关于适用〈中华人民共和国民事诉讼法〉的解释》	《民诉法解释》
《最高人民法院关于适用〈中华人民共和国民事诉讼法〉若干问题的意见》	《民诉法意见》
《最高人民法院关于民事诉讼证据的若干规定》(2019 年修正)	《证据规定》
《最高人民法院关于人民法院民事执行中查封、扣押、冻结财产的规定》(2020 年修正)	《查扣冻规定》
《最高人民法院关于印发修改后的〈民事案件案由规定〉的通知》	《〈民事案件案由规定〉的通知》

目　　录

第二编 诉的合并与民事实体权利保护的衔接

第一编

诉的主体与《民法典》主体制度的衔接

第一章 概 述

主体资格问题是法律的核心问题之一，于民法实体法而言，民事主体资格关系到实体法规定的利益落实到谁的问题，[①]于民事程序法而言，民事诉讼主体资格关系到主体是否有权通过诉讼程序主张权利、提出请求、实现其实体法上的利益目的。

民事主体，即民事法律关系的主体，是指参加民事法律关系，享有民事权利并承担民事义务的人。[②] 任何个人或组织要成为民事主体，必须获得法律的承认，在衡量何种人可以成为民事主体时，法律考量的因素包括是否能以自己的名义从事民事活动、是否具有自己的独立意志、是否具有独立的财产等。[③] 民事主体的选择与确定，与经济发展水平、历史背景、法律政策等相关。与民事主体联系密切的两个概念分别是民事权利能力和民事行为能力。民事权利能力是指享受民事权利、承担民事义务的地位或资格，[④]是民事主体资格之表征，[⑤]换言之，民事主体必须具备民事权利能力。[⑥] 民事行为能力又可称为法律行为能力，是指权利主体通过法律行为参与民事活动，从而取得权利、负担义务的能力。[⑦] 权利能力与"人生而平等"这一自然法观念相呼应，只有有、无之差异，行为能力则对应"理性人"假设，[⑧]有完全、限制和无的区分。有权利能力者，未必有行为能力；但是有行为能力者，必然有权利能力。

民事诉讼主体指民事诉讼法律关系主体中能够引起诉讼程序发生、发展和终结的人，[⑨]包括法院、当事人等。本书将民事诉讼主体作为程序法上的概念与民事

---

① 参见龙卫球：《民法总论》，中国法制出版社 2002 年版，第 165 页。

② 参见王利明：《民法总则研究》，中国人民大学出版社 2018 年版，第 144 页。

③ 参见王利明：《民法总则研究》，中国人民大学出版社 2018 年版，第 171 页。

④ 参见崔建远等：《民法总论》，清华大学出版社 2019 年版，第 94 页。

⑤ 参见朱庆育：《民法总论》，北京大学出版社 2013 年版，第 370 页。

⑥ 参见［德］卡尔·拉伦茨：《德国民法通论》（上册），王晓晔等译，法律出版社 2003 年版，第 36 页。

⑦ 参见崔建远等：《民法总论》，清华大学出版社 2019 年版，第 100 页。

⑧ 参见朱庆育：《民法总论》，北京大学出版社 2013 年版，第 372 页。

⑨ 参见江伟主编：《民事诉讼法》（第 3 版），高等教育出版社 2007 年版，第 10 页。

主体这一实体法上的概念相对应，所指称的对象只包括民事诉讼中的当事人，也就是诉的“三要素说”中诉的主体，是指因民事权利义务发生争议，以自己的名义进行诉讼，要求法院行使民事裁判权的人及相对人，既包括以自己的名义起诉的人，也包括应诉的人。① 狭义的当事人仅指原告和被告，广义的当事人还包括共同诉讼人、诉讼代表人和第三人。② 对应地，民事诉讼主体与诉讼权利能力、诉讼行为能力两个概念联系密切。诉讼权利能力又称当事人能力，是指在诉讼中取得作为原告或者被告的法律地位的能力，该种能力指向一般性资格，而不是指其实施有效的诉讼行为的能力。③ 诉讼行为能力即“站在法院前的能力”，指自己或者自己所选任的代理人进行诉讼以及自己或者自己所选择的代理人实施诉讼行为和受理诉讼行为的能力。④ 有诉讼行为能力的人必定具备当事人能力，反之则不然。

民事主体制度与民事诉讼主体制度分别以规定“何者为人”与“何人可以参与诉讼”为己任。⑤ 作为民事实体法和民事程序法的规范范围和调整对象之一，民事主体和民事诉讼主体关系密切，我国传统民事诉讼理论在很长一段时间内是从实体法的角度界定当事人。⑥

民事主体之间因为权益纠纷进入诉讼，自然就成为民事诉讼主体，按此，民事主体和民事诉讼主体即为一体两面，是在实体法和程序法中的不同表现形式，两者应当具有一致性。但事实并非如此，原《民法通则》未将非法人组织纳入民事主体，呈现公民与法人的民事主体二分格局，而此时的《民事诉讼法》（2007 年修正）已然将其他组织纳入民事诉讼当事人范畴，诉的主体呈现三分态势，有学者就曾指出，“实体法与程序法在主体制度上的失衡，已成为两法共同有效地实现保障权、解决民事纠纷、维护社会经济秩序等民事诉讼目的的巨大障碍”。⑦

对于民事诉讼主体与民事主体的关系，学界大致有两种观点：一种为分离论，即认为民法和民事诉讼法在价值追求、体系建构上迥异，需要架构相互独立的理论

---

① 参见江伟主编：《民事诉讼法》（第 3 版），高等教育出版社 2007 年版，第 69 页。

② 参见李浩：《民事诉讼法学》，法律出版社 2016 年版，第 71 页；潘剑锋：《民事诉讼原理》，北京大学出版社 2001 年版，第 146 页。

③ 参见崔建远等：《民法总论》，清华大学出版社 2019 年版，第 96 页。

④ 参见［德］罗森贝克等：《德国民事诉讼法》（上），李大雪译，中国法制出版社 2007 年版，第 275 页。

⑤ 参见谭启平：《民事主体与民事诉讼主体有限分离论之反思》，载《现代法学》2007 年第 5 期。

⑥ 参见李浩：《民事诉讼法学》，法律出版社 2016 年版，第 72 页。

⑦ 谭启平：《民事主体与民事诉讼主体有限分离论之反思》，载《现代法学》2007 年第 5 期。

及话语体系，[①]民事主体与诉讼主体在实体法和程序法上各有价值，“诉讼法的概念未必要受到实体法的概念的拘束”[②]，而且从世界各国立法例来看，民事主体二分法居多，三分法很少，[③]而民事诉讼主体则以三分为主流。在分离论下，相当一部分学者认为民事主体一定可以成为民事诉讼主体，但是民事诉讼主体不一定是民事主体。[④] 因为当事人能力取决于权利能力，因此一般来说，拥有民事权利能力的主体一定也具备民事诉讼权利能力，但在法律规定中，有的没有民事权利能力的主体也具有在诉讼中作为原告或者被告的资格，也即两者在一些情况下也会发生分离。[⑤]有学者指出，“在现代社会中，诉讼权利能力与实体权利能力的有限分离成为一个带普遍性的趋势。无论是大陆法系国家还是英美法系国家，非法人团体的民事诉讼当事人资格都得到了普遍的承认，但其民事主体资格却未获得普遍的认同。承认民事诉讼权利能力与民事权利能力的分离，也就必须相应的承认民事诉讼当事人与民事主体的分离”[⑥]。另一种观点本书称为同一论，此种观点多从历史维度以及民法、诉讼法应然关系的角度展开论述，认为近现代意义上的民事主体和民事诉讼主体在罗马法上是融合在一起的，[⑦]两者的分野是法律分类精致化的表现形式之一，是社会发达程度提升提出的现实要求，但是在内在精神上具有一致性，即便是在实体法和程序法具备各自的功能、目的以及实质性地位的当下，民事主体和民事诉讼主体虽内涵有别，但范围和类型应当保持一致。[⑧]

时至今日，《民法典》明确自然人、法人和非法人组织三类民事主体，[⑨]《民事诉讼法》（2021 年修正）延续此前规定将民事诉讼主体划分为公民、法人和其他组织三

---

① 参见李龙、闫宾：《历史维度中的实体法与程序法》，载《河北法学》2005 年第 7 期。

② 民事诉讼研究基金会：《民事诉讼法之研讨（一）》，台北，三民书局 1986 年版，第 250 页。转引自谭启平：《民事主体与民事诉讼主体有限分离论之反思》，载《现代法学》2007 年第 5 期。

③ 参见江平：《中国民法典的三个创新》，载《政法论坛》2022 年第 1 期。民事实体法上的人一般只包括自然人和法人，参见崔建远等：《民法总论》，清华大学出版社 2019 年版，第 94 页；史尚宽：《民法总论》，中国政法大学出版社 2000 年版，第 86 页。

④ 参见张卫平：《民事诉讼法》，法律出版社 2004 年版，第 138 页；江伟主编：《民事诉讼法》（第 3 版），高等教育出版社 2007 年版，第 108 页；田平安：《民事诉讼法学》，中国人民公安大学出版社 2003 年版，第 111 页等。

⑤ 参见朱庆育：《民法总论》，北京大学出版社 2013 年版，第 372 页；崔建远等：《民法总论》，清华大学出版社 2019 年版，第 96 页。

⑥ 肖建国：《民事诉讼程序价值论》，中国人民大学出版社 2000 年版，第 412 页。

⑦ 参见谭启平：《民事主体与民事诉讼主体有限分离论之反思》，载《现代法学》2007 年第 5 期。

⑧ 参见谭启平：《民事主体与民事诉讼主体有限分离论之反思》，载《现代法学》2007 年第 5 期。

⑨ 《民法典》第 2 条规定：“民法调整平等主体的自然人、法人和非法人组织之间的人身关系和财产关系。”

类，[①]实体法和程序法在主体层面的争论已久的问题已部分解决，但是民事主体与民事诉讼主体范围的分离仍然存在，[②]民事主体与诉讼主体的应然关系、民事主体与诉讼主体的实然现状，包括《民法典》实施前的部分主体在实体和程序衔接不畅和新增制度在主体地位的适用等问题，在《民法典》这一基础性法律实施的当下，仍有待进一步探索。

民事主体与诉讼主体的协调论题所涉颇多，本书选择将论述重点放在民事行为能力与诉讼行为能力的衔接以及非法人组织、业主委员会和遗产管理人的主体问题。原因在于，其一，民事主体的形式与作为民事主体标志的行为能力具有极大关联，并因此产生了民事主体的"二元论"和"三元论"之争。民事主体的行为能力实际上由两部分组成，一部分是用自己的行为去创设权利和行使权利的能力，一部分是用自己的行为承担责任的能力。二元论下，民事主体需要同时具备以上两部分的行为能力，而三元论点视角下，民事主体的法律地位只与行使权利的能力有关，而与承担责任的能力无关。[③] 行为能力制度作为民事主体制度的重要组成，有完全、限制和无的三分法体系性规定。但是民事诉讼主体只有有诉讼行为能力和无诉讼行为能力的区别，虽然《民事诉讼法》中明确规定"无诉讼行为能力人由他的监护人作为法定代理人代为诉讼"，但并未对诉讼行为能力的定义、制度进行体系化阐述，导致目前的司法实践中实体和程序问题突出，例如，提起诉讼是否需要民事诉讼行为能力；案件受理后如果发现当事人自始不具有诉讼行为能力该如何处理；法院在审理过程中对诉讼行为能力的审查是依职权审查还是依申请审查等，这些问题的解决都有待主体层面程序与实体的融贯。其二，就实体法上的非法人组织与诉讼法上的其他组织的内涵与外延，两者的相互关系，是否属于同质概念等，在立法、理论与司法实务中均存在"区分论"和"同一论"之争[④]，这确属民事主体与诉的主体衔接过程中无法回避的问题。其三，随着城镇房地产商品化的发展，司法

---

① 《民事诉讼法》第 51 条规定："公民、法人和其他组织可以作为民事诉讼的当事人。法人由其法定代表人进行诉讼。其他组织由其主要负责人进行诉讼。"

② 参见韩宝：《民事诉讼法与民法关系省思——兼及民法典的编纂》，载《北方法学》2017 年第 5 期。

③ 参见江平：《中国民法典的三个创新》，载《政法论坛》2022 年第 1 期。

④ 参见谭启平：《非法人组织与其他组织的关系困局及其破解》，载《法学研究》2020 年第 6 期；谭启平：《论民事主体意义上的"非法人组织"与"其他组织"的同质关系》，载《四川大学学报（哲学社会科学版）》2017 年第 4 期；张新宝、汪榆淼：《〈民法总则〉规定的"非法人组织"基本问题研讨》，载《比较法研究》2018 年第 3 期；柳经纬、亓琳：《比较法视野下的非法人组织主体地位问题》，载《暨南学报（哲学社会科学版）》2017 年第 4 期；等等。

实践中大量存在涉及物业管理、业主维权等方面的案件，业主委员会参加诉讼的情况并不鲜见。《民法典》第280条规定了业主撤销权，第286条规定了业主委员会的请求权，以上两个法条所蕴含之意即业主委员会必然具备诉讼主体资格，否则《民法典》第280条与第286条的内容将形同虚设。但是从民事主体的角度来说，业主委员会是否可以被归入"非法人组织"；就民事诉讼主体的角度而言，业主委员会是否能被归入"其他组织"作为独立的诉讼主体参与诉讼、如何参与诉讼、有权参与何种类型的诉讼等问题，以及实体法和程序法之间如何协调，无法回避。其四，《民法典》实施以来，新增的遗产管理人制度在一定程度上弥补了过去因制度缺失而导致的相关权利人"无人可诉"及相关权利"无处可张"的尴尬境遇，但是遗产管理人能否提起或参与和遗产有关的诉讼？如果可以参与，遗产管理人应以何种身份参与？《民法典》及相关司法解释均未给出明确回应。

必须承认的是，本编讨论的民事行为能力与诉讼行为能力衔接，非法人组织、业主委员会和遗产管理人的主体问题只是诉的主体与民事主体制度的衔接诸多问题中的冰山一角，《民法典》是基础性、综合性的法律，《民法典》等实体法主体与《民事诉讼法》等程序法主体的协调和对接是法学界面临的任重而道远的共同任务，本书只是尝试选取从抽象到具体、从一般到特殊的不同角度，作窥一斑以知全貌的探索。

第二章　民事行为能力与诉讼行为能力衔接

民事行为能力制度是《民法典》主体制度的重要组成部分。是否具备一定的民事行为能力，是自然人独立参与民事生活的重要考量标准，由此而言，意义十分重大。而诉讼行为能力，又称为诉讼能力，属于诉讼主体制度中的重要内容，是“当事人亲自进行诉讼活动，以自己的行为行使诉讼权利和承担诉讼义务的法律上的资格”①。由于民事行为能力和诉讼行为能力具有一定的对应关系，而民事行为能力欠缺时，法定代理人制度和监护制度（监护人的确定更换等）又与之存在密切关联，这使民事行为能力制度本身与程序密不可分，同时，因民事行为能力的欠缺而导致诉讼行为能力受限等，亦会产生相应的诉讼法后果。因此，民事行为能力和诉讼行为能力是实体法和程序法衔接适用中不可回避的问题，需要本书认真加以分析解决。

一、民事行为能力与诉讼行为能力的联系和区别

学界通说认为，民事诉讼行为能力与民法上规定的民事行为能力是互相对应的，民事诉讼行为能力的依据是民法上的民事行为能力。所谓民事行为能力是指自然人以自己的行为取得民事权利、承担民事义务的资格，是自然人能够以自己的行为，按照法律关系行使权利和承担义务，从而具有法律关系上的发生、变更、终止的能力或资格。民事行为能力评定的原则是衡量自然人是否能够辨认本人行为的性质和后果，以及是否具有理智地、审慎地处理本人事务的能力。按照能力大小，《民法典》将民事行为能力划分为完全行为能力、限制行为能力和无行为能力三个等级。

一般来说，有无诉讼行为能力是以有无民事行为能力为准。但是，区别于民事法律行为，民事诉讼行为对公民在辨别诉讼行为及其后果上有更严格的法律标准，

① 李浩：《民事诉讼法学》（第3版），法律出版社2016年版，第80页。

能够正确进行辨别的基础是完全发育成熟的智力和健康的精神状况。而且诉讼活动中当事人不仅要能辨别自己的行为,还需要辨别对方当事人和法院的诉讼行为。因此,限制民事行为能力的人可以独立地进行与其年龄、智力发育程度相适应的民事活动,但不能独立地进行诉讼活动。目前的大多数学者及司法实践均认为,在民事诉讼法学理论上只存在有诉讼行为能力和无诉讼行为能力的"二元化"区分,只有具有完全民事行为能力的自然人具备诉讼行为能力,无民事行为能力人、限制民事行为能力人均不具备诉讼行为能力。①《民事诉讼法》虽然没有明确规定,但从《民诉法解释》第 83 条可以看出,最高人民法院明显采纳了"二元化"思路,该条规定,无民事行为能力人、限制民事行为能力人的监护人是他的法定代理人。当限制民事行为能力人发生民事争议,必须进行诉讼时,只能由其法定代理人或法定代理人委托的诉讼代理人代为进行诉讼。比如,某案中,限制民事行为能力人能够在 4000 元的范围内与他人签订服务合同,并不等于在关于标的额为 4000 元的合同纠纷诉讼中,限制民事行为能力人具有诉讼行为能力。②

值得注意的是,不具备诉讼行为能力不意味着其完全无法参与诉讼。在《民法典》第 1084 条第 3 款关于离婚时子女抚养问题的规定中,已满两周岁的子女,父母双方对抚养问题协议不成的,由人民法院根据双方的具体情况,按照最有利于未成年子女的原则判决。子女已满八周岁的,应当尊重其真实意愿。可见,对于限制民事行为能力的未成年人子女,其在子女抚养诉讼中表达意愿不需要经过监护人的代理,虽然其意愿并不必然产生法律后果,但其如表达意见,仍作为审判的参考,需记录在裁判文书当中,具有法律事实认定的效力。

另外,有观点认为,诉讼行为能力评定相对于民事行为能力评定,更突出一案一评定,因为诉讼行为能力属于程序上的问题,并不涉及实体问题;诉讼行为能力的评定结论只针对本案而言,评定要点主要涉及当前的诉讼。③ 因此应当在裁判文书中强调"在本案中"有无诉讼行为能力。评定结论适用的时效和范围都是特定的有限的,不应当作为当事人其他时期、其他民事行为的参照或推定使用。本书认为,"一案一评定"的观点并不准确。除非有证据证明当事人已经恢复完全行为能力或者原有的认定错误,否则不宜一案一评。

---

① 参见李诚等:《论无诉讼行为能力人的民事诉讼》,载《法学研究》1984 年第 2 期。

② 参见沈阳市和平区人民法院(2021)辽 0102 民初 17247 号民事判决书;辽宁省沈阳市中级人民法院(2021)辽 01 民终 16782 号民事判决书。

③ 参见吴家声:《浅谈评定民事行为能力的法学要点》,载《中国法医学会司法精神病学专业委员会第一次全国司法精神病学学术会议论文汇编》,第 169 页。

二、司法实践中衔接不畅的表现

上文论述了二者的关联以及区别。由于程序法并未对诉讼行为能力有明确系统规定，导致司法实践中遇到很多问题。

1. 对当事人诉讼行为能力欠缺在程序上如何处理，理论和实践认识不同

《民事诉讼法》规定了起诉的条件和审查起诉的内容，这两条从正反两方面规定了起诉的条件，既包括程序性审查，也包括实体性审查，但没有规定对当事人的诉讼行为能力进行审查。

按照最高人民法院《关于人民法院推行立案登记制改革的意见》规定，与本案有直接利害关系的公民、法人和其他组织提起的民事诉讼，有明确的被告、具体的诉讼请求和事实依据，属于人民法院主管和受诉人民法院管辖的，应当登记立案。据此，人民法院不再进行立案实质审查。许多学者据此认为，提起诉讼不需要进行诉讼行为能力审查。而在司法实践中，通常认为如果在人民法院立案审查阶段（受理案件之前）发现起诉的人是无诉讼行为能力的人，对该人的起诉应当视为无效，人民法院不应当受理。

同时，案件受理之后法院发现当事人系无诉讼行为能力人，究竟如何处理，司法实践亦存在不同观点。一种观点认为，审理阶段发现当事人起诉时不具有诉讼行为能力，由于不符合起诉的要件，应裁定不予受理或驳回起诉。另一种观点认为，此时人民法院不能裁定驳回起诉，而应当依职权追加其监护人作为法定代理人。①

2. 涉及精神病患的诉讼行为能力判定，是否应当需要启动特别程序，司法认识不一

如果当事人是未成年人，人民法院可以通过直接的年龄审查判断其是否具有独立诉讼能力。但如果当事人是精神疾病患病人，特别是当事人提供了精神残疾证明，而司法中并没有进行民事行为能力认定，或者当事人的言语表现与常人无异，此时如何处理是司法实践中争论比较大的问题。一种观点认为，此时法院必须

---

① 没有诉讼行为能力的人实施的诉讼行为和针对无诉讼行为能力的人所实施的诉讼行为都是无效的。但是无诉讼行为能力的人实施的诉讼行为不能简单地加以撤销。如果其法定代理人对其诉讼行为予以追认的，该诉讼行为则从一开始就是有效的。大陆法系国家的规定一般为在原告起诉时无诉讼能力的情况下，先指定一个期限进行补正，在期间内，如果法定代理人参加诉讼，并对无诉讼能力人之前的行为进行追认的话，则之前的诉讼行为有效，法定代理人在前面程序的基础上继续进行诉讼，如果因情况紧急，延迟诉讼可能造成损失，也可以暂时允许无诉讼能力人进行诉讼。法定代理人不进行追认时，则起诉将以不合法为由而驳回。参见江伟：《民事诉讼法》（第 3 版），高等教育出版社 2007 年版，第 85 页。

启动特别程序,在确定当事人具备诉讼行为能力后再进行诉讼活动。另一种观点认为,由于地方上残疾证的颁发条件不严格,当事人虽然存在精神残疾,但是否属于限制民事行为能力存疑,此时,法官可以凭借日常生活经验对当事人的诉讼行为能力进行判断。如通过对当事人日常生活进行询问、对诉讼的目的、诉讼中陈述事实逻辑关联以及诉讼后果与当事人进行交流,从而综合判断当事人的诉讼行为能力。

3. 监护人意见不一致时,诉讼中如何处理有待进一步明确

在诉讼中,无诉讼行为能力当事人的法定代理人有多人,会在代理权具体如何行使方面出现争议。例如,离婚后,不直接抚养子女的一方与直接抚养子女的一方,往往意见相悖。在涉及子女本人权利义务的诉讼中,双方均要求担任无诉讼行为能力的子女的法定代理人,人民法院应当如何选择,也是困扰司法实践的问题之一。

4. 胎儿是否属于民事诉讼主体,立法应予明确

对于胎儿是否属于民事诉讼主体的问题,部分观点认为,胎儿不具有民事诉讼主体资格,应该由母亲作为替代主体进行诉讼。如果将胎儿视为民事主体,由于胎儿没有姓名,必然面临着其如何在诉讼中列明等问题,将其母亲作为诉讼主体,和对胎儿权益的保护并不冲突。多数观点认为,《民法典》已经赋予胎儿在特定情形下的主体资格,将胎儿作为民事主体,是实体法和程序法的逻辑必然。

三、民事行为能力与诉讼行为能力的统一适配

(一)诉讼行为能力的划分——“两分法”与“三分法”

我国《民事诉讼法》将诉讼行为能力划分为有诉讼行为能力和无诉讼行为能力,我国理论上一般也按照“两分法”来划分诉讼行为能力,但是也有学者提出过“三分法”的划分方法。诉讼行为能力究竟应该划分为有诉讼行为能力与无诉讼行为能力,还是依据民事行为能力的划分而分为有诉讼行为能力、无诉讼行为能力和限制诉讼行为能力,值得研究。

本书认为,民法上设立民事行为能力制度,目的在于保障意思能力欠缺者的合法权益,使自然人不因其年龄、精神状况等客观因素而影响其合法权益的享有,并且,将意思能力欠缺者排除出其不能承担法律后果的民事活动之外,以维持交易秩序,保护相对人的权益。在民事诉讼法理论中,诉讼行为能力制度同样也是为了保障当事人的诉讼法上的权益而设置的制度,尤其是对未成年人以及精神、智力状况

有缺陷的当事人的合法权益的保护。有诉讼行为能力人因其能够了解诉讼活动的意义,能够为自己的利益进行判断,因此可以在涉及自己的各类案件中进行诉讼活动。无诉讼行为能力人则因为不能了解诉讼活动,无法判断其行为对自己将造成的后果,因此不能单独进行任何诉讼,而必须由法定代理人为其利益而代为诉讼,以保障其合法权益。从目前我国的民事诉讼法理论以及法律规范上讲,采纳二元化的两分法是通说,因此,在司法实践中必须注意,就当事人诉讼行为能力来讲,只存在有诉讼行为能力和无诉讼行为能力的问题,并不存在限制诉讼行为能力一说。

然而,从比较角度观察,随着世界各国人权意识的不断提高,传统监护制度暴露出的弱点也受到社会的广泛关注。对这种弱点的关注虽然体现为对监护制度的改革,但根本上,是对行为能力制度的再反思。传统监护制度以法定监护为主,即"在被监护人完全或部分丧失行为能力的情况下,由法律直接确定监护人,并由监护人完全或部分替代被监护人从事法律行为,被监护人的行为能力全部或部分被剥夺。被宣告为无行为能力的被监护人丧失法律上的一切权利与义务,从而也丧失了其作为自然人在社会上生存的价值和意义"①。被监护人基本没有尊严和自由可言。由此,对被监护人的行为能力给予最低程度的限制、最大限度地发挥其自主决定权成为监护制度改革的重要内容。② 美国在监护诉讼中,自然人行为能力的有无以其是否能够完成某项特定的任务为判断标准。通常一审法院更多地以专家证词和医生或心理学家的建议来评估所谓的无行为能力人。③ 法院根据审查委员会的审查报告,确定被申请人欠缺的行为能力,进而指定监护人并确定监护内容,监护内容系被申请人行为能力不能达到的部分。④ 在我国,法院则首先对被申请人做出无民事行为能力或者限制民事行为能力的宣告,然后为其指定监护人。法院通常概括性宣告被申请人为无民事行为能力人或限制民事行为能力人,对当事人具体丧失哪些民事行为能力并无特别说明,具有一种"全有"或"全无"的效果。就司法审判观察,并非所有的限制民事行为能力人对其诉讼行为均无法理解认识,"家父式"情结仍然是法官以及鉴定机构作出行为能力判断的潜在主导因素。因此,学理上可以继续探索自然人诉讼行为能力"三分法",对未成年人是限制民事诉讼行

---

① 王竹青:《加强对老年人的民法保护》,载《中国社会科学报》2016 年 1 月 6 日,第 5 版。

② 参见王竹青:《成年人监护中行为能力认定域外考察》,载《法律适用》2017 年第 11 期。

③ See Stephen J. Anderer, A Model for Determining Competency in Guardianship Proceedings, 14 Mental & Physical Disability L. Rep. 1990. 转引自王竹青:《成年人监护中行为能力认定域外考察》,载《法律适用》2017 年第 11 期。

④ 参见王竹青:《成年人监护中行为能力认定域外考察》,载《法律适用》2017 年第 11 期。

为能力人,可以进行与他的年龄、智力相适应的诉讼活动;对限制民事行为能力的精神病人,应视其精神状态是否影响到本次诉讼能力区别对待:若精神病人目前精神状态未影响到本次诉讼行为能力,则其未必无诉讼行为能力,反之,精神病人目前精神状态使其不能对自身行为、后果加以识别和判断,则其就不具有相应的诉讼行为能力,不能独立地进行诉讼活动,应由其法定代理人代为参加诉讼。

(二)民事行为能力欠缺时的司法处置

诉讼行为能力在一些大陆法系国家属于诉讼要件之一,是法院对当事人的实体请求或实体权利义务争议作出裁决的前提条件。例如,在德国法上,诉讼行为能力是诉讼行为的前提条件。无诉讼行为能力的人实施的或者对其实施的诉讼行为不生效,法院不能接受该行为。具体来讲,无诉讼行为能力人的下列诉讼行为不生效:申请法官回避、申请指定管辖法院、起诉、提起上诉、撤回上诉或者舍弃上诉、由他进行的送达或者向他进行的送达,即使当事人由于其诉讼行为能力的缺乏没有被主张或者没有被发现而参加了诉讼。① 在日本法上,诉讼行为能力也是每个诉讼行为的有效要件,无诉讼行为能力人实施的诉讼行为、对方当事人或法院对其实施的诉讼行为,都是无效的,而不像民法上限制民事行为能力人之行为,只有依法被撤销后才无效。当欠缺诉讼行为能力之人提起诉讼或领受诉状时,诉讼系属是不适法的,法院在该诉讼中不能作出本案判决,属于诉讼要件之一。因此,只要诉讼行为能力之欠缺未获得追认,那么法院应当驳回诉讼。② 当然,对于缺乏该要件的,域外法一般也允许通过申请许可或追认等程序予以完善。

由此,诉讼行为能力作为诉讼合法性要件,如欠缺该诉讼要件,法院就不能够对其进行有效的实体审理,不得作出实体判决,而只能中止案件的审理等待诉讼要件的完善,诉讼要件不可能完善的案件法院则要作出驳回起诉的裁判。也即,这种要件的欠缺,并不会影响诉讼的成立,也不会影响案件审理的开始。在我国,《民事诉讼法》规定无诉讼行为能力人由监护人代为诉讼。这就意味着,无诉讼行为能力人本人不能做出包括起诉在内的诉讼行为,必须由监护人代为进行。所以,具有诉讼行为能力既是起诉有效的要件,也是“对当事人的实体请求或实体权利义务争议做出裁决的前提条件”,即诉讼要件,更是全部诉讼行为有效的要件。但是,本书认为,在起诉受理阶段,由于《民事诉讼法》规定的起诉要件是形成要件,故一般不应

---

① 参见[德]罗森贝克、施瓦布、戈特瓦尔德:《德国民事诉讼法》,李大雪译,中国法制出版社2007年版,第279~280页。

② 参见[日]新堂幸司:《新民事诉讼法》,林剑锋译,法律出版社2008年版,第109~110页。

对当事人是否具有诉讼行为能力进行实质审查。作为一般的例外,如果当事人明显属于限制民事行为能力人或无民事行为能力人,则法院不应该予以受理。在审理程序中发现的,由于对民事主体资格的审查是法院主动审查的事项,故应该在实体审理中依据《民事诉讼法》的规定处理,如果其法定代理人认为有必要进行诉讼,则由该法定代理人代理继续进行,并可追认该原告的诉讼行为有效。如果该法定代理人认为没有必要进行诉讼,则可让其代为撤诉。如果无法找到法定代理人的,可以裁定驳回起诉。

我国《民事诉讼法》并无关于行为能力补正的制度,从对当事人诉讼权利的保护以及诉讼效率考虑,未来应该对此予以明确规定。在无民事诉讼能力人进入诉讼后,由有资格进行诉讼之人,也就是当事人的法定代理人或者恢复民事诉讼能力的当事人,承认无民事诉讼能力人所为的诉讼行为的效力。在经过法定代理人的追认后,无民事诉讼能力人所为的诉讼行为有效,有利于保护无诉讼行为能力人的合法权益,也在一定程度上避免程序无谓的重复而使得法院和当事人的诉讼成本的增多。追认既可以在一审程序中进行,也可以在二审以及再审程序中进行。法定代理人的追认应该是在充分对无民事诉讼行为能力人所参与的程序的利弊进行权衡之后进行的判断,若所进行的程序中无诉讼行为能力人所为之诉讼行为对其有不利之处时,法定代理人可以选择不追认而使得之前的诉讼行为无效,若是之前的程序中无诉讼能力人所为的行为都是合理的,并无对其不利的地方,则法定代理人可以选择对之前的诉讼行为进行追认,追认之后有瑕疵的诉讼行为溯及既往的有效。

下一步亦可探索法院命令补正制度。法院命令补正,是指在无诉讼能力人起诉或者应诉的情况下,法院本应该驳回起诉,但是基于诉讼经济的考虑,命令原告补正法定代理人后,由法定代理人代为进行诉讼。法院的补正命令要规定一个适当的期限,期限长短应由法官根据案件具体情况进行裁量。法院命令补正与法定代理人的追认,目的都在于使不合法的诉讼程序合法化,二者不同之处在于,对于无诉讼能力人的追认是在无诉讼行为能力人已经进行了诉讼行为之后,对之前所进行的诉讼程序的有效性的确认。而法院的补正命令则是在诉讼进行之前,法院对将要进行的诉讼的有效性进行保证的情况下才继续诉讼。

除了上述问题外,就离婚诉讼中的行为能力问题有必要单独予以强调。《民诉法解释》第 148 条第 2 款规定,无民事行为能力人的离婚案件,由其法定代理人进行诉讼。第 234 条规定,无民事行为能力人的离婚诉讼,当事人的法定代理人应当到庭;法定代理人不能到庭的,人民法院应当在查清事实的基础上,依法作出判决。而对于限制民事行为能力人,《民诉法解释》未对其离婚诉讼作特别要求。有观点认为,由于我国将无民事行为能力人和限制民事行为能力人都认定为无诉讼行为能力人,其诉讼都必须由法定代理人进行,如果立法专门强调离婚案件中无诉讼行为能力人也必须有法定代理人进行诉讼,则很显然是个重复的规定。所以,在离婚案件之中,限制民事行为能力人是有诉讼行为能力的,并不需要法定代理人代为诉讼。本书认为,诉讼行为能力不仅指当事人积极地进行诉讼行为所必需的能力,而且包括了当事人对对方当事人所为诉讼行为和法院对其所为诉讼行为具有接受其诉讼行为的能力。离婚诉讼中除了对婚姻人身关系的法律事实的认可和放弃之外,也包括了财产关系和子女抚养的内容,诉讼行为能力具有更强的专业性和法律意义。所以限制民事行为能力人在离婚诉讼中,也需要由法定代理人代为诉讼。

(三)民事诉讼行为能力的识别问题

司法实践中,对当事人诉讼行为能力的识别问题较为复杂,既有当事人主动提出诉讼行为能力问题,也有法院依据职权主动发现的情形。经过调研,本书认为应该根据不同的情形分别予以处理。

第一,当事人主动提出。诉讼中,如果当事人提出己方或者相对方没有诉讼行为能力的,应该提供相应的证据予以证明,包括申请诉讼行为能力方面的司法鉴定。但是必须注意的是,不能将诉讼行为能力鉴定作为举证的首要选择,而是首先必须提供足以导致对当事人有无诉讼行为能力产生合理怀疑的充分证据。例如,提出相应的医学诊断证明,精神残疾证明等。如果当事人对此予以否认,则应该由提出该事实的一方申请鉴定。当然,司法实践中也存在当事人自己证明自己“有病”的情形,如果该当事人仅仅是口头表述,或者直接要求法院鉴定,亦应该坚持上述标准,即首先需要提供充分的证据证明自己的行为能力状况。

第二,法院依据职权发现。在诉讼中,还存在当事人双方串通以及单方恶意隐瞒,或者双方当事人对诉讼行为能力均未关注的情形。此时,法院有可能在诉讼中通过证据审查发现一方当事人有残疾证明或者通过当事人诉讼表现,结合日常生活经验,初步判断当事人诉讼行为能力存疑的情形。一方面,法院并不具备对诉讼行为能力的专业判断能力,另一方面,当事人在诉讼中会坚决否认自己“有病”,处理不当,会激起当事人的对抗情绪,影响案件的正常审理。此时如何处理,争议较大。

本书认为,如何处理涉及两个问题,一是法院能否依据日常生活经验进行判断;二是判断后程序上如何落实。回答第一个问题首先必须从理论上分清三个不同的概念,即精神病的医学诊断、精神病患者有无行为能力的司法鉴定、法院对有无诉讼行为能力的认定。这三者的含义应该是不同的。医学诊断仅是医院从医学的角度来确定某人是否患有精神疾病和患有何种精神疾病,而不涉及任何法律问题。司法鉴定是指司法精神病学上的鉴定,与纯粹的医学诊断不同,司法鉴定必须将医学上的标准与法律上的标准结合起来综合加以判断,即结合医学诊断确定某人所患精神疾病的种类和程度来判断该人在法律上是否具有行为能力。法院对有无诉讼行为能力的认定是人民法院根据所掌握的相关材料并结合专门机构的鉴定结论进行审查后予以确认,诉讼主体资格问题应由司法机关根据鉴定结论并结合案件的具体性质进行综合考量,从而最终认定当事人的诉讼行为能力具备与否。可见,判断当事人有无诉讼行为能力不仅要依医学的标准而且还需依法学的标准,二者缺一不可。医学标准是判断的基础,也是运用法学标准进行推理判断的前提。运用医学标准主要是明确被鉴定人患有何种精神疾病,即通过对被鉴定人资料仔细、全面了解之后,进行规范的精神状态病理检测,最后严格按照法定程序进行综合分析,做出明确诊断。运用法学标准对被鉴定人现实的精神状态是否影响其理解力和判断力做出评定,即行为能力评定。因此,法院通常并不能根据日常生活经验,即认定某人不具有诉讼行为能力。但是,这也不意味着法院完全无法作出判断,关键的因素在于当事人的诉讼表现。如果当事人的诉讼行为不仅仅异于常人,而且明显答非所问,思维混乱,不具有基本的理解能力等,法院可以直接作出认定。除此之外,如果当事人持有相应的残疾证明,但诉讼行为表现正常的,法院不能轻下结果,应委托进行司法鉴定。

目前,我国残疾人评定标准是国务院批准的《第二次全国残疾人抽样调查残疾标准》。依据该标准,残疾类型分为视力、听力、言语、肢体、智力、精神以及多重残疾七种类型。其中前四类和诉讼行为能力没有关联,关键是智力和精神残疾以及包括该两类的多重残疾。而依据上述标准,智力和精神残疾各分为四级。具体而言,智力残疾分为一级极重度、二级重度、三级中度、四级轻度。精神残疾也依据不同严重程度分为一级至四级。在诉讼中,当事人提交的残疾证是证明其残疾类型和等级的法定标准,如果当事人的诉讼行为和残疾证中的残疾登记能够对应,法院就可直接作出认定,如果不相符合,或者无法判断的,应委托鉴定解决。法院不宜在当事人有残疾证明的情况下,认为当事人的诉讼行为能力正常,而应将最终的判断交给专业机构完成。

至于程序如何处理的问题,本书认为,对能够直接作出认定的,应该通知当事人的监护人作为法定代理人参与诉讼,如果无法找到监护人的,可裁定驳回起诉。根据《民法典》监护制度的精神,监护属于一项社会职责,而非个人权利,法定的监护人不得放弃该职责。因此,根据《民法典》第28条之规定,成年人的配偶、父母子女和其他近亲属必须依据顺序被确定为监护人。如果监护人拒不出庭的,可直接列明其法定代理人身份,按照自动撤回诉讼或者缺席审理制度处理。如果不能直接作出认定的,法院应该充分行使释明权,要求当事人申请鉴定或者依据非讼程序进行行为能力认定,两者可并行不悖。如果当事人坚持不申请鉴定亦不启动非讼程序的,如果系原告,应裁定驳回诉讼。如果系被告,虽然可能损害原告合法权利,但对行为能力欠缺者的保护应具有优先地位,此系两相比较后的价值判断。此时,本书亦倾向于裁定驳回原告起诉。至于原告的权利如何实现,应该按照行为能力认定以及监护制度的相关规定处理。

实践中,对于当事人同意鉴定的,并被确定为无诉讼行为能力当事人的,应该依据《民诉法解释》第83条处理,即在诉讼中,无民事行为能力人、限制民事行为能力人的监护人是他的法定代理人。事先没有确定监护人的,可以由有监护资格的人协商确定;协商不成的,由人民法院在他们之中指定诉讼中的法定代理人。当事人没有《民法典》第27条、第28条规定的监护人的,可以指定《民法典》第32条规定的有关组织担任诉讼中的法定代理人。有疑问的是,如果当事人对法院指定不服,是否可以依据《民法典》第31条关于监护争议解决程序之规定,另行提起诉讼?本书认为,依据《民法典》第31条规定,人民法院具有指定监护人的最终权力,因此,如果诉讼中法院已经指定,当事人再以《民法典》第31条之规定提起诉讼已无意义。当然,法院在指定法定代理人之时,应依《民法典总则编解释》第9条规定,充分考量相关因素予以确定,充分实现被监护人利益最大原则和监护人真实意愿原则。

(四)法定代理人意见不一致时的选择

《民事诉讼法》规定,无诉讼行为能力人由他的监护人作为法定代理人代为诉讼。法定代理人之间互相推诿代理责任的,由人民法院指定其中一人代为诉讼。但是在法定代理中,如果有多个法定代理人,如何行使代理权,并没有具体的规定。由于法定代理的产生是基于监护关系,而监护职责应当由监护人共同行使,因此法定代理的职责也应当由法定代理人共同行使。如果在行使代理权的过程中出现了双方意见不一致,双方应当协商确定一个统一的意见。实际上,在民事诉讼中,法定代理人意见不一致在涉未成年人诉讼中并不罕见,特别是离异家庭中父、母均作为监护人及法定代理人对未成年子女人身及财产权利的处置。实质上,人民法院在此时进行的是程序性选择,也就是说,当多名监护人意见不一致时,一名监护人以未成年子女法定代理人身份进入诉讼后,其他监护人的意见不再作为法定代理人意见,而作为监护人本身诉讼地位的意见。如在某案中,生父、生母离异后,婚生子由父亲直接抚养,母亲以未成年子女为原告、母亲作为法定代理人提起赠与合同纠纷,要求父亲赔偿子女卖房款。尽管子女由父亲直接抚养,父亲也是子女的监护人,但在此诉讼中,父亲的意见不再作为法定代理人意见,仅作为被告意见。

(五)关于胎儿的诉讼主体资格问题

依据《民法典》第 16 条的规定,涉及遗产继承、接受赠与等胎儿利益保护的,胎儿视为具有民事权利能力。但是,胎儿娩出时为死体的,其民事权利能力自始不存在。该条系《民法典》新规定,其目的是强化对胎儿权益的保护,同时也是人格权保护的必要延伸。该条立法技术属于拟制,即将不属于同类的事物拟制为同类事物。由此,胎儿在特殊情形下就获得了民事权利能力。既然具有民事权利能力,那就具有相应的诉讼权利能力,这是毫无疑问的。《民法典总则编解释》第 4 条规定,涉及遗产继承、接受赠与等胎儿利益保护,父母在胎儿娩出前作为法定代理人主张相应权利的,人民法院依法予以支持。该司法解释已经确立了胎儿娩出前父母的法定代理人身份地位,故而在诉讼中亦应将胎儿作为民事诉讼主体,将其父母列为法定代理人。如果将胎儿作为主体,由于胎儿尚没有登记姓名,或者胎儿娩出后属于死产的,应如何处理值得探讨。本书认为,胎儿没有姓名,在诉讼主体的表述上,可以便宜行使,建议将胎儿列为"视为民事权利能力人",并将其父母列为法定代理人。诉讼中胎儿出生,依法获得姓名的,应予以变更。如果胎儿娩出后属于死产,分娩时间处于诉讼之中的,应终结诉讼,如果涉及侵权的,可以由父母作为受害人继续诉讼,但应将诉讼主体变更为受害父母。如果法院裁判发生效力后分娩的,因其权利能力视为自始不存在,此时,应视为法院裁判自动失效,没有履行的不再履行,已经履行的可依据不当得利要求返还或者在执行完毕后依据执行回转程序处理。

四、本章观点集成

1. 问题

(1)诉讼行为能力是否可以依据民事行为能力区分为完全、限制以及无诉讼行为能力三种类型,在司法实践中根据事实情况具体认定?

有观点认为,民事诉讼行为能力与民法上规定的民事行为能力是互相对应的,民事诉讼行为能力的依据是民法上的民事行为能力。因此,可以依据案件纠纷的性质并结合当事人行为能力状况,具体问题具体处理。

有观点认为,只有具有完全民事行为能力的自然人具备诉讼行为能力,无民事行为能力人、限制民事行为能力人均不具备诉讼行为能力。

本书初步意见认为,诉讼活动涉及法院职权、当事人的诉讼权利义务和实体权利义务行使,是公共利益和私人利益相互交织的能量"场",对当事人影响甚巨。目前大多数学者及司法实践均认为,在民事诉讼法学理论上只存在有诉讼行为能力和无诉讼行为能力的"二元化"区分,只有具有完全民事行为能力的自然人具备诉讼行为能力,无民事行为能力人、限制民事行为能力人均不具备诉讼行为能力。

(2)法院在立案中是否应该审查当事人的诉讼行为能力?

本书初步意见认为,按照最高人民法院《关于人民法院推行立案登记制改革的意见》的规定,符合法定诉讼条件的应该登记立案。因此,法院只需作形式审查,无须实质审查当事人的诉讼能力。

有观点认为,在起诉受理阶段,由于《民事诉讼法》规定的起诉要件是形式要件,故一般不应对当事人是否具有诉讼行为能力进行实质审查。作为一般的例外,如果当事人明显属于限制行为能力人或无行为能力人,则法院不应该予以受理。在审理程序中发现的,由于对民事主体资格的审查是法院主动审查的事项,故应该在实体审理中依据《民事诉讼法》的规定处理。

(3)案件受理后如果发现当事人自始不具有诉讼行为能力的,该如何处理?

有观点认为,审理阶段发现当事人起诉时不具有诉讼行为能力,由于不符合起诉的要件,应裁定不予受理或驳回起诉。

不应裁定驳回起诉,而应当依职权追加其监护人作为法定代理人。如果无法找到监护人的,可裁定驳回起诉。

本书初步意见认为,根据《民法典》监护制度的精神,监护属于一项社会职责,而非个人权利,法定的监护人不得放弃该职责。因此,根据《民法典》第 28 条之规定,成年人的配偶、父母子女和其他近亲属必须依据顺序被确定为监护人。如果监护人拒不出庭的,可直接列明其法定代理人身份,按照自动撤回诉讼或者缺席审理制度处理。

(4)无民事行为能力未成年人父、母均为其监护人,当其监护人意见不一致时,是否需要指定法定代理人?

本书初步意见认为,《民事诉讼法》规定,无诉讼行为能力人由其监护人作为法定代理人代为诉讼。法定代理人之间互相推诿代理责任的,由人民法院指定其中一人代为诉讼。该条规定的是代理人之间互相推诿的处理方式,其暗含代理人之间无法达成一致意见的情形。因此,如果法定代理人并未推诿,只是意见不一致时,应当参照上述规定解决。也就是说,当多名监护人意见不一致时,一名监护人以未成年子女法定代理人身份进入诉讼后,其他监护人的意见不再作为法定代理人意见,而作为监护人本身诉讼地位的意见。

(5)有证据证明当事人诉讼行为能力存疑,当事人拒不鉴定时,应该如何处理?

本书初步意见认为,对能够直接作出认定的,应该通知当事人的监护人作为法定代理人参与诉讼,如果无法找到监护人的,可裁定驳回起诉。根据《民法典》监护制度的精神,监护属于一项社会职责,而非个人权利,法定的监护人不得放弃该职责。因此,根据《民法典》第28条之规定,成年人的配偶、父母子女和其他近亲属必须依据顺序被确定为监护人。如果监护人拒不出庭的,可直接列明其法定代理人身份,按照自动撤回诉讼或者缺席审理制度处理。如果不能直接作出认定的,法院应该充分行使释明权,要求当事人申请鉴定或者依据非讼程序进行行为能力认定,两者可并行不悖。如果当事人坚持不申请鉴定亦不启动非讼程序的,如果系原告,应裁定驳回诉讼。如果系被告,虽然可能损害原告合法权利,但对行为能力欠缺者的保护应具有优先地位,此系两相比较后的价值判断。此时,本书亦倾向于裁定驳回原告起诉。至于原告的权利如何实现,应该按照行为能力认定以及监护制度的相关规定处理。

(6)胎儿是否具有民事诉讼主体资格?

本书初步意见认为,依据《民法典》第16条的规定,涉及遗产继承、接受赠与等胎儿利益保护的,胎儿视为具有民事权利能力。但是,胎儿娩出时为死体的,其民事权利能力自始不存在。该条系《民法典》新规定,其目的是强化对胎儿权益的保护,同时也是人格权保护的必要延伸。该条立法技术属于拟制,即将不属于同类的事物拟制为同类事物。由此,胎儿在特殊情形下就获得了民事权利能力。既然具有民事权利能力，那就具有相应的诉讼权利能力，这是毫无疑问的。《民法典总则编解释》第4条规定，涉及遗产继承、接受赠与等胎儿利益保护，父母在胎儿娩出前作为法定代理人主张相应权利的，人民法院依法予以支持。该司法解释已经确立了胎儿娩出前父母的法定代理人身份地位，故而在诉讼中亦应将胎儿作为民事诉讼主体，将其父母列为法定代理人。如果将胎儿作为主体，由于胎儿尚没有登记姓名，或者胎儿娩出后属于死产的，本书认为，胎儿没有姓名，在诉讼主体的表述上，可以便宜行使，建议将胎儿列为“视为民事权利能力人”，并将其父母列为法定代理人，诉讼中胎儿出生，依法获得姓名的，应予以变更。如果胎儿娩出后属于死产，分娩时间处于诉讼之中的，应终结诉讼，如果涉及侵权的，可以由父母作为受害人继续诉讼，但应将诉讼主体变更为受害父母。如果法院裁判发生效力后分娩的，因其权利能力视为自始不存在，此时，应视为法院裁判自动失效，没有履行的不再履行，已经履行的可依据不当得利要求返还或者在执行完毕后依据执行回转程序处理。

2. 民事诉讼制度展望

（1）建议

增加以下3款：

第1款：涉及遗产继承、接受赠与等胎儿利益保护的，胎儿娩出前，由他的父母作为法定代理人代为诉讼。

第2款：胎儿作为当事人的，诉讼主体应列为“视为权利能力人”。诉讼中胎儿出生，依法获得姓名的，应予以变更。

第3款：诉讼中胎儿娩出为死产的，诉讼终结。法定代理人同意作为受害人继续诉讼的，变更诉讼主体。裁判文书生效后娩出为死产的，裁判文书失效。

（2）要点

明确胎儿的诉讼主体地位。

（3）理由

《民法典》为强化人格权保护，在自然人部分利用法律拟制技术，确定了特殊情形下胎儿的主体资格。与此相对应，《民法典总则编解释》第4条规定，涉及遗产继承、接受赠与等胎儿利益保护，父母在胎儿娩出前作为法定代理人主张相应权利的，人民法院依法予以支持。鉴于实体法制度中已经明确了胎儿在特殊情形下的民事权利能力和诉讼权利能力，在诉讼法中理应该予以及时修订以便回应实体法精神。

在具体设置上，建议《民事诉讼法》和《民法典》保持一致，即采用“原则＋例外”的立法模式。先规定一般情形,将胎儿问题作为例外的特殊规则予以确定,故应在《民事诉讼法》第 51 条单列一条为宜。

胎儿在诉讼中虽然应作为诉讼主体,但是由于胎儿没有姓名,且娩出后是否死产未知,因此,应该依据《民法典》的立法技术,将“视为权利能力人”作为胎儿的一般诉讼主体称谓。

胎儿娩出后为死产的,自始不具有民事权利能力,因此也应该视为自始不具有诉讼权利能力。已经开始的诉讼和已经完成的诉讼如何处理,需要予以明确规定。本书的建议是,如果在诉讼中娩出,且属于死产,并无权利义务继承之说,故应该终结诉讼。但是,在特定的诉讼中,如涉及损害赔偿之诉,胎儿的死产往往和损害有关联,此时,应该由父母作为权利人提起诉讼,为了提高诉讼效率,建议变更诉讼主体继续诉讼,避免诉讼终结后重新起诉。如果裁判已经生效,胎儿娩出为死产的,因诉讼权利能力溯及视为不存在,故已经完成的诉讼不应该产生任何实体和程序后果,裁判自动失效是最佳的选择。

第三章　非法人组织主体

在民事实体法上，民事主体被划分为自然人、法人和非法人组织，而在民事程序法上，民事诉讼主体则为公民、法人和其他组织。由此，非法人组织与其他组织之间究竟关系如何，是否属于同质概念，属于民事主体与诉的主体衔接过程中无法回避的问题。

一、《民法典》"组织"概念再辨析

民事主体是法律行为的实施者、权利义务的拥有者、民事责任的承担者，是民事法律关系的核心要素。民事主体制度是民法体系的重要基础，好的主体制度，既应当能够涵盖当下社会生活已形成的具体秩序，又应当具有开放性和包容性，能够应对和接纳未来社会生活的新变化。

（一）我国法律规定的主体构造

1986 年《民法通则》采取"自然人 + 法人"的主体构造。其第 2 条规定："中华人民共和国民法调整平等主体的公民之间、法人之间、公民和法人之间的财产关系和人身关系。"其主体法部分也仅设"公民（自然人）"和"法人"两章。在该构造之下，法人本应当涵盖除自然人以外的所有主体，然而法人的定义却极为严格，必须满足"能够独立承担民事责任"的要件。[①] 随着计划经济向市场经济转型，该构造已经无法完全适应社会需要，不能涵盖虽不能独立承担民事责任但又具有主体资格的民事主体，制度供给严重不足，因此立法机关之后又颁布了《个人独资企业法》《合伙企业法》等市场主体单行法。

2017 年《民法总则》一改《民法通则》民事主体制度的格局，构建了"自然人 + 法人 + 非法人组织"的主体构造，《民法典》亦沿用了该构造，采取了狭义的"法人"

---

① 《民法通则》第 37 条规定："法人应当具备下列条件：（一）依法成立；（二）有必要的财产或者经费；（三）有自己的名称、组织机构和场所；（四）能够独立承担民事责任。"

概念,保留了已经深入社会观念之中的法人"独立承担民事责任"的特征,[①]增加了"非法人组织"作为"第三民事主体"。《民法典》第 57 条规定:"法人是具有民事权利能力和民事行为能力,依法独立享有民事权利和承担民事义务的组织。"第 102 条第 1 款规定:"非法人组织是不具有法人资格,但是能够依法以自己的名义从事民事活动的组织。"从上述二定义可见,"组织"是"法人"和"非法人组织"的共同上位概念,《民法典》实质上采取了"自然人 + 组织"的二元结构。

但是,《民法典》并未揭示"组织"的内涵。"组织"的内涵本可以从"非法人组织"的概念中窥视出端倪,但是《民法典》第 102 条实际上未对"非法人组织"作出清晰的界定,因为非法人组织既然是民事主体,当然能够"依法以自己的名义从事民事活动";既然是"非"法人组织,其自然"不具有法人资格"。换言之,《民法典》第 102 条无异于仅作出了如下判断:非法人组织是自然人、法人以外的民事主体。

厘清组织的法律内涵,具有以下重要意义:第一,有助于明晰与"自然人"相并列的"组织"的内涵,构建体系完整、逻辑自洽的民事主体制度。第二,有利于界定"非法人组织"与"普通联合体"的区别,明确"非法人组织"的法律地位。第三,有益于为未来民事主体的发展和创新提供规范和指引。由于公法人与私法人存在重大区别,以下对公法人暂不予讨论。本书认为,登记是组织成立的必要要件,登记的前、中、后三个阶段可以清晰地呈现组织的内涵。登记前,一个联合体须满足组织的实质要件,即登记的条件;登记时,该联合体须满足组织的形式要件,即登记;登记后,该联合体成为组织,获得权利能力,取得民事主体地位。

(二)组织的法律效果:权利能力

1. 权利能力的由来与概念

"权利能力"的概念起源于罗马法。罗马法上有三个关于人的概念,"homo"、"persona"和"caput"。"homo"指生物学意义上的人;"persona"原意为演员演出时扮演的各种角色,被用以指权利义务主体的各种身份;"caput"原意为头,引申义为权利义务主体。[②] 一个人(homo)必须具备自由人、市民、家父三个身份(persona),才能成为完全的权利义务主体(caput),成为罗马市民法下权利义务的享有者和承担者。[③] 如丧失身份,将导致人格减等(capitis deminutio)。丧失自由人身份、市民

---

① 《民法典》第 60 条规定:"法人以其全部财产独立承担民事责任。"

② 参见周枏:《罗马法原论》(上册),商务印书馆 1994 年版,第 107 页;梁上上:《中国的法人概念无需重构》,载《现代法学》2016 年第 1 期。

③ 参见付翠英:《人格 · 权利能力 · 民事主体辨思——我国民法典的选择》,载《法学》2006 年第 8 期。

身份、家父身份，分别导致人格大减等、人格中减等和人格小减等。①

受罗马法的影响，《法国民法典》中引了“人格”（Personnalité）一词，规定仅具有人格的自然人才能成为权利主体，但未使用“权利能力”的概念。② 我国学者多认为，《德国民法典》创造并使用了“权利能力”（Rechtsfähigkeit）一词，③其制度意义在于：第一，宣誓了平等的理念；第二，通过该概念，使法人得以与自然人并存于《德国民法典》的“人法”中。④

依德国学者解释，权利能力指一个人作为法律关系主体的能力或资格，亦即作为权利享有者和义务承担者的能力或资格。⑤ 我国台湾地区学者梅仲协先生认为，“权利能力，亦即人格之别称，享受权利、负担义务之能力也”⑥。梁慧星教授也认为，“民事权利能力，指据以充当民事主体，享受民事权利和承担民事义务的法律地位或法律资格，又称法人格，或人格”⑦。可见，权利能力是享受权利、承担义务的能力或资格。

2. 组织具有权利能力

法人具有权利能力，但对于合伙企业等非法人组织是否具有权利能力则存在分歧。有学者提出构建“部分权利能力”制度的设想，认为可以用其解释第三类民事主体的地位。⑧ 亦有学者认为，部分权利能力说为非法人组织获得民法上的主体资格提供了理论依据，“（该说）在肯定主体平等的同时，又不否认不同主体之间的实然差异，避免了组织体的权利能力全有或全无的绝对化结果，有助于推动实现民商事主体制度的和谐统一”⑨。同时，也有学者持不同观点，认为权利能力是抽象的能力，无法用“部分”或“全部”予以区分或描述，且认定非法人组织仅为部分权利能

① 参见梁上上：《中国的法人概念无需重构》，载《现代法学》2016 年第 1 期。

② 参见梁上上：《中国的法人概念无需重构》，载《现代法学》2016 年第 1 期。

③ 权利能力概念最早起源于何处，学界存在不同认识。梁慧星教授认为，学者 Franz von Zeiller 所起草的《奥地利民法典》第一次在法律上使用了“权利能力”的概念，参见梁慧星：《民法总论》，法律出版社 2017 年版，第 66 页。但是，许多其他学者认为“权利能力”的概念由《德国民法典》首创，参见李永军：《论权利能力的本质》，载《比较法研究》2005 年第 2 期；龙卫球：《民法总论》，中国法制出版社 2001 年版，第 187 页；付翠英：《人格 · 权利能力 · 民事主体辨思——我国民法典的选择》，《法学》2006 年第 8 期。

④ 参见梁上上：《中国的法人概念无需重构》，载《现代法学》2016 年第 1 期。

⑤ 参见［德］卡尔 · 拉伦茨：《德国民法通论》，王晓晔等译，法律出版社 2003 年版，第 119 ~ 120 页；［德］迪特尔 · 梅迪库斯：《德国民法总论》，邵建东译，法律出版社 2000 年版，第 781 页。

⑥ 梅仲协：《民法要义》，中国政法大学出版社 1998 年版，第 53 页。

⑦ 梁慧星：《民法总论》，法律出版社 2017 年版，第 65 页。

⑧ 参见刘召成：《部分权利能力制度的构建》，载《法学研究》2012 年第 5 期。

⑨ 汪青松：《主体制度民商合一的中国路径》，载《法学研究》2016 年第 2 期。

力有违平等原则，因此应认定非法人组织具有权利能力。[①]

本书认为，非法人组织具有（完全）权利能力。进而，所有的组织都具有权利能力。首先，从“权利能力”的概念出发，拥有权利能力的主体即有资格成为权利和义务的集散地，非法人组织能够以自己的名义享有权利、承担义务，符合权利能力的定义。

其次，“权利能力”不等于“独立承担民事责任”。未成年人具有权利能力，但其如造成他人损害，且其本人财产不足以支付，须由监护人向他人赔偿[②]，即未成年人不能独立承担民事责任。因此，不能仅因为非法人组织不似法人可以独立承担责任，就否定或部分否定非法人组织的权利能力。

再次，从“权利能力”的历史渊源上看，其承继了“人格”的概念，意在否定不平等的奴隶制度，宣誓人格之人人平等，因此在现代社会不应再构建“部分权利能力”的概念。

最后，德国的法律发展亦体现了赋予第三民事主体以（完全）权利能力的趋势。《德国民法典》在2000年修法后，新增了第三类民事主体的表述。其第14条第1款规定：“经营者是指在缔结法律行为时，在从事其营利活动或独立的职业活动中实施行为的自然人或法人或有权利能力的合伙。”第2款进一步规定：“有权利能力的合伙，是指具有取得权利和负担债务能力的合伙。”[③]对于“rechtsfähige Personengesellschaft”一词，如前，陈卫佐先生译为“有权利能力的合伙”，朱庆育教授则译为“有权利能力的人和团体”[④]。从中可见，德国立法承认了第三民事主体的权利能力。

3. 权利能力并非组织成立的原因，而是结果

对于权利能力与民事主体的关系，有学者指出，“权利能力是判断民事主体的唯一标准”[⑤]。亦有学者认为，权利能力是民事主体资格的确定依据。[⑥] 本书认为，以上观点混淆了“原因”和“结果”。如果认为，获得权利能力才能成为民事主体，那么如何才能获得权利能力？答案可能是，能够以自己名义取得权利、负担义务者，拥

---

① 参见梁上上：《中国的法人概念无需重构》，载《现代法学》2016年第1期。

② 《民法典》第1188条第2款规定：“有财产的无民事行为能力人、限制民事行为能力人造成他人损害的，从本人财产中支付赔偿费用；不足部分，由监护人赔偿。”

③ 陈卫佐译：《德国民法典》（第4版），法律出版社2015年版，第8～9页。

④ 朱庆育：《民法总论》，北京大学出版社2013年版，第471页。

⑤ 梁上上：《中国的法人概念无需重构》，载《现代法学》2016年第1期。

⑥ 参见汪青松：《主体制度民商合一的中国路径》，载《法学研究》2016年第2期。

有权利能力。于是须再追问，如何才能以自己名义取得权利、负担义务？答案可能只能回到，须成为民事主体，才能以自己名义取得权利、负担义务。如此循环往复，并不能对“要成为民事主体须满足何种要件”给出有益回答。

因此本书认为，“拥有民事权利能力，能够以自己名义享有权利、负担义务”是“成为民事主体”的结果，而不是原因。换言之，“权利能力”并非“民事主体”的构成要件。

（三）组织的形式要件：登记

1. 政府管制与市场自由之平衡

组织的登记包括设立登记、变更登记、注销登记等，以下所称登记指设立登记。组织是否必须以登记为要件之问题，本质上关乎法人拟制说与法人实在说之争。法人性质理论起源于萨维尼提出的拟制说，或称特许理论。该理论认为，组织通过注册来得到法律地位，只有国家才有权力让组织具有法人人格，国家自行决定赋予法人权利和义务，组织的人格是国家公法所创建的。① 法人拟制说后，基尔克提出了实在说，认为组织因在社会中真实存在而具有法律人格。法人的人格并非由法律创造，其存在是前法律（pre-legal）、超法律（extra-legal）的，法律应当承认并尊重法人人格的真实存在。②

法人拟制说与法人实在说的根本差异，在于国家是否容许社会有自我组织和自我管理的权利。拟制说赋予国家承认法人的权力，法律可以对法人设定一定的条件；实在说则排斥国家在设立法人方面的权力，法人只要具有团体特征且目的不违法，国家就有义务认可。③

从法人拟制说与法人实在说的争论中可以看出，组织的登记问题，一定程度上是立法政策的问题，取决于国家在政府管制与市场自由之间的利益平衡与价值选择。

2. 组织登记的必要性

尽管组织是否应当登记的问题中存在立法政策的考量，但是民事主体资格之

---

① 参见谢鸿飞：《论民法典法人性质的定位——法律历史社会学与教义学分析》，载《第五届（2015）两岸民商法前沿论坛：民法典编纂与创制发展论文集》，中国航空大学出版社 2015 年版，第 162 页。转引自王文宇：《揭开法人的神秘面纱——兼论民事主体的法典化》，载《清华法学》2016 年第 5 期。

② 参见王文宇：《揭开法人的神秘面纱——兼论民事主体的法典化》，载《清华法学》2016 年第 5 期。

③ 参见谢鸿飞：《论民法典法人性质的定位——法律历史社会学与教义学分析》，载《第五届（2015）两岸民商法前沿论坛：民法典编纂与创制发展论文集》，中国航空大学出版社 2015 年版，第 162 页。转引自王文宇：《揭开法人的神秘面纱——兼论民事主体的法典化》，载《清华法学》2016 年第 5 期。

获得,根本上是为了对外进行民事法律行为,组织要对外交往,就具有登记的必要。

第一,经过登记,组织作为民事主体方可被识别。组织要在市场中进行民商事活动,必须以一定的形态对外呈现,首先应有其名称。名称须经过登记,方具有公示性,其他主体才能对之付以信赖,正如自然人亦有经过登记的姓名与身份证号,在发生纠纷时,其他主体才可进行识别与定位,请求其承担民事责任,从而获得法律上的救济。除了名称,住所或经营场所等其他信息也能对组织的主体识别起到辅助作用。同时,由于登记信息的修改需要一定的条件和成本,因此登记还能确保名称等用以识别主体的信息具有稳定性,进一步增强保护市场交易安全的作用。

第二,经过登记,其他交易主体方能得知组织意思表示的渠道。组织对外交往,最终仍须落脚到自然人。亦即,组织须通过其代表机关表达组织的意思。组织的代表机关或组织授权代理其行为的人员,必须通过登记获得公示性,其他主体方能产生信赖,市场交易方能有序进行。我国商事特别法中均要求商事组织登记其代表机关,如 2021 年《市场主体登记管理条例》第 8 条要求市场主体登记“法定代表人、执行事务合伙人或者负责人姓名。”

第三,经过登记,其他主体才能识别组织的类型,从而得知其责任形态,进而实现资产区隔的效果。资产区隔之有无及程度绝对是企业于选择组织形态上最核心最关键的考虑点。[①] 经过组织类型的登记,市场其他主体才能得知组织的责任承担方式,从而判断交易的商业风险。也正因如此,组织法上有必要确立“组织形态法定原则”,作为资产区隔制度的基础。例如,我国台湾地区“民法”就确立了这一原则,其第 25 条规定:“法人非依本法或其他法律之规定,不得成立。”

第四,经过登记,组织方能获得一定的人格权。组织与自然人一样,具有名称权、名誉权等人格权,唯有经过登记,组织的人格权才有存在和实现的基础。

第五,登记还具有方便政府管理之功能。政府通过组织登记的信息,才能对组织进行管理,如惩处其违法犯罪的行为、对组织进行征税等。

综上,组织登记是组织对外为民事法律行为,进行民商事交往的必要条件。因此,应当以登记为组织的形式要件。《民法典》对此也予以了认可,其第 77 条规定:“营利法人经依法登记成立。”第 103 条第 1 款规定:“非法人组织应当依照法律的规定登记。”

---

① 参见张永健:《财产独立于资产分割之理论架构》,载《月旦民商法杂志》2015 年第 50 期。

3. 组织普遍登记的可行性

组织进行全面登记,既具有必要性,也具有现实的可行性。

首先,随着科学技术与互联网技术的发展,商事登记与公示的技术显著提高,成本不断降低,使得普遍登记成为可能。

其次,目前,我国已建立国家企业信用信息公示系统,其为组织的普遍登记提供了技术上的基础。2014 年,国务院发布了《企业信息公示暂行条例》。以此为依据,2017 年,原国家工商行政管理总局颁布了《国家企业信用信息公示系统使用运行管理办法(试行)》,我国国家企业信用信息公示系统的建立正在不断推进和完善。

最后,正如下文所讨论的,组织登记应以准则主义为原则,因此组织的登记将不会花费高额的成本,使得组织的普遍登记在法经济学成本—收益分析的视角上亦具有可行性。

4. 组织登记应采取准则主义

理论上,组织的登记模式分为特许主义、许可主义、准则主义与任意主义。① 实践中,主要存在许可主义与准则主义之争。我国目前即以准则主义为原则,即只要法定条件得以满足,登记机关就必须予以登记,仅在特定领域、行业采取许可主义或特许主义。

组织的登记应以准则主义为原则,在登记的条件、程序上尽可能宽松便利。一方面,准则主义最能兼具政府管制与市场自由的价值,在二者之间取得平衡,因为准则主义既能实现政府的管理需要,又有益于组织体设计的自由选择,激发市场主体的创新能力。另一方面,准则主义也能够降低登记的成本,有利于组织普遍登记制度的建设。

(四)组织的实质要件:登记之条件

组织之所以能成为民事主体,本质上因为其具有组织的实质特征。满足了组织实质特征的联合体,才应被允许登记。因此,组织的实质特征体现于登记的条件,登记条件的设置应该以组织的实质特征为依据。

1. 组织的特征及其对应的登记条件

(1)组织的集合性:一定成员或特定财产、章程或协议

组织区别于自然人,首先在于其不是单个的人,而是人的集合,或财产的集合,

---

① 参见朱庆育:《民法总论》,北京大学出版社 2013 年版,第 423 ~ 425 页。

或人和财产的集合。这是组织区别于单个自然人最显著的特征。因此,商事特别法一般对组织具有人数或财产的要求,如《合伙企业法》规定合伙企业须有 2 个以上合伙人;《公司法》规定股份有限公司的发起人为 2～200 人,有限责任公司的股东人数为 1～50 人(一人有限公司可视为任何财产的集合)。

组织中人或财产的集合不是临时的、松散的,而应具有一定的稳定性。因此,须有章程或协议将人和财产凝聚起来,形成稳定的法律关系。故公司和合伙企业在设立时分别须提供章程和合伙协议。

(2)组织的共同目的性:经营范围

从本质上看,组织与契约的区别在于,契约是基于合意的债的创设,组织则是旨在实现共同目的的实体的创设;契约强调各自义务的分别履行,组织则强调旨在共同目的的协作。因此,在契约关系中,若在以当事人的义务为表征的对价之外还存在共同目的,其就从契约上升为组织。[①] 该共同目的在登记的条件中即体现于经营范围,故经营范围亦为登记的条件之一。

(3)组织的相对独立性:名称、财产、意志

组织作为独立的民事主体,对于其成员而言具有相对的独立性。首先,组织有自己的名称。其次,组织以自己的名义拥有财产,该财产具有相对独立性,不受其成员债权人的任意攫夺。最后,组织有意思机关,能通过其形成组织的意思,且有对外代表机关,能通过其对外表达意思,实施法律行为。

组织的相对独立性是其在与其他民事主体交往中法律关系的对称性、法律地位的平等性以及法律行为实施的有效性的基础,故彰显其独立性的名称、财产和代表机关均须作为登记的条件或事项。

综上所述,组织成立的实质要件包括一定成员或特定财产、约束组织成员的章程或协议、共同目的、名称、财产和代表机关。

2. 登记条件与主体制度的灵活性

组织的登记条件之设置,一方面,需要确保拟成立的组织具有组织之实质要件;另一方面,亦须保证民事主体的开放性、灵活性和多样性。因此,登记条件的设置应以认定组织必要的实质要件为限,秉持宽松、自由的态度,唯此才能使民事主体制度适应社会之变化,保持民事主体的灵性和张力,使社会生活更为丰富多彩,市场交易更具活力。

---

① 参见汪青松:《主体制度民商合一的中国路径》,载《法学研究》2016 年第 2 期。

《民法典》构建了“自然人＋组织”的二元结构，但未明确界定“组织”概念的内涵。解释上，组织应指依法设立，能够以自己的名义进行民事活动，享有民事权利和承担民事义务的法律实体。其中“依法设立”为形式要件，“以自己的名义进行民事活动，享有民事权利和承担民事义务”为结果特征。组织的实质要件较为丰富，宜规定于商事特别法的登记条件之中。

二、非法人组织与其他组织的立法考察

在诉讼法层面，1991 年颁布的《民事诉讼法》第 49 条明确规定其他组织具有民事诉讼主体资格，但并未明确其他组织的具体定义和类型。1992 年《民诉法意见》第 40 条对其他组织作出定义并对其类型进行了列举，即其他组织是指合法成立、有一定的组织机构和财产，但又不具备法人资格的组织，包括：依法登记领取营业执照的私营独资企业、合伙组织；依法登记领取营业执照的合伙型联营企业；依法登记领取我国营业执照的中外合作经营企业、外资企业；经民政部门核准登记领取社会团体登记证的社会团体；法人依法设立并领取营业执照的分支机构；中国人民银行、各专业银行设在各地的分支机构；中国人民保险公司设在各地的分支机构；经核准登记领取营业执照的乡镇、街道、村办企业；符合本条规定条件的其他组织。随着理论和实践发展，2015 年，《民诉法解释》在上述意见的基础上对其他组织的范围进行了修改，修改后其他组织主要包括：依法登记领取营业执照的个人独资企业；依法登记领取营业执照的合伙企业；依法登记领取我国营业执照的中外合作经营企业、外资企业；依法成立的社会团体的分支机构、代表机构；依法设立并领取营业执照的法人的分支机构；依法设立并领取营业执照的商业银行、政策性银行和非银行金融机构的分支机构；经依法登记领取营业执照的乡镇企业、街道企业；其他符合本条规定条件的组织。

在实体法层面，则是 1990 年《著作权法》在《民事诉讼法》之前即已明确著作权法律关系的主体包括公民、法人或者其他组织；1995 年《担保法》也规定了保证人可以是公民、法人或者其他组织；1999 年《合同法》亦以其他组织作为自然人、法人之外的合法合同主体。除此之外还有其他民事法律规范中使用了其他组织的概念，不再一一列举。

在《民法总则》制定的过程中，对于是否要在自然人、法人之外规定第三类民事主体存在不同观点，对于第三类民事主体之表达应采用非法人组织还是其他组织亦有过争议。就前者而言，早在 1986 年制定《民法通则》时就有分歧。有学者持非

法人组织主体肯定论,认为承认非法人组织的民事主体地位与现实发展情况和趋势相适应。[①] 亦有部分学者反对非法人组织作为独立或相对独立的民事主体,认为非法人组织无独立财产,无法独立承担民事责任,或认为应当通过改造法人理论,将其外延扩展至包含非法人组织。[②] 就后者而言,有学者认为,非法人组织其实仍然是其他组织,使用非法人组织这个概念,就是为了避免其他组织概念的随意性和通俗化,不是法言法语,因而使其更具有法律概念的特点。[③] 但也有学者主张,其他组织已成为民事法律规范中普遍广泛应用的概念,为维护民法系统的稳定性以及民法与其他法律规范的协调性,避免增加话语冲突和沟通困扰,应当继续沿用其他组织的概念。[④] 最终,《民法总则》在《民法通则》的基础上,首次在自然人、法人之外,新增非法人组织作为第三类民事主体,被认为是我国民事立法上一个较为重大的突破。《民法典》第 102 条对于非法人组织的定义及类型亦沿用了《民法总则》的规定。

三、非法人组织与其他组织同异辨析

(一)学说争议:区分论与同一论解析

学界对于非法人组织与其他组织间究竟为何种关系存在两种不同观点,可以分为同一论与区分论。持同一论的学者认为,当其他组织与法人并列时,其他组织即与非法人组织具有同等含义。[⑤] 非法人组织和其他组织在民事主体意义上是同质关系,从其他组织到非法人组织的修改只是立法语言上的更新,并无具体内容的变动,各民事单行法中关于其他组织的规定可以借《民法典》相关司法解释修订之机,通过"打包"修法方式将主体意义上的其他组织统一为非法人组织。[⑥] 持区分论的学者则认为,非法人组织与其他组织是两个相互独立的概念,且对于非法人组织

---

① 参见谭启平:《论民事主体意义上"非法人组织"与"其他组织"的同质关系》,载《四川大学学报(哲学社会科学版)》2017 年第 4 期。

② 参见肖海军:《非法人组织在民法典中的主体定位及其实现》,载《法商研究》2016 年第 2 期。

③ 参见杨立新:《〈民法总则〉规定的非法人组织的主体地位与规则》,载《求是学刊》2017 年第 3 期。

④ 参见谭启平:《论民事主体意义上"非法人组织"与"其他组织"的同质关系》,载《四川大学学报(哲学社会科学版)》2017 年第 4 期。

⑤ 参见柳经纬、亓琳:《比较法视野下的非法人组织主体地位问题》,载《暨南学报(哲学社会科学版)》2017 年第 4 期。

⑥ 参见谭启平:《论民事主体意义上"非法人组织"与"其他组织"的同质关系》,载《四川大学学报(哲学社会科学版)》2017 年第 4 期;谭启平:《非法人组织与其他组织的关系困局及其破解》,载《法学研究》2020 年第 6 期。

与其他组织的范围亦分为两种不同意见。一方认为，目前法律中普遍使用的其他组织应当理解为包括非法人组织在内，其范围较非法人组织更广。为消除二者之间的混淆，在条件成熟可以进行修法时，应当将目前法律规定中的“其他组织”修改为“非法人组织和其他组织”。[①] 另一方则认为，非法人组织的外延更广，并大致覆盖了其他组织，原因在于其他组织的必要要件是“有一定的财产”，而非法人组织并未设定这一要件，故其他组织的界定更为严格。[②]

区分论所持理由主要有三点：一是二者性质不同。非法人组织是民法中规定的实体法概念，确定的是某类主体的民事主体资格，而其他组织是《民事诉讼法》及其司法解释中规定的诉讼法概念，是对某类主体赋予诉讼主体资格。二是二者内涵不同。《民法典》对于非法人组织的定义与《民诉法解释》对于其他组织的定义存在区别。《民法典》规定非法人组织是指不具有法人资格，但是能够依法以自己的名义从事民事活动的组织。《民诉法解释》规定其他组织是指合法成立、有一定的组织机构和财产，但又不具备法人资格的组织。三是二者外延不同。根据《民法典》和《民诉法解释》列举的非法人组织和其他组织的类型，法人分支机构属于其他组织，但并未被纳入非法人组织的范围。

同一论的证成路径亦有三点：一是通过体系解释，论证在内涵上虽然《民法典》未明确有一定的财产为非法人组织的要件，但该条作为非法人组织能够以自己名义进行民事活动的前提条件，已经暗含于非法人组织的概念内涵之中；在外延上，虽然《民法典》并未明确例举法人分支机构为非法人组织，但按照《民法典》第 74 条的规定，法人分支机构可以自己的名义从事民事活动，但不具有法人资格，从而符合非法人组织的定义而属于非法人组织。二是通过历史解释方法，论证无论是非法人组织还是其他组织，在内涵上都是指代除自然人、法人之外的第三类民事主体，立法上从其他组织到非法人组织的转变只是基于语言规范性的考量，并不涉及内涵外延的转变。三是通过目的解释方法，论证同一论有利于实现第三类民事主体实体法与程序法地位的相互衔接，便于其权益行使与保护，亦便于进行一体化规制，反之则将陷入诉讼主体与民事主体龃龉，部分主体权益难以获得有效保护的窘境。

---

① 张新宝、汪榆淼：《〈民法总则〉规定的“非法人组织”基本问题研讨》，载《比较法研究》2018 年第 3 期。

② 参见严仁群：《非法人组织与当事人能力》，载《江苏行政学院学报》2018 年第 6 期。

(二)司法实务:非法人组织与其他组织的适用

在司法适用上,对于非法人组织和其他组织的认识亦不统一。有法院认为非法人组织与其他组织的主体资格是关联统一的,也有法院认为二者相互独立区分,只有证成某一组织既非民法中的非法人组织,也非《民事诉讼法》中的其他组织,才能否定其诉讼主体资格。还有法院明确认为,民事诉讼主体资格并不等同于民事主体资格,具有民事主体资格并不当然具有民事诉讼主体资格。①

在《民法典》配套理解与适用中,对于非法人组织和其他组织之关系的认识亦不明晰。例如,其一方面指出,在《民法通则》仅规定公民(自然人)、法人,没有规定其他形式的主体的情况下,我国民事法律中普遍有其他组织的规定,因此有必要规定非法人组织作为民事活动主体法律地位,即《民法总则》规定非法人组织是对《民法通则》的完善,不仅解决了民事实体法之间存在的矛盾,也解决了民事实体法与程序法之间存在的矛盾,故而《民法典》对这一内容予以保留。根据《民法典》第102条规定,非法人组织在民事实体法上即具有了主体地位,实现了非法人组织民事主体地位与民事诉讼主体地位的一致,意义重大。由此似乎认可了非法人组织与其他组织的同一性。而另一方面,其又提出《民诉法解释》第52条虽然是对民事程序法中涉及的其他组织的描述,但在审判实践中可以作为认定非法人组织的参考。在审判实践中还应注意将非法人组织这一民事主体区别于民事诉讼主体。由此又似认为非法人组织与其他组织之间仍有所差异。②

(三)非法人组织与其他组织之关系探析

1. 内涵考察

《民法典》规定非法人组织是指不具有法人资格,但是能够依法以自己的名义从事民事活动的组织。非法人组织的法律特征包括:一是有自己的名称、组织机构、场所,有独立的财产;二是依法登记;三是能够以自己的名义从事民事活动;四是该组织的财产不足以清偿债务时,其出资人或者设立人一般要承担无限责任。③《民诉法解释》规定其他组织是指合法成立、有一定的组织机构和财产,但又不具备法人资格的组织。按照最高人民法院的相关观点,其他组织的法律特征包括:一是合

---

① 参见谭启平:《非法人组织与其他组织的关系困局及其破解》,载《法学研究》2020年第6期。

② 参见最高人民法院民法典贯彻实施工作领导小组主编:《中华人民共和国民法典总则编理解与适用(下)》,人民法院出版社2020年版,第515~518页。

③ 参见最高人民法院民法典贯彻实施工作领导小组主编:《中华人民共和国民法典总则编理解与适用(下)》,人民法院出版社2020年版,第516页。

法成立，是依照法律规定的程序和条件成立，法律上予以认可的组织；二是有一定的组织机构；三是有一定的财产；四是不具有法人资格。对照而言，非法人组织与其他组织的法律特征并无实质区别。

2. 外延考察

《民法典》规定，非法人组织应当依照法律的规定登记，同时列举了非法人组织的类型，如个人独资企业、合伙企业、不具有法人资格的专业服务机构等。《民诉法解释》亦规定其他组织是合法成立的组织，列举的类型则包括个人独资企业、合伙企业、中外合作经营企业、外资企业、社会团体分支机构、代表机构、法人分支机构、商业银行、政策性银行和非银行金融机构的分支机构、乡镇企业、街道企业等。虽然《民法典》中没有完全列举非法人组织的类型，但究其实质，非法人组织与其他组织均系依法成立、类型法定，二者的外延均受其他法律、行政法规的影响。换言之，要取得非法人组织或其他组织之资格，需已有其他法律对于具体的非法人组织或其他组织类型作出了规定。法律仅规定其符合法律关于法人条件的规定的，依法取得法人资格，则意味着法律允许这些企业以非法人组织或其他组织的形态存在。其既可能体现为法律，也可能体现为行政法规或者部门规章等规范性文件的形式；既可能是一套完整细致的规则，也可能只是寥寥数语的几个条文。但是必须要存在这样的“特别法”，相应的组织才能够以非法人组织或其他组织的身份成为民事主体。① 例如，《社会团体登记管理条例》第 17 条规定，社会团体的分支机构、代表机构是社会团体的组成部分，不具有法人资格，应当按照其所属于的社会团体的章程所规定的宗旨和业务范围，在该社会团体授权的范围内开展活动、发展会员。又如原《外资企业法》第 8 条、《中外合作经营企业法》第 2 条之规定。但《外商投资法》自 2020 年 1 月 1 日起施行后，《中外合资经营企业法》《外资企业法》《中外合作经营企业法》已经废止。根据《外商投资法》第 31 条规定，外商投资企业的组织形式、组织机构及其活动准则，适用《公司法》《合伙企业法》等法律的规定。由此，中外合作经营企业、外资企业或系公司而属法人，或系合伙企业而属非法人组织。就此，《外商投资法》及其实施条例为依据原有法律及其配套法规设立的企业预留了五年的过渡期，方便其通过完成必要的调整以达到合规要求。

---

① 参见张新宝、汪榆森：《〈民法总则〉规定的“非法人组织”基本问题研讨》，载《比较法研究》2018 年第 3 期。

四、非法人组织与其他组织具有同质性

非法人组织作为一种组织形式,其法律地位的确立经历了一个不断发展的过程,主要决定因素在于社会物质生活条件,即现实社会的逻辑、需要和大量既存事实。在大陆法系实体法规则中,根据传统"法人"理论,非法人组织不具备法律人格,呈现民事主体与民事诉讼主体分离的现象。但与实体法规则不同,大陆法系和英美法系的民事诉讼法一般均承认非法人组织的独立诉讼主体地位。我国亦从既承认非法人组织的诉讼主体资格,又否定其诉讼主体地位的民事主体与民事诉讼主体分离模式,逐渐发展确立了非法人组织的民事主体与诉讼主体地位。因此,本书认为,同一论更具合理性,当指称自然人(公民)、法人之外的第三类民事主体时,非法人组织与其他组织之间具有同质性。在众多法律文本中,当并非与自然人(公民)、法人并列出现时,其他组织所指代的范围与其所在条文及语境密切相关,内涵和外延不确定性较高。为尽量使第三类民事主体在新法与旧法、实体法与程序法之间具有连续性与协调性,应将民事领域指称自然人(公民)、法人之外的第三类民事主体时的称谓统一为非法人组织;同时,明确其他组织根据其所处语境专指特定主体之外的组织,从而实现法秩序中第三类民事主体概念的融贯同一。

五、本章观点集成

1. **问题**:非法人组织与其他组织是否具有同质性?

(1)区分说。非法人组织与其他组织是两个相互独立的概念,两者的范围不同。一种观点认为,目前法律中普遍使用的其他组织范围较非法人组织更广,为消除二者之间的混淆,在条件成熟可以进行修法时,应当将目前法律规定中的"其他组织"修改为"非法人组织和其他组织"。另一种观点则认为,非法人组织的外延更广,并大致覆盖了其他组织,原因在于其他组织的必要要件是"有一定的财产",界定更为严格,而非法人组织并未设定这一要件。

(2)同一说。当其他组织与法人并列时,其他组织即与非法人组织具有同等含义。非法人组织和其他组织在民事主体意义上是同质关系,从其他组织到非法人组织的修改只是立法语言上的更新,并无具体内容的变动,各民事单行法中关于其他组织的规定可以借《民法典》相关司法解释修订之机,通过"打包"修法方式将主体意义上的其他组织统一为非法人组织。

本书初步意见认为,当指称自然人(公民)、法人之外的第三类民事主体时,非

法人组织与其他组织之间具有同质性。当并非与自然人（公民）、法人并列出现时，其他组织所指代的范围与其所在法律条文及语境密切相关，内涵和外延不确定性较高。为尽量使第三类民事主体在新法与旧法、实体法与程序法之间具有连续性与协调性，应将民事领域指称自然人（公民）、法人之外的第三类民事主体时的称谓统一为非法人组织；同时，明确其他组织根据其所处语境专指特定主体之外的组织，从而实现法秩序中第三类民事主体概念的融贯同一。

2. 民事诉讼制度展望

（1）建议

将《民事诉讼法》中“其他组织”统一为“非法人组织”。

（2）理由

第一，《民法典》“非法人组织”与《民事诉讼法》“其他组织”之间的关系有必要予以厘清。在民事实体法上，民事主体被划分为自然人、法人和非法人组织，而在民事程序法上，民事诉讼主体则为公民、法人和其他组织。由此，非法人组织与其他组织之间究竟关系如何，是否属于同质概念，系民事主体与诉的主体衔接过程中无法回避的问题。学界对于非法人组织与其他组织间究竟为何种关系存在两种不同观点，可以分为同一论与区分论。持同一论的学者认为，当其他组织与法人并列时，其他组织即与非法人组织具有同等含义。非法人组织和其他组织在民事主体意义上是同质关系，从其他组织到非法人组织的修改只是立法语言上的更新，并无具体内容的变动，各民事单行法中关于其他组织的规定可以借《民法典》相关司法解释修订之机，通过“打包”修法方式将主体意义上的其他组织统一为非法人组织。持区分论的学者则认为，非法人组织与其他组织是两个相互独立的概念，且对于非法人组织与其他组织的范围亦分为两种不同意见。一方认为，目前法律中普遍使用的其他组织应当理解为包括非法人组织在内，其范围较非法人组织更广。为消除二者之间的混淆，在条件成熟可以进行修法时，应当将目前法律规定中的“其他组织”修改为“非法人组织和其他组织”。另一方则认为，非法人组织的外延更广，并大致覆盖了其他组织，原因在于其他组织的必要要件是“有一定的财产”，而非法人组织并未设定这一要件，故其他组织的界定更为严格。在司法适用上，对于非法人组织和其他组织的认识亦不统一。有法院认为非法人组织与其他组织的主体资格是关联统一的，也有法院认为二者相互独立区分，只有证成某一组织既非民法中的非法人组织，也非《民事诉讼法》中的其他组织，才能否定其诉讼主体资格。还有法院明确认为，民事诉讼主体资格并不等同于民事主体资格，具有民事主体资格并不当然具有民事诉讼主体资格。

第二,“非法人组织”与“其他组织”具有同质性。非法人组织作为一种组织形式,其法律地位的确立经历了一个不断发展的过程,主要决定因素在于社会物质生活条件,即现实社会的逻辑、需要和大量既存事实。在大陆法系实体法规则中,根据传统“法人”理论,非法人组织不具备法律人格,呈现民事主体与民事诉讼主体分离的现象。但与实体法规则不同,大陆法系和英美法系的民事诉讼法一般均承认非法人组织的独立诉讼主体地位。我国亦从既承认非法人组织的诉讼主体资格,又否定其诉讼主体地位的民事主体与民事诉讼主体分离模式,逐渐发展确立了非法人组织的民事主体与诉讼主体地位。因此,调研认为,同一论更具合理性,当指称自然人(公民)、法人之外的第三类民事主体时,非法人组织与其他组织之间具有同质性。在众多法律文本中,当并非与自然人(公民)、法人并列出现时,其他组织所指代的范围与其所在条文及语境密切相关,内涵和外延不确定性较高。为尽量使第三类民事主体在新法与旧法、实体法与程序法之间具有连续性与协调性,应将民事领域指称自然人(公民)、法人之外的第三类民事主体时的称谓统一为非法人组织;同时,明确其他组织根据其所处语境专指特定主体之外的组织,从而实现法秩序中第三类民事主体概念的融贯同一。

第四章　业主委员会主体

一、立法规范沿革

“业主委员会”一词首次出现是在2003年9月1日国务院颁布实施的《物业管理条例》当中,《物权法》明确将业主委员会制度在法律层面规定下来,尽管业主委员会的具体权限划分、组织运转以及权利维护等方面的规定并未详尽,但相较于之前的《物业管理条例》无疑进了一大步。至此,业主委员会的法律地位得到了进一步的明确,具有非凡意义。

随着《物权法》生效,为了与之配套适用,2007年8月国务院针对《物业管理条例》有关内容作了修改,修订的范围主要包括业主委员会的产生、权限范围、行使决议以及法律责任承担等方面,这些内容对于规范业主委员会的运行机制具有重大意义。此后,2018年3月19日国务院对《物业管理条例》又做了进一步的修改。2021年中国正式进入了《民法典》时代,业主委员会主要规定于《民法典》第二编第六章业主的建筑物区分所有权部分①、第

---

① 《民法典》第277条规定:“业主可以设立业主大会,选举业主委员会。业主大会、业主委员会成立的具体条件和程序,依照法律、法规的规定。地方人民政府有关部门、居民委员会应当对设立业主大会和选举业主委员会给予指导和协助。”

第278条规定:“下列事项由业主共同决定:(一)制定和修改业主大会议事规则;(二)制定和修改管理规约;(三)选举业主委员会或者更换业主委员会成员;(四)选聘和解聘物业服务企业或者其他管理人;(五)使用建筑物及其附属设施的维修资金;(六)筹集建筑物及其附属设施的维修资金;(七)改建、重建建筑物及其附属设施;(八)改变共有部分的用途或者利用共有部分从事经营活动;(九)有关共有和共同管理权利的其他重大事项。业主共同决定事项,应当由专有部分面积占比三分之二以上的业主且人数占比三分之二以上的业主参与表决。决定前款第六项至第八项规定的事项,应当经参与表决专有部分面积四分之三以上的业主且参与表决人数四分之三以上的业主同意。决定前款其他事项,应当经参与表决专有部分面积过半数的业主且参与表决人数过半数的业主同意。”

第280条规定:“业主大会或者业主委员会的决定,对业主具有法律约束力。业主大会或者业主委员会作出的决定侵害业主合法权益的,受侵害的业主可以请求人民法院予以撤销。”

第281条规定:“建筑物及其附属设施的维修资金,属于业主共有。经业主共同决定,可以用于电梯、屋顶、外墙、无障碍设施等共有部分的维修、更新和改造。建筑物及其附属设施的维修资金的筹集、使用情况应当定期公布。紧急情况下需要维修建筑物及其附属设施的,业主大会或者业主委员会可以依法申请使用建筑物及其附属设施的维修资金。”

第286条第2款规定:“业主大会或者业主委员会,对任意弃置垃圾、排放污染物或者噪声、违反规定饲养动物、违章搭建、侵占通道、拒付物业费等损害他人合法权益的行为,有权依照法律、法规以及管理规约,请求行为人停止侵害、排除妨碍、消除危险、恢复原状、赔偿损失。”

三编第二十四章物业服务合同部分①,以及修订后的最高人民法院《关于审理建筑物区分所有权纠纷案件适用法律若干问题的解释》第 12 条、第 15 条②。

二、权利来源与内容

业主是建筑物区分所有权的权利主体,显而易见,业主几乎是所有与小区有关的法律关系的利益承担者,也是业主委员会地位资格的根本来源。《物业管理条例》第 15 条规定,业主委员会在与物业公司签订物业服务合同时能作出独立的意思表达,该物业服务合同对于全体业主都有法律效力,因此业主委员会是全体业主的"代理人"。《民法典》也规定,对于小区共有部分而产生的共有权由全体业主对其享有,但对于由业主委员会代为行使这一共有部分的权利,只是基于业主大会的授权而产生的。业主委员会在业主的授权范围内行使权利,进行小区治理。

业主委员会并非根据《民法典》等法律或条例相关规定直接成立,而是在召开业主大会时由全体业主选举而产生。虽然成立后需要依法在相关部门进行备案,但显而易见这种备案行为仅为了方便行政管理的需要,并非属于业主委员会有效成立的必要条件,因而业主委员会成立后的备案程序与法人成立须经行政部门批

---

① 《民法典》第 939 条规定:"建设单位依法与物业服务人订立的前期物业服务合同,以及业主委员会与业主大会依法选聘的物业服务人订立的物业服务合同,对业主具有法律约束力。"

第 940 条规定:"建设单位依法与物业服务人订立的前期物业服务合同约定的服务期限届满前,业主委员会或者业主与新物业服务人订立的物业服务合同生效的,前期物业服务合同终止。"

第 943 条规定:"物业服务人应当定期将服务的事项、负责人员、质量要求、收费项目、收费标准、履行情况,以及维修资金使用情况、业主共有部分的经营与收益情况等以合理方式向业主公开并向业主大会、业主委员会报告。"

第 949 条规定:"物业服务合同终止的,原物业服务人应当在约定期限或者合理期限内退出物业服务区域,将物业服务用房、相关设施、物业服务所必需的相关资料等交还给业主委员会、决定自行管理的业主或者其指定的人,配合新物业服务人做好交接工作,并如实告知物业的使用和管理状况。"

② 最高人民法院《关于审理建筑物区分所有权纠纷案件适用法律若干问题的解释》第 12 条规定:"业主以业主大会或者业主委员会作出的决定侵害其合法权益或者违反了法律规定的程序为由,依据《民法典》第二百八十条第二款的规定请求人民法院撤销该决定的,应当在知道或者应当知道业主大会或者业主委员会作出决定之日起一年内行使。"

第 15 条规定:"业主或者其他行为人违反法律、法规、国家相关强制性标准、管理规约,或者违反业主大会、业主委员会依法作出的决定,实施下列行为的,可以认定为《民法典》第二百八十六条第二款所称的其他'损害他人合法权益的行为',(一)损害房屋承重结构,损害或者违章使用电力、燃气、消防设施,在建筑物内放置危险、放射性物品等危及建筑物安全或者妨碍建筑物正常使用;(二)违反规定破坏、改变建筑物外墙面的形状、颜色等损害建筑物外观;(三)违反规定进行房屋装饰装修;(四)违章加建、改建,侵占、挖掘公共通道、道路、场地或者其他共有部分。"

准的程序其二者在性质和效力上截然不同①。由于业主委员会由全体业主选举产生,具有独立的意思表达能力,其民事主体地位如何自然备受关注。理论上,对业主委员会的主体资格问题争论较大。本书认为,依据《民法典》民事主体的三分法,将其归类为非法人组织的范畴更具合理性。非法人组织的特征和法人组织存在一定差别,究其原因在于,非法人组织财产缺乏独立性,在承担法律责任方面有一定限制。而业主委员会同样缺乏独立资产,无法承担完全的民事责任,但由于其在签订合同等情形下有独立的意思能力,故可以肯定它的民事主体地位,当业主委员会需要承担的责任超过了其能力范围,则应由相应的业主来承担②。

因为在小区管理中业主委员会常以业主大会常设执行机构的身份而存在,所以业主委员会与业主之间的法律关系具有紧密性,并且一个小区内业主众多,全体业主作为一个集体与业主委员会的法律关系自然具有复杂性,因而对于业主委员会与业主的法律关系不能片面去定义,需要从整体和部分两个角度对二者关系进行全方位的考量。站在整体的角度,广义上的业主泛指全体业主,把全体业主视作统一整体,全体业主组成业主大会这一统一的集合,业主大会授权业主委员会以执行权,以便业主委员会在小区日常物业服务管理事务中代表全体业主开展日常工作,故而业主委员会与全体业主这一统一集合之间的关系可以看成代理关系。站在部分的角度,狭义上的业主特指全体业主中某一个个体业主,各业主理应最大限度地配合业主委员会开展日常工作。

三、组织性质与法律地位

从立法目的来看,我国现行立法中设立的业主大会,主要是确立业主大会的意思机关地位,而设立业主委员会则是将其作为业主大会的常设执行机构管理小区日常的物业事务,一定程度上是为了提高业主大会进行小区日常事务管理的效率。

在司法实践中,要求全体业主参与到民事诉讼中是不现实的,若根据《民事诉讼法》的规定采用代表人诉讼的方式代表全体业主进行诉讼,仍会产生意志难以统一难以推选出代表人或者消极应诉等阻碍。如果业主委员会的诉讼主体资格无法得到明确,业主的公共利益很难得到有效的维护。所以赋予业主委员会诉讼主体资格也是诉讼便利化的需要。弄清楚某权利主体是否享有某项权利前,应当先确

---

① 参见王忠锋:《论我国业主委员会的法律地位》,载《东南大学学报(哲学社会科学版)》2011 年第 S1 期。

② 参见刘长森:《论业主委员会的性质及法律地位》,载《中国房地产》2002 年第 5 期。

认该权利主体的性质。根据法律法规的规定，业主委员会具有独立的意志，是依法设立的组织，需向有关行政主管部门备案，且有办公场所及一定可支配财产。因此，将业主委员会认定为非法人组织是合适的。

《民法典》第 280 条①有关业主撤销权的规定认可了业主委员会可作为被告；第 286 条②有关业主委员会请求权的规定则认可了业主委员会可作为原告。以上两个法条所蕴含之意即业主委员会必然具备诉讼主体资格，否则《民法典》第 280 条与第 286 条的内容将形同虚设，若业主委员会缺乏作为被告的诉讼主体资格，那么业主委员会的违法决定被人民法院撤销将于法无据；同样业主委员会若缺乏作为原告的诉讼主体资格，那么业主委员会也无法去请求侵权者停止侵害、消除妨害、赔偿损失。

四、业主委员会的诉讼疑难问题

随着城镇房地产商品化的发展，涉及物业管理、业主维权等方面的案件日渐增多，其中业主委员会是否可以作为独立的诉讼主体参与诉讼、如何参与诉讼、有权参与何种类型的诉讼等问题，成为司法实践法律适用统一的难题。

（一）业主委员会合法成立是其具备诉讼主体的前提

业主委员会应按照《民法典》《物业管理条例》《业主大会和业主委员会指导规则》的相关规定，经过业主大会的决议及各业主投票选举产生，在业主委员会产生之日起 30 日内，向小区所在地的区县级政府房地产行政部门以及街道办和乡镇政府备案。完成上述业主委员会产生必备的法定程序，业主委员会才算真正成立，才能够以自己的名义充当民事行为的主体以及民事诉讼活动的主体。

（二）诉讼地位与行权范围相一致

业主委员会作为原告时的民事诉讼应限定在物业管理事务引发的且需要维护业主利益这一范围：第一，物业公司的违约和侵权行为。如物业公司对业主的合法权益造成一定程度的侵害，物业公司怠于依法解除与业主委员会签订的有关物业合同，物业公司拒绝向业主委员会移交其占用的小区办公用房及小区其他相关资

---

① 《民法典》第 280 条第 2 款规定："业主大会或者业主委员会作出的决定侵害业主合法权益的，受侵害的业主可以请求人民法院予以撤销。"

② 《民法典》第 286 条第 2 款规定："业主大会或者业主委员会，对任意弃置垃圾、排放污染物或者噪声、违反规定饲养动物、违章搭建、侵占通道、拒付物业费等损害他人合法权益的行为，有权依照法律、法规以及管理规约，请求行为人停止侵害、排除妨碍、消除危险、恢复原状、赔偿损失。"

料，物业公司怠于定期将服务的事项、负责人员、质量要求、收费项目、收费标准、履行情况及维修资金使用情况、业主共有部分的经营与收益情况等向业主委员会告知、由于物业公司的行为导致物业合同无效，业主委员会也可以向人民法院提出请求确认物业合同无效等。第二，针对小区个体业主的违约行为或侵权行为，例如，社区中个别业主违反《业主公约》或者个别业主侵犯其他业主的合法权益。第三，其他基于建筑物区分所有权中共有权益相关的民事行为。

同样，业主委员会作为被告时的民事诉讼应当限定在以下几个方面：第一，业主委员会的侵权行为给业主造成损失的；第二，业主委员会因玩忽职守未及时落实业主大会的相关决议给业主造成了损失的；第三，业主委员会违反与物业公司签订的物业合同的内容，给物业公司造成了损失的；等等。

五、本章观点集成

业主委员会是否具有民事主体资格与诉讼主体资格？本书倾向性意见，依据《民法典》第 102 条之规定，非法人组织是不具有法人资格，但是能够依法以自己的名义从事民事活动的组织。从该定义可知，非法人组织成为民事主体的关键，在于其能够以自己的名义从事民事活动。根据《民法典》第 937 条之规定，建设单位依法与物业服务人订立的前期物业服务合同，以及业主委员会与业主大会依法选聘的物业服务人订立的物业服务合同，对业主具有法律约束力。可见，业主委员会具备在业主大会授权的范围内独立签订合同的权利，可以以自己名义从事民事活动，因此，业主委员会与非法人组织的界定相吻合。

在诉讼主体资格方面，《民法典》第 280 条规定，业主大会或者业主委员会作出的决定侵害业主合法权益的，受侵害的业主可以请求人民法院予以撤销，即业主委员会具有作为被告的诉讼主体资格。《民法典》第 286 条第 2 款规定，业主大会或者业主委员会，对任意弃置垃圾、排放污染物或者噪声、违反规定饲养动物、违章搭建、侵占通道、拒付物业费等损害他人合法权益的行为，有权依照法律、法规以及管理规约，请求行为人停止侵害、排除妨碍、消除危险、恢复原状、赔偿损失，即业主委员会具有作为原告的诉讼主体资格。因此，本书认为，业主委员会的非法人组织主体地位与其诉讼主体的资格，都具有实体法依据。

第五章　遗产管理人法定诉讼担当资格

遗产管理人制度作为一项现代民事继承中的重要制度，其设立必然是社会需求所推动的结果，而其制度价值本身也就反映了其设立之目的以及社会所期待解决的问题，并成为制度自身改造和演绎所依赖的路径。为实现《民法典》保护私人财产与交易安全并重的立法理念，实体法与程序法相辅相成显得尤为重要。本部分以确立遗产管理人法定诉讼担当为突破点，为理论与实务、实体与程序融洽衔接提供思路。

一、《民法典》新增遗产管理人制度诉讼现状检视

以"遗产管理人"为关键词检索北京法院及现可查询全国法院相关案件共计15件。[①] 总体而言，《民法典》实施一年多以来，遗产管理人制度在一定程度上弥补了过去因制度缺失而导致的相关权利人"无人可诉"及相关权利"无处可张"的尴尬境遇，但新制度从上层设计到实践落地确有不断校正之必要。

(一)遗产管理人制度是否适用仍存分歧

最高人民法院《关于适用〈中华人民共和国民法典〉时间效力的若干规定》第3条规定："民法典施行前的法律事实引起的民事纠纷案件，当时的法律、司法解释没有规定而民法典有规定的，可以适用民法典的规定，但是明显减损当事人合法权益、增加当事人法定义务或者背离当事人合理预期的除外。"遗产管理人制度作为《民法典》新增规定，是否可对《民法典》实施之前发生的继承事实适用上述第3条，即适用遗产管理人制度进行解决？实践中做法不一。

部分判决认为"谭某某于《中华人民共和国民法典》施行前死亡，当时的法律、司法解释对于遗产管理人制度并无规定，而《中华人民共和国民法典》增设了该制

---

① 检索平台为"法信"及"北京法院案件检索平台"，15例案件包括裁判文书、新闻报道、案例文章等。

度，并且适用该制度能够更加妥善地处理遗产、解决遗产争议、维护债权人的合法权益，因此本案可以适用《中华人民共和国民法典》的规定”①，进而对申请人关于指定遗产管理人的请求予以审查并支持；部分判决则认为“因《中华人民共和国民法典》尚未生效施行，故原告该诉讼请求亦无法律依据”②。该案二审发回重审认为“一审法院仅以《中华人民共和国民法典》未生效为由，驳回原告要求追加遗产管理人的请求欠妥。若被继承人确无合法继承人，依据《中华人民共和国民法典》第1145条规定，一审法院应当追加民政局作为被继承人的遗产管理人，对被继承人的遗产及债务进行处理”③。

（二）遗产管理人指定两极分化

综观检索涉及的遗产管理人案件，关于法院指定遗产管理人存在两种极端现象。一种是继承人及利害关系人积极“竞标”遗产管理人，另一种是责任主体消极怠工“推诿”遗产管理人。

前者如厦门市思明区法院审理的“魏姜氏祖宅指定遗产管理人案”，因魏姜氏继承人众多，且多人散落海外情况不明，魏姜氏身后遗留祖宅的析产确权困难重重，继承纠纷已历经两代人均未能妥善解决。遗产房屋日渐旧损，家族各支继承人就祖宅的管养维护问题纷争不断，实际居住在内的魏某甲后人也因无法定身份，在维护祖宅时处处受到制约。法院在魏姜氏后人争当遗产管理人的情况下，引入“竞标”机制，令争当遗产管理人的各继承人分别阐述管理遗产的有利条件、能力水平和具体方案，以此确认案涉遗产房屋的合适管理人。由法院根据最大限度尊重被继承人遗愿、最大限度发挥遗产效用的基本原则，最终判决与魏姜氏较为亲近、对祖宅感情较为深厚、对祖宅及周边环境较为熟悉的魏某甲夫妻后人担任遗产管理人。④

后者则集中于无人继承情形，占比超过90%。多表现为被继承人去世后，无遗嘱及法定继承人，或继承人均明确表示放弃继承时，债权人、抵押权人、代位继承人等利害关系人诉至法院要求指定或追加遗产管理人。对此，《民法典》第1145条规定，“没有继承人或者继承人均放弃继承的，由被继承人生前住所地的民政部门或者村民委员会担任遗产管理人”。

---

① 参见重庆市万州区人民法院（2021）渝0101民特847号民事判决书。

② 参见北京市东城区人民法院（2020）京0101民初18444号民事判决书。

③ 参见北京市第二中级人民法院（2021）京02民终2416号民事判决书。

④ 参见陈小芬、张希华：《厦门思明区法院创新适用“竞标”方式指定遗产管理人》，载《人民法院报》2021年8月6日，第003版。

其中民政部门或村民委员会系没有继承人或继承人均放弃继承等消极冲突时由法律直接规定的遗产管理人，乃法律为其设定的义务而非可放弃之权利，而实践中存在上述义务主体消极推诿现象。“相山区民政局则认为，该局对于任某的继承人情况不了解，无法核实其继承人的具体情况；任某所在的村民委员会作为遗产管理人更为适宜。双方就此发生争议。”[①]责任主体或积极竞标或消极推诿，之所以出现如此尴尬情境，根源或在于制度本身性质及责任边界尚待明确。

（三）遗产管理人诉讼地位尚需明确

为了处理被继承人的债权债务，遗产管理人能否提起或参与和遗产有关的诉讼？如果可以参与，遗产管理人应以何种身份参与？对此，《民法典》及相关司法解释均未给出明确回应，由此也导致司法实践做法各异。

北京市房山区人民法院（2011）房民初字第5688号法定继承纠纷中，原告与被告均为法定继承人，原告请求法院指定其中一位继承人为遗产管理人，法院未对该项诉讼请求予以明确回应，而在兜底判项中“驳回原告其他诉讼请求”。云南省安宁市人民法院审理的房屋买卖合同纠纷，房屋买受人与遗产管理人各起一诉，债权人要求遗产管理人协助办理房屋过户手续，遗产管理人主张房屋买受人支付尾款，法院将两起案件合并审理，最终支持双方诉求。[②] 由此，当前司法实践在遗产管理人制度功能之外向本书抛出更为具体的问题，即遗产管理人能否参与诉讼？能否以自己的名义参与诉讼？上述问题均需立法作出进一步明确意思表示。

（四）程序适用条件方式亟待规范

涉遗产管理人案件可分为三类，一是利害关系人提起指定遗产管理人特别程序，二是利害关系人在具体诉讼中申请追加遗产管理人或起诉要求遗产管理人履责，三是法院主动适用遗产管理人规定，在具体诉讼中认定遗产管理人。

第一类情况占比超过60%，特别程序申请人多为被继承人之债权人，申请法院指定继承人或在无人继承情形下指定民政部门或村民委员会为遗产管理人以实现债权。此时法院多会对债权人是否确为利害关系人，以及被继承人生前居住地、有无继承人、遗产状态等案件事实进行充分调查，并在此基础之上指定遗产管理人，当然特别程序的判决结果仅为法院指定遗产管理人，并不会对债权人债权如何实

---

① “法信—案例”检索平台：《继承开始后没有继承人或者继承人均放弃继承的，由被继承人生前住所地的民政部门或者村民委员会担任遗产管理人——张某申请指定遗产管理人案》。

② 参见“法信—案例”检索平台：《无继承人的房屋卖方去世致买方无法过户的，作为遗产管理人的民政局应协助办理过户手续——张某某、王某某与安宁市民政局房屋买卖合同纠纷案》。

现进行审理。如刘某申请指定天津市河北区民政局为徐某遗产管理人案等。

第二类情况又可分为两种，一种是利害关系人（亦多为债权人）提起具体诉讼（如被继承人债务清偿纠纷），其中要求法院追加或指定遗产管理人。如上述提及北京市东城区人民法院审理“金山金水投资（北京）有限公司诉于某健被继承人债务清偿纠纷案”。另一种为利害关系人已在先提起特别程序，请求法院指定遗产管理人，待遗产管理人确定后再以其为被告进行具体诉讼。如上述提及云南省安宁市人民法院审理“张某某、王某某与安宁市民政局房屋买卖合同纠纷案”。

第三类情况则为法院主动适用遗产管理人制度，在债权人起诉请求继承人偿还被继承人债务时，法院主动认定该继承人为被继承人之遗产管理人，适用遗产管理人制度加以裁判。如北京市顺义区人民法院审理“余某与张某被继承人债务清偿纠纷案”。

由此，法院是否应主动适用遗产管理人制度，债权人等利害关系人是否必须首先提起指定遗产管理人特别程序而后进行具体诉讼是当下亟须明确的问题。

二、遗产管理人制度实体法应然考量

社会不是以法律为基础的。相反地，法律应该以社会为基础。法律应该是社会共同的、由一定物质生产方式所产生的利益和需要的表现，而不是单个的个人恣意横行。[①] 前述提及，遗产管理人制度是继承立法现代化的重要标志，解决上述制度构建与司法实践尚未完全“适配”的难题，首先应回归制度设计的应然考量。

（一）遗产管理人制度价值取向

法的价值目标，是法作为客体满足主体需要的终极追求，体现了主体对法价值的追求和企盼。[②] 遗产继承制度是保护财产所有人根据其自身的意愿合法处置其财产，或者未处置其财产时法律所确定的一项规则，以使被继承人的财产能够在继承人等利害关系人之间进行合理分配的法律制度。[③]

《继承法》制定之初受时代背景及经济水平影响，立法采“以继承人为中心”模式，继承制度整体呈现为重遗产中积极财产分配而轻消极财产分担的状态，特别是对遗产债务清偿中债权人保护有所失衡。债权人既需要承担遗产减损不足以清偿债务的风险，又要提防继承人实际占有遗产却以放弃继承权的形式逃避债务的情况。

---

① 参见《马克思恩格斯全集》（第6卷），人民出版社1961年版，第291～292页。

② 参见杨震：《法价值哲学导论》，中国社会科学出版社2004年版，第172页。

③ 参见费安玲：《罗马继承法研究》，中国政法大学出版社2000年版，第2页。

立法上的公平在整个法律公平中至关重要,它是一个社会司法水平的先导,主导一个社会公平的基本状况。在公平的立法下,人们才更容易获得公平的司法,获得真正的公平。[①] 在现代社会,遗产的移转不仅涉及被继承人的利益和继承人的利益,还涉及遗产债权人的利益和社会经济秩序的安全。[②] 由此,注意维护遗产债权人的利益和交易安全成为《民法典》继承编立法理念之一,增设遗产管理人制度即为其重要体现。特别是在无人继承的情况下,遗产管理人作为立法设立的中转角色,确保继承人可通过放弃继承权的形式从遗产相关诉讼中脱身,又不会导致诉讼因无适格当事人而陷入困境。法应以自由为目的,自由是法律和发展的基础和前提,意志自由是法律的内在规定性的必然要求。[③] 遗产管理人尊重和遵从被继承人的遗嘱对遗产进行管理和分配,是被继承人的意思自由在其死亡之后的延伸和最大体现。[④] 遗产管理人制度同时遵从自由、公平、秩序、效率的价值取向,致力于使遗产得到有效管理,提高遗产分配效率,维护继承秩序,保护交易安全。

(二)遗产管理人核心要义"管理"

法律概念对一项法律制度的内容进行表达往往反映出立法的主旨,只有借助法律概念,人们才能适用法律。[⑤]《牛津法律大辞典》对"管理"之内涵进行了解构与内容上的列举。其认为遗产管理人是"在被继承人无遗嘱或未指定遗嘱执行人、遗嘱执行人死亡或不接受被继承人财产的情况下,由高等法院家事法庭指定的收集被继承人财产,清偿死者债务,并将偿债后所余财产分配给根据未立遗嘱的情况或按照被继承人的遗嘱对遗产享有权利的人"。[⑥] "管理"作为遗产管理人这一《民法典》新制度的基础概念,不仅是法律意义上的概念构建,更蕴藏着深刻而丰富的社会现实需求与经济基础。遗产管理人应从"管理"之内涵出发,探讨该制度在我国设立的目的与功能所在,如此方能廓清其在立法过程中所应当遵循的边界。

聚焦遗产管理人"管理"的核心要义,目的在于使遗产得到有效管理,最大限度避免遗产损失,保障继承权向所有权转化。例如,"冯某亮与吴某兰、张某秀等被继承人债务清偿纠纷案",被继承人傅某礼生前承包一乡村道路工程,雇佣冯某亮拉

---

① 参见卓泽渊:《法的价值论》,法律出版社 2018 年版,第 362 页。

② 参见陈苇:《外国继承法比较与中国民法典继承编制定研究》,北京大学出版社 2011 年版。

③ 参见杨震:《法价值哲学导论》,中国社会科学出版社 2004 年版,第 172 页。

④ 参见武晋:《民法商法化背景下遗产管理制度构建的价值选择》,载《河南财经政法大学学报》2017 年第 4 期。

⑤ 参见谭启平、冯乐坤:《遗产处理制度的反思与重构》,载《法学家》2013 年第 4 期。

⑥ 《牛津法律大辞典》,光明日报出版社 1988 年版,第 18 页。

混凝土。后傅某礼因意外去世,冯某亮诉至法院请求傅某礼之继承人支付其劳务工资,但继承人均放弃继承,法院最终驳回冯某亮的诉讼请求。① 遗产管理人制度将会大大改善这一局面,债权人可向遗产管理人申报债权,此时遗产管理人依据《民法典》第 1147 条之规定清理遗产并制作遗产清单限制清偿遗产债务责任财产的范围,根据遗产清单依顺序及比例清偿债务,进而使得债务得到清偿,继承人及债权人利益有所保障。

此外,强调"管理"也对遗产管理人之责任进行明确,《民法典》第 1148 条规定遗产管理人因故意或重大过失造成继承人、受遗赠人、债权人损害的,应当承担民事责任。如遗产管理人仅系从事管理行为,因一般过失造成遗产损失的则不在上述责任范畴。如浙江省鄞县人民法院审理(1993)鄞民初字第 153 号返还财物纠纷,法院认为遗产管理人并不明确知道被继承人的所有财产,致使遗产被有关部门处罚,该遗产管理人没有占有他人财物的意思,也没有实际占有他人财物,因此不构成对他人财物的侵权。

(三)遗产管理人"管理"行为的边界

既然"管理"是遗产管理人制度的核心要义,那么是否应允许管理中一定风险的存在?是否严格考察处分行为善意、合理、符合专业判断?是否取得与所有权的处分权相同的处分权?有观点认为,管理遗产并非经营企业,其目的是维护遗产价值不受侵害。②《瑞士民法典》第 585 条、《日本民法典》第 918 条均采纳处分行为符合必要之限度,而《德国民法典》第 2038 条对共同继承人的管理权限分为三种情况,即必要的、适当管理的以及超出适当管理范围的。③

我国《民法典》亦明确遗产管理人职责的兜底性规定"实施与管理遗产有关的其他必要行为",本书认为,"必要"应理解为对遗产管理人的管理行为不能仅以盈利或者亏损来判断履职适当与否。否则在为避免更大损失而故意采取必要行动以最大限度减小损失时,《民法典》第 1148 条可能成为管理人被不当责难的条款。在除《民法典》明确的"清理遗产并制作遗产清单,继承人报告遗产情况,采取必要措施防止遗产毁损、灭失,处理被继承人的债权债务,按照遗嘱或者依照法律规定分割遗产"等五项必要行为外,为避免遗产损失进一步扩大而提起或参与必要诉讼的

---

① 参见重庆市武隆区人民法院(2017)渝 0156 民初 4094 号民事判决书。

② 参见杨立新:《民法分则继承编立法研究》,载《中国法学》2017 年第 2 期。

③ 参见[德]雷纳·弗兰克、托比亚斯·海尔姆斯:《德国继承法》,王葆莳、林佳业译,中国政法大学出版社 2015 年版,第 189～190 页。

行为亦应囊括在内。

三、遗产管理人制度程序法破局初探

实体法的实施,离不开程序法的辅助,本部分从实体与程序衔接融合的角度,探讨遗产管理制度中当事人资格问题,为《民法典》新制度落地提供一点思路。课题认为,在程序与实体法衔接尚不充分的情形下,通过明确遗产管理人的独立地位,赋予其诉讼担当资格确有必要。

(一)再论诉讼担当

对于作为诉讼标的的权利关系能够请求本案判决或被请求本案判决的诉讼程序上地位称为当事人适格。被认可具有当事人适格的当事人被称为正当当事人。成为正当当事人则意味着其为请求本案判决而实施的诉讼行为具有正当性,因此当事人适格又被称为诉讼实施权。当事人适格着眼于当事人与诉讼标的的关系,以裁判是否应当作出本案判决为标准来判断。原则上应认可作为诉讼标的的权利关系的主体具有当事人适格。但是,作为该原则例外的概念是诉讼担当。诉讼担当指的是权利义务主体以外的第三人取代主体而被认可具有当事人适格的情形。此与第三人请求对他人间的权利关系予以确认等情形不同,作为担当人的第三人行使的是本来归属于权利关系主体的诉讼实施权。①

诉讼担当根据担当人具备当事人适格的原因的不同,可分为基于法定效果的法定诉讼担当以及基于主体意思的任意诉讼担当。

1. 法定诉讼担当

法定诉讼担当的本质在于诉讼实施权的法定授予、限制、剥夺。日本学者把法定诉讼担当又分为为了担当人利益的法定诉讼担当和为了权利义务归属主体利益的法定诉讼担当。通常而言,法定诉讼担当人表现为实体权利义务以外的第三人,但在特殊情况下部分权利义务关系主体亦可以基于法律规定而取得概括性诉讼实施权。一方面,法定诉讼担当人与被担当人之间具有共同的利益追求,诉讼结果与其切身利益存在密切联系,因而可以期待其积极担当其他实体权利义务归属主体进行诉讼活动;另一方面,法定诉讼担当人与被担当人之间的关系存在分配式关系(竞争关系)与整合式关系(整合关系)两种模式,其中赋予分配式关系模式下的部分实体权利义务归属主体以诉讼实施权更应注重诉讼担当人对被担当人权益的侵蚀。

---

① 参见[日]伊藤真:《民事诉讼法》,曹云吉译,北京大学出版社2019年版,第128~130页。

法定诉讼担当人享有诉讼实施权并不当然意味着实体权利义务归属主体不享有诉讼实施权，且法定诉讼担当人的诉讼实施权与实体权利义务归属主体的诉讼实施权之间存在竞合关系，究竟是法定诉讼担当人的诉讼实施权补充实体权利义务归属主体的诉讼实施权抑或反之，则属于立法者的价值判断。此外，法定诉讼担当的诉讼效果当然地拘束于法定诉讼被担当人。[①] 我国《民事诉讼法》目前涉及的法定诉讼担当主要包括公民死亡后人格权、著作权诉讼中的近亲属或继承人；因受侵权死亡损害赔偿诉讼中的近亲属；涉胎儿继承权父母；宣告失踪或死亡诉讼中的利害关系人；破产管理人；等等。

2. 任意诉讼担当

任意诉讼担当是指实体法上的权利主体或者法律关系以外的第三人，为了自己的利益或者代表他人的利益，以正当当事人的地位提起诉讼，主张一项他人享有的权利或基于他人法律关系所引发的争议，法院判决的效力及于原来的权利主体。[②] 日本通说原则上不允许当事人进行任意的诉讼担当，但又认为，当权利归属主体存在正当业务上的必要而将管理处分的权能授予他人时，应当允许进行任意诉讼担当。针对通说，有学者认为按照通说把握的任意诉讼担当，不免在范围上过于狭窄，应予以承认的任意诉讼担当可分为“为了诉讼担当人利益的任意诉讼担当”和“为了权利主体利益的任意诉讼担当”。[③] 中野贞一郎教授认为，只有在“若是不予承认任意的诉讼担当，实际上权利归属主体就难以起诉或进行诉讼实施，而且有可能使自己权利无法获得有效保护”的场合，才可以允许当事人进行任意诉讼担当。[④] 于任意诉讼担当分类而言，除了福永说所主张的“为了诉讼担当人的任意诉讼担当”与“为了权利主体利益的任意诉讼担当”，以及伊藤说所主张的“选定当事人型诉讼担当”与“第三人担当型诉讼担当”之分类外，谷口安平教授主张“与实体权一起进行诉讼追行委托的诉讼担当”与“仅仅就诉讼追行进行委托的诉讼担当”之分类。[⑤] 我国《民事诉讼法》目前涉及的任意诉讼担当包括业主委员会、普通适用许可合同的被许可人、著作权集体管理组织等。

---

① 参见黄忠顺：《法定诉讼担当的基本范畴研究》，载《法治研究》2012 年第 2 期。

② 参见纪格非：《功能论视角下任意诉讼担当的类型研究》，载《东方法学》2020 年第 2 期。

③ ［日］高桥宏志：《民事诉讼法制度与理论的深层分析》，林剑锋译，法律出版社 2003 年版，第 254 页。

④ 参见［日］高桥宏志：《民事诉讼法制度与理论的深层分析》，林剑锋译，法律出版社 2003 年版，第 254 页、第 256 页。

⑤ 参见［日］高桥宏志：《民事诉讼法制度与理论的深层分析》，林剑锋译，法律出版社 2003 年版，第 254 页、第 257 页。

3. 法定诉讼担当与任意诉讼担当的区分

二者可从权利来源与制度功能加以区分。从权利来源上看,法定诉讼担当人基于法律规定而对他人诉讼标的享有法定诉讼实施权,任意诉讼担当人基于本来权利义务归属主体的授权而对他人诉讼标的享有意定诉讼实施权。从制度功能上看,法定诉讼担当是立法者通过价值衡量,或为了保护被担当人的利益,或为了保护担当人的利益,或为了维护公共利益而强行剥夺或限制本来权利义务主体的诉讼实施权,转由特定第三人独自或者共同享有;任意诉讼担当是本来权利义务主体在法律明文准许或司法默认准许的情况下,将其诉讼实施权移转给第三人独自或者共同享有。因此,法定诉讼担当的设立,更多是立法价值的考量,任意诉讼担当的设立,则更多是对诉讼实施权处分权能的尊重。

(二)遗产管理人与诉讼担当

1. 遗产管理人独立性证成

关于遗产管理人在法律体系中投射出的性质,学界主流观点有拟制代理说与法定任务说。

拟制代理说①认为管理人的行为即便没有获得继承人的授权,其本质上都是为了继承人之利益,法律视其为继承人之代理,亦即特别拟制管理人为继承人法定代理人。有观点认为,遗产管理人与代理人是具有本质相同、功能相同的同一制度,基于遗产管理人产生方式的不同被代理人也有所不同,即基于遗嘱产生的遗产管理人,其被代理人是被继承人,管理遗产的行为并不因被继承人的死亡而失去权源;基于继承人的推选而产生的遗产管理人其被代理人是继承人,会因继承人的辞任而终止遗产管理关系;基于法院指定而产生的遗产管理人也会基于法院更换遗产管理人而失去管理权。②

法定任务说③认为,遗产管理人于继承人出现之前所为之职务上行为对继承人有效,是为保护交易安全,继承人也不能否认管理人在职务上的管理行为,因此此为法律规定任务。该学说与另一种"固有权说"异曲同工,最高人民法院认为,该说更具说服力,遗产管理人承担更为全面的管理功能,既要确保遗产价值,又要依被继承人的意愿处分遗产,还要保护继承人、受遗赠人及其他利害关系的合法权益,

---

① 参见史尚宽:《继承法论》,中国政法大学出版社2000年版,第370页。

② 参见周军、汪晓迅:《评〈民法典〉第1145条至第1149条——兼论律师担任遗产管理人之方案设计》,载《贵州警察学院学报》2021年第5期。

③ 参见刘耀东:《继承法修改中的疑难问题研究》,法律出版社2014年版,第280页。

甚至要保护国家利益，具有中立性和专业性的特点。[①]

本书亦倾向于后者，拟制代理说至少存在两项明显矛盾，一是在无人继承情况下被代理人是谁？二是部分继承人初始未出现，后与此前已出现的继承人发生利益冲突时，代理似变为双方代理。如果遗产管理人与部分继承人意见产生分歧，而另一部分继承人坚持该遗产管理人继续管理，此时遗产管理人该何去何从？以上均是该说无法回避之问题。而"法定任务说"或"固有权说"，均以遗产管理人独立性为基础。本书认为，遗产分配过程中需要通过对遗产管理人的选任来实现"契约"式的权利让渡，限制绝大部分参与人的自由处分权能，并由各方或者法律所认可的管理人来集中行使遗产的分配权利，"管理人主观上需要具有中立性和专业性"。[②] 遗产管理人的作用在于通过信息集中、相对独立性、甚至专业性的手段来尽量降低遗产分配制度运行的成本，其不依附于所有权人，故而并非拟制代理，遗产管理人应为独立主体。与此同时，由于《民法典》第1149条明确规定遗产管理人享有获得报酬的权利，受利益驱使，无疑将有越来越多的个人或者机构竞相开垦这块处女地。独立性、中立性将是遗产管理人的核心要求。

2. 遗产管理人充任诉讼主体之依据

为了处理被继承人的债权债务，遗产管理人能否提起或参与与遗产有关的诉讼？有观点认为，实践中，如果遗产管理人不具有独立诉讼主体资格，其也可以以继承人代理人的身份参加诉讼。[③] 本书认为，该观点有待商榷。若遗产管理人以继承人代理人身份参与诉讼，则与前述"法定任务说"或"固有权说"相矛盾，亦与法律要求遗产管理人具有的中立性特点相背离。

遗产管理人应该有一定的权限在遗产管理期间提起或参与与遗产有关的诉讼，并实施一定的处分行为。当事人作为诉的主体，是获得司法救济的前提。《民法典》规定遗产管理人责任、选任、获取报酬等，其程序当事人的资格应在诉讼法中得到确立，课题仅需探讨遗产管理人本身是否应为正当当事人。在此基础上的正当当事人概念，有助于避免诉权的滥用，充分发挥司法的救济功能。其识别依其性质本依赖于个案实践，但为了司法适用统一、便利进行，有必要确立一般识别标准。

传统诉讼实施权作为正当当事人的一般要件，以管理权为基础，最早由德国诉

---

① 参见最高人民法院民法典贯彻实施工作领导小组主编：《中华人民共和国民法典婚姻家庭编继承编理解与适用》，人民法院出版社2020年版，第619页。

② 付翠英：《遗产管理人制度的设立基础和体系架构》，载《法学》2012年第8期。

③ 参见最高人民法院民法典贯彻实施工作领导小组主编：《中华人民共和国民法典婚姻家庭编继承编理解与适用》，人民法院出版社2020年版，第633页。

讼法学者黑尔威格提出,即在财产权诉讼中,权利主体基于对财产享有的管理、处分权而具备诉讼资格。① 这一学说被日本等国家和地区相继接受,同时发展出诉讼实施权赋予他人的情形。我国虽无正当当事人概念,但立法在原告确认标准中规定了"利害关系"概念,学说上对其的解释一般包括"直接利害关系人"和对他人的民事权利享有"管理权和支配权"的人。此与日本及我国台湾地区的管理权理论保持一致。② 但正因管理权理论起源于财产权,其受限于财产的给付之诉,对于确认之诉、形成之诉的当事人确认缺乏依据。基于此,以诉的利益为基础的诉讼实施权开始形成,即当事人通过审判获得个人或公共、物质或精神利益时,即可作为正当当事人。③ 由此,遗产管理人是否为适格当事人的问题可转化为遗产管理人是否具有诉讼实施权。无论是基于管理权抑或诉的利益,判断该问题最简单的方法即实体权利义务的主体即为适格当事人。除此之外的第三人享有诉讼实施权,在实体法上的规定表现为诉讼担当,即第三人以自己的名义为他人利益而参与诉讼。

纵观遗产继承的过程,实际上是继承人之间、继承人与相关利害关系人之间博弈的过程,也是一个对二者间权利义务因被继承人死亡而重新梳理与整合的过程,在此过程中,遗产管理人仅是上述真正权利义务主体之外的第三者,其依据实体法规定,对他人的权利义务或法律关系享有管理权,以当事人诉讼地位就该实体权利产生的纠纷而行使诉讼实施权,判决效力及于该实体权利主体,可以概括性地认为遗产管理人制度与诉讼担当制度在理念上存在较大程度的契合。

遗产管理人制度是为保障遗产的完整性和安全性,公平、有序地分配遗产,使遗产上各项权利得以实现的一项综合性制度。④ 该制度的有效运行可以避免被继承人的遗产因其死亡陷入混乱,而由此导致遗产毁损、流失,亦可以避免债权人等利害关系人之利益因被继承人死亡而受到损害,故无论是债权人向遗产管理人主张债权而涉诉,还是遗产管理人向债务人主张债权而涉诉,都直接影响遗产管理人管理权的行使,可以认为遗产管理人对遗产涉诉案件有"诉的利益",进而遗产管理人具有正当当事人的诉讼地位。结合上述任意诉讼担当及法定诉讼担当之区分,遗产管理人如属诉讼担当,依其性质应属法定诉讼担当。

---

① 参见江伟:《民事诉讼法专论》,中国人民大学出版社 2005 年版,第 46 页。

② 参见肖建华:《民事诉讼当事人研究》,中国政法大学出版社 2002 年版,第 112 页。

③ 参见郝振江:《论非讼程序在我国的重构》,载《法学家》2011 年第 4 期。

④ 参见最高人民法院民法典贯彻实施工作领导小组主编:《中华人民共和国民法典婚姻家庭编继承编理解与适用》,人民法院出版社 2020 年版,第 616 页。

3. 遗产管理人法定担当之合理性分析

《民法典》颁布之前,《继承法》中虽有遗嘱执行人、遗产保管人等规定,却未赋予其诉讼实施权,此与我国旧有继承制度的价值取向密切相关。《民法典》增设遗产管理制度后,意欲纠正过去重继承人而轻债权人的理念,故在此背景下,遗产管理人诉讼担当的地位理应予以重新考量。

依据通说,目前《民事诉讼法》采法定诉讼担当的类型可概括为,其一,基于身份权而引发的诉讼担当,主要表现为权利主体因死亡或失踪而丧失诉讼能力,如公民死亡后人格权、著作权、侵权损害等诉讼;或权利主体诉讼能力尚不完整,如涉及胎儿、不完全民事行为能力人的诉讼;其二,基于财产管理权或处分权而引发的诉讼担当,如股东代表诉讼、破产管理人。前述论及遗产管理人核心要义之"管理",即与上述基于财产管理权或处分权引发的诉讼担当有较大契合度,立法设立遗产管理人,但若缺少诉讼实施权而无法参与相关遗产诉讼,显然对各方当事人利益保护有失。而对法定诉讼担当的立法方式可概括为,其一,由法律明确规定诉讼地位。如死者人格权诉讼,《民诉法解释》以"死者近亲属为当事人"对诉讼地位直接确定,再如死者名誉权诉讼,《关于审理名誉权案件若干问题的解释》规定近亲属可以作为原告向人民法院起诉,又如《破产法》载明"破产管理人管理和处分债务人的财产;代表债务人参加诉讼、仲裁或者其他法律程序"。其二,由法律可推知诉讼地位。如胎儿等非完全民事行为能力人诉讼,《民法典》规定"由其法定代理人实施民事法律行为",再如死者著作权诉讼,《著作权法实施条例》以"由作者的继承人或者受遗赠人保护"进行表述,又如宣告死亡、死者侵权损害诉讼,《民法典》以"向法院申请""有权请求"予以规定。可见立法除明确规定法定诉讼担当外,亦存在合理推定方式。围绕制度目的而实施的诉讼行为必然应包含在内,既能有效保护各方利益,亦可推定其诉讼担当地位。遗产管理人制度即如此,《民法典》第 1147 条关于遗产管理人职责第 4 项"处理被继承人的债权债务"以及兜底条款"实施与管理遗产有关的其他必要行为"必然囊括为主张债权或偿还债务而进行的必要诉讼行为。

本书认为,遗产管理人之程序地位可从实体规定中窥见一二。除上述《民法典》规定外,《民法典继承编司法解释(一)》第 41 条"遗产因无人继承又无人受遗赠归国家或者集体所有制组织所有时,按照《民法典》第一千一百三十一条规定可以分给适当遗产的人提出取得遗产的诉讼请求,人民法院应当视情况适当分给遗产",将过去《继承法意见》第 57 条"遗产因无人继承收归国家或集体组织所有时,按继承法第十四条规定可以分给遗产的人提出取得遗产的要求,人民法院应视情况适当分给遗产”中的“要求”重新表述为“诉讼请求”,在当前无人继承由“被继承人生前住所地的民政部门或者村民委员会担任遗产管理人”的制度规定下,更有力佐证了遗产管理人的法定诉讼担当地位。因而,无论是从设立诉讼担当之主体,还是立法之表达方式,遗产管理人应当也必须具备诉讼担当的地位。

(三)遗产管理人制度相关程序问题

上述实体与程序分析,其实已对前述《民法典》新增遗产管理人制度之诉讼现状检视提出的遗产管理人制度适用分歧、遗产管理人指定两极分化、遗产管理人诉讼地位尚需明确问题作出回应,关于其他程序适用问题本书稍加赘述。

1. 是否应以指定遗产管理人作为前置程序

《民法典》第 1146 条规定,对遗产管理人的确定有争议的,利害关系人可以向人民法院申请指定遗产管理人。在此,法律规定向法院申请指定遗产管理人的适用条件是利害关系人对遗产管理人的确定有争议,那么在无人继承情形下债权人或其他利害关系人是否仍有权向法院提起特别程序,申请指定遗产管理人?结合前述民政部门与村民委员会消极推诿之情况,本书认为,仍有必要将指定遗产管理人作为具体诉讼的前置程序。

具体而言,其一,一般而言,特别程序相较于具体诉讼而言,诉讼时间短、诉讼效率高,以特别程序确定遗产管理人,便于遗产管理人尽早履责,亦最大限度保证遗产价值效用。其二,以特别程序确定遗产管理人后,具体诉讼可能在遗产管理人履责过程中以协商等方式得以化解,避免再次诉讼时间成本、经济成本等消耗,亦最大限度规避矛盾激化。其三,以特别程序确定遗产管理人后,债权人等其他利害关系人可以明确以遗产管理人为适格当事人进行诉讼,特别是在无人继承情形下,有效规避因被告不适格而被裁定驳回起诉的情形发生。

2. 遗产管理人与其他利害关系人参与诉讼地位分析

前述遗产管理人应以法定诉讼担当,成为适格当事人,即遗产管理人既可以作为原告提起诉讼,也可以作为被告应诉。此时,继承人、受遗赠人、可适当分得遗产人等是否仍可参加诉讼?其与遗产管理人地位是否冲突?根据日本和德国对诉讼担当概念的理解,被担当人并不因此丧失诉讼主体资格,其仍可以以一定方式参与诉讼,并在诉讼中居于一定地位。[①] 日本学者福永有利教授认为,在担当人已经提起诉讼的情况下,出于禁止重复起诉的考虑,被担当人不能再度另行起诉,只可以

① 参见张晓茹:《再论诉讼担当——以担当人和被担当人在实体法和程序法上的关系为视角》,载《法学杂志》2012 年第 2 期。

进行共同诉讼的参加或者独立当事人参加。① 本书部分赞同该观点,遗产管理人无论作为原告还是被告参与诉讼,因前述独立性和中立性的特点,并不影响其他利害关系人参与诉讼,亦不影响其他利害关系人诉讼地位的列明。

3. 遗产管理人诉讼结果承担主体

前述提及,法定诉讼担当的诉讼效果当然地拘束于法定诉讼被担当人。三月章教授认为,根据担当人与被担当人之间的关系将法定诉讼担当类型化为吸收型的法定诉讼担当和抵抗型的法定诉讼担当,对于吸收型的法定诉讼担当,不管担当之诉结果系胜诉抑或败诉,被担当人均应受担当判决之拘束,而对于抵抗型的法定诉讼担当只能采取既判力片面扩张理论,而不能"一刀切"地将既判力不加区别地扩张于权利义务承当人。② 本书认为三月章教授该理论值得借鉴,应当认为,担当判决的效力当然地拘束担当人和对方当事人,而被担当人及与担当人处于相同或者相似立场的第三人与担当人利益呈现正相关时,宜在保留其诉讼参与权的基础上将担当判决之效力当然地向其扩张;在其与担当人利益呈现负相关时,如果担当判决对其有利,则担当判决效力当然向其扩张,如果担当判决对其不利,则担当判决不当然向其扩张,应当允许其另行起诉。对方当事人可以在诉讼程序中将所有诉讼实施权主体作为共同被告以避免对方当事人不必要之诉累。

四、本章观点集成

1. 问题

(1)遗产管理人是否具有诉讼主体资格?

有观点认为,遗产管理人不具有诉讼主体资格。《民事诉讼法》第 51 条规定,公民、法人和其他组织可以作为民事诉讼的当事人。遗产管理人与代理本质相同、功能相同,基于遗产管理人产生方式的不同,其被代理人也有所不同,即基于遗嘱产生的遗产管理人,其被代理人是被继承人,管理遗产的行为并不因被继承人的死亡而失去权源;基于继承人的推选而产生的遗产管理人其被代理人是继承人,会因继承人的辞任而终止遗产管理关系;基于法院指定而产生的遗产管理人也会因法院更换遗产管理人而失去管理权。由于遗产管理人行为本质上是为了继承人之利

---

① 参见赵万一、赵信会:《我国股东代表诉讼制度建立的法理基础和基本思路》,载《现代法学》2007 年第 3 期。

② 参见[日]三月章:《日本民事诉讼法》,汪一凡译,台北,五南图书出版公司 1985 年版,第 227 ~ 228 页。

益,故应视为继承人之代理人,理论基础应该坚持“拟制代理说”,从而不具有独立的诉讼主体地位。

有观点认为,遗产管理人理论基础应该坚持“固有权说”。遗产管理人承担更为全面的管理功能,既要确保遗产价值,又要依被继承人的意愿处分遗产,还要保护继承人、受遗赠人及其他利害关系人的合法权益,甚至要保护国家利益,具有中立性和专业性的特点。遗产管理人应该有一定的权限在遗产管理期间提起或参与与遗产有关的诉讼,并实施一定的处分行为。若遗产管理人以继承人代理人身份参与诉讼,则与“固有权说”相矛盾,亦与法律要求遗产管理人具有的中立性特点相背离。

本书初步意见认为,遗产管理人应该具有诉讼主体资格,理论上属于法定诉讼担当。目前《民事诉讼法》采法定诉讼担当的类型可概括为,其一,基于身份权而引发的诉讼担当,主要表现为权利主体因死亡或失踪而丧失诉讼能力,如公民死亡后人格权、著作权、侵权损害等诉讼;或权利主体诉讼能力尚不完整,如涉及胎儿、不完全民事行为能力人的诉讼;其二,基于财产管理权或处分权而引发的诉讼担当,如股东代表诉讼、破产管理人等。而对法定诉讼担当的立法方式可概括为,其一,由法律明确规定诉讼地位。如死者人格权诉讼,《民诉法解释》以“死者近亲属为当事人”对诉讼地位直接确定,再如死者名誉权诉讼,《关于审理名誉权案件若干问题的解释》规定近亲属可以作为原告向人民法院起诉,又如《破产法》载明“破产管理人管理和处分债务人的财产;代表债务人参加诉讼、仲裁或者其他法律程序”。其二,由法律可推知诉讼地位。如胎儿等非完全民事行为能力人诉讼,《民法典》规定“由其法定代理人实施民事法律行为”,再如死者著作权诉讼,《著作权法实施条例》以“由作者的继承人或者受遗赠人保护”进行表述,又如宣告死亡、死者侵权损害诉讼,《民法典》以“向法院申请”“有权请求”予以规定。《民法典》第 1147 条关于遗产管理人职责第 4 项“处理被继承人的债权债务”以及兜底条款“实施与管理遗产有关的其他必要行为”必然囊括为主张债权或偿还债务而进行的必要诉讼行为。

(2)是否应以指定遗产管理人作为前置程序?

有观点认为,有必要将指定遗产管理人作为具体诉讼的前置程序。

有观点认为,债权人等利害关系人应在提起具体诉讼时要求追加遗产管理人或一并请求法院指定遗产管理人,无须在先提起特别程序。债权人等利害关系人诉讼主要目的是实现债权等利益,可在提起被继承人债务清偿纠纷等具体诉讼时,将指定遗产管理人作为一项具体诉求列入其中,法院可一并审理,由此避免二次起诉，增添诉累。

本书倾向性意见认为，将指定遗产管理人作为具体诉讼的前置程序更具合理性。其一，特别程序相较于具体诉讼而言，一般诉讼时间短、诉讼效率高，以特别程序确定遗产管理人，便于遗产管理人尽早履责，亦最大限度保证遗产价值效用。其二，以特别程序确定遗产管理人后，具体诉讼可能在遗产管理人履责过程中以协商等方式得以化解，避免再次诉讼时间成本、经济成本等消耗，亦最大限度规避矛盾激化。其三，以特别程序确定遗产管理人后，债权人等其他利害关系人可以明确以遗产管理人为适格当事人进行诉讼，特别是在无人继承情形下，有效规避因被告不适格而被裁定驳回起诉的情形发生。

(3)被继承人去世发生于《民法典》实施之前，利害关系人是否可以《民法典》遗产管理人相关规定向法院申请指定遗产管理人？

有观点认为，被继承人去世发生于《民法典》实施之前，利害关系人可以依《民法典》遗产管理人相关规定向法院申请指定遗产管理人。

有观点认为，被继承人去世发生于《民法典》实施之前，当时的法律、司法解释没有遗产管理人相关规定，无法明确适用遗产管理人制度是否会明显减损当事人合法权益、增加当事人法定义务或者背离当事人合理预期，故不应适用《民法典》相关规定。

本书倾向性意见认为，最高人民法院《关于适用中华人民共和国民法典时间效力的若干规定》第3条规定："民法典施行前的法律事实引起的民事纠纷案件，当时的法律、司法解释没有规定而民法典有规定的，可以适用民法典的规定，但是明显减损当事人合法权益、增加当事人法定义务或者背离当事人合理预期的除外。"被继承人于《民法典》施行前死亡，当时的法律、司法解释对于遗产管理人制度并无规定而《民法典》增设了该制度，并且适用该制度能够更加妥善地处理遗产、解决遗产争议、维护债权人的合法权益，因此应适用《民法典》相关规定。

(4)遗产管理人以当事人身份参与诉讼时，其他利害关系人是否仍可参加诉讼？

有观点认为，遗产管理人以当事人身份参与诉讼，其他利害关系人并不因此丧失当事人资格，仍可以一定方式参与诉讼，并在诉讼中居于一定地位，但出于禁止重复起诉的考虑，其他利害关系人不能再度另行起诉，只可以作为共同诉讼人或独立当事人参加诉讼。

本书初步意见认为，遗产管理人以当事人身份参与诉讼，其他利害关系人并不因此丧失当事人适格,仍可以一定方式参与诉讼,并在诉讼中居于一定地位,在其他利害关系人未参与诉讼时应允许其另行起诉。

2. 民事诉讼制度展望

(1)建议

增加:民事权利义务主体以外的第三人为了自己、他人或者公共利益实现,依据法律规定,可具有当事人资格。

(2)要点

增加法定诉讼担当制度。

(3)理由

在民事诉讼法理论上,当事人适格着眼于当事人与诉讼标的的关系,以审判机关是否应当作出本案判决为标准来判断。原则上应认可作为诉讼标的的权利义务关系主体具有当事人资格。但是,作为该原则例外的是诉讼担当制度。诉讼担当指的是权利义务主体以外的第三人取代主体而被认可具有当事人适格的情形。此与第三人请求对他人间的权利关系予以确认等情形不同,作为担当人的第三人行使的是本来归属于权利义务关系主体的诉讼实施权。理论上,根据担当人具备当事人适格的原因不同,可分为基于法定效果的法定诉讼担当以及基于主体意思的任意诉讼担当。法定诉讼担当的本质在于诉讼实施权的法定授予、限制、剥夺。任意诉讼担当是指实体法上的权利主体或者法律关系以外的第三人,为了自己的利益或者代表他人的利益,以正当当事人的地位提起诉讼,主张一项他人享有的权利或基于他人法律关系所引发的争议,法院判决的效力及于原来的权利主体。

诉讼担当制度虽然突破民事主体和诉讼标的的关联关系,但因其扩大诉讼实施权的后果,使得一些制度如公益诉讼的开展变得畅通,也使民事实体法一些制度能都通过诉讼程序得以完全实现,是实体和程序衔接中不能不考虑的制度设计。目前,依据理论通说,《民事诉讼法》采法定诉讼担当的类型可概括为:其一,基于身份权而引发的诉讼担当,主要表现为权利主体因死亡或失踪而丧失诉讼能力,如公民死亡后人格权、著作权、侵权损害等诉讼;或权利主体诉讼能力尚不完整,如涉及胎儿、不完全民事行为能力人的诉讼。其二,基于财产管理权或处分权而引发的诉讼担当,如股东代表诉讼、破产管理人等。

但是,由于欠缺法定诉讼担当制度,使得制度整合效应不理想,往往需要借助实体法或者法律解释功能才能确定。目前,对法定诉讼担当的立法方式可概括为,其一,由实体法明确规定诉讼地位。如死者人格权诉讼,《民诉法解释》以"死者近亲属为当事人”对诉讼地位直接确定，再如死者名誉权诉讼，《关于审理名誉权案件若干问题的解释》规定近亲属可以作为原告向人民法院起诉，又如《破产法》载明“破产管理人管理和处分债务人的财产；代表债务人参加诉讼、仲裁或者其他法律程序”。其二，对法律进行解释推知诉讼地位。如胎儿等非完全民事行为能力人诉讼，《民法典》规定“由其法定代理人实施民事法律行为”，再如死者著作权诉讼，《著作权法实施条例》以“由作者的继承人或者受遗赠人保护”进行表述，又如宣告死亡、死者侵权损害诉讼，《民法典》以“向法院申请”“有权请求”予以规定。遗产管理制度也是如此。鉴于此，本书认为应该增加法定诉讼担当制度并进一步细化，一方面使当事人制度得以丰富，另一方面也对解决实践中当事人资格问题大有帮助。

第二编

诉的合并与民事实体权利保护的衔接

诉的合并，包括诉的主观合并（主体合并）和诉的客观合并（客体合并）。在诉的主观合并方面，多数人之债的诉讼构造与程序规则是其重难点所在。近年来，相关研究主要有两种研究进路。一是基于多数人之债的责任形态，按照按份之债、连带之债、不真正连带之债、补充之债等形态展开研究。① 二是基于债的发生原因，根据多数人侵权纠纷、保证责任纠纷、涉共有财产权纠纷等主题进行研究。② 由于以责任形态为轴展开分析更具有体系性，而现有按照第一种进路展开的研究多聚焦特定债的形态，少有结合各类债的类型，系统地对多数人之债的诉讼构造进行整体性反思，故本编第二章分别对按份之债、连带之债、不真正连带之债、补充之债、共同之债的实体与程序衔接问题展开研究。在诉的客观合并方面，诉的客观预备合并、竞合合并一直以来都是诉讼法学界和实务界重点讨论的问题，但至今仍未达成较为一致的意见，诉的客观单纯合并的要件和程序在实践中亦引发了较大争议，反诉的主体范围、牵连性判断等具体问题也有待司法进一步回应，故本编第三章结合司法实践的具体问题，就上述制度的具体构建及实体与程序衔接问题进行探析。

---

① 参见宋春龙：《侵权按份责任诉讼形态研究——以〈侵权责任法〉第12条的司法适用为中心》，载《现代法学》2017年第5期；彭熙海：《论连带责任案件的诉讼形式》，载《法学评论》2012年第3期；任重：《反思民事连带责任的共同诉讼类型——基于民事诉讼基础理论的分析框架》，载《法制与社会发展》2018年第6期；罗恬漩、王亚新：《不真正连带责任诉讼问题探析》，载《法律适用》2015年第1期；肖建国、丁金钰：《不真正连带责任的诉讼构造——以〈民法典〉第1203条为中心》，载《宁波大学学报（人文科学版）》2021年第5期；张海燕：《民事补充责任的程序实现》，载《中国法学》2020年第6期。

② 参见卢佩：《多数人侵权纠纷之共同诉讼类型研究——兼论诉讼标的之"案件事实"范围的确定》，载《中外法学》2017年第5期；罗恬漩：《数人侵权的共同诉讼问题研究》，载《中外法学》2017年第5期；宋春龙、高一凡：《保证合同纠纷诉讼程序的检讨——兼论〈民法典〉实施后保证合同纠纷的诉讼程序》，载《法律适用》2020年第21期；段文波：《共有财产涉讼类型化析解》，载《国家检察官学院学报》2016年第2期。

第一章　概　　述

一、诉的标的与诉讼请求关系辨析

"原告之诉有无诉的合并,要看多数的诉讼标的是否相异,而诉讼标的在学理上既有争论,其诉讼有无合并现象即成问题。"①诉的客观合并即诉讼标的合并,诉的主观合并亦与诉讼标的密切相关。因此,有必要厘清诉讼标的的含义及其与诉讼请求的关系,为诉的合并与实体权利保护的讨论确立基础。民事诉讼制度旨在解决当事人私权纷争,私法上的权利义务得由当事人自主解决,故当事人是否将有关私权纷争请求法院裁判,以及请求法院裁判的范围,也应依当事人意思决定。由此得出,当事人向法院起诉时必须明确要求法院裁判的对象,当事人没有请求法院裁判的争执部分,法院也不能加以审理和裁判。诉讼标的即为区分此诉与彼诉、廓清法院裁判范围的判断标准。

与民事诉讼理论上对于诉讼标的研究的火热且持续状态形成鲜明对比的是,当前《民事诉讼法》及《民诉法解释》中直接使用"诉讼标的"一词的条文屈指可数。② 而与"诉讼标的"有着千丝万缕联系的"诉讼请求"一词在现行法条文中大量出现。③ 立法中为何"偏爱"诉讼请求而"冷落"诉讼标的,以及在《民法典》实施背景下两者在我国法律框架下应是何种关系,值得思考和检视。

(一)理论上关于诉讼标的与诉讼请求的纷争

理论上一般认为,诉讼标的是指民事当事人之间争议的、请求法院审判的民事实体法律关系或者民事实体权利。诉讼请求是原告请求法院审判的、以诉讼标的为基础的具体实体请求。仅从定义来看,诉讼标的与诉讼请求是可以区分的,但在理论上,关于诉讼标的与诉讼请求的关系,存在不同认识。有学者归纳为四种不同

---

① 陈荣宗:《民事程序法与诉讼标的理论》,台湾大学法学丛书编辑委员会1977年版,第399页。

② 主要条文有《民事诉讼法》第55条、第57条、第59条以及《民诉法解释》第233条、第247条、第256条。

③ 经初步统计,"诉讼请求"一词在《民事诉讼法》及《民诉法解释》中出现78次。

观点:“第一种观点将诉讼请求完全等同于诉讼标的,例如认为诉讼标的是法院判定诉的合并、分离、变更以及追加的根据。而诉的不同在根本上是诉讼标的不同,只有存在两个或两个以上的诉讼标的,才有诉的合并、分离、变更与追加。第二种观点认为诉讼请求的内涵和外延并不完全等同于诉讼标的。诉讼请求有广义和狭义之分:广义的诉讼请求是向法院提出的,要求法院予以判决的请求(当事人希望法院对其请求作出相应的确认、给付、形成的具体判决);而狭义的诉讼请求仅仅指原告向被告主张的法律上的利益。第三种观点认为,诉讼请求是诉的一个必备要素,是诉方当事人就其与对方当事人之间的民事纠纷如何处理的主张。诉讼请求源于诉讼标的,但又不同于诉讼标的。第四种观点以《民事诉讼法(试行)》确立的二元模式为基础,认为诉讼请求必须具体,而诉讼标的不可能具体。”①

从以上观点可以看出,理论上关于诉讼标的与诉讼请求的关系,主要存在二元并存说与一元论两种不同观点。

1. 诉讼标的与诉讼请求的二元并存说。“诉讼标的”与“诉讼请求”在我国是同时并用的两个概念,至少在以下方面两者并不相同,由此产生了我国民事诉讼法上的“诉讼标的”与“诉讼请求”二元并存论。

一是诉讼标的与诉讼请求概念不同。关于诉讼标的的定义,理论上众说纷纭,尚未形成完全一致的意见。代表性观点有以下几种:(1)诉讼标的即为实体法上的请求权;(2)诉讼标的是指原告在诉的声明中所表明的具体的权利主张。(3)诉讼标的不仅是民事诉讼中法院裁判的对象,也是裁判对象的最基本和最小的单位。所谓最基本的单位,意思是指诉讼标的是当事人向对方所主张的法律上的利益所不能再细化的具体事项,如果再细分就不能构成一个完整的诉讼请求。(4)诉讼标的是指特定的权利或法律关系存在的主张,即使原告的数个请求权在其经济生活上的利益或实际上的完全相同,其数个请求既然是以实体法上数个不相同的法律关系为基础形成的,那么,也就存在数个诉讼标的。(5)诉讼标的是指原告对被告的利益主张。当事人之间的纠纷不外乎是生活利益的冲突,当事人要求法院裁判的也就是关于生活利益的主张,这种生活利益的主张只要为实体法承认即可,而无须按照实体法的权利构成要件提出权利主张,也就是权利主张不由实体法构成要件所决定。(6)给付之诉的诉讼标的是指原告可以向对方请求为一定给付的法律地位的权利主张。确认之诉的诉讼标的,是原告在诉讼的声明中所表示的一定权

---

① 任重:《论我国民事诉讼标的与诉讼请求的关系》,载《中国法学》2021年第2期。

利或法律是否存在的权利主张。形成之诉的诉讼标的为原告求得形成判决的法律地位的权利主张，构成形成权的事实及形成权本身并不是诉讼标的，只是形成诉讼中攻击防御的方法。(7)诉讼标的是当事人在诉讼法上所主张的请求权，并不是真正的请求权。(8)给付之诉的诉讼标的应当是当事人关于对方履行给付义务的诉讼请求。确认之诉和变更之诉的诉讼标的应当是当事人要求法院关于确认和变更实体法律关系的诉讼请求。① (9)诉讼标的是指民事当事人之间争议的、请求法院审判的民事实体法律关系或者民事实体权利。② (10)诉讼标的是原告在诉讼上所为之一定具体实体法之权利主张。③ 之所以出现如此众多的概念，主要在于理论适应于实践要求的技术性改造。在旧实体法理论框架下，诉讼标的与实体法上的请求权同义，但因无法合理解释请求权竞合时诉讼标的的识别问题，故出现新诉讼法理论，即认为诉讼标的并非实体法上的权利义务，而是原告的"权利主张"。就识别标准的不同，该理论又分为一分肢说(仅以诉的声明作为诉讼标的的识别依据)和二分肢说(以诉的声明＋生活事实作为诉讼标的的识别依据)。

而关于诉讼请求，《民事诉讼法》第122条明确规定，起诉要件应包括适格原告、明确被告，具体的诉讼请求和事实。对何为诉讼请求，法律、司法解释均未作出明确的界定，理论上对于诉讼请求的概念亦未能达成一致意见。第一种观点认为，所谓诉讼请求是指原告向被告提出的要求人民法院予以审理和裁判的实体主张；第二种观点认为，作为起诉条件的诉讼请求应当理解为诉的声明；第三种观点认为，诉讼请求是一方当事人向对方当事人主张的法律上的权利以及请求法院作出具体判决的要求，是当事人希望获得何种范围和方式的救济的意思表示，既可能是实体权利主张，又可能是程序权利主张。诉讼请求一般有以下几种类型：一是请求人民法院确认某种法律关系或者法律事实，比如请求确认双方的收养关系，请求确认某自然人失踪或者死亡；二是请求对方当事人履行给付义务，比如请求对方赔偿损失，请求对方偿还贷款本息，请求对方履行合同约定的义务；三是请求变更或者消灭一定的民事法律关系，比如请求离婚，请求变更或者撤销合同。

从上述理论观点可以看出，诉讼标的与诉讼请求是具有密切联系但又不完全相同的概念。除少数观点认为诉讼标的与诉讼请求相同外，理论界主流的观点认

---

① 以上观点参见张卫平：《民事诉讼：关键词展开》，中国人民大学出版社2005年版，第173～200页。

② 参见邵明：《现代民事之诉与争讼程序法理——"诉审判"关系原理》，中国人民大学出版社2018年版，第20页。

③ 参见王胜明主编：《中华人民共和国民事诉讼法释义》，法律出版社2012年版，第292页。

为诉讼标的是诉的“质”的规定性而决定诉讼请求，一个“诉”只有一个“诉讼标的”，但可有数项诉讼请求。[①] 与此相关的另一个概念是诉的声明。理论界对于诉的声明的界定，亦有不同认识。有观点认为诉的声明是原告主张所希望的法律效果或者法律地位，而不是主体实体法上的权利，诉的声明也就是“审判要求”；另有观点认为诉的声明即原告请求法院为如何具体判决之声明，即起诉请求判决之结论。[②] 诉的声明一词源自德文 Klageantrag，与我国法上的诉讼请求是否为同一概念存在模糊。“从最大语义范围上，诉讼请求至少可能对应以下三个德文术语，分别是 prozessualerAnspruch（诉讼请求或诉讼上请求权）、Klagebegehren（起诉要求）、Klageantrag（诉的申请或诉的声明）。”[③]从我国司法实践看，所谓的诉的声明，一般表述为请求范围，为不因请求权基础的改变而变化的诉讼目标，通常也被表述为诉讼请求、诉讼目标、诉讼趣旨。原告甲起诉被告乙，“请求乙给付 200 万元”，该权利主张是基于买卖合同货款给付请求权提出的具体请求，还是基于借贷合同贷款偿还请求权提出的具体请求，需要结合事实理由判断，该请求就是诉的声明，而非按照旧实体法说认定的诉讼标的。[④] 而且诉的声明一词，主要作为新诉讼法说关于诉讼标的识别因素出现，即使笼统认为我国法上的诉讼请求与诉的声明可等而划之，与诉讼标的亦不相同。

二是诉讼标的与诉讼请求在现行法上作为不同概念同时出现。《民诉法解释》第 247 条规定：“当事人就已经提起诉讼的事项在诉讼过程中或者裁判生效后再次起诉，同时符合下列条件的，构成重复起诉：（一）后诉与前诉的当事人相同；（二）后诉与前诉的诉讼标的相同；（三）后诉与前诉的诉讼请求相同，或者后诉的诉讼请求实质上否定前诉裁判结果。当事人重复起诉的，裁定不予受理；已经受理的，裁定驳回起诉，但法律、司法解释另有规定的除外。”依据该条规定，构成重复起诉的条件为后诉与前诉当事人相同、诉讼标的相同、诉讼请求相同或相冲突。在同一条文中将“诉讼标的”与“诉讼请求”并列作为判断的因素，至少从文义解释来看，“诉讼标的”与“诉讼请求”为具有不同法律意义的概念。另外，在《民事诉讼法》相关条文中，亦同时出现“诉讼标的”与“诉讼请求”的不同表述。

---

① 参见邵明：《现代民事之诉与争讼程序法理——“诉审判”关系原理》，中国人民大学出版社 2018 年版，第 17 页。

② 参见姚瑞光：《民事诉讼法论》，中国政法大学出版社 2011 年版，第 243 页。

③ 任重：《论我国民事诉讼标的与诉讼请求的关系》，载《中国法学》2021 年第 2 期。

④ 按照旧实体法说，甲依据买卖合同主张的贷款给付请求权，“请求乙给付货款 200 万元”即为诉讼标的。

2. 诉讼标的与诉讼请求的一元论。按照学者的历史考察，"诉讼请求"一词作为明确概念，首次出现于 1956 年 10 月最高人民法院印发的《关于各级人民法院民事案件审判程序总结》之中。在该程序总结中，亦使用"（诉讼）标的"一词，学者认为"诉讼请求"与"（诉讼）标的"均指向案件审理和裁判的对象，为同一语义。[①] 之所以出现诉讼标的与诉讼请求的二元之分，是因为法律移植、移译过程出现的差错。如上所述，张卫平教授从不同诉的类型讨论诉讼标的，认为给付之诉的诉讼标的应当是当事人关于对方履行给付义务的诉讼请求，确认之诉和变更之诉的诉讼标的应当是当事人要求法院关于确认和变更实体法律关系的诉讼请求。[②] 张卫平教授的上述观点即认为诉讼标的与诉讼请求为同一概念。

虽然学者主张诉讼标的与诉讼请求的一元论，但亦承认在我国现行法的框架下，该观点在诸多问题上需要调整，[③]虽然属于技术层面的调整，但仍不免有凿枘之惑。

（二）我国关于诉讼标的与诉讼请求关系的主流观点

1. 诉讼标的是指民事当事人之间争议的请求法院审判的民事实体法律关系或者民事实体权利。诉讼请求是原告以诉讼标的为基础提出的具体实体请求，易言之，诉讼请求是指原告获得实体（法）上的具体法律地位或具体法律效果的诉讼主张。具体实体请求即原告行使诉权或提起诉讼所欲获得的具体的实体法律地位或实体法律效果。

2. 诉讼标的是诉的"质"的规定性，一个"诉"只有一个"诉讼标的"，但可有数个诉讼请求。若同一个诉讼程序中，存在两个以上的诉讼标的，为两个以上的诉，构成诉的客观合并。

3. 本诉的诉讼标的发生变更的，构成诉的客观变更。但诉讼请求包含数项可以分割的组成部分时，当事人减少或者增加诉讼请求，仅是诉讼请求"量"上发生变更，则本诉仅发生了"量变"，并未发生"质变"，诉讼标的并未发生变化，仍为原诉。

4. 给付之诉的诉讼标的是原告主张的具有给付内容的实体法律关系，或者是当事人（或原告）主张的给付请求权。给付之诉的诉讼请求，要么是请求作为或不作为，要么是给付什么或给付多少。

5. 积极确认之诉与消极确认之诉的诉讼标的大致相同，是争议的民事法律关系（或民事权益），或者是原告对该民事法律关系（或民事权益）或者特定法律事实所

---

① 参见任重：《论我国民事诉讼标的与诉讼请求的关系》，载《中国法学》2021 年第 2 期。

② 参见张卫平：《民事诉讼：关键词展开》，中国人民大学出版社 2005 年版，第 200 页。

③ 参见任重：《论我国民事诉讼标的与诉讼请求的关系》，载《中国法学》2021 年第 2 期。

主张的支配权。确认之诉的诉讼请求与诉讼标的几乎相同,只是主张的内容更为具体明确。

6. 形成之诉的诉讼标的是原告主张变动的具体民事法律关系(或民事权益),或者是原告对该民事法律关系(或民事权益)所主张的形成诉权,或原告对特定法律事实所主张的形成诉权。形成之诉的诉讼请求通常是原告请求法院变动某项民事法律关系(或民事权益)或者特定法律事实。形成之诉的诉讼请求亦是诉讼标的具体化。①

基于我国司法实务的多数实践,本书采旧实体法说,从实体法上的请求权出发来界定诉讼标的,认为"诉讼标的乃是原告在诉讼上所为一定具体实体法之权利主张",亦即"当事人在实体法上权利义务或法律关系"。② 该说对于诉的合并制度构建的优势,将于后文各具体制度中详细论述。

二、诉的主观合并与诉的客观合并

诉的要素是一个诉之存在必须具备的要件,这些要件使诉特定化、具体化,区别与他诉。③ 诉的要素包括诉的主观要素和客观要素。诉的主观要素即当事人,使当事人的范围以及当事人资格得到确定。诉的客观要素即诉讼标的,使相同当事人之间的不同诉区别开来。④ 诉的主观要素和客观要素使得不同之诉得以区分,诉的合并即人民法院把几个独立的诉,合并在一个案件中进行审理和裁判。一个原告对一个被告,就单一的诉讼标的提起诉讼,是为单一之诉。若当事人一方或者双方在两个或者两个以上,或者诉讼标的在两项或者两项以上,即为诉的合并。⑤

(一)诉的主观合并的具体情形及法律规定

诉的主观合并,是指通过一个诉讼程序解决多数当事人的纠纷的诉讼形式,即

---

① 以上观点参见江伟、肖建国主编:《民事诉讼法》(第 8 版),中国人民大学出版社 2018 年版,第 26 ~ 28 页。

② 最高人民法院修改后民事诉讼法贯彻实施工作领导小组编著:《最高人民法院民事诉讼法司法解释理解与适用(上)》,人民法院出版社 2015 年版,第 635 页。

③ 参见李龙:《民事诉讼诉的合并问题探讨》,载《现代法学》2005 年第 2 期。

④ 理论上,诉的要素存在二元论、三元论、四元论等不同观点。二元论之一认为,诉由诉讼标的和诉讼理由构成,参见柴发邦主编:《民事诉讼法学新编》,法律出版社 1992 年版,第 60 ~ 61 页;二元论之二认为,诉由当事人和诉讼标的构成,参见张永泉:《民事之诉合并研究》,北京大学出版社 2009 年版,第 9 页;三元论认为,诉由当事人、诉讼标的和诉讼理由构成,参见田平安主编:《民事诉讼法学》,中国政法大学出版社 1999 年版,第 142 ~ 143 页;四元论认为,诉由当事人、诉讼标的、诉讼理由和诉的声明构成,参见张晋红:《民事之诉研究》,法律出版社 1996 年版,第 72 页。本书采二元论之二的观点。

⑤ 参见张永泉:《民事之诉合并研究》,北京大学出版社 2009 年版,第 9 页。

多数人诉讼。[①]《民事诉讼法》第55条第1款规定："当事人一方或者双方为二人以上，其诉讼标的是共同的，或者诉讼标的是同一种类、人民法院认为可以合并审理并经当事人同意的，为共同诉讼。"该条文对共同诉讼作出规定，具体分为必要共同诉讼和普通共同诉讼。

必要共同诉讼中"诉讼标的是共同的"，共同诉讼人对诉讼标的有共同的权利义务。立法者对该制度的定位原本为，"其中一人不参加诉讼，争议的权利义务关系以及当事人之间的权利义务关系就难以确定，因此，如果人民法院发现必须共同诉讼没有参加诉讼的，应当追加其为当事人，通知其参加诉讼"。[②] 该情形理论上称为固有的必要共同诉讼。由于实践中存在诉讼标的共同，但并非权利义务必须所有当事人共同实施、无须追加所有权利义务承担者参加诉讼的情形，如股东提起的撤销公司决议之诉，虽然诉讼标的共同但无须追加所有股东参加诉讼，故理论和实践发展出类似的必要共同诉讼，以对固有的必要共同诉讼严苛的条件进行缓和。

普通共同诉讼中"诉讼标的是同一种类"，普通共同诉讼的当事人没有共同的利害关系，可以将他们作为各自独立的诉讼分别审理，也可以作为共同诉讼合并审理。普通共同诉讼是一种可分之诉，因诉讼标的属于同一种类，为审理方便将他们作为共同诉讼进行审理。一旦作为共同诉讼审理，即为诉的主观合并。普通共同诉讼的要件有三：一是诉讼标的为同一种类，二是人民法院认为可以合并审理，三是经当事人同意。由于普通共同诉讼规定的条件较为严格，不能涵盖实践所有需要，故有学者提出对普通共同诉讼进行重构，扩大普通共同诉讼的范围。[③]

此外，诉的主观合并还包括诉的主观预备合并，该情形于我国现行法中未予规定。诉的主观预备合并，是指共同诉讼之一人与其他共同诉讼人以主位与备位的顺序关系共同起诉或共同被诉的情形。[④] 诉的主观预备合并具有一次性解决纠纷、防止裁判矛盾、利于发现真实、提升诉讼效率等优势，但也存在导致当事人诉讼地位不安定的问题。

（二）诉的客观合并的具体情形及法律规定

诉的客观合并，是指同一原告对同一被告在同一诉讼程序中，主张两个以上独

---

① 参见张永泉：《民事之诉合并研究》，北京大学出版社2009年版，第9页。

② 全国人大常委会法制工作委员会编：《中华人民共和国民事诉讼法释义》，法律出版社2012年版，第94页。

③ 参见刘鹏飞：《普通共同诉讼的权限分配与范围界定》，载《法学论坛》2020年第1期。

④ 参见张永泉：《民事之诉合并研究》，北京大学出版社2009年版，第9页。

立的诉。[①] 诉的客观合并,从本质上看,即诉讼标的的合并。[②] 根据现行法规定和司法实践,诉的客观合并包括诉的客观单纯合并、诉的客观预备合并、诉的竞合合并。

诉的客观单纯合并,又称普通的诉的合并、并列的诉的合并,是指同一原告对同一被告,在一个诉状中主张多个诉讼标的,即提出多个诉,要求法院对这些诉一并作出判决的诉的合并。[③] 诉的客观单纯合并中,各项诉讼请求的关系乃请求权之聚合,权利人在实体法上有权主张全部请求。诉的客观单纯合并主要有两种类型:一是多个诉讼标的的牵连合并,例如原告起诉确认合同无效,同时请求被告承担缔约过失责任。与之相关的规定是《民诉法解释》第221条:"基于同一事实发生的纠纷,当事人分别向同一人民法院起诉的,人民法院可以合并审理。"二是多个诉讼标的的类似合并,例如原被告存在长期交易关系,先后签订数个标的物相同的买卖合同,并基于数个买卖合同提起诉讼。

诉的客观预备合并,是指在同一诉讼程序中原告同时提起主(先)位之诉和备(后)位之诉,原告请求若主位之诉败诉时应就备位之诉作出判决。[④] 在此类诉讼中,原告可以基于同一案件事实提出多个诉,法院在审理时要按照原告安排的顺序进行,若主位之诉败诉,则法院针对备位之诉作出判决;若主位之诉胜诉,则备位之诉无须审判。诉的客观预备合并具有利于纠纷一次性解决、减少当事人诉累、保障裁判统一、益于实现实体公正、利于保护当事人的诉讼处分权等功能。[⑤] 诉的客观预备合并虽未于我国现行法中明确规定,但却应用于司法实践中,多有论者主张构建诉的客观预备合并制度。[⑥]

诉的竞合合并,是指同一原告对于同一被告,有相互独立的数种权利,而此相互独立的数种权利,系有一同一目的,基于各该权利于同一诉讼程序以单一之声明,要求法院为同一判决。[⑦] 具体而言,包括法条竞合说、请求权竞合说、请求权规范竞合说等不同观点。诉的竞合合并,实质上是当事人在民事实体法上请求权的竞合,诉的竞合合并只发生在请求权竞合的场合。《民法典》中典型的请求权竞合为第186条规定:"因当事人一方的违约行为,损害对方人身权益、财产权益的,受

---

① 参见张永泉:《民事之诉合并研究》,北京大学出版社2009年版,第9页。

② 参见常怡主编:《民事诉讼法学》,中国政法大学出版社1994年版,第138页。

③ 参见贺小荣主编:《最高人民法院第二巡回法庭法官会议纪要》,人民法院出版社2021年版,第144页。

④ 参见邵明:《民事诉讼法理研究》,中国人民大学出版社2004年版,第224页。

⑤ 参见李丽峰、浦欣:《预备合并之诉若干问题研究》,载《环球法律评论》2012年第3期。

⑥ 参见肖华林:《程序效益视角下客观预备之诉合并的制度设计》,载《法律适用》2016年第3期。

⑦ 参见王甲乙、杨建华、郑健才:《民事诉讼法新论》,台北,三民书局1988年版,第259页。

损害方有权选择请求其承担违约责任或者侵权责任。”该条规定为我国关于违约责任与侵权责任竞合的实体法依据。不当得利与侵权责任、准无因管理与不当得利、物权请求权与占有人的物上请求权等亦存在请求权竞合的问题。①

反诉，是指在已开始的诉讼程序中，本诉的被告通过法院向本诉的原告提出的一种独立的反请求。②《民事诉讼法》第 143 条规定：“原告增加诉讼请求，被告提出反诉，第三人提出与本案有关的诉讼请求，可以合并审理。”《民诉法解释》第 233 条第 2 款规定：“反诉与本诉的诉讼请求基于相同法律关系、诉讼请求之间具有因果关系，或者反诉与本诉的诉讼请求基于相同事实的，人民法院应当合并审理。”反诉的主体是否应当扩张、牵连性如何判断等问题，均有待进一步分析。

① 参见崔建远：《中国民法典所设竞合规范论》，载《兰州大学学报（社会科学版）》2021 年第 1 期。

② 参见常怡主编：《民事诉讼法学》，中国政法大学出版社 2002 年版，第 88 页。

第二章　诉的主观合并(一):按份之债

一、司法实践问题分析

按份之债诉讼形态的确定,决定了原告是否可选择起诉部分被告,法院是否必须追加其他当事人,以及未追加是否构成遗漏诉讼当事人导致必须发回重审等一系列问题。司法实践中,对于按份责任是必要共同诉讼还是普通共同诉讼存在不同裁判。

案例1:A在帮工过程中被高压电击中受到损害,起诉雇主B,B认为场地所有者C公司亦有过错,申请追加C参加诉讼,法院同意申请并追加C作为共同被告。①

案例2:A在行车时受B撞击受伤,又因医院采取救治措施不当死亡。法医学鉴定中心出具报告显示医院过错参与度为20%。A之家属起诉医院,医院申请追加B为共同被告。法院对医院的追加申请不予准许。②

案例3:A乘坐B驾驶的车,与C驾驶的车相撞,导致A受伤。A起诉C,C未申请追加B参加诉讼,法院也未依职权追加B作为共同被告。③

案例4:A指挥B倒车时,C与B相撞造成A受伤,交警认定B、C各承担50%的责任。A起诉B、C以及保险公司,后申请撤回对B及保险公司的起诉,法院予以准许。④

案例5:A乘坐B驾驶的车,与C驾驶的车相撞。交警部门认定B负主要责任,C负次要责任。A起诉B、C,后申请撤回对B的起诉,法院未进行处理,仍合一作

---

① 参见甘肃省庄浪县人民法院(2015)庄民初字第328号民事判决书。

② 参见四川省南充市中级人民法院(2015)南中法民终字第1666号民事判决书。

③ 参见山东省淄博市淄川区人民法院(2016)鲁0302民初1663号民事判决书。

④ 参见河南省确山县人民法院(2016)豫1725民初284号民事判决书。

出裁判。[1]

上述案例对按份之债中原告是否可选择部分侵权人起诉，以及对全部侵权人起诉后可否对部分侵权人撤诉，法院处理结果不一。[2] 法院并未依据《民事诉讼法》第55条第1款确定的标准认定共同诉讼类型，再决定是否允许部分起诉或撤诉，而是根据事实查明的需要决定是否追加其他侵权人为共同被告，且不少法院未说明理由，说理论证不充分。对于侵权人责任比例划分较为明确、案件事实较为清晰的案件，例如交警部门已对责任作出认定，法院多倾向于允许原告自由处分起诉权利。

二、按份之债的实体法分析

按份之债，是指债权人或债务人为二人以上，债之标的可分，债权人或债务人按照份额享有债权或负担债务的债权债务关系。[3] 按份之债可分为法定的按份之债和意定的按份之债，前者主要为侵权法律关系中分别侵权导致的责任，后者为各方通过合同约定的按份之债。

（一）按份之债在《民法典》中的体现

《民法典》第517条、第518条分别规定了按份之债与连带之债，并规定连带之债由法律规定或者当事人约定。根据体系解释，按份之债应为债的一般形态，在法律没有特别规定或者当事人未明确约定的情况下，多数人之债一般为按份之债，因此《民法典》明确规定按份之债的情形较少。

经梳理，《民法典》规定按份之债的情形主要包括：（1）担保合同无效后债务人与担保人对债权人的责任（第388条、第682条）；（2）多数人分别侵权对受害人的责任（第1172条）。此外，《民法典》规定承担"相应责任"的，一般也理解为根据过错承担按份责任。

（二）按份之债的特征和效力

按份之债本质上是多个独立的债。按份之债的份额在债成立之时即已确定，此份额既是外部份额，也是内部份额。在外部关系上，债权人或债务人仅按照该份额享有权利或承担义务；在内部关系上，各债权人和债务人互不发生追偿。按份之

---

① 参见黑龙江省红兴隆人民法院（2015）红民初字第514号民事判决书。

② 对上述案例的分析，另参见宋春龙：《侵权按份责任诉讼形态研究——以〈侵权责任法〉第12条的司法适用为中心》，载《现代法学》2017年第5期。

③ 参见《民法典》第517条第1款。

债只是基于同一或牵连的事实，在份额上存在一个加总计算的关系，但实际上是多个债的集合。在份额计算无争议的情况下，按份之债与其他毫不相关的多个债几乎无异。因此，主张按份之债为固有必要共同诉讼者，多以便于份额确定与提升诉讼效率为理由。[①]

在多数人的连带之债中，讨论绝对效力事项和相对效力事项（统称为涉他效力）较多。所谓绝对效力是指，债权人或债务人一人所生事项对其他债权人或债务人亦发生效力。而相对效力是指，债权人或债务人一人所生事项对其他债权人或债务人不发生效力。[②] 按份之债中也涉及涉他效力，但因按份之债具有独立性特征，这就决定了部分债权人或债务人所生事项对其他债权人或债务人原则上不发生效力，除非在意定之债中当事人另有特别约定。在按份债务中，一债务人为清偿、抵销、提存、履行迟延、不完全履行、履行不能等，债权人向一债务人为请求履行、免除等，以及债权转让、债务转移、债权债务混同、诉讼时效届满等，均对另一债务人不发生效力。按份债权亦同。仅在合同关系中，各债因合同约定可能互相产生一定影响。例如 A、B 与 C 签订买卖合同，约定由 A、B 各向 C 出售 50 吨小麦，各方可约定 C 在收到全部货物后再向 A、B 分别支付货款。此时，一债务对价的取得以另一债务的履行为前提。

（三）侵权按份责任的认定

《民法典》第 1172 条对侵权按份责任进行规定："二人以上分别实施侵权行为造成同一损害，能够确定责任大小的，各自承担相应的责任；难以确定责任大小的，平均承担责任。"其中，"分别实施"是指实施侵权行为的数人之间并无意思联络，[③] 从而区别于《民法典》第 1168 条[④]规范的有意思联络的共同加害行为。据此，没有意思联络的数人基于故意或者过失，分别实施侵权行为造成他人同一损害，原则上应以按份责任处理；有意思联络的数人共同实施侵权行为造成他人同一损害，则应以连带责任处理。同时，在分别实施侵权中，根据《民法典》第 1171 条[⑤]规定，如果

---

① 参见卢佩：《多数人侵权纠纷之共同诉讼类型研究——兼论诉讼标的之"案件事实"范围的确定》，载《中外法学》2017 年第 5 期；段文波：《德日必要共同诉讼"合一确定"概念的嬗变与启示》，载《现代法学》2016 年第 2 期。

② 参见孙森焱：《民法债编总论》，法律出版社 2006 年版，第 722 页。

③ 参见程啸：《侵权责任法》，法律出版社 2021 年版，第 419 页。

④ 《民法典》第 1168 条规定："二人以上共同实施侵权行为，造成他人损害的，应当承担连带责任。"

⑤ 《民法典》第 1171 条规定："二人以上分别实施侵权行为造成同一损害，每个人的侵权行为都足以造成全部损害的，行为人承担连带责任。"

"每个人的侵权行为都足以造成全部损害",则加害人承担连带责任。因此,分别实施侵权中以因果关系的类型为标准,根据每个侵权行为是否都足以造成全部损害,分别按连带责任、按份责任处理。二者对被侵权人的保护迥然有别,显然侵权人承担连带责任对被侵权人更为有利。实践中,对于"每个人的侵权行为都足以造成全部损害"构成要件的认定,存在较大争议。例如,两车相撞导致第三人受伤或死亡(案例三、案例四、案例五),侵权人应承担按份责任还是连带责任。对此,上海市高级人民法院《关于处理道路交通事故纠纷若干问题的解答》(沪高法民一〔2009〕9号)第2条规定,两车或多车相撞引发的交通事故中,机动车双方或多方均有过错,车内人员以侵权关系主张赔偿的,造成交通事故的车辆各责任方应对车内人员损害承担连带赔偿责任;如车内人员与本车一方存在配偶关系或车内人员系本车一方未成年子女的,其他各方要求扣除本车一方根据责任大小应承担份额的,可以支持。

本书认为,对于"足以造成全部损害",应从以下两个方面进行理解:其一,每个加害行为与损害之间都应具有相当因果关系,即每个行为单独发生都足以造成权益受侵害,且都足以造成全部损害。其二,足以造成全部损害并不意味着实际造成全部损害。侵权行为的发生在很多情况下存在先后顺序,在后的侵权行为只是具有造成全部损害的可能性,而无法实际造成损害。

之所以要求足以造成全部损害的多个侵权人承担连带责任,是因为每个侵权行为与全部损害结果都具有相当因果关系,此时任何人都不能以"除了自己还另有他人也实施侵权行为"为由脱责①,故应对每个加害行为人都给予否定性评价。但是,当每个行为都不足以或某一行为不足以造成全部损害时,由于各侵权人不存在意思联络,此时如仅仅为了更有利于保护受害人而让侵权人承担连带责任,正当性不足,将造成连带责任的滥用。对此,应通过因果关系加以限制,严格认定"每个人的侵权行为都足以造成全部损害"。在两车相撞导致第三人受到损害的案件中,当机动车双方均具有过错时,损害结果是双方共同导致的,并非任何一方的行为都足以导致全部损害结果,单纯出于保护受害人而让侵权人承担连带责任,缺少法律依据。此时宜适用《民法典》第1172条,侵权人根据其过错比例承担按份责任。

---

① [德]克里斯蒂安·冯·巴尔:《欧洲比较侵权行为法》,焦美华译、张新宝审校,法律出版社2004年版,第528页。

三、按份之债的程序法分析

(一)按份之债诉讼形态概述

对于按份之债的共同诉讼类型,学界存在不同观点。有观点认为构成固有必要共同诉讼①,有观点认为属于类似必要共同诉讼②,亦有观点主张属于普通共同诉讼③。按份之债既包括法定的侵权之债,也包括意定的合同之债,不同类型法律关系的诉讼形态可能不同。按份之债诉讼形态的确定还涉及程序法上诉讼标的、判决效力、第三人等制度,需要体系构建、一体考察。

共同诉讼,是指在同一诉讼中,当事人一方或者双方为两人及以上的诉讼形态。④《民事诉讼法》第55条第1款规定:“当事人一方或者双方为二人以上,其诉讼标的是共同的,或者诉讼标的是同一种类、人民法院认为可以合并审理并经当事人同意的,为共同诉讼。”该条以诉讼标的的种类为标准界定共同诉讼类型,诉讼标的共同的为必要共同诉讼,诉讼标的同类的为普通共同诉讼。理论上,必要共同诉讼又进一步分为固有必要共同诉讼与类似必要共同诉讼。前者是指基于实体法的要求,共同权利或义务必须全体民事主体一起实施方为适格的诉讼形态。⑤ 后者是指数人有权选择单独诉讼或共同诉讼,若数人中一人单独诉讼,该一人所受判决的既判力及于未诉讼的其他人;若数人共同诉讼,诉讼标的对于共同诉讼人全体必须合一确定,法院不得为矛盾判决的共同诉讼形态。⑥

共同诉讼制度的价值或目的有三:一是实现实体法要求与保护实体权益;二是防止裁判矛盾;三是促进诉讼效率。⑦ 必要共同诉讼的目的在于防止裁判矛盾⑧,普

---

① 参见卢佩:《多数人侵权纠纷之共同诉讼类型研究——兼论诉讼标的之“案件事实”范围的确定》,载《中外法学》2017年第5期;段文波:《德日必要共同诉讼“合一确定”概念的嬗变与启示》,载《现代法学》2016年第2期。

② 参见汤维建:《类似必要共同诉讼适用机制研究》,载《中国法学》2020年第4期。

③ 参见蒲一苇:《诉讼法与实体法交互视域下的必要共同诉讼》,载《环球法律评论》2018年第1期;袁琳:《多数人之债的诉讼构造与程序规则》,载《中外法学》2021年第6期;程啸:《侵权责任法》,法律出版社2021年版,第424页。

④ 参见蒲一苇:《诉讼法与实体法交互视域下的必要共同诉讼》,载《环球法律评论》2018年第1期。

⑤ 参见张永泉:《必要共同诉讼类型化及其理论基础》,载《中国法学》2014年第1期。

⑥ 参见卢正敏:《共同诉讼研究》,法律出版社2011年版,第183页;张卫平:《民事诉讼法》,法律出版社2019年版,第104页。

⑦ 参见卢正敏:《共同诉讼研究》,法律出版社2011年版,第22~28页。

⑧ 参见卢佩:《多数人侵权纠纷之共同诉讼类型研究——兼论诉讼标的之“案件事实”范围的确定》,载《中外法学》2017年第5期。

通共同诉讼的目的则在于促进诉讼效率[①]。必要共同诉讼中的固有必要共同诉讼的目的除为防止裁判矛盾外,还在于实现实体法要求和保护实体权益。按份之债既无共同参加诉讼的必要,亦无诉讼标的“合一确定”的必要,应属普通共同诉讼。但是,我国普通共同诉讼的范围过窄,应通过对其构成要件的修改与完善,使该制度的功能得以充分发挥。

(二)按份之债与固有必要共同诉讼

按份之债的诉讼标的并非共同,不符合《民事诉讼法》第55条第1款规定的必要共同诉讼的构成要件。按份之债的权利或义务各自独立,并非全体按份债权人或债务人共同实施方为有效,不符合必要共同诉讼的本质及该制度欲实现的价值。此外,学者所担心的案件事实查明问题亦可通过第三人制度解决。因此,按份之债的诉讼形态不属于固有必要共同诉讼。

1. 按份之债诉讼标的的关系

诉讼标的是指民事诉讼中当事人攻击防御、法院审理判决之对象。[②] 关于诉讼标的,理论上有旧实体法说、诉讼法说(包括二分肢说、一分肢说)、新实体法说、诉讼标的相对论等不同观点。[③] 司法实务通说为旧实体法说,即诉讼标的为原告在诉讼上所为一定具体实体法之权利主张。[④]

如前所述,按份之债本质上是多个独立的债。按份债权人中各债权人对债务人的请求权、按份债务中债权人对各债务人的请求权,均为不同的实体请求权,当事人攻击防御、法院审理判决的对象不同,存在多个诉讼标的。因此,按份之债的诉讼标的为并列关系而非共同关系。

2. 按份之债权利义务的实施权

基于实体法的要求,某些情况下权利需要共同行使,义务需要共同履行。因此,在这些情况下当事人必须共同参加诉讼,否则当事人不适格。因此,固有必要共同诉讼的本质特征在于共同诉讼人具有“共同诉讼实施权”[⑤],应以实体法的标准判断是否构成固有必要共同诉讼。典型的固有必要共同诉讼如共有物分割诉讼,实体法上各共有人对于自身应得部分享有处分权,必须共同参加诉讼方能完成共有物

---

① 参见张永泉:《必要共同诉讼类型化及其理论基础》,载《中国法学》2014年第1期。

② 参见陈杭平:《诉讼标的理论的新范式——“相对化”与我国民事审判实务》,载《法学研究》2016年第4期。

③ 参见《最高人民法院民事诉讼法司法解释理解与适用》,人民法院出版社2015年版,第634页。

④ 参见《最高人民法院民事诉讼法司法解释理解与适用》,人民法院出版社2015年版,第635页。

⑤ 张永泉:《必要共同诉讼类型化及其理论基础》,载《中国法学》2014年第1期。

分割。

对于按份之债,各债权人或债务人并非必须共同行使权利或承担义务。按份之债即为独立的多个债,按份债权人自可单独行使自身权利,按份债务人亦可单独承担自身债务。因此,诉讼法原则上应与实体法上的权利义务实施规则保持一致,从而充分保障当事人的实体权利,除非基于诉讼法存在特殊的必要的理由。

从实践上看,就分别侵权而言,债权人仅选择部分债务人提起诉讼,具有一定的合理性。第一,债权人基于特殊关系,可能不愿对特定债务人提起诉讼。例如被侵权人与侵权人之一为朋友关系,被侵权人不愿因为诉讼破坏双方良好关系。第二,债权人可能与部分债务人达成和解并及时履行债务,无须通过诉讼解决问题。第三,债权人可能无法获得部分侵权人的身份信息,不满足被告明确的起诉条件。第四,部分侵权人可能下落不明,债权人不希望将其纳入诉讼从而影响诉讼进程。上述考虑应属债权人的合理考虑,应赋予其采取有利于自身的诉讼策略的权利,诉讼法不应过多干涉。

另有学者指出,在意定的按份之债中,债权人解除、撤销合同,须以全体债务人为共同被告,属于固有必要共同诉讼。[①] 事实上,债权人行使解除权、撤销权,系形成之诉,并非请求对方履行按份债务。形成权的行使涉及整个合同关系时,诉讼标的为合同法律关系,各主体须共同参加诉讼方能实施权利义务,应属固有必要共同诉讼。

3. 按份之债案件事实的查明

赋予按份之债原告部分起诉的权利,可能使事实查明受到障碍。有学者指出,分别实施侵权的按份责任适用于间接结合行为,数个侵权行为通过结合导致同一损害结果,此种结合并不紧密,有的侵权行为只是给其他侵权行为提供了条件,从而帮助后者造成损害后果。因此,如果请求权单独行使,案件事实的查明无法局限或固定于本案被告,不得不重复将所有与权利人损害有关的事实纳入审理范围。[②] 但是,以案件事实查明为由将按份之债界定为固有必要共同诉讼,理由并不充分。

第一,并非所有案件的事实都存在争议,部分案件当事人仅对损失赔偿数额有

---

① 参见王洪亮:《债法总论》,北京大学出版社 2016 年版,第 487 页;袁琳:《多数人之债的诉讼构造与程序规则》,载《中外法学》2021 年第 6 期。

② 参见宋春龙:《侵权按份责任诉讼形态研究——以〈侵权责任法〉第 12 条的司法适用为中心》,载《现代法学》2017 年第 5 期。

争议，对案件事实并无争议。第二，部分案件的事实查明并不依赖于全部当事人，特别是在交通事故责任纠纷中，多数案件交通管理部门已出具责任认定书，责任分割较为明确。在合同纠纷中，各方责任一般也会在合同中作明确约定。第三，必要情况下，法院也可以依据原告或被告的申请追加其为无独立请求权第三人参加诉讼，通过第三人制度解决事实查明问题。

此外，以案件事实是否能查明界定是否属于固有必要共同诉讼，将导致程序的不稳定和不可预期。在原告起诉之时，法院无法确定各方当事人实际的法律关系以及被告应当承担责任的形态，故共同诉讼的类型应以原告起诉时单方面的主张为标准。[①] 只要原告基于按份之债提起诉讼，即应允许按份债务中的债权人选择部分或全部债务人起诉，也应允许按份债权中的部分或全部债权人起诉。如在之后的诉讼进程中发现各方法律关系并非按份之债，而属于固有必要共同诉讼，再行追加必要共同诉讼人为共同被告。

（三）按份之债与类似必要共同诉讼

主张按份之债为必要共同诉讼者的另一主要理由在于，过错大小的判断、份额的分割应当合一确定，如允许分别诉讼，未参加诉讼的主体可能受到不利影响，丧失基本程序保障。[②] 该问题涉及类似必要共同诉讼相关理论，需要对“合一确定”的概念及判决效力进行详细分析。

比较法上以是否需要对全体共同诉讼人合一确定为标准，将共同诉讼分为必要共同诉讼和普通共同诉讼，又以是否需要共同诉讼为标准，将必要共同诉讼进一步分为固有必要共同诉讼与类似必要共同诉讼。[③] 借鉴比较法经验，我国学者对类似必要共同诉讼的本质属性在于判决具有合一确定的必要，基本已形成共识，但对“合一确定”概念的理解不同。有观点认为，按份之债诉讼确定的份额会扩张适用于后诉，必须合一确定。[④] 亦有观点认为，按份之债的既判力并不扩张，判决对未被

---

① 参见袁琳：《多数人之债的诉讼构造与程序规则》，载《中外法学》2021年第6期；任重：《重思多数人侵权纠纷的共同诉讼类型——与卢佩博士商榷》，载《法律科学（西北政法大学学报）》2020年第3期。

② 参见宋春龙：《侵权按份责任诉讼形态研究——以〈侵权责任法〉第12条的司法适用为中心》，载《现代法学》2017年第5期。

③ 参见段文波：《德日必要共同诉讼“合一确定”概念的嬗变与启示》，载《现代法学》2016年第2期。

④ 参见段文波：《德日必要共同诉讼“合一确定”概念的嬗变与启示》，载《现代法学》2016年第2期。

起诉者没有拘束力。①

合一确定的目的在于确保判决一致，防止矛盾判决的产生，因此合一确定的必要取决于是否发生既判力的扩张。根据既判力理论，终局判决一旦确定，该判决针对请求所作出的判断就成为规制双方当事人今后法律关系的规范，当双方当事人对同一事项再度发生争执时，将不允许当事人提出与该判断相矛盾的主张，且当事人也不能对该判断进行争议，法院也不能作出与此相矛盾或抵触的判断。② 根据既判力相对性原则，既判力原则上仅对该诉讼的当事人双方有约束力。但在特定情形下，法律上或法理上允许和承认判决既判力突破这一原则，对本案当事人之外的第三人发生作用，此即既判力的扩张。③ 既判力扩张的范围通常包括争议权利义务人的继受人、被诉讼担当的实体当事人、诉讼请求标的物的持有人。此外，为实现身份关系和团体法律关系的统一处理，家事诉讼和公司诉讼中也会发生既判力扩张。④

按份之债中，由于诉讼标的不同，仅就各诉的诉讼标的作出判决。按份之债份额的确定属于对共通事实的认定，不同于对诉讼标的作出裁判的判决主文，不发生既判力扩张效果。《民诉法解释》第 93 条及《证据规定》第 10 条规定，已为人民法院发生法律效力的裁判所确认的基本事实，当事人无须举证证明，但当事人有相反证据足以推翻的除外。按份之债份额的确定属于基本事实的认定，若后诉当事人有相反证据推翻相关事实，法院可作出不同认定。后诉当事人无须通过申请再审推翻前诉判决，即可在后诉中获得权利救济，故按份之债份额的确定不产生既判力的扩张。

因此，按份之债并无合一确定的必要，相关诉讼亦非类似必要共同诉讼，应属普通共同诉讼。按份债权中，各债权人有权选择是否参加诉讼，诉讼中各债权人亦可单独撤回起诉。按份债务中，债权人有权选择起诉部分或全部债务人，诉讼中亦可撤回对部分债务人的起诉。法院未追加全部债权人或债务人不构成遗漏当事人，不能成为发回重审的理由。

---

① 参见蒲一苇：《诉讼法与实体法交互视域下的必要共同诉讼》，载《环球法律评论》2018 年第 1 期；袁琳：《多数人之债的诉讼构造与程序规则》，载《中外法学》2021 年第 6 期；程啸：《侵权责任法》，法律出版社 2021 年版，第 424 页。

② 参见[日]高桥宏志：《民事诉讼法——制度与理论的深层分析》，林剑锋译，法律出版社 2003 年版，第 477 页。

③ 参见张卫平：《既判力相对性原则：根据、例外与制度化》，载《法学研究》2015 年第 1 期。

④ 参见陈晓彤：《我国生效民事裁判既判力主观范围的解释学分析》，载《当代法学》2018 年第 3 期。

（四）普通共同诉讼制度重构

根据《民事诉讼法》第55条第1款的规定，普通共同诉讼的构成要件有二：一是诉讼标的同类，二是人民法院认为可以合并审理并经当事人同意。首先，按份之债的各债基于同一原因发生，诉讼标的既独立又存在牵连，并非同类。其次，按份之债的合并审理，不需要全体当事人同意。按份债权中，各债权人可选择是否参加诉讼，一旦选择参加，合并审理并不需要债务人同意；按份债务中，债权人可选择起诉部分或全部债务人，一旦起诉全部债务人，亦不需要各债务人同意。因此，根据现行法规定，按份之债难以纳入普通共同诉讼范畴。普通共同诉讼因构成要件的严苛，无法发挥其应有的制度功能，应对普通共同诉讼制度进行重构。

本书认为，应在普通共同诉讼中进一步区分牵连普通共同诉讼和同类普通共同诉讼。前者可界定为诉讼标的不共同，但基于同一事实的共同诉讼。后者则指诉讼标的同类的共同诉讼。同类的普通共同诉讼即为现行法上规定的传统的普通共同诉讼，例如同一交通事故造成数人受伤，被侵权人请求侵权人赔偿损失；再如同一虚假陈述造成多名股东受损，各股东请求上市公司承担赔偿责任。此类普通共同诉讼仍遵循现有规则，以法院认为可以合并审理和全部当事人同意为前提，即法院与当事人对合并审理具有共同的决定权。牵连普通共同诉讼本质特征在于，诉讼标的具有牵连性。牵连性以是否基于同一纠纷事实为判断标准。例如，在分别实施侵权中，各侵权行为造成了同一损害后果，导致各侵权人应共同填补被侵权人损失，法律关系产生牵连性。再如在合同约定的按份之债中，各债因同一合同关系产生牵连性。牵连普通共同诉讼制度的构建，应确定如下规则：

其一，原告具有诉讼选择权，共同诉讼无须被告同意，亦无须法院同意。原告的选择权具体为是否参加诉讼的选择权，或者选择何人作为被告的选择权。原告对诉讼作出选择后，法院应当作为共同诉讼审理，从而提高诉讼效率。

其二，当事人对诉讼标的是否基于同一事实可提出异议，法院应于文书中进行适当说理，展现程序争议的论证理由。① 纠纷事实的边界具有模糊性，对于同一事实可能难以确定统一的抽象标准，应结合个案进行具体讨论，故法院对同一事实及诉讼标的的牵连性的认定具有一定的裁量权。当事人可以对法院是否合并审理的决定提出异议，法院应就牵连性的认定作出适当说理和论证。

其三，原告参加诉讼、增加被告、撤回对部分被告的起诉，应在一审法庭辩论终

① 参见刘鹏飞：《普通共同诉讼的权限分配与范围界定》，载《法学论坛》2020年第1期。

结前提出。[①] 根据《民诉法解释》第 232 条规定，原告增加诉讼请求、被告提出反诉、第三人提出与本案有关的诉讼请求，应于法庭辩论结束前提出。根据《公司法解释四》第 3 条规定，原告请求确认股东会或者股东大会、董事会决议不成立、无效或者撤销决议的案件，其他有原告资格的人以相同的诉讼请求申请参加前款规定诉讼的，应于一审法庭辩论终结前提出。参照上述规定，为确保其他当事人的可预期性和诉讼的稳定性，维护已进行诉讼程序取得的进展与成果，普通共同诉讼的原告申请参加诉讼、增加被告、撤回对部分被告的起诉，亦应于一审法庭辩论终结前提出。

四、本章观点集成

1. 问题

(1)数债务人承担按份债务，债权人起诉是否必须将全部债务人列为共同被告？数债权人享有按份债权，是否必须由全部债权人作为共同原告起诉？

有观点认为，按份债务诉讼为固有必要共同诉讼，债权人必须将全部债务人列为共同被告。理由为：第一，按份债务基于同一事实和法律上的原因产生，在纠纷事实说之下，各债诉讼标的共同，符合《民事诉讼法》第 55 条关于必要共同诉讼的构成要件。第二，分别起诉不利于案件事实查明，难以认定各债务所占份额比例，不利于纠纷一次性解决。第三，如债权人可分别起诉，前诉认定的份额比例将对后诉产生效力，未参加前诉的其他债务人可能受到不利影响，将丧失基本程序保障。

有观点认为，按份债务为类似必要共同诉讼，债权人有权分别起诉。理由为：第一，按份债务为独立的多个债，各债务人可单独承担自身债务，并非将全部债务人列为共同被告才构成被告适格。第二，部分案件当事人对事实并无争议，部分案件行政机关已对责任份额作出认定，案件事实较为清晰，以查明事实为由要求所有债务人参加诉讼理由不充分。第三，为查明事实、认定份额，同时防止认定的份额比例对未参加诉讼的其他债务人产生不利影响，法院可追加其他债务人作为无独立请求权的第三人参加诉讼。第四，债权人选择起诉部分债务人存在实践需求，一是债权人可能基于亲属、朋友等特殊关系，不愿起诉部分债务人；二是债权人可能与部分债务人达成和解，无须通过诉讼解决纠纷；三是侵权责任纠纷中，债权人可能无法获得部分债务人的身份信息，无法起诉；四是部分债务人下落不明时债权人可能不愿将其纳入诉讼影响诉讼进程，因此应赋予债权人采取不同诉讼策略的权利。

---

① 参见刘鹏飞：《普通共同诉讼的权限分配与范围界定》，载《法学论坛》2020 年第 1 期。

本书初步意见认为,按份债务为普通共同诉讼,债权人有权分别起诉。按份债务的诉讼标的并非共同,不符合《民事诉讼法》第55条规定的必要共同诉讼的构成要件。按份债务具有相对独立性,并非全体按份债务人共同实施方为有效,不符合固有必要共同诉讼的本质及该制度欲实现的价值。按份债务的前诉对后诉仅产生事实的预决效力,不产生既判力扩张,亦非类似必要共同诉讼。因此,按份债务诉讼应属普通共同诉讼,债权人有权选择起诉部分或全部债务人,诉讼中亦可撤回对部分债务人的起诉。法院未追加全部债务人不构成遗漏当事人,不能成为发回重审的理由。

(2)数债务人承担按份债务,如债权人可分别起诉各债务人,后诉认定的债务份额是否可与前诉不一致?数债权人享有按份债权,如各债权人可分别起诉债务人,后诉认定的债权份额是否可与前诉不一致?

有观点认为,按份债务为类似必要共同诉讼,应当一致。按份债务为类似必要共同诉讼,前诉认定的份额对后诉产生既判力扩张。如欲作出不同认定,须先通过再审撤销前诉。

有观点认为,按份债务为普通共同诉讼,可不一致。按份债务为普通共同诉讼,前诉认定的份额对后诉仅产生事实的预决效力。若当事人提供足以推翻前诉事实的证据,或当事人认诺、和解、调解等,后诉认定的份额可与前诉不一致。

本书初步意见认为,按份债务中,由于诉讼标的不同,法院仅就各诉的诉讼标的作出判决。按份债务份额的确定属于对事实的认定,不同于对诉讼标的作出裁判的判决主文,不发生既判力扩张效果。《民诉法解释》第93条及《证据规定》第10条规定,已为人民法院发生法律效力的裁判所确认的基本事实,当事人无须举证证明,但当事人有相反证据足以推翻的除外。按份债务份额的确定属于基本事实的认定,若后诉当事人有相反证据推翻相关事实,法院可作出不同认定。后诉当事人无须通过申请再审推翻前诉判决,即可在后诉中获得权利救济。

2. 民事诉讼制度展望

(1)建议

新增:按份债务的诉讼形态为普通共同诉讼。数债务人承担按份债务,债权人可以共同起诉,也可分别起诉。

(2)要点

明确按份债务的诉讼形态为普通共同诉讼,应按照普通共同诉讼的规则处理。

(3)理由

按份之债的诉讼标的并非共同,不符合《民事诉讼法》第55条规定的必要共同诉讼的构成要件。按份之债的权利、义务各自独立，并非全体按份债权人或债务人共同实施方为有效，不符合必要共同诉讼的本质及该制度欲实现的价值。此外，学者所担心的案件事实查明问题亦可通过第三人制度解决。因此，按份之债的诉讼形态不属于固有必要共同诉讼。

按份之债中，由于诉讼标的不同，法院仅就各诉的诉讼标的作出判决。按份之债份额的确定属于对共通事实的认定，不同于对诉讼标的作出裁判的判决主文，不发生既判力扩张效果。《民诉法解释》第93条及《证据规定》第10条规定，已为人民法院发生法律效力的裁判所确认的基本事实，当事人无须举证证明，但当事人有相反证据足以推翻的除外。按份之债份额的确定属于基本事实的认定，若后诉当事人有相反证据推翻相关事实，法院可作出不同认定。后诉当事人无须通过申请再审推翻前诉判决，即可在后诉中获得权利救济。

因此，按份之债并无合一确定的必要，相关诉讼亦非类似必要共同诉讼，应属普通共同诉讼。按份债权中，各债权人有权选择是否参加诉讼，诉讼中各债权人亦可单独撤回起诉。按份债务中，债权人有权选择起诉部分或全部债务人，诉讼中亦可撤回对部分债务人的起诉。法院未追加全部债权人或债务人不构成遗漏当事人，不能成为发回重审的理由。

第三章　诉的主观合并（二）：连带之债

一、司法实践问题分析

（一）法律规范分析

1. 程序法与实体法的抵牾

《民法典》第 178 条第 1 款规定："二人以上依法承担连带责任的，权利人有权请求部分或者全部连带责任人承担责任。"《民法典》第 518 条第 1 款规定："债权人为二人以上，部分或者全部债权人均可以请求债务人履行债务的，为连带债权；债务人为二人以上，债权人可以请求部分或者全部债务人履行全部债务的，为连带债务。"因此，连带债权中，部分债权人即有权请求债务人履行债务；连带债务中，债权人有权请求部分债务人履行全部债务。换言之，连带债权人或连带债务人并非必须共同参加诉讼。但在诉讼法上，多个规定要求构成连带之债的当事人共同参加诉讼，导致实体法与程序法产生冲突。

第一，关于共有物受侵害的规范冲突。实体法上，《民法典》第 307 条规定，"因共有的不动产或者动产产生的债权债务，在对外关系上，共有人享有连带债权、承担连带债务，但是法律另有规定或者第三人知道共有人不具有连带债权债务关系的除外"。据此，共有物受侵害时，共有人之一即有权请求侵权人承担责任。但在诉讼法上，《民诉法解释》第 72 条规定："共有财产权受到他人侵害，部分共有权人起诉的，其他共有权人为共同诉讼人。"亦即，只有全部共有人作为原告时，原告主体才适格。

第二，关于共同侵权的规范冲突。实体法上，《民法典》第 1168 条规定："二人以上共同实施侵权行为，造成他人损害的，应当承担连带责任。"因此，共同侵权中，被侵权人有权选择部分侵权人承担责任，而非必须起诉全部侵权人。但在诉讼法上①，

① 特定领域司法解释中关于诉讼程序的规定，应为诉讼法规范。

《人身损害赔偿司法解释》第 2 条规定,"赔偿权利人起诉部分共同侵权人的,人民法院应当追加其他共同侵权人作为共同被告"。亦即,人身权利受侵害的被侵权人必须起诉全部侵权人。

第三,关于法人分立的规范冲突。实体法上,《民法典》第 67 条第 2 款规定:"法人分立的,其权利和义务由分立后的法人享有连带债权,承担连带债务,但是债权人和债务人另有约定的除外。"据此,除当事人另有约定外,分立后的法人之一即可对外主张权利,债权人也可要求部分法人履行全部义务。诉讼法上,《民诉法解释》第 63 条规定,"企业法人分立的,因分立前的民事活动发生的纠纷,以分立后的企业为共同诉讼人"。由此,分立后的法人在诉讼中必须为共同原告或共同被告。

从上述矛盾中可以看出,实体法和诉讼法保护的价值有所不同。实体法注重保护权利人的意思自治,赋予其诉讼选择权,当事人可自由决定是否作为原告参加诉讼,或决定起诉哪些被告。诉讼法则侧重诉讼效率,追求纠纷的一次性彻底解决,因此关于诉讼主体的规定具有更高的强制性。要化解上述冲突,需要在实体与程序之间进行调和,通过配套制度尽量实现二者的价值,同时找到最恰当的平衡点。

2. 程序法内部的失调

《民诉法解释》第 53 条至第 72 条对多类纠纷的诉讼当事人进行了规定。其中,对借用资质、名义行为的诉讼形态规定不一。对于借用资质(挂靠)行为,1992 年《民诉法意见》第 43 条规定:"个体工商户、个人合伙或私营企业挂靠集体企业并以集体企业的名义从事生产经营活动的,在诉讼中,该个体工商户、个人合伙或私营企业与其挂靠的集体企业为共同诉讼人。"2015 年《民诉法解释》第 54 条将上述规定修改为:"以挂靠形式从事民事活动,当事人请求由挂靠人和被挂靠人依法承担民事责任的,该挂靠人和被挂靠人为共同诉讼人。"根据新法规定,债权人同时起诉挂靠人、被挂靠人的,才构成共同诉讼,债权人享有对诉讼主体的选择自由。① 但是,同为借用主体资格、名义,《民诉法解释》第 65 条规定:"借用业务介绍信、合同专用章、盖章的空白合同书或者银行账户的,出借单位和借用人为共同诉讼人。"第 59 条第 2 款规定:"营业执照上登记的经营者与实际经营者不一致的,以登记的经营者和实际经营者为共同诉讼人。"亦即,在此二条文规定的情形中,借用人与被借用人必须为共同诉讼人。类似情形适用不同的共同诉讼制度,难以找到

---

① 《最高人民法院民事诉讼法司法解释理解与适用》一书明确指出,挂靠人和被挂靠人通常承担连带责任,是否列挂靠人和被挂靠人为共同诉讼人,要根据当事人的选择,故作此修改。参见《最高人民法院民事诉讼法司法解释理解与适用》,人民法院出版社 2015 年版,第 231 页。

充分理由。①

上述规定的不一致，系因诉讼法在修改时，仅就部分规定对照实体法进行了修改，而未对全部规定进行系统性的彻底清查，导致继续沿用了部分与实体法相抵触的规定。

（二）案例分析

案例 1：A、B 共有一物，受到 C 侵害。A 单独请求 C 赔偿损失（或返还原物、排除妨害）。有的法院认为 A 不能单独起诉，依职权追加 B。有的法院认为 A 作为连带债权人可以单独起诉。

案例 2：债权人 A 向债务人 B 出借款项，C 承担连带责任保证。B 到期未能偿还，A 单独起诉 C 请求承担责任。C 请求追加 B 为共同被告，法院不予追加。

案例 3：被侵权人 A 起诉侵权人 B 网站，主张 B 网站播放的电视剧侵害 A 的独家信息网络传播权。B 网站主张电视剧来源于 C，申请追加 C 为共同被告。法院认为 C 是必须共同参加诉讼的当事人，追加 C 为共同被告。②

案例 4：被侵权人 A 起诉侵权人 B，主张 B 不实报道其产品导致其声誉降低，B 主张不实报道系 C 首发，申请追加 C 为共同被告。法院认为 C 不属于必要共同诉讼当事人，且是否请求 C 承担责任，是 A 可选择的诉讼权利，故不予追加。③

案例 5：被侵权人 A 先被 B 撞倒，又受 C 碾压后死亡。公安部门认定撞倒、碾压行为之一均足以造成死亡后果。A 家属起诉 B 请求赔偿损失，B 申请追加 C 为共同被告，法院认为 A 家属有权选择部分或全部连带责任人承担责任，故不予追加。④

从上述案例可以发现，司法实务对于同一类型连带之债的诉讼形态存在不同认定。⑤ 法院并未围绕《民事诉讼法》第 55 条第 1 款确定的标准认定共同诉讼类型，而是采取实用主义的策略，先判断是否需要合并审理，再据此按照必要或者普

---

① 对于《民诉法解释》第 65 条，《最高人民法院民事诉讼法司法解释理解与适用》指出，“出借单位、借用人同是因签订合同与他人发生纠纷，由于在诉讼上形成了不可分的诉讼权利义务关系，应当确定为共同诉讼人”。该理由无法解释为何该条与第 54 条作不同规定。对于《民诉法解释》第 59 条第 2 款，《最高人民法院民事诉讼法司法解释理解与适用》则未做解释。参见《最高人民法院民事诉讼法司法解释理解与适用》，人民法院出版社 2015 年版，第 239 页、第 249 页。

② 参见广东省深圳市福田区人民法院（2013）深福法知民初字第 659 号民事判决书。

③ 参见山东省泰安市中级人民法院（2015）泰民一终字第 500 号民事判决书。

④ 参见山东省烟台市中级人民法院（2014）烟民四终字第 984 号民事判决书。

⑤ 对于上述案例三、四、五的分析，另参见卢佩：《多数人侵权纠纷之共同诉讼类型研究——兼论诉讼标的之“案件事实”范围的确定》，载《中外法学》2017 年第 5 期。

通共同诉讼进行解释，且多数裁判未对认定的理由进行说明。此种趋势与立法上以诉讼标的为标准界定共同诉讼类型的意旨相违背，造成了连带之债诉讼形态认定的混乱与不可预期。立法并未提供充足的制度供给，司法也未对立法予以充分尊重，二者未形成良性互动。

二、连带之债的实体法分析

连带之债，是指债权人或债务人为二人以上，部分或者全部债权人均可以请求债务人履行债务，或者债权人可以请求部分或者全部债务人履行全部债务的债权债务关系。[①] 前者为连带债权，后者为连带债务。连带之债可分为意定的连带之债和法定的连带之债。民事主体可以通过约定在各方之间设立连带债权或连带债务。当事人没有约定的，只有法律有规定，才可构成连带之债。

（一）连带之债在《民法典》中的体现

《民法典》中规定的连带债权主要包括：（1）企业法人分立后的对外债权（第67条）；（2）法人未成立的，各设立人对外的债权（第75条）；（3）共有物产生的对外债权（第307条）。

《民法典》中规定的连带债务主要包括：（1）企业法人分立后的对外债务（第67条）；（2）法人未成立的，各设立人对外的债务（第75条）；（3）出资人滥用法人独立地位对法人债务承担的责任（第83条）；（4）代理人和相对人恶意串通对被代理人的责任（第164条）；（5）代理人代理违法行为存在过错，代理人与被代理人对外承担的责任（第167条）；（6）共有物产生的对外债务（第307条）；（7）债务加入中债务加入人与原债务人对债权人的责任（第552条）；（8）连带保证人与债务人对债权人的责任（第688条）；（9）共同承揽人对定做人的责任（第786条）；（10）承包人与分包人对发包人的责任（第791条）；（11）以同一运输方式联运的，与托运人订立合同的承运人与损失发生区段的承运人对托运人的责任（第834条）；（12）共同受托人对委托人的责任（第931条）；（13）合伙人对合伙债务承担的责任（第973条）；（14）共同侵权人对被侵权人的责任（第1168条、第1169条）；（15）共同危险行为人对被侵权人的责任（第1170条）；（16）分别侵权但每一侵权行为都足以造成全部损害的，各侵权人对被侵权人的责任（第1171条）。

（二）连带之债的特征

连带之债的特征主要有三点：第一，债权人或债务人为数人。第二，存在数个相

---

① 参见《民法典》第518条第1款。

对独立的债权或债务。第三，数个债权或债务具有共同的目的。[①] 特征一较易判断，特征二、三则须深加辨析。

1. 连带之债的数量为复数

连带之债为复数之债，且各债之间相对独立。该结论对后文连带之债诉讼标的的分析以及连带之债与共同之债的区分具有重要意义。

在 19 世纪前半叶的德国普通法时代，对连带之债是单数还是复数产生了较大争议。单一说认为，共同连带为单一之债，单纯连带为复数之债。复数说则认为，共同连带和单纯连带均为复数之债。[②] 19 世纪中期以后，德国学界通说采复数说，《德国民法典》亦以单纯连带为原型规定连带债务[③]，但《法国民法典》和《日本民法典》中则以共同连带为原型规定连带债务，倾向于单一说。[④] 我国理论与实务均采复数说。[⑤]

就债之单复确定的标准，理论上有三种观点。第一，以债的主体数量为标准。第二，以债的标的物是否同一为标准。第三，以各主体能否独立发生其为债权人或债务人的一切效力为标准。观点一源于罗马法，但因现已承认第三人清偿和债的转移，该观点不能成立。又因债的标的物相同不等于各债具有共同目的，例如一物数卖情况下标的物相同但不构成连带债权，故观点二亦不足采。因此学者多赞同观点三。[⑥]

连带之债应属复数之债。理由在于，连带之债中各债的要素可以不同，例如各债可异其担保、期限、标的物等。具体言之，债务人 A、B 对债权人 C 负连带债务 100 万元，A 可以仅就自身债务以房屋进行抵押，他人可为 A 提供连带保证担保，A 可与 C 协商延长债务期限，A 亦可与 C 协商将 100 万元债务变更为转让某公司股权，甚至理论上 C 可将其对 A 的债权转让给他人但保留对 B 的债权。以上行为仅

---

① 参见最高人民法院民法典贯彻实施工作领导小组主编：《中华人民共和国民法典合同编理解与适用》，人民法院出版社 2020 年版，第 390 ~ 392 页；史尚宽：《债法总论》，中国政法大学出版社 2000 年版，第 642 ~ 646、677 页。

② 参见史尚宽：《债法总论》，中国政法大学出版社 2000 年版，第 640 ~ 641 页。

③ 参见李中原：《不真正连带债务理论的反思与更新》，载《法学研究》2011 年第 5 期；周江洪：《连带债务涉他效力规则的源流与立法选择》，载《法商研究》2019 年第 3 期。

④ 参见最高人民法院民法典贯彻实施工作领导小组主编：《中华人民共和国民法典合同编理解与适用》，人民法院出版社 2020 年版，第 389 页。

⑤ 参见王利明：《债法总则研究》，中国人民大学出版社 2018 年版，第 181 页；最高人民法院民法典贯彻实施工作领导小组主编：《中华人民共和国民法典合同编理解与适用》，人民法院出版社 2020 年版，第 389 页。

⑥ 参见史尚宽：《债法总论》，中国政法大学出版社 2000 年版，第 635 页。

就 A 之债务发生效力，并不影响 B 之债务。因此，既然不同行为可能对连带之债的各债产生不同的影响，各债并非“同进同退”，那么将其解释为复数之债，更有利于分析处理不同行为对各债产生的法律效果，也更有益于保护各方当事人的权利。

2. 连带之债具有“共同目的”

具有共同目的是连带之债的本质特征。“共同目的”具体包括如下三层含义：

其一，“共同目的”是针对“债的清偿”而言的。在连带债权中，债务人对债权人之一为全部给付，各债权人的债权即为消灭；在连带债务中，债务人之一对债权人为全部给付，各债务人的债务即为消灭。

其二，“共同目的”不同于“同一给付内容”。一方面，给付内容同一，未必有共同目的，例如甲乙约定乙向甲出卖丁之所有物，甲丙约定丙向甲出卖丁之所有物，乙丙对甲的债务并非连带之债。另一方面，具有共同目的，给付内容未必同一，例如乙、丙对甲负担连带债务 100 万元，后甲同意乙负担的 100 万元变更为给付乙所有的房屋一套，乙丙所负债务内容不同，但仍为连带之债。

其三，“共同目的”不等于“各债基于同一原因发生”。有的连带之债基于同一原因发生，例如共同侵权的连带债务基于共同侵权的事实发生。有的连带之债则基于不同原因发生，例如连带保证中，债务人所负债务基于基础法律关系发生，保证人所负债务基于保证合同发生。

（三）连带之债的绝对效力与相对效力

从比较法上观察，不同立法例对各事项效力的规定不同，《德国民法典》以相对效力为原则，以绝对效力为例外，《法国民法典》中绝对效力的范围则更广。[①]《民法典》颁布前，我国法律对连带之债的涉他效力问题仅有极少数规定，散见于司法解释中。[②]《民法典》新增第 520 条，对连带债务中债务履行、抵销、提存、免除、混同、受领迟延对其他债务人的效力予以规定，但未就其他事项的涉他效力予以规定，亦未就连带债权的涉他效力进行规定。

---

① 《德国民法典》第 422～425 条，《法国民法典》第 1200 条、第 1205 条、第 1207 条、第 1209 条、第 1281 条、第 1285 条、第 1301 条、第 1365 条。转引自史尚宽：《债法总论》，中国政法大学出版社 2000 年版，第 650 页。

② 如《诉讼时效规定》第 15 条规定：“对于连带债权人中的一人发生诉讼时效中断效力的事由，应当认定对其他连带债权人也发生诉讼时效中断的效力。对于连带债务人中的一人发生诉讼时效中断效力的事由，应当认定对其他连带债务人也发生诉讼时效中断的效力。”此为关于诉讼时效中断的绝对效力。又如《人身损害赔偿司法解释》第 2 条第 1 款规定，“赔偿权利人在诉讼中放弃对部分共同侵权人的诉讼请求的，其他共同侵权人对被放弃诉讼请求的被告应当承担的赔偿份额不承担连带责任”。此为关于“放弃诉讼请求”的绝对效力。

1. 连带债务的涉他效力

现行法律及司法解释对连带债务中以下事项的涉他效力予以明确规定：一是债务履行、抵销、标的物提存，均发生绝对效力，其他债务人在相应范围内的债务亦消灭。① 二是债务免除、混同，发生限制的绝对效力，在债务人应承担份额内，其他债务人的债务消灭。② 三是债权人受领给付迟延，导致不再计算利息、债务人得提存标的物、债权人应赔偿增加的费用等法律效果，发生绝对效力。③ 四是债务人一人发生诉讼时效中断事由，发生绝对效力。④ 对于尚未规定的事项分析如下：

第一，履行请求。债权人向一债务人提出履行请求，可能导致多种法律效果。一是履行期限不明确，请求履行并给予必要准备时间后，履行期限届至。⑤ 因其他债务人未接到履行通知，无法即刻就履行债务做必要准备，以及自此承担相应利息等没有预期，如履行期限届至对其发生效果，将打破其对债之履行期限的预期，故应采相对效力。二是请求履行导致诉讼时效中断，《诉讼时效规定》已明确采绝对效力。因法律对诉讼时效经过应采谦抑的态度，在债权人已对债务人之一主张权利的情况下，债权人实体权利的保护与其他债务人对诉讼时效利益的预期相比更值得保护，故司法解释的规定具有一定合理性。⑥ 三是对于非金钱债务的不履行或履行不符合约定，债权人如未在合理期限内请求履行，将使债务人产生履行抗辩权。⑦ 与诉讼时效中断同理，不应动辄产生债权人失权的效果，故宜与诉讼时效中断相同，采绝对效力。

第二，履行迟延。因连带之债的相对性，连带债务的履行期限可能不同，故履行迟延导致的利息计算、损害赔偿等，自应采相对效力。

第三，不完全履行。不完全履行一般应归责于为此给付的债务人，由此造成的损失应由该债务人承担，包括质量瑕疵导致物品本身价值降低的损失以及加害给

---

① 参见《民法典》第 520 条第 1 款。

② 参见《民法典》第 520 条第 2 款、第 3 款。

③ 参见《民法典》第 520 条第 4 款。

④ 参见《诉讼时效规定》第 15 条第 2 款。对于诉讼时效中断的涉他效力，学界存在不同观点。因绝对效力说在连带责任领域具有一定合理性，该条文不具有修改的必要，故基于解释论角度，本章对此不再讨论。

⑤ 《民法典》第 511 条第 4 项规定："履行期限不明确的，债务人可以随时履行，债权人也可以随时请求履行，但是应当给对方必要的准备时间。"

⑥ 对于诉讼时效中断的涉他效力，学界存在不同观点。基于解释论角度，本章对此不再详细讨论。

⑦ 《民法典》第 580 条第 1 款规定："当事人一方不履行非金钱债务或者履行非金钱债务不符合约定的，对方可以请求履行，但是有下列情形之一的除外：……（三）债权人在合理期限内未请求履行。"

付的损失，故应采相对效力。但是，扣除瑕疵损失已履行的部分，应采绝对效力。例如，A、B 对 C 负有给付价值 1000 元手机的连带债务，因质量瑕疵 A 给付的手机仅值 900 元，B 所负债务应在 900 元的范围内消灭。

第四，履行不能。因连带之债的相对独立性，履行不能亦应采相对效力。如因不可抗力债务人可减轻或免除责任，该抗辩自不可由其他债务人援引。如履行不能可归责于该债务人，转化形成的损害赔偿责任亦仅由该债务人承担。但转化形成的损害赔偿责任的履行，则具有绝对效力，其他债务人在相应范围内可免其责。

第五，诉讼时效期间届满。连带债务中各债务的期限可能不同，某一债务诉讼时效经过，自不导致其他债务诉讼时效经过。如诉讼时效经过后债务人行使时效抗辩权，债权人向其他债务人主张权利后，为彻底保障该债务人的时效利益，其他债务人应对其无追偿权。由此，为保障其他债务人利益，其他债务人在该债务人应承担份额内债务消灭。故诉讼时效期间届满应同免除、混同效果相同，采绝对效力。

2. 连带债权的涉他效力

《民法典》未对连带债权的涉他效力进行规定，但于第 521 条第 3 款规定，连带债权参照适用关于连带债务的规定。此外，《诉讼时效规定》第 15 条规定，连带债权人一人发生诉讼时效中断事由，具有绝对效力。

根据《民法典》第 518 条规定，连带债权人之一有权请求债务人履行债务。又根据《民法典》第 521 条第 2 款规定，实际受领债权的连带债权人，应当按比例向其他连带债权人返还。因此，一方面，连带债权人有权为了其他债权人的利益行事，产生的利益原则上应对其他债权人发生效力。另一方面，债务人享有债务履行对象的选择权，履行的效果对其他债权人发生效力。因此，连带债权中绝对效力事项范围更广。具体分析如下：

第一，债务履行、抵销、提存。此时，债务自然应在已履行的范围内消灭，《民法典》第 520 条第 1 款应予参照适用。

第二，债务免除。债权人之一可以为全体债权人利益行事，但对于不利于债权人之事项，债权人之一仅有权处分自己享有的份额。故债权人免除债务的，仅在其享有份额范围内对其他债权人发生效力。故《民法典》第 520 条第 2 款应予参照适用。

第三，债务混同。债权债务同归于债权人之一的，扣除其享有的份额后，该债权人应向其他债权人履行剩余债务。债权债务同归于债务人的，扣除原债权人享有份额后，该债务人应继续向其他债权人履行剩余债务。《民法典》第 520 条第 3 款应予参照适用。

第四，受领迟延。债权人之一受领迟延，应对其他债权人发生效力，否则将有害于债务人对履行对象的选择权。《民法典》第520条第4款应予参照适用。

第五，履行请求。债权人之一请求债务人履行，产生的诉讼时效中断、未明确履行期限的给予必要准备时间后履行期限届至、非金钱债务在合理期限内请求履行后排除债务人履行抗辩权等利益，应对其他债权人发生效力，故此时与连带债务有别，应采绝对效力。

第六，履行迟延、不完全履行、履行不能。如连带债权中各债的期限、给付标的物等要素不同，履行迟延、不完全履行、履行不能自然仅具有相对效力。但实践中大多数情况下各债权的内容相同，债务人未全面履行债务，任一债权人应有权请求其承担相应违约责任，此时履行迟延、不完全履行、履行不能在实际效果上相当于具有绝对效力。

第七，诉讼时效期间届满。如连带债权中各债的期限不同，债权之一诉讼时效经过，并不导致其他债权诉讼时效经过。与连带债务相似，为保护债务人的时效利益，诉讼时效经过应在该债权人所享有的份额范围内对其他债权人发生效力。债务人向其他债权人履行债务后，该债权人不得请求其他债权人返还其原有份额。

三、连带之债的程序法分析

连带之债属于何种共同诉讼类型，在理论和实务上引发了较大争议。有观点认为构成固有必要共同诉讼①，有观点认为构成类似必要共同诉讼②，亦有观点认为属于普通共同诉讼③。特定到侵权法领域，有学者主张以“案件事实是同一还是同类”为标准确定共同诉讼类型④，还有学者主张以“因果关系是单一还是多元”为标准确定诉讼形态⑤。《最高人民法院关于民事诉讼法司法解释理解与适用》一书认

---

① 参见彭熙海：《论连带责任案件的诉讼形式》，载《法学评论》2012年第3期。

② 参见汤维建：《类似必要共同诉讼适用机制研究》，载《中国法学》2020年第4期；王亚新：《“主体/客体”相互视角下的共同诉讼》，载《当代法学》2015年第1期。

③ 参见任重：《反思民事连带责任的共同诉讼类型——基于民事诉讼基础理论的分析框架》，载《法制与社会发展》2018年第6期；蒲一苇：《诉讼法与实体法交互视域下的必要共同诉讼》，载《环球法律评论》2018年第1期；卢正敏、齐树洁：《连带债务共同诉讼关系之探讨》，载《现代法学》2008年第1期。

④ 参见卢佩：《多数人侵权纠纷之共同诉讼类型研究——兼论诉讼标的之“案件事实”范围的确定》，载《中外法学》2017年第2期。

⑤ 参见罗恬漩：《数人侵权的共同诉讼问题研究》，载《中外法学》2017年第5期。

为连带责任属于类似必要共同诉讼。[①] 连带之债在实体法上包括侵权之债、合同之债等不同法律关系,同时存在绝对效力与相对效力之区分,在诉讼法上则涉及诉讼标的、判决效力、共同诉讼、第三人等多项制度,涉及面极为宽广,对于连带之债的诉讼形态问题应系统地进行整体性反思。

(一)连带之债与固有必要共同诉讼

连带之债的诉讼标的并非共同,权利义务并非全体连带债权人或债务人共同实施方为有效,事实查明与诉讼效率等问题亦可通过第三人制度解决,故连带之债并非固有必要共同诉讼。

1. 连带之债诉讼标的的关系

如前所述,连带之债为相对独立的复数之债,各债可异其担保、期限、标的物等要素。各连带债权人对债务人的请求权、债权人对各连带债务人的请求权系不同的请求权,存在多个诉讼标的。各诉讼标的的关系包括主从关系和并列关系,前者如主债务与连带保证债务的关系,后者如共同侵权中各债务的关系。不论是主从关系还是并列关系,连带之债的各诉讼标的都相对独立,并非共同关系,不满足《民事诉讼法》第55条固有必要共同诉讼的本质特征在于共同诉讼人具有"共同诉讼实施权"条规定的必要共同诉讼的构成要件。[②]

2. 连带之债权利义务的实施权

如前所述,固有必要共同诉讼的本质特征在于共同诉讼人具有"共同诉讼实施权"。连带债务中,债权人有权选择全部或部分债务人,实体法上部分债务人即应承担义务,无须全部债务人共同参加诉讼;连带债权中,债权人有权选择参加或不参加诉讼,实体法上部分债权人即有权主张权利,无须全部债权人共同参加诉讼。例如,在共有物受到侵害时,依据《民法典》第307条规定,共有人享有连带债权,部分共有人即有权请求侵权人承担返还原物、排除妨害、消除危险、赔偿损失等责任,部分共有人作为原告即为当事人适格。再如,依据《民法典》第1168条规定,共同侵权人承担连带责任,债权人有权请求部分侵权人承担侵权责任,部分侵权人作为被告即为当事人适格。

既然实体法已对当事人的权利予以明确规定,诉讼法应当给予必要的尊重,不能片面追求诉讼法上的效率价值,牺牲当事人意思自治的利益。从实践上看,连带债权人选择不同对象进行起诉具有合理性,应赋予债权人选择不同诉讼策略的权利。以共

---

① 参见《最高人民法院民事诉讼法司法解释理解与适用》,人民法院出版社2015年版,第231页。

② 例外仅为共有人行使物权请求权之诉讼,后文将详细阐述。

同侵权为例,共同侵权人之一可能与被侵权人存在特殊关系,被侵权人不愿对其提起诉讼。部分侵权人可能与被侵权人达成和解,无须进入诉讼程序。因侵权人逃逸等,被侵权人可能不能获得所有侵权人的身份信息,无从起诉。此外,共同侵权人承担责任的能力不同,被侵权人为尽快获得赔偿,可能仅起诉偿付能力较高的侵权人。在上述情形中,如采固有必要共同诉讼的模式,必将不当抬高当事人适格的门槛,影响被侵权人的权利实现。债权人有权根据实体法规定,在综合权衡基础上自愿决定采取何种诉讼策略。

3. 诉讼法上相关问题的解决

主张连带之债为固有必要共同诉讼者,提出了事实查明、二次受偿、后置选择权于执行阶段等理由,但这些理由或者不能成立,或者应通过其他制度加以解决。

(1)事实查明

在侵权纠纷中,侵权责任的具体责任形态需要根据查明的事实确定,如果被侵权人仅起诉部分侵权人,可能无法确定各侵权人应承担何种责任。各侵权人是否具有共同侵权的意思联络、是否任一侵权人的行为均足以导致全部损害、各方是否构成共同危险行为,均有赖全部侵权人参加诉讼,方能清晰地认定事实、确定责任。因此有学者指出,“只有在案情清晰、权责明确的前提下,当事人意思自治与自由处分价值才拥有更高的价值位阶”[①]。但上述观点不能成为连带之债为固有必要共同诉讼的充分理由。与按份之债相同,当事人可能对案件事实无争议,部分案件可能无须所有侵权人共同参加亦能查明案件事实。即使必须由其他侵权人参加诉讼才能查明事实,法院亦可追加其为无独立请求权第三人参加诉讼,从而查明事实。

(2)二次受偿

有学者认为,在连带债务中,如债权人先后起诉不同债务人,可能导致债权人双重受偿。债权人在不同法院获得两份胜诉判决后,执行程序如何协调两个给付判决可能存在困难。[②] 对此,同样不应简单地通过固有必要共同诉讼,以减损当事人诉讼选择权为代价进行解决,而应通过审判和执行的协调克服该困难。首先,审判法官应在文书中明确原告胜诉的法律依据,执行法官则应注意考虑是否存在重复受偿的可能,从而提示被执行人与其他连带债务人进行沟通。其次,若被执行人发现其他连带债务人已履行债务,应允许被执行人提出执行异议。最后,即使确实

---

① 卢佩:《多数人侵权纠纷之共同诉讼类型研究——兼论诉讼标的之“案件事实”范围的确定》,载《中外法学》2017 年第 5 期。

② 参见宋春龙、高一凡:《保证合同纠纷诉讼程序的检讨——兼论〈民法典〉实施后保证合同纠纷的诉讼程序》,载《法律适用》2020 年第 21 期。

出现二次受偿,债务人被执行后向其他债务人追偿时方才发现,亦可通过执行回转制度加以解决。

(3)后置选择权于执行阶段

有学者指出,应把诉讼程序的视野扩展至执行程序,在审判阶段采固有必要共同诉讼,将当事人权利行使的选择权后置于执行阶段,同样能保障当事人的选择权。① 该理由显然不够充分,选择权后置并不能真正实现当事人的诉讼选择权。如前所述,连带债务中原告诉讼策略的选择,涉及不愿起诉亲属等特殊关系人、尽快获得赔偿等多个问题,选择权后置不能解决上述问题。

(二)连带之债与类似必要共同诉讼

确定连带之债并非固有必要共同诉讼后,原告诉讼选择权问题即可解决。但原告具有诉讼选择权,是因为连带之债为类似必要共同诉讼,还是因为其为普通共同诉讼,需要在理论上进行解释。该问题的回答,亦有助于厘清连带之债诉讼的判决对其他债权人或债务人的效力。除共有人行使物权请求权外,连带之债诉讼不产生既判力的扩张,诉讼标的并无"合一确定"的必要,并非类似必要共同诉讼。当事人的请求涉及绝对效力的,法院应通知其他债务人,其可选择是否申请作为无独立请求权的第三人参加诉讼。

1. 连带之债的判决效力

如前所述,类似必要共同诉讼的本质在于判决具有合一确定的必要。就连带之债是否有合一确定的必要,理论上存在不同观点。主张连带之债为类似必要共同诉讼者认为,连带之债诉讼中认定的债之存否、债之效力、内部份额分担等会对其他债权人或债务人产生效力,故为确保判决的一致性,有合一确定的必要。② 主张连带之债为普通共同诉讼者则认为,连带之债不产生既判力的扩张,并无合一确定的必要。③ 根据《德国民法典》第 425 条第 2 款规定,连带债务中有既判力的判决只对诉讼当事人发生作用。④ 因此,德国通说认为连带责任共同诉讼为普通共同

---

① 参见彭熙海:《论连带责任案件的诉讼形式》,载《法学评论》2012 年第 3 期。

② 参见汤维建:《类似必要共同诉讼适用机制研究》,载《中国法学》2020 年第 4 期;王亚新:《"主体/客体"相互视角下的共同诉讼》,载《当代法学》2015 年第 1 期。

③ 参见肖建国、黄忠顺:《数人侵权责任诉讼模式研究》,载《国家检察官学院学报》2012 年第 4 期。

④ 《德国民法典》第 425 条规定:"以债务关系不另有规定为限,第 422 条至第 424 条所称事实以外的事实,只发生对其自身发生这些事实的连带债务人有利和不利的效力。前款的规定,尤其适用于通知终止、迟延、过错、连带债务人之一自身的给付不能、消灭时效、消灭时效重新开始进行、停止和暂不完成、债权与债务的混同以及有既判力的判决。"陈卫佐译注:《德国民法典》,法律出版社 2015 年版,第 153 页。

诉讼。[①] 本书认为，连带之债中除共有人行使物权请求权外，并不发生既判力的扩张。

其一，连带之债的诉讼标的不同。既判力的客观范围是诉讼标的，必须合一确定的即诉讼标的。如前所述，连带之债诉讼标的不同，各诉讼仅就该诉的诉讼标的作出判决，互不发生既判力扩张。即使连带之债的当事人共同参加诉讼，也可能部分胜诉、部分败诉。

其二，连带之债各诉讼中互相发生的影响是事实认定而非既判力扩张。连带之债的前诉对债之存否、债之效力、内部份额分担等基本事实的认定，后诉当事人无须举证证明，产生事实的预决效力。但这与既判力扩张不同，若后诉当事人有相反证据足以推翻，则后诉法院可能作出不同认定。

其三，连带之债各诉讼当事人可以单独为认诺、和解、调解。例如，在连带保证法律关系中，债权人先起诉主债务人，再起诉连带保证人。前诉中，法院以双方未以书面形式签订合同为由认定主合同不成立，从而判决驳回债权人的诉讼请求。后诉中，保证人可以认诺债权人与债务人实际已签订书面合同。再如，在共同侵权法律关系中，被侵权人先后起诉两位侵权人。前诉中，法院以二侵权人不具有过错为由驳回被侵权人的诉讼请求。后诉中，侵权人仍能自愿与被侵权人达成和解或调解。

其四，在特定连带之债中，各诉讼当事人可以主张其他债务人或债权人放弃的抗辩，也可以放弃主张其他债务人或债权人对对方的抗辩。例如，在连带保证中，前诉中主债务人放弃诉讼时效抗辩，后诉中保证人仍可向债权人抗辩主债务诉讼时效已经过。再如，前诉中主债务人主张债权人已免除主债务，法院支持该抗辩，判决驳回债权人的诉讼请求，后诉中保证人仍可放弃向债权人主张主债务已免除的抗辩。

其五，连带之债的各主体并非均有机会参加诉讼，对于未参加诉讼进行辩论等的案外人应尽量不产生不利影响，从而保障其诉讼权利。现阶段，我国第三人追加制度不可谓完善，且部分情形其他债权人或债务人囿于客观情况可能没有参加诉讼的机会，故应尽量限制既判力的扩张，从而保障未参与诉讼案外人的诉讼权利。

综上，连带之债各诉讼中法院对基础事实的认定，以及对抗辩的支持均可能不

---

① 参见任重：《反思民事连带责任的共同诉讼类型——基于民事诉讼基础理论的分析框架》，载《法制与社会发展》2018 年第 6 期；刘明生：《民事诉讼之程序法理与确定判决之效力及救济》，台北，新学林出版股份有限公司 2016 年版，第 234 ~ 235 页。

同。各诉讼判决会对其他债务人或债权人产生影响，但此种影响并非既判力的扩张，仅发生事实的预决效力。故连带之债亦非类似必要共同诉讼。如前所述，普通共同诉讼应进一步区分为牵连普通共同诉讼与同类普通共同诉讼。连带之债的诉讼标的不共同，但基于同一事实发生，诉讼标的具有牵连性，应适用牵连普通共同诉讼的相关规则。

2. 共有人行使物权请求权诉讼之例外

《民法典》物权编第三章“物权的保护”区分物权请求权与债权请求权，前者系返还原物、排除妨害、消除危险以及修理、重做、更换、恢复原状等请求权，后者为侵害物权产生的损害赔偿请求权。[①] 就损害赔偿请求权而言，各债仍具有相对独立性，如各债权人可在自己享有的份额内免除债务人的债务。但就物权请求权而言，分析则有所不同。

各债权人为全体债权人之利益，向债务人行使物权请求权，诉讼标的共同。当事人攻击防御的对象、法官审理的对象均为债务人是否应返还原物、排除妨害、消除危险等。法院不能为歧异判决，不可支持一债权人之请求，却驳回另一债权人之相同请求。如一债权人已获生效判决，另一债权人再提起相同诉讼请求的，构成“一事不再理”。如一债权人提起的诉讼正在一审审理，另一债权人提起相同诉讼请求的，应当合并审理。亦即，各债权人提起的诉讼具有“合一确定”的必要，产生既判力的扩张，应为必要共同诉讼。又因实体法上赋予债权人之一以诉讼实施权，债权人之一即构成原告适格，各债权人没有共同诉讼的必要，故应为类似必要共同诉讼。

3. 连带之债涉他效力与第三人制度的对接

如前所述，连带之债的涉他效力包括绝对效力和相对效力。对于绝对效力事项，将对其他债权人或债务人产生实体法上的有利或不利影响。例如，共同侵权中，受害人起诉侵权人之一，双方就受害人是否免除该侵权人的债务产生争议，法院对此的认定结果将对其他侵权人产生绝对效力，影响其他侵权人的利益。在争议事项涉及绝对效力时，应当完善第三人追加规则，由法院通知可以通知到的其他债权人或债务人，其可权衡利弊，选择是否申请作为无独立请求权的第三人参加诉讼，从而使其权利获得更加充分的保障，同时提升诉讼效率。

---

① 《民法典》第238条使用“依法请求损害赔偿”的表述，通过体系解释可以认为，第235～237条为独立的请求权基础，第238条并非独立的请求权基础，请求权基础为《民法典》第1165条、第1166条。

四、本章观点集成

1. 问题

(1)数债务人承担连带债务,债权人起诉是否必须将全部债务人列为共同被告? 数债权人享有连带债权,是否必须由全部债权人作为共同原告起诉?

有观点认为,连带债务为固有必要共同诉讼,债权人必须将全部债务人列为共同被告。理由为:第一,连带债务基于同一事实和法律上的原因产生,在纠纷事实说之下,各债诉讼标的共同,符合《民事诉讼法》第 55 条关于必要共同诉讼的构成要件。第二,分别起诉不利于抵销、免除、受领给付迟延、诉讼时效中断等绝对效力事项相关事实的查明,不利于纠纷一次性解决。第三,如债权人可分别起诉,前诉认定的绝对效力事项将对后诉产生效力,未参加前诉的其他债务人可能受到不利影响,将丧失基本程序保障。第四,债权人可在执行阶段选择申请执行的债务人,要求审判阶段起诉全部债务人并不剥夺债权人的选择权。第五,如债权人可分别起诉,可能导致债权人双重受偿。

有观点认为,连带债务为类似必要共同诉讼,债权人有权分别起诉。理由为:第一,连带债务为相对独立的多个债,各债务人可单独承担自身债务,并非将全部债务人列为共同被告才构成被告适格。第二,《民法典》第 178 条等实体法明确规定,债权人有权选择部分或者全部债务人承担责任。第三,部分案件当事人对事实并无争议,部分案件无须全部债务人参加诉讼亦能查明事实,以查明事实为由要求所有债务人参加诉讼理由不充分。第四,为查明事实,同时防止绝对效力事项对未参加诉讼的其他债务人产生不利影响,法院可追加其他债务人作为无独立请求权的第三人参加诉讼。第五,债权人选择起诉部分债务人存在实践需求,一是债权人为尽快获得赔偿,仅起诉偿付能力较高的债务人;二是债权人可能基于亲属、朋友等特殊关系,不愿起诉部分债务人;三是债权人可能与部分债务人达成和解,无须通过诉讼解决纠纷;四是侵权责任纠纷中,债权人可能无法获得部分债务人的身份信息,无法起诉;五是部分债务人下落不明时,债权人可能不愿将其纳入诉讼影响诉讼进程,因此应赋予债权人采取不同诉讼策略的权利。第六,将债权人的选择权后置于执行阶段,不能满足前述实践需求,不能保障债权人的诉讼选择权。第七,双重受偿问题可以通过在裁判文书中明确胜诉法律依据、执行阶段的协调解决,即使出现双重受偿亦可进行执行回转。

也有观点认为,连带债务为普通共同诉讼,债权人有权分别起诉。理由为:第一,债权人对各债务人的权利系不同的请求权,在旧实体法说下,各债诉讼标的不同,不符合《民事诉讼法》第 55 条关于必要共同诉讼的构成要件。第二,连带债务为相对独立的多个债,各债务人可单独承担自身债务,并非将全部债务人列为共同被告才构成被告适格。第三,《民法典》第 178 条等实体法明确规定,债权人有权选择部分或者全部债务人承担责任。第四,部分案件当事人对事实并无争议,部分案件无须全部债务人参加诉讼亦能查明事实,以查明事实为由要求所有债务人参加诉讼理由不充分。第五,为查明事实,法院可追加其他债务人作为无独立请求权的第三人参加诉讼。第六,债权人分别起诉后,即使其他债务人没有作为无独立请求权第三人参加前诉,前诉认定的绝对效力事项对后诉产生的效力亦仅是事实的预决效力,可被推翻,对未参加前诉的其他债务人权利不会产生实质不利影响。第七,债权人选择起诉部分债务人存在实践需求(具体情形同前文按份债务部分),应赋予债权人采取不同诉讼策略的权利。第八,将债权人的选择权后置于执行阶段,不能满足前述实践需求,不能保障债权人的诉讼选择权。第九,双重受偿问题可以通过在裁判文书中明确胜诉法律依据、执行阶段的协调解决,即使出现双重受偿亦可进行执行回转。

本书初步意见认为,连带债务为普通共同诉讼,债权人有权分别起诉。连带债务的诉讼标的并非共同,不符合《民事诉讼法》第 55 条规定的必要共同诉讼的构成要件。连带债务具有相对独立性,并非全体连带债务人共同实施方为有效,不符合固有必要共同诉讼的本质及该制度欲实现的价值。连带债务的前诉对后诉仅产生事实的预决效力,不产生既判力扩张,亦非类似必要共同诉讼。因此,连带债务诉讼应属普通共同诉讼,债权人有权选择起诉部分或全部债务人,诉讼中亦可撤回对部分债务人的起诉。法院未追加全部债务人不构成遗漏当事人,不能成为发回重审的理由。

(2)数债务人承担连带债务,如债权人可分别起诉各债务人,前诉认定的绝对效力事项对后诉产生何种影响,后诉认定是否可与前诉不一致?数债权人享有连带债权,如各债权人可分别起诉债务人,前诉认定的绝对效力事项对后诉产生何种影响,后诉认定是否可与前诉不一致?

有观点认为,连带债务为类似必要共同诉讼,应当一致。理由为:类似必要共同诉讼前诉认定的份额对后诉产生既判力扩张,如欲作出不同认定,须先通过再审撤销前诉。

有观点认为,连带债务为普通共同诉讼,可不一致。理由为:第一,既判力的客观范围是诉讼标的,连带债务诉讼标的不同,不发生既判力扩张。第二,前诉认定的绝对效力事项对后诉仅产生事实的预决效力,当事人可提供相反证据推翻。第三,连带债务各诉讼当事人可以单独为认诺、和解、调解,此时前后诉认定可能不一致。第四,各债务人可自愿选择是否行使抗辩权,各债务人可以主张其他债务人放弃的抗辩权,也可以放弃主张其他债务人已行使的抗辩权。第五,连带债务的各主体并非均有机会参加诉讼(如因不知存在诉讼无从申请以无独立请求权第三人的身份参加诉讼),对未参加诉讼的案外人应尽量不产生不利影响,从而保障其诉讼权利。

本书初步意见认为,连带债务具有相对独立性,诉讼标的不同,法院仅就各诉的诉讼标的作出判决。连带债务前诉认定的绝对效力事项系对案件事实的认定,不同于对诉讼标的作出裁判的判决主文,不发生既判力扩张效果。《民诉法解释》第 93 条及《证据规定》第 10 条规定,已为人民法院发生法律效力的裁判所确认的基本事实,当事人无须举证证明,但当事人有相反证据足以推翻的除外。连带债务前诉认定的绝对效力事项属于基本事实的认定,若后诉当事人有相反证据推翻相关事实,法院可作出不同认定。后诉当事人无须通过申请再审推翻前诉判决,即可在后诉中获得权利救济。

(3)共有人行使物权请求权(返还原物、排除妨害、消除危险以及修理、重做、更换、恢复原状等),是否必须由全部债权人作为共同原告起诉?如否,裁判对其他债权人产生何种效力?

有观点认为,共有人行使物权请求权为固有必要共同诉讼,债权人必须作为共同原告起诉。理由为:各债权人的请求权实为同一实体请求权,诉讼标的共同,符合《民事诉讼法》第 55 条关于必要共同诉讼的构成要件。裁判对各债权人产生既判力,由各债权人作为共同原告起诉,既有利于纠纷一次性解决,亦有利于防止债权人因未参加诉讼受到不利影响。

有观点认为,共有人行使物权请求权为类似必要共同诉讼,债权人可选择是否作为共同原告参加诉讼,如选择参加诉讼,应当合并审理;如选择不参加诉讼,判决对其发生既判力扩张,判决作出后其他债权人再次起诉的,构成重复起诉。理由为:《民法典》第 307 条明确规定,因共有物产生的债权,在对外关系上共有人享有连带债权。根据《民法典》第 178 条的规定,连带债权的部分或者全部债权人均可以请求债务人履行债务。故部分债权人起诉即构成原告适格,无须全体债权人作为共同原告起诉。因各债权人的请求权实为同一请求权,诉讼标的共同,就相同事项不得出现歧义判决。如其他债权人未选择一同参加诉讼,裁判对其他债权人产生既判力扩张,其他债权人不得再次提起相同诉讼。

也有观点认为,共有人行使物权请求权为普通共同诉讼,债权人可分别起诉,前诉对后诉产生事实的预决效力。理由为:《民法典》第 307 条明确规定,因共有物产生的债权,在对外关系上共有人享有连带债权。连带债权为相对独立的多个债,尽管请求内容相同,仍为不同请求权,诉讼标的不同,并非必要共同诉讼。

本书初步意见认为,共有人行使物权请求权为类似必要共同诉讼,具体诉讼效果及理由与前述第二种观点相同。

2. 民事诉讼制度展望

(1)关于共同诉讼的区分

①建议

将《民事诉讼法》中概括式规定"共同诉讼"修改为区分必要共同诉讼和普通共同诉讼,对二者分别予以规定,并修改普通共同诉讼的成立要件。

②理由

根据《民事诉讼法》第 55 条第 1 款的规定,普通共同诉讼的构成要件有二:一是诉讼标的同类,二是人民法院认为可以合并审理并经当事人同意。在普通共同诉讼中,各个当事人之间并无共同权利义务,单独诉讼亦无不可。之所以设定普通共同诉讼制度,不论从大陆法系还是从英美法系角度而言,一是基于诉讼经济效率层面的考虑,通过对有事实关联案件的合并处理,达到提升效率目的。二是基于对当事人实体权利保障的考虑,通过及时一次性解决纠纷,实现对当事人利益保护的最大化,提升诉讼的纠纷解决机能。三是基于避免判决歧义的考虑。虽然各当事人无共同权利义务,但普通共同诉讼的产生往往基于同一交易或事件,或者有共同的事实和法律问题,合并审理有利于各利益主体权利义务的统合考量,消除裁判歧异。

比较法上,为了充分实现普通共同诉讼所具有的提高诉讼效率的目的,各个国家一般均放宽对普通共同诉讼构成要件的要求,确保更多的案件能够通过一次性诉讼解决。美国法上,根据《联邦民事诉讼规则》第 20 条的规定,许可性合并的实质要件有二:(1)救济权利基于同一交易、事件或者连续的交易、事件;(2)存在共同的法律或事实问题。美国学者承认,许可性当事人合并的两个标准是较为灵活的,目的在于确保在一个诉讼中实现完全正义,并且避免重复诉讼。在大陆法系,以德国、日本为典型代表的许多国家及地区都允许三类案件为普通共同诉讼:其一,为诉讼标的的权利或义务为数人共同的;其二,为诉讼标的的权利或义务基于同一事实上及法律上的原因的;其三,为诉讼标的的权利或义务为同一种类并且基于事实上及法律上同种类的原因的。其中,最为灵活、实践中最为重要的类别是第三个。

在我国,普通共同诉讼必须满足诉讼标的是同一种类,且法院认为可以合并审理并经当事人同意的多重条件限制,在司法实践中发挥的实际效果并不理想。比如,一些学者指出,争议法律关系的性质相同并不必然形成同种类的诉讼标的,而争议法律关系的性质并不相同,也并非当然不是同种类的诉讼标的。同时,《民事诉讼法》将"当事人同意"作为普通共同诉讼的程序要件,且通常认为经当事人同意是指全体当事人均同意合并审理。因此,实践中便出现了大量因当事人一方(甚至一方中的极个别主体)不同意合并审理,导致法院将诉讼标的为同一种类的纠纷拆分审理的现象,极大限制了普通共同诉讼制度功能的发挥。

为了扩大普通共同诉讼的适用范围,一些学者主张,应对"同一种类"进行扩大解释,将基于同一纠纷发生的事实视作诉讼标的的"同一种类"。对当事人"同意"应做限缩解释。一是双方当事人均同意;二是一方当事人同意。原告同时以数人为被告以普通共同诉讼的形式起诉的,可解释为"经当事人同意",而在原告分别以数人为被告提起诉讼标的为同种类的数个诉讼时,如果各被告要求合并审理,也构成经当事人同意。

这样的解释思路对当事人权利不会造成实质性影响。第一,无论是在普通共同诉讼中,还是在双方均为一人的单独诉讼中,当事人都有同样的程序权利。对于普通共同诉讼而言,当事人并无共同权利义务,各个当事人有独立的诉讼实施权,各个当事人实施的诉讼行为对其他当事人一般不发生效力,故在普通共同诉讼的适用条件中删除当事人同意的要件,并不会影响当事人实质性的诉讼权利。且从比较法上讲,德国、日本、韩国及我国台湾地区的立法和司法实践对普通共同诉讼,均未要求以"双方当事人同意"为条件,有学者分析认为,可能的原因是,当事人对合并审理的程序异议已经被合并管辖的异议所吸收。德国以指定管辖的方式替代了合并管辖的当事人异议,法院在指定管辖时就可以考量合并审理在实体与程序上的妥当性。第二,管辖规则可对法院职权行为予以合理限制。普通共同诉讼合并审理的必备要件之一,是法院必须对该数个诉讼具有管辖权。如果其中某个诉不应由受诉法院管辖,则不能由受诉法院统一处理。同时,该数个诉讼必须适用统一诉讼程序,如果有案件属于上级法院管辖,则受诉法院受理明显违背了级别管辖要求,此种情况亦不得通过普通共同诉讼合并审理。

鉴于此,本书认为,应对普通共同诉讼制度进行必要修正,可在普通共同诉讼中进一步区分牵连普通共同诉讼和同类普通共同诉讼。前者可界定为诉讼标的不共同,但基于同一事实的共同诉讼。后者则指诉讼标的同类的共同诉讼。同类普通共同诉讼即为现行法上规定的传统的普通共同诉讼。牵连普通共同诉讼的本质特征在于,诉讼标的具有牵连性。牵连性以是否基于同一纠纷事实为判断标准。例如在分别实施侵权的案件中,各侵权行为造成了同一损害后果,导致各侵权人应共同填补被侵权人损失,法律关系产生牵连性。再如在合同约定的按份之债中,各债因同一合同关系产生牵连性。牵连普通共同诉讼制度的构建应确定如下规则:其一,原告具有诉讼选择权,共同诉讼无须被告同意,亦无须法院同意。原告的选择权具体为是否参加诉讼的选择权,或者选择何人作为被告的选择权。原告对诉讼作出选择后,法院应当作为共同诉讼审理,从而提高诉讼效率。其二,当事人对诉讼标的是否基于同一事实可提出异议,法院应于文书中适当说理,展现程序争议的论证理由。纠纷事实的边界具有模糊性,对于同一事实可能难以确定统一的抽象标准,应结合个案进行具体讨论,故法院对同一事实及诉讼标的牵连性的认定具有一定的裁量权。当事人可以对法院是否合并审理的决定提出异议,法院应就牵连性的认定作出适当说理和论证。其三,原告参加诉讼、增加被告、撤回对部分被告的起诉,应在一审法庭辩论终结前提出。

(2)关于连带责任的诉讼形态

①建议

将《民诉法解释》“诉讼参加人”部分新增一条:连带债务的诉讼形态为普通共同诉讼。数债务人承担连带债务,债权人可以共同起诉,也可分别起诉。

②理由

依据实体法规定,连带债务中,债权人有权选择全部或部分债务人,无须全部债务人共同参加诉讼;连带债权中,债权人有权选择参加或不参加诉讼,无须全部债权人共同参加诉讼。既然实体法已对当事人的权利予以明确规定,诉讼法应当给予必要的尊重,不能片面追求诉讼法上的效率价值,牺牲当事人意思自治的利益。

本书认为,连带责任诉讼不符合必要共同诉讼的特征,应属于普通共同诉讼。其一,连带之债的诉讼标的不同,属于可分的多数人之债,当事人无共同诉讼实施权。其二,连带之债各诉讼中互相发生的影响是事实的认定,而非既判力扩张。连带之债的前诉对债之存否、债之效力、内部份额分担等基本事实的认定,后诉当事人无须举证证明。但这与既判力扩张不同,若后诉当事人有相反证据足以推翻,则后诉法院可能作出不同认定。其三,连带之债各诉讼当事人可以单独为认诺、和解、调解。其四,在特定连带之债中,各诉讼当事人可以主张其他债务人或债权人放弃的抗辩,也可以放弃主张其他债务人或债权人对对方的抗辩。其五,连带之债的各主体并非均有机会参加诉讼,对未参加诉讼进行辩论等的案外人一般也不会产生不利影响。因此,连带之债的诉讼标的不共同,但基于同一事实发生,诉讼标的具有牵连性,应适用牵连普通共同诉讼的相关规则。

第四章　诉的主观合并(三)：不真正连带之债*

一、不真正连带的司法现状分析

本书在中国裁判文书网上收集《民法典》实施前后两年有关不真正连带适用的案例，发现有如下较为普遍的实体和程序问题。

(一)诉讼形态的选择不明

在产品责任或者第三人引起的提供劳务者受害责任等纠纷中，多数判决将产品的生产者和销售者、第三人以及雇主列为被告，但在程序法律适用上，均未援引2017年《民事诉讼法》第52条(2021年《民事诉讼法》第55条)有关共同诉讼规定，该案件到底是属于普通共同诉讼抑或必要共同诉讼不明。法院更倾向于对实体问题作出合乎法律规范的处理，对程序选择的关注度不高。同时，在原告起诉生产者以及经营者的产品责任案件中，部分判决抛开不真正连带的法律适用，直接确定终局责任人承担责任，①徒有共同诉讼的多数人外表，并未体现出共同诉讼制度应有的价值。在法律规范未体现不真正连带，但实际上具有不真正连带特征的场合，司法实践一般囿于诉讼标的理论，极少选择共同诉讼，比如违约和侵权构成的不真正连带形态。

(二)对不真正连带的识别因人而异

在一些不真正连带案件中，法院对不真正连带与连带责任的区分识别不统一，对是否构成不真正连带认识不足，导致法律适用出现混乱。比如，在某汽车集团与某销售服务公司产品责任纠纷一案中，②一审法院在赔偿主体上认定，因产品存在

---

* 为论述之便，本报告后文中不再区分不真正连带债务与不真正连带责任，统一称为不真正连带。

① 参见江苏省南通市中级人民法院(2020)苏06民终2590号民事判决书；浙江省宁波市中级人民法院(2019)浙02民终5044号民事判决书。

② 参见上海市第二中级人民法院(2020)沪02民终8890号民事判决书。

缺陷导致消费者损失的,消费者可选择向销售者或生产者要求赔偿。原告现主张要求涉案车辆生产商及销售商承担共同赔偿责任并无不当,法院予以支持。而二审法院认为,依据法律规定,对于产品缺陷造成损害的,生产者与销售者承担连带赔偿责任。又如,在栾某与某装饰材料销售中心、某家居装饰广场公司产品责任纠纷案件中,①法院对责任主体和责任形态的判断依据是《消费者权益保护法》第43条之规定,即消费者在展销会、租赁柜台购买商品或者接受服务,其合法权益受到损害的,可以向销售者或者服务者要求赔偿。该条款也属不真正连带的体现,但法院径直认定为连带责任。再如,在某货运代理公司、严某与某物流公司生命权、身体权、健康权纠纷一案中,②一审法院认为,雇员在从事雇佣活动中遭受人身损害,雇主应当承担赔偿责任。雇佣关系以外的第三人造成雇员人身损害的,赔偿权利人可以请求第三人承担赔偿责任,也可以请求雇主承担赔偿责任。本案严某所受伤害系雇佣关系以外的第三人造成,应由实施侵权行为的第三人即某货运代理公司承担赔偿责任。严某要求雇主、车辆挂靠单位某物流承担连带赔偿责任,于法无据,法院难予支持。

(三)对不真正连带的法律效果认识不统一

在一些案件中,法院明确案件类型属于不真正连带,也进行了充分的说理,但处理结果与不真正连带背离。表现有三:第一,判令承担连带责任。如在方某、余某房屋买卖合同纠纷案件中,③法院认定方某的侵权损害赔偿责任与余某的违约损害赔偿责任构成不真正连带,但最终判决承担连带清偿责任。第二,判令承担共同责任,以回避连带责任法定要求。如在某物流公司、某汽车公司、某商用车公司侵权责任纠纷案件中,④法院认为销售者、生产者承担责任的原因不同且并无意思联络,二者之间应为不真正连带,但最终判决承担共同赔偿责任。第三,判令被告一方承担责任。例如,在某门窗公司等与某家居市场公司产品责任纠纷一案中⑤,法院认为,某门窗公司作为生产者愿意就质量问题承担相应责任且其仍在原地经营,故原告要求某家居市场公司承担连带责任,不予支持。又如,在某烟花爆竹公司与施某、某

---

① 参见江苏省南京市中级人民法院(2020)苏01民终1147号民事判决书。

② 参见上海市第二中级人民法院(2021)沪02民终54号民事判决书。

③ 参见广东省深圳市中级人民法院(2019)粤03民终7290号民事判决书。

④ 参见浙江省杭州市中级人民法院(2019)浙01民终567号民事判决书。另参见北京市第三中级人民法院(2021)京03民终3876号民事判决书。

⑤ 参见北京市第二中级人民法院(2019)京02民终5083号民事判决书。

商店等产品责任纠纷一案中①,两级法院均认为质量缺陷系因生产者的过错导致,根据《侵权责任法》第 43 条规定,应当由生产者直接向原告赔偿,销售者无须再承担赔偿责任。

(四)裁判文书的技术处理欠缺规范化

在本书所搜集到的案例中,裁判文书能够体现出不真正连带责任实体法效果的案例并不多见。在花某、某烟花制造公司与袁某产品责任纠纷一案中,②一审法院判决主文表述为:某烟花公司、花某于判决生效之日起十日内各应向袁某赔偿各项损失计××元。花某或某烟花公司任一赔偿义务主体履行赔偿义务后,另一赔偿主体的赔偿责任消灭;花某履行赔偿义务后,可向某烟花公司追偿。在涉及追偿权问题上,也有不同的处理方式。上述判决确定了中间责任人的追偿权,亦有相当判决并未在判决主文中确定追偿权,而系在法院说理部分予以明确。

以上观察反映出了当前司法实践中涉及不真正连带责任的一些问题。当然,由于样本所限,未必能反映出这一领域普遍存在的所有问题,结合学理探讨以及上述分析观察,本书认为,在不真正连带责任中,下列问题值得进一步探讨:

第一,不真正连带责任的实体效果问题,包括对内和对外两个层面。

第二,不真正连带责任的诉讼形态问题,即不真正连带责任是否可采用共同诉讼解决,如果采用共同诉讼,是必要共同诉讼,还是普通共同诉讼,抑或其他类型。选择合并审理时,案由应如何确定。

第三,如何裁判数位债务人的给付义务,是连带赔偿,还是判决数债务人履行平行给付义务,抑或受限于原告的选择?

第四,如果债权人同时起诉数债务人,法院是否可以直接判决追偿权,还是要求另行起诉解决为宜。

二、不真正连带特征及分类

(一)不真正连带理论的源流

依据学者考证,不真正连带制度的缘起可推至 19 世纪德国普通法时期学者对连带债务的二分法理论。19 世纪,德国学者将连带债务区分为共同连带和单纯连带。所谓的共同连带和单纯连带,本质上是以债的单复数为基础进行的区分。共同连带在客观构成上表现为一个债务,但是具有复数的主体关系。单纯连带在客观

---

① 参见江苏省南通市中级人民法院(2020)苏 06 民终 2590 号民事判决书。

② 参见江苏省盐城市中级人民法院(2019)苏 09 民终 2819 号民事判决书。

构成上表现为复数的债务，即数人数债，而非数人一债。既然数人数债，那么其就与共同连带之间有根本的区别，例如共同连带关系中，因一个人的行为而影响整个债的效力的事项往往比较宽泛，清偿及代物清偿、提存、抵销、免除、债的更新、债权人迟延以及诉讼时效等，往往具有绝对效力，对于整个债务关系均产生影响。而就单纯连带而言，由于系多个债务，故而某一债务人的清偿包括代物清偿等通常能够发生免除其他债务人债务的效果，而其他发生于任一债务人的法律事实，对于整个债务关系而言，一般不产生影响。德国法学界对上述连带债务到底是单数还是复数之债的讨论并未停止，而且事实上，认为共同连带属于复数之债的理论逐渐占据上风，终成为理论通说。这也是《德国民法典草案》以及最终颁布的《德国民法典》并未采纳二分法理论的重要缘由之一。由于理论上不再以单复数区分连带债务，共同连带和单纯连带之间的界限被打破，此时，学者将关注点放在债的发生原因上，并以债的发生原因不同提出了不真正连带之债的概念。例如，阿依舍雷将不真正连带界定为，数债务人分别对于债权人负担数个债务，因一债务人之完全给付，其他债务人的债务亦因此而消灭，但是各债务之间无内在的关联，仅仅偶然地服务于债权人同一利益之满足。[①] 应当说，虽然《德国民法典》最终未明确规定不真正连带，但19世纪德国学者关于不真正连带的探讨，却为后来该理论的继续发展和实践探索奠定了重要基础。

（二）不真正连带的概念和特征

关于不真正连带的界定，无论是我国大陆地区还是我国台湾地区，都具有某种相似性特征。

我国台湾地区的史尚宽先生认为，不真正连带“谓数债务人基于不同之发生原因，对于债权人负以同一之给付为标的之数个债务，依一债务人之完全履行，他债务因目的之达到而消灭之法律关系”。[②] 郑玉波先生认为，不真正连带“乃多数债务人就同一内容之给付，各负全部履行之义务，而因一债务人之履行，则全体债务消灭之债务也”。[③] 孙森焱认为，不真正连带“谓数债务人具有同一目的，本于个别之发生原因，对债权人各负全部给付之义务，因债务人中一人为给付，他债务人即同免其责任之债务也”。[④] 我国大陆法学者中，较早关注不真正连带的孔祥俊教授认

① 参见章正璋：《德国民法上不真正连带债务理论的产生与衰亡》，载《北航法律评论》2011年第1辑。

② 史尚宽：《债法总论》，中国政法大学出版社2000年版，第672页。

③ 郑玉波著、陈荣隆修订：《民法债编总论》（修订2版），中国政法大学出版社2004年版，第425页。

④ 孙森焱：《民法债编总论》（下册），法律出版社2006年版，第742页。

为,“不真正连带债务是指多数债务人基于不同发生原因而偶然产生的同一内容的给付,各债务人负全部履行义务,因债务人之一的履行而使全体债务均消灭的债务”。① 杨立新教授认为,“侵权法上的不真正连带责任是指多数行为人违反法定义务,对同一受害人实施加害行为,或者不同的行为人基于不同的行为而致使同一个受害人的民事权益受到损害,各个行为人产生的同一内容的侵权责任,各负全部赔偿责任,并因行为人之一的责任履行而使全体责任人的责任归于消灭,或者依照特别规定多数责任人均应当承担部分或者全部责任的侵权责任形态”。② 根据学者们的定义,本书可对不真正连带归纳出以下特征。

1. 债的发生原因不同

所谓债的发生原因不同非指依法定或意定等原因而产生的不同类型之债,而系指数个债具有相对独立的债因,也即不同当事人之间因某种事实产生了各自独立的债权债务关系。例如,甲委托乙保管财物,乙保管不当,被丙损坏。乙独立构成违反保管合同的违约责任,丙独自构成损害他人所有权的侵权责任。乙与丙各自责任的发生原因不同。

2. 各债务人同一给付系偶然产生

不真正连带中各债务人独自承担全部的、同一的给付义务,根本原因在于各自债因的相对独立,是相对独立的债因产生了相对独立的法律效果,而该法律效果均指向债权人同一利益的满足。这与通常连带责任有所不同,通常连带责任中,基于契约的债因意思介入,使债因不具有独立性。基于共同侵权而产生的连带系基于共同意思和加害行为所致,连带的法律效果均非偶然产生。

3. 债的消灭原因不同

对于连带债务,一债务人与其他债务人负担同一之给付,所以债务人之给付,亦为其他债务人给付。而在不真正连带中,某一债务人仅仅为其自身所负担而给付,其他债务人的债务之所以得以免除,并非由于其债务亦被给付,而是由于全体债务所共同服务的利益不复存在。③

4. 终局责任的有无不同

终局责任的有无,是不真正连带区别于连带责任的重要特征,甚至在一些学者

---

① 孔祥俊:《论不真正连带债务》,载《中外法学》1994 年第 3 期。

② 杨立新:《侵权责任法》(第 4 版),法律出版社 2021 年版,第 113 ~ 114 页。

③ 参见章正璋:《德国民法上不真正连带债务理论的产生与衰亡》,载《北航法律评论》2011 年第 1 辑。

看来，内部分担关系要件才是区隔连带责任与不真正连带的圭臬。① 所谓终局责任人，有学者将其界定为对数个责任的发生应最终负责的人，②亦有学者将其界定为承担过错责任的债务人或者因自身行为导致他人债务产生的债务人。③ 虽然表意侧重不同，但均指明在不真正连带中存在最终承担责任主体的现象。引起这一现象发生的原因在于不真正连带的产生多属于规范间竞合，之所以发生竞合，往往因某一行为人的事实而引发，而引发该事实的人就会产生终局责任。仍然以上文保管案例进行说明，虽然乙保管不当构成独立违约责任，但乙之所以产生违约责任的基础在于丙因过错损坏了保管物品。损坏保管物品这一基础事实就具有了一种“双重要件”属性，而做出该事实的丙无疑就成为终局责任人。这种终局责任，和连带责任各主体之间的内部分担关系有着重要的区别。连带责任中，各个主体均具有过错，对内应该按照过错大小或平均承担责任，对外承担责任后，内部会依据责任大小产生内部分担关系，而终局责任不属于内部分担，其本质是非终局责任人承担责任后向终局责任人完全的追偿。

三、不真正连带的价值定位

无论是学理上还是实践上，对不真正连带的讨论已逾百年，但不真正连带是否具有独立的价值和意义则一直众说纷纭，可以说，从不真正连带理论构建伊始，就存在肯定和否定两种观点。我国颁布实施的《民法典》对连带责任、按份责任进行了区分规定，并辅之以侵权责任编的先付责任、补充责任等形态，形成了相对完善的责任形态体系。但是，对不真正连带的规定相对缺乏，究其原因，一方面与不真正连带理论构建不足有关，目前为止，真正连带责任与不真正连带的界分还未形成相对清晰的标准。另一方面也与本书对不真正连带功能认识有关，即要建立一种和真正连带责任并列的责任形态，还是仅仅将不真正连带作为一种认识分析工具对待。

（一）对传统理论再思考

上文中，本书基于学说对不真正连带责任的一些特征进行了归纳，但遗憾的是，这些特征并不能为连带责任和不真正连带划定绝对清晰的界分。

第一，不真正连带从语词上看是以“连带责任”为参照的概念，但连带责任在我国法律规范中除了意定连带责任之外，还有法定连带责任。特别是法定连带责任，

① 参见税兵：《不真正连带之债的实定法塑造》，载《清华法学》2015 年第 5 期。

② 参见王利明：《侵权责任法研究》（上卷），中国人民大学出版社 2010 年版，第 584 页。

③ 参见黄凤龙：《不真正连带债务——从概念到制度的嬗变》，载《北大法律评论》2013 年第 2 期。

除了共同侵权之债此类典型的因主观共同性而产生的连带责任，还包括因果关系不明（《民法典》第1170条共同危险责任）、因果关系竞合（《民法典》第1171条）以及基于法政策等因素而产生的特殊连带责任，这些连带责任在构成上并不一致。如果本书将真正连带责任看作不真正连带的参照系，而由于连带责任构成本身的多元性，这就会导致本书论证的靶向不明。如果本书不能建立对真正连带责任构成的完备说明，就无法界定不真正连带与真正连带的区别。

第二，目前关于连带责任通说的"同一层次说"亦不具有区分连带责任与不真正连带的绝对性。以安全保障义务为例，当第三人加害时，第三人和安全保障义务人要承担相应的责任，我国《民法典》和之前的《侵权责任法》皆将安全保障义务人的责任定位为补充责任（不真正连带的变形形态）。但仔细分析，第三人承担责任系因侵犯了他人的人身权利，而安全保障义务人则构成了违约和侵权责任的竞合，该两种责任也指向了对受害者人身权利的保护。由于导致责任产生的法律事实具有同一性，故安全保障义务人的责任和第三人的责任按道理应该属于同一阶层才对，但事实上法律将第三人导致的安全保障责任规定为补充责任，而非连带责任。

第三，从不真正连带的特征上看，无法清晰把握连带责任与不真正连带的区分。例如，关于债因的独立性问题，如果本书考虑《民法典》第1171条，即"二人以上分别实施侵权行为造成同一损害，每个人的侵权行为都足以造成全部损害的，行为人承担连带责任"的规定，本书可以发现，在竞合因果关系中，数人的行为也具有相对独立性，无任何内在牵连，但法律效果则是连带责任。再如，有学者以我国原《侵权责任法》第43条第1款、第2款（《民法典》第1203条）为例指出，生产者和销售者承担不真正连带责任，但不能说该不真正连带是"基于不同的原因而偶然产生"，事实上，生产者和销售者之所以承担不真正连带责任，在于产品缺陷发生时法律为方便被侵权人索赔而特意规定。① 产品责任纠纷具有共同的原因，即缺陷产品致害这一事实。

（二）不真正连带的价值争论

由于传统理论存在上述诸多不清晰之处，国内外很多学者对不真正连带的价值持怀疑甚至否定态度，有代表性的诸如拉伦茨、泽而布、梅迪库斯等。之所以持否定态度意见，一是认为连带责任和不真正连带之间欠缺清晰的区分标准。德国学者对不真正连带的探讨一直是围绕《德国民法典》第421条有关连带责任的规定而

---

① 参见黄凤龙：《不真正连带债务——从概念到制度的嬗变》，载《北大法律评论》2013年第2期。

展开的，为此，出现了从“原因同一说”到“目的共同说”再到“同一层次说”等理论学说，其解决的实质问题是连带责任构成标准，认为一旦构成连带责任，不真正连带似乎就呼之欲出。但现实是，即便当前通说“同一层次说”，对此问题的清晰界定亦不存在。该说认为，债务人对于某一给付义务具有同一阶层性时，各债务人之间才有可能成立连带债务，对于不同阶层的债务，债务系由直接责任人引发，该直接责任人距离损害较近而应该终局负责，其他债务人只是提供了损害发生的可能性，因而距离损害较远，距离损害较远的债务人给付具有预付性质，其给付以后有权依让与请求权等规定，要求直接责任人全额返还给付，在此情况下不存在连带债务。而关于是否构成同一阶层性的判断标准问题，该说认为，该问题无法用一个简单的公式予以回答，在法无明文规定时，对于依法律行为成立的债务，应该根据法律行为的内容、可探求的债务发生的意义和目的等予以判断，对于法定债务，则可以类推适用最近的法律规定。“同一层次说”存在的不足是，对于某些法定连带债务的情形，如对于契约当事人与履行辅助人之间的连带债务，监督义务人与被监督人之间的连带债务，动物饲养人与第三人之间的连带债务等(《德国民法典》第 840 条第 2 款、第 3 款)无法适用，通说认为这些法定连带债务欠缺义务的同阶层性，是不应构成连带债务的。① 诚如学者所言，“德国民法学说始终在试图回答什么不是连带债务而非试图阐述什么是不真正连带债务。德国民法学者对于‘何为不真正连带债务’问题，从来找不到一个明确的定义”。② 由于传统学说被证明不具有充分的说明力，因此德国联邦最高人民法院已经将不真正连带债务这一概念予以搁置。③ 二是认为不真正连带肯定论者的担心没有道理。肯定论者认为，基于连带责任内部分担的规定，担心某些情形下按照真正连带处理将导致错误的求偿关系发生，从而产生不公平后果。如终局责任人承担责任后，要求依据连带责任规定，请求其他责任人分担损失。但否定论者认为，连带债务人在内部责任的分配上，可以从 0 到 1，既可能不承担责任，也可能承担 100% 的责任，这属于连带债务消灭阶段的追偿问题，对于连带债务能否成立不发生影响。④

从当前我国学界来看，虽然多数学者主张不真正连带的独立性，但质疑批判的

---

① 参见章正璋：《德国民法上不真正连带债务理论的产生与衰亡》，载《北航法律评论》2011 年第 1 辑。

② 税兵：《不真正连带之债的实定法塑造》，载《清华法学》2015 年第 5 期。

③ 参见李中原：《不真正连带债务理论的反思与更新》，载《法学研究》2011 年第 5 期。

④ 参见章正璋：《德国民法上不真正连带债务理论的产生与衰亡》，载《北航法律评论》2011 年第 1 辑。

声音愈演愈烈。首要的理由同德国学者基本一致,认为区分标准失效。此外,部分学者主张以将连带责任范围扩大等方式解决,没有必要创设不真正连带概念。[①] 还有学者主张维持现状,认为"在立法上,并不需要一个非真正连带之债(非真正连带责任)的概念。不过,非真正连带之债的概念在理论上和司法上都有存在之必要,借以提示广义的连带之债内部形态的复杂性以及某些连带之债的特殊性"。[②]

(三)不真正连带的价值再塑

基于上述论述,本书认为,目前在学理上对照连带责任建立不真正连带自足理论体系恐难以实现,必要性上也有不足之处。不真正连带产生的原因在于规范间的关联关系。由于规范关联的存在,才导致事实上不同债务人负担相同或相似的赔偿责任。该种责任的产生并非理论创造了一种"不真正连带"的形态,毋宁说,不真正连带只是对现实规范体系的一种摹写。在典型的产品责任中,如果销售者销售了缺陷产品,生产者制造了缺陷产品,受害人依据违约与侵权责任即可以解决,不论《民法典》第1203条是否作出不真正连带的规定都是如此。

然而,虽然将不真正连带确立为一种单独的多数人之债类型并无必要,但不意味着讨论不真正连带毫无意义。本书认为,不真正连带中不同债务人之债具有独立性,由于欠缺连带责任机制,加之受诉讼标的理论以及共同诉讼样态不足等因素影响,如何面对多数债务人而实现对债权人利益的最大保护就成为讨论不真正连带的真正价值定点。从民事诉讼作为民事实体法与民事诉讼法交互作为的"场"这一理论共识出发,本书认为,欲要实现不真正连带中对债权人的保护,实现实体和程序的有机衔接,一方面需要对不真正连带的实体法效果进行必要的探讨,为诉讼程序实现实体目标奠定基础。另一方面也需要对民事诉讼中诸如共同诉讼形态进行必要的探讨,以便通过诉讼程序实现并促进实体规范的完善,进而最大限度地保护债权人利益。

四、不真正连带的分类

在支持不真正连带责任理论的学者之中,类型化一直是大家不懈努力的目标。王竹等教授依据不真正连带责任产生的方式不同,将其分为偶然型和法定型的不

① 参见王竹:《论法定型不真正连带及其在严格责任领域的扩展适用》,载《人大法律评论》2009年第1期。

② 赵廉慧:《债法总论要义》,中国法制出版社2009年版,第100页。

真正连带责任。[1] 而黄凤龙教授在上述分类的基础上又增加了意定不真正连带责任的类型。[2] 杨立新教授将《民法典》侵权编领域的不真正连带责任依据竞合理论分为“提供条件”的竞合侵权行为、“提供条件 + 政策考量”的竞合侵权行为、“提供机会”的竞合侵权行为以及“提供平台的竞合侵权行为”4 种类型。[3] 而更多学者如史尚宽、郑玉波以及李中原教授等人则是依据广义的请求权竞合形态，基于债的发生原因，对不真正连带责任进行分类。史尚宽先生分为 8 类，[4]郑玉波先生分为 5 类。[5] 李中原教授亦分为 8 类，具体为：违约责任与违约责任的竞合，侵权责任与侵权责任的竞合，合同债务与合同债务的竞合，违约责任与侵权责任的竞合，违约责任与合同债务的竞合，侵权责任与合同债务的竞合，侵权或违约责任与不当得利的竞合以及其他竞合等。[6] 在具体的类型范围上，不同学者的观点不同，导致其涵盖范围亦有所不同，例如，杨立新等教授将补充责任、先付责任等作为不真正连带责任的特殊类型对待，但亦有观点将补充责任、先付责任等作为独立的责任类型看待。[7]

本书认为，由于不真正连带产生的原因在于规范间的竞合关系，其可能的类型难以穷尽，虽然法律的直接规定有助于本书进一步观察研究不真正连带责任，但以法定、意定以及偶然型竞合等作为类型划分并不能准确反映出不真正连带产生的原因。因此，从不真正连带产生的规范竞合背景出发，本书还是认为基于请求权竞合形态划分较为科学，因此，赞同李中原教授所作的基本类型划分。

在这里，有必要讨论一下先付责任以及补充责任是否属于不真正连带责任的问题。

（一）关于先付责任

依据杨立新教授的观点，所谓先付责任是指：“中间责任人首先承担直接责任，

---

① 参见王竹：《论法定型不真正连带及其在严格责任领域的扩展适用》，载《人大法律评论》2009 年第 1 期。

② 参见黄凤龙：《不真正连带债务——从概念到制度的嬗变》，载《北大法律评论》2013 年第 2 期。

③ 参见杨立新：《侵权责任法》（第 4 版），法律出版社 2021 年版，第 115 ~ 116 页。

④ 参见史尚宽：《债法总论》，中国政法大学出版社 2000 年版，第 673 ~ 675 页。

⑤ 参见郑玉波著、陈荣隆修订：《民法债编总论》（修订 2 版），中国政法大学出版社 2004 年版，第 426 ~ 427 页。

⑥ 参见李中原：《不真正连带债务与补充债务理论的梳理与重构——兼论多数人债务体系》，载《私法研究》2020 年第 1 期。

⑦ 参见由长江：《利益衡量论视域下第三人原因引起的多数人侵权责任形态研究》，载《中国政法大学学报》2021 年第 3 期。

请求权人只能向中间责任人请求赔偿,中间责任人在承担了中间责任之后,有权向承担最终责任人追偿的不真正连带责任的特殊形态。"[①]典型的先付责任是《民法典》第 1204 条。该条规定,因运输者、仓储者等第三人的过错使产品存在缺陷,造成他人损害的,产品的生产者、销售者赔偿后,有权向第三人追偿。因为法律并未规定受害人可以直接起诉运输者、仓储者等第三人,故而需要由产品的生产者、销售者首先承担先付责任,承担责任之后,可以转而行使追偿权。但是,第 1204 条到底是排除了受害人直接向第三人赔偿的请求权,还是赋予受害人仅可以直接起诉生产者和销售者以解决事实查明的困难,从该法条文义上来看并不能得出结论。因此,第 1204 条是否可以确定为先付责任,首先涉及对第 1204 条本身的理解。在现代商品生产销售过程中,仓储、物流必不可少,如果是因运输、仓储者等原因导致产品存在缺陷并造成受害人损害的,由于中间环节过多,会导致受害人无法查清楚到底何人造成缺陷产生,因此,各国立法通常都让产品生产者、销售者直接对被侵权人承担无过错的产品责任。[②] 但是,运输者、仓储者虽然不是产品责任的直接主体,但仍应该承担过错责任,如果受害人有证据证明其具有过错,可以请求承担过错责任,此时的请求权基础为《民法典》第 1165 条第 1 款。[③] 因此,如果从条文理解适用角度出发,本书看到这里并不存在所谓的先付责任。同属于该种情况的还有《民法典》第 1252 条第 1 款[④]以及《民法典》第 1253 条[⑤]等被学者称为典型先付责任的情形。

(二)关于补充责任

所谓补充责任是指,当多数行为人基于不同原因产生了具有同一给付内容的数个责任,在直接责任人无法确定或其财产不足以承担应负责任时,由补充责任人

---

① 杨立新:《论不真正连带责任类型体系及规则》,载《当代法学》2013 年第 3 期。

② 参见邹海林、朱广新:《民法典评注(侵权责任编)》,中国法制出版社 2020 年版,第 429 页。

③ 参见邹海林、朱广新:《民法典评注(侵权责任编)》,中国法制出版社 2020 年版,第 429 页。另参见谢鸿飞等:《债法总则:历史、体系与功能》,社会科学文献出版社 2021 年版,第 258 页;最高人民法院民法典贯彻实施工作领导小组主编:《中华人民共和国民法典侵权责任编理解与适用》,人民法院出版社 2020 年版,第 331 页。

④ 《民法典》第 1252 条第 1 款规定:"建筑物、构筑物或者其他设施倒塌、塌陷造成他人损害的,由建设单位与施工单位承担连带责任,但是建设单位与施工单位能够证明不存在质量缺陷的除外。建设单位、施工单位赔偿后,有其他责任人的,有权向其他责任人追偿。"

⑤ 《民法典》第 1253 条规定:"建筑物、构筑物或者其他设施及其搁置物、悬挂物发生脱落、坠落造成他人损害,所有人、管理人或者使用人不能证明自己没有过错的,应当承担侵权责任。所有人、管理人或者使用人赔偿后,有其他责任人的,有权向其他责任人追偿。"

在一定范围内对债权人承担责任的责任形态。[1] 现行法上,典型的补充责任是经营者的安全保障义务。《民法典》第 1198 条规定,宾馆、商场、银行、车站、机场、体育场馆、娱乐场所等经营场所、公共场所的经营者、管理者或者群众性活动的组织者,未尽到安全保障义务,造成他人损害的,应当承担侵权责任。因第三人的行为造成他人损害的,由第三人承担侵权责任;经营者、管理者或者组织者未尽到安全保障义务的,承担相应的补充责任。经营者、管理者或者组织者承担补充责任后,可以向第三人追偿。补充责任与典型不真正连带的区别在于数人赔偿上是否具有"顺序性"要求。经营者、管理者或组织者,拥有一般保证人的先诉抗辩权,其只有在直接侵权人下落不明或不具有赔偿能力等情形时,才会承担与其过错相适应的补充责任。正是基于此,学者一般将补充责任作为一种单独的责任形态研究。本书认为,补充责任确实有其自身的特殊性,但补充责任并未脱出不真正连带的基本责任构架。首先,补充责任本身亦属于多数人之债的范畴。其次,经营者、管理者或组织者在损害发生时,明显违反了其对被害人的管理义务,无论是从不作为侵权角度还是从违约责任角度,经营者等主体都应该承担责任。而直接加害人的侵权责任更是自不待言。因此,两类主体的债因相对独立,且直接引发损害赔偿的侵权人属于终局责任人,其基本构成符合不真正连带的特征。至于赔偿顺位和典型的不真正连带不一致,似乎构成二者之间的根本区别,但本书认为,之所以承担补偿责任而不是承担全部责任,与第三人介入时的安全保障义务履行有关。在安全保障义务履行过程中,如果系因自己软硬件方面问题导致损害发生,由于经营者等主体违反注意义务,故承担完全赔偿责任符合侵权法基本要求。然而在第三人介入时,由于具有突发性、不可预防性特征,经营者等主体往往来不及采取措施,即便能够采取部分措施,也未必能完全阻止损害的发生,因此,如若要完全杜绝此类损害的发生,势必承担力不能及的安全保护责任,而这对经营者等主体来讲负担过重。因此,让经营者等主体承担补充责任而非完全赔偿责任,本身符合赔偿法的伦理要求,体现了利益平衡的法政策思想。所以,补充责任是对一般不真正连带在赔偿问题上的修正,是特殊类型的不真正连带,而非独立的责任类型。当然,由于补充责任具有顺位性要求,其在与程序的对接上有自身的特殊之处,故本报告将补充责任放在下文单独章节中论述。

(三)其他特殊的不真正连带

学理上,有学者还提出了所谓附条件的不真正连带。以《消费者权益保护法》

---

① 参见王利明:《侵权责任法研究》(上卷),中国人民大学出版社 2010 年版,第 43 页。

第 44 条为例说明，该条规定，消费者通过网络交易平台购买商品或者接受服务，其合法权益受到损害的，可以向销售者或者服务者要求赔偿。网络交易平台提供者不能提供销售者或者服务者的真实名称、地址和有效联系方式的，消费者也可以向网络交易平台提供者要求赔偿；网络交易平台提供者作出更有利于消费者的承诺的，应当履行承诺。网络交易平台提供者赔偿后，有权向销售者或者服务者追偿。网络交易平台提供者只有在“不能提供销售者或者服务者的真实名称、地址和有效联系方式”时，方承担赔偿责任，赔偿完毕后，可以追偿。本书认为，以附条件不真正连带解释上述规范有一定道理，但是，该条件与所谓的“法律行为附款”并不一致。所谓“法律行为附款”中的条件是指通过当事人的意思附加于法律行为内容中的约定，通过该约定，法律行为的效力取决于将来的未知事件。[①] 而《消费者权益保护法》第 44 条所列的条件并非当事人私人自治的体现，而是已被法律规范所确定的责任构成要件，属于一种法定条件，学理上称为不真正条件。故“不能提供销售者或者服务者的真实名称、地址和有效联系方式”才承担责任的构成条件不宜称为附条件不真正连带。

五、不真正连带责任实体以及程序衔接

（一）不真正连带的实体法效果

不真正连带表现为因偶然因素而产生的多数债务人对债权人负担同一给付义务。由于不真正连带具有多数人特性，因此，不真正连带的实体法效果势必涉及对内和对外两个层面。

1. 不真正连带的外部效力

由于不具有连带之债的“一体性”构成，因此，不真正连带在实体规范中一般表现为“可以”的逻辑结构，即债权人可以向其中一债务人请求，也可以向其他债务人请求，债权因任一债务人的清偿而实现后，其他债务人的债务即因债的实现而消灭。不真正连带的此种外部效力看似较为简单，但实际情况却异常复杂。有两个问题需要仔细考量：第一，债权人权利实现的实体法规则。第二，债权人和任一债务人之间的效力事项是否及于其他债务人。

（1）债权人权利实现的“连带”规则

不真正连带属于广义请求权竞合，“唯一般请求权之并存，在于特定之一债权

---

① 参见陈甦主编：《民法总则评注》（下册），法律出版社 2017 年版，第 1110 页。

人与一债务人间，就单一法益发生数个之请求权，而在不真正连带债务，则就单一法益发生数个不同之债务人请求权”。[①] 在狭义的请求权竞合领域，由于是同一债务人的同一行为所引起，从民法的整体规定以及不法行为人的行为内容和性质来看，这些请求权是彼此冲突不能相互吸收或同时并存的。[②]《民法典》第 186 条规定，因当事人一方的违约行为，损害对方人身权益、财产权益的，受损害方有权选择请求其承担违约责任或者侵权责任。该规范是狭义的请求权竞合或一般请求权竞合规定。因此，对于狭义的请求权竞合只能由债权人择一行使，即使通过其中一个请求权不能得到充分救济，也不能再行使其他的请求权。

而不真正连带在债权人与数个债务人之间存在独立的法律关系。在对外法律效果上，通说均认为债权人对于债务人之一人或全体，得以同时或先后请求全部或一部分债务之履行。[③] 该法律效果与连带之债的法律效果较为相似。法律上对连带债权的效力亦表述为，连带债务之债权人对于债务人中的一人或数人或全体，同时或先后请求全部或一部分之给付。[④] 故从语义上观察，二者似并无区别。杨立新教授认为，连带责任包含形式上的连带与实质上的连带两种，在形式上的连带，原告可以起诉任何连带债务人，这仅体现为一种程序连带，而实质性的连带是将最终责任分配给每一个连带责任人。不真正连带只有形式连带，而缺乏实质性连带，在最终责任上，只有一个责任人。[⑤] 本书认为，不真正连带和连带责任效力必须异其效果，否则两种制度的差别将不复存在，同时也会突破连带责任的法定性要求，在实质上不当扩大连带责任的适用范围，而杨立新教授的观点准确指出了不真正连带和真正连带责任的区分，即二者之间的差别最终体现在终局责任承担上。除此之外，在形式上无论是真正连带责任还是不真正连带，其差别基本不存在，无论是表现为不真正连带的“可以”还是表现为真正连带责任的“共同承担连带责任”，最终在执行程序中都趋于统一。综上，不真正连带的“连带”效果表现在：①债权人可向任一债务人主张全部或者部分债权，且在该债权未能获得清偿时，债权人可以继续向其他债务人主张债权；②债权人可以同时向不同债务人主张全部债权，但应分别确定偿付责任；③债权人可以同时向不同债务人分别主张部分债权，直到获得完

---

① 史尚宽：《债法总论》，中国政法大学出版社 2000 年版，第 672 页。

② 参见张新宝：《侵权责任法原理》，中国人民大学出版社 2005 年版，第 95 页。

③ 参见史尚宽：《债法总论》，中国政法大学出版社 2000 年版，第 675 页。

④ 参见史尚宽：《债法总论》，中国政法大学出版社 2000 年版，第 649 页；孙森焱：《民法债编总论》（下册），法律出版社 2006 年版，第 721 页。

⑤ 参见杨立新主编：《多数人侵权行为与责任》，法律出版社 2017 年版，第 201 页。

全清偿。

(2)不真正连带的绝对或相对效力事项

不真正连带的各个债务相对独立且为了客观上之单一目的,在此情形下,任一债务人为清偿、代物清偿、提存或者抵销、混同等满足债权之给付时,通常发生绝对效力。而债权人对任一债务人请求给付或某债务人发生给付迟延、给付不能等情形时,一般仅发生相对效力,对其他债务人不产生影响,下面仅就典型的几种情形做出说明。

①清偿

在债法中,清偿是指依据债务本旨实现债务内容之给付行为。清偿与履行之含义相同,清偿是就债务的消灭而言,而履行是就实现债务内容之过程而言。就清偿之行为人而言,债务或其代理人或其履行辅助人均可,又由于清偿关注债之消灭而言,故给付行为究竟由债务人为之或者第三人为之,均非重要。① 因此,如发生上述基于清偿导致债之消灭事实,自然对其他债务具有绝对效力,其他债务人得以债务已清偿对抗债权人,阻断二次获利的可能。此外,学说上有关清偿还包括代物清偿②、新债清偿,以及债之更改等,如发生清偿之法律效果,一般应予以考虑。

另外,从债的消灭角度看,除了清偿或履行之外,尚有抵销、提存、混同、债务免除等,均可发生债务消灭的法律效果。关于提存和混同,发生清偿的绝对效力理论上并无异议,而对抵销和债务免除等事项需特别加以分析。

②抵销

对于抵销,《民法典》分两款对法定抵销和约定抵销进行了规定。第568条规定,当事人互负债务,该债务的标的物种类、品质相同的,任何一方可以将自己的债务与对方的到期债务抵销;但是,根据债务性质、按照当事人约定或者依照法律规定不得抵销的除外。当事人主张抵销的,应当通知对方。通知自到达对方时生效。抵销不得附条件或者附期限。此系关于法定抵销之规定。第569条规定,当事人互负债务,标的物种类、品质不相同的,经协商一致,也可以抵销。此系约定抵销之规定。通说认为,抵销具有双重功能:一为清偿功能,二为执行功能,实现债权的功能。③ 因此,在不真正连带中,抵销具有消灭债权的绝对效力,中间责任人清偿后依法可以追偿。

---

① 参见孙森焱:《民法债编总论》(下册),法律出版社2006年版,第826~836页。

② 参见谢鸿飞等:《债法总则:历史、体系与功能》,社会科学文献出版社2021年版,第309页。

③ 参见朱广新、谢鸿飞:《民法典评注(合同编——通则)》,中国法制出版社2020年版,第220页。

有疑问的是，就抵销而言，一债务人得否以另一债务人与债权人之间有可得抵销之债务而自己主张抵销？本书认为，原则上不应该予以准许，以避免第三人对他人债权债务任意干涉。但是，由于不真正连带中存在终局责任人，如果不允许此种抵销，则中间责任人清偿后，可向终局债务人求偿，终局债务人偿付中间责任人后，还需与债权人之间再行清算，徒增困扰。为求法律关系简单，我国台湾地区"民法"第277条规定，连带债务中之一人，对于债权人有债权者，它债务人以该债务人应分担之部分为限，得主张抵销。该规定可以参考，令中间责任人在清偿范围内，以终局责任人对债权人之债权主张抵销。

③债务免除

《民法典》合同编第575条对债务免除作出了规定，依据该规定，债权人免除债务人部分或者全部债务的，债权债务部分或者全部终止，但是债务人在合理期限内拒绝的除外。通说认为，债务免除系单方法律行为，但为避免单方法律行为过"硬"的特点，《民法典》对此进行了修正，既认定债务免除系单方法律行为，又赋予债务人合理期限内可以行使拒绝权，以更好地平衡双方当事人的利益。在不真正连带场合，有学者将债务免除的情况分为两大类、四小类①：大的方面包括对债务的免除和对"不真正连带关联"的免除；对债务的免除包括对全体债务人债务的免除和对单个或部分债务人债务的免除；对"不真正连带关联"的免除包括对全体债务人"不真正连带关联"的免除和对单个或部分债务人"不真正连带关联"的免除。上述类型中，对全体债务人的债务和全体债务人"不真正连带关联"的免除，只要其意思表示到达相对方，且对方在合理期限内无异议即可，可以推定具有绝对效力，并无特别讨论的必要。值得讨论的是其他两种类型，一是对单个或部分债务人债务的免除；二是对单个或部分债务人"不真正连带关联"的免除。在免除单个或部分债务的情形中，一般来讲，如果免除的系中间责任人的债务，对其他债务人特别是终局债务人来讲并不会产生绝对效力，这是由债因独立所决定的。但如果免除的系终局责任人之债务，则应该予以分析。由于终局责任人终将在其他债务人清偿后，面临被追偿的后果，其受追偿后，基于债权人免除的事实，势必要求债权人返还其债务额，如此则循环往复，徒增复杂程序。故本书认为，在此情况下应产生绝对效力，即若债权人免除终局责任人债务，其他债务人在免除范围内亦免责。② 在法律适用

① 参见黄凤龙：《不真正连带债务——从概念到制度的嬗变》，载《北大法律评论》2013年第2期。

② 参见高达：《论不真正连带债务的价值、功能和存在形态》，载《重庆大学学报（社会科学版）》2014年第3期。

上,可类推适用我国《民法典》第 520 条第 2 款有关连带债务涉他效力规则解决。至于对单个或部分债务人“不真正连带关联”的免除,首先应该明确的是,何为免除“不真正连带关联”?对于不真正连带的“连带”效果,前文已述,债权人放弃此种效果,目的就是“放弃法律通过确立不真正连带债务以便宜其请求赔偿的倾向保护”。[①] 以产品责任为例说明,假设产品缺陷的终局责任人是生产者,那么销售者是中间责任人,故对单个“不真正连带关联”的免除其实就是对全部不真正连带关联的免除,其带来的效果也必然是,债权人只能向终局责任人请求债务履行,此时多数人之债变更为单数之债。

④确定判决

不真正连带中,债权人可能对某一债务人(包括终局债务人)提起诉讼请求偿还债务,在债务未受实际清偿前,继续以其他债务人为被告主张权利。如此,可能出现确定判决对后诉的影响问题。这里涉及判决的既判力问题。本书讲的既判力一般属于判决实质既判力,体现在判决影响的客观范围、主观范围以及时间范围上。一份生效判决是否对第三人产生约束力,属于既判力的主观范围。依据当前学理通说,既判力原则上只在当事人之间发生,此符合既判力作为诉讼法制度设置的本质要求。[②] 特殊情况下,方允许既判力的主观范围得以扩张。我国民诉法制度上,虽然没有明确规定既判力主观范围,但业已出现既判力主观范围的雏形。[③] 本书认为,既判力主观范围涉及法院审判权、当事人诉权等多重利益,应该予以肯定。不真正连带中,由于各债务人的债因相互独立,单个诉讼也具有独立性,因此确定判决的效力应不及于其他债务人。如果确定判决对其他债务人不利益,因其他债务人并未参与到案件事实中,判决既判力的主观范围并不及于其他债务人,诉讼中,法院可通过追加其他债务人为共同被告或第三人,尽量让事实认定客观准确避免纠纷产生。如果确定判决对其他债务人有利益,则其他债务人得以援引该判决。比如,依据《民法典》侵权责任编第 1250 条关于第三人过错导致动物致害责任中,如果债权人在与某一被告的诉讼中被认定为有过失,那么其他债务人自得以对原告主张的损失依据其自身过错予以核减,方显公平。值得注意的是,这里的援引并非是既判力扩张所致,而系援用该判决为实体上之抗辩理由。[④]

---

① 黄凤龙:《不真正连带债务——从概念到制度的嬗变》,载《北大法律评论》2013 年第 2 期。

② 参见张卫平:《既判力相对性原则:根据、例外与制度化》,载《法学研究》2015 年第 1 期。

③ 参见任重:《重思多数人侵权纠纷的共同诉讼类型——与卢佩博士商榷》,载《法律科学(西北政法大学学报)》2020 年第 3 期。

④ 参见孙森焱:《民法债编总论》(下册),法律出版社 2006 年版,第 726 页。

⑤诉讼时效

在不真正连带中，债权人对某一债务人诉讼时效已过，是否对其他债务人产生绝对效力值得分析。德国民法与我国台湾地区“民法”在连带责任的效力事项上采取了不同的立场。一为相对效力主义，如依《德国民法典》第 425 条规定，时效的开始、进行、不完成以及重新开始，具有个别效力；二为绝对效力主义，我国台湾地区所谓“民法”第 276 条第 2 项规定，某一连带债务人的消灭时效完成，除该债务人应分担之部分外，其他债务人仍不免除责任。[①] 本书认为，对诉讼时效的适用，《民法典》第 193 条确立了人民法院不得主动适用诉讼时效的原则。因此，是否适用诉讼时效，首先需要审查各债务人是否提出了诉讼时效的抗辩。不真正连带之所以具有连带责任的外部效果，旨在保护债权人利益，债权人得以不同债因单独或同时向债务人提起诉讼。在具体诉讼中，是否适用诉讼时效制度，应以具体案件情况判断，如此能够平衡好双方利益。但是，如果债权人对终局责任的债权已逾诉讼时效，终局责任人行使时效抗辩会导致债权人败诉的法律后果，此时，如果债权人要求中间责任人承担责任，中间责任人承担债务后向终局责任人追偿，如此，则终局责任人的时效利益会丧失殆尽。因此，此种情形应发生绝对效力为宜。如果债权人先起诉中间责任人，由于中间责任人对债权人与终局责任人之债权已逾时效并不知晓，法院判定中间责任人承担责任之后，也不可向终局责任人追偿，此时宜通过审判监督程序解决。

⑥受领迟延

所谓受领迟延，一般系指债权人对于依约提出的、尚可能的给付未为受领。[②] 对于受领迟延的效果，《民法典》第 589 条规定，债务人按照约定履行债务，债权人无正当理由拒绝受领的，债务人可以请求债权人赔偿增加的费用。在债权人受领迟延期间，债务人无须支付利息。同时，依据《民法典》第 605 条关于迟延交付的风险负担规定，因买受人的原因致使标的物未按照约定的期限交付的，买受人应当自违反约定时起承担标的物毁损、灭失的风险。依据上述法律规范的效果，在受领迟延场合，一是债务人获得了费用赔偿的权利，二是对债务人不产生迟延利息，三是债务人给付义务得以免除，原因在于发生风险转移的效果。假设不真正连带中，债权人受领迟延，某一债务人因受领迟延导致的费用损失应该发生在该当事人之间，对其他债务人产生绝对效力系当然之效果。因迟延产生的利息不能算作债权人损

---

① 参见税兵：《不真正连带之债的实定法塑造》，载《清华法学》2015 年第 5 期。

② 参见王洪亮：《债法总论》，北京大学出版社 2016 年版，第 327 页。

害,其不能要求任何债务人承担,亦具有绝对效力。如果因迟延发生风险转移的效果,依据《民法典》第 605 条之规定,应由债权人承担该风险。因此,应该视为债务人已经履行完毕。对其他债务人发生债务清偿的绝对效力。如果清偿的债务人属于中间责任人,那么其依法可以向终局责任人进行追偿。

2. 不真正连带的内部效力

不真正连带的内部效力,一般体现为中间责任人承担责任后向终局责任人的追偿。在《民法典》关于不真正连带的数个规范中,均体现了法定的单向追偿权,追偿权的权利主体是中间责任人,体现了自己责任的损害赔偿法原则。然而有疑义的是,在法律未规定的不真正连带中,其行使追偿权的依据何在?从整个法律体系观察,可能的路径有三个方面,一是基于不当得利之规定,二是基于无因管理之规定,三是类推适用《民法典》第 519 条关于连带债务追偿规定。比较上述三种路径,本书认为,不当得利旨在调整缺乏法律依据的财产变动。在不真正连带中,中间责任人承担责任的依据在于其与债权人之间存在独立的法律关系,并非非债清偿,不符合不当得利构成。无因管理是无法律或约定的事由管理他人事务,从而产生的在管理人和受益人之间的债权债务关系。中间责任人承担责任,系履行自己独立之债务,与无因管理并无交集,故亦不属于无因管理调整的范畴。《民法典》第 519 条第 2 款规定,实际承担债务超过自己份额的连带债务人,有权就超出部分在其他连带债务人未履行的份额范围内向其追偿,并相应地享有债权人的权利,但是不得损害债权人的利益。其他连带债务人对债权人的抗辩,可以向该债务人主张。关于该款,通说认为立法确定了连带债务人的两种权利,一是追偿权,二是法定代位权,体现在"并相应地享有债权人的权利"该句之中。"被清偿的债权本就应归于消灭,但法律拟制债权继续存在,已为清偿的连带债务人取得法定代位权,其唯一目的在于保障债务人间向其他债务人追偿。"[①]法定代位权实质上是债权的法定移转,是依据清偿代位而获得的债法上的权利。因此,清偿超过自己份额的连带债务人可以选择行使追偿权,亦可以选择行使法定代位权。但仍面临两个理论和实践疑问,一是不真正连带中是否应该有法定代位权,二是在法律规范未体现的不真正连带中,中间责任人追偿权和法定代位权的规范依据是什么。这两个问题不解决,会对司法实践中实体和程序的衔接带来一定影响。

本书认为,应该认可不真正连带追偿权的广泛存在。第一,法律明确规定的不

---

① 谢鸿飞等:《债法总则:历史、体系与功能》,社会科学文献出版社 2021 年版,第 271 页。

真正连带具有“示例”效果,其基本责任构成和责任效果应该趋向统一,不能认为法律规定的不真正连带有追偿权,法律未规定的就没有追偿权,这势必导致不真正连带实体法效果的混乱。第二,不真正连带中,普遍存在中间责任和终局责任承担者的区分。令中间责任人承担终局责任,进而让终局责任者免除责任,并不符合赔偿法伦理,不合乎人们对公平正义的内心感受,亦违背自己责任的现代法原则。第三,不真正连带中具有责任“嵌套”的模式,即虽然数债的债因独立,但往往其中一个债的发生是另一个债(非终局责任之债)发生的条件,即终局责任人的行为诱发了其他责任人债的成立。从该角度分析,终局责任人存在着要么向中间责任人赔偿,要么向真正权利人赔偿的选择境地,在债的“锁链”下,令中间责任人直接以追偿权的方式去主动“解锁”本身也合乎民法基本理论。立法在《民法典》第 519 条第 2 款中明显运用了“拟制”的方法处理,即拟制双方当事人之间有债的移转效果,其基本逻辑也是“解锁”的思想。故本书认为不真正连带的追偿权具有广泛存在的特质,在法律适用上,可从法律漏洞补充角度化解,即认为立法在此处存在应规定而未规定的不圆满之处,基于相似事物相似处理的原则,类推适用《民法典》第 519 条第 2 款解决。至于法定代位权,虽然学界一直存在争议,但《民法典》第 519 条做出了两种请求权并存的设计,“追偿权是基础性的权利,决定了法定代位权的成立及其范围。法定代位权最重要的功能是使追偿权人取得债权人的从权利,以扩张追偿权的效力。两种权利的诉讼时效和阻却请求权的事由也可经由法律手段予以统一”。① 因此,追偿权与法定代位权的一体适用能够化解二者各自的局限性。在此基础上,本书亦不妨认可在不真正连带中,中间责任人的两种权利并存,可择一行使。

(二)不真正连带的程序法效果

1. 不真正连带的诉讼形态选择

(1)诉的主观合并与不真正连带

诉的合并是指“将两个或两个以上相互之间有一定联系的诉合并在同一诉讼程序予以审理的审判行为”。② 理论上,诉的主观要素涉及当事人,而诉的客观要素一般指的是诉讼标的。如果主观要素和客观要素都是单一的,就称为单一之诉;如果两个要素中其中一个是多数时,称为复合之诉。复合之诉又叫作合并之诉,其中主观要素为多数的诉讼,称为主体的合并,或者诉的主观合并。③ 而同一原告对同

---

① 谢鸿飞等:《债法总则:历史、体系与功能》,社会科学文献出版社 2021 年版,第 292 页。

② 张卫平:《民事诉讼法》(第 4 版),法律出版社 2016 年版,第 181 页。

③ 参见李龙:《民事诉讼诉的合并问题探讨》,载《现代法学》2005 年第 2 期。

一被告在同一诉讼程序中，主张两个以上的符合法院受诉条件的独立之诉，就称之为诉讼标的合并或者诉的客观合并。[①] 不真正连带的诉讼形态选择，主要涉及的是不真正连带债权人能否同时将多个债务人作为被告抑或单独起诉某一被告等，因此，诉讼形态选择主要涉及的是诉的主观合并问题。我国《民事诉讼法》上并未明确规定"诉的合并"概念，但是，在《民事诉讼法》第55条*有关共同诉讼的规定以及第143条[②]有关第三人诉讼请求合并审理的规定中均体现出了诉的合并内容。在不真正连带的司法实务中，由于法律规定的不真正连带在赔偿义务人的确定上具有A或B的结构，加之当事人赔偿能力所限，法官难以克服现实图式的司法裁判倾向，使得不真正连带案件中被告的确定呈现多样化形态。

（2）不真正连带诉讼形态争论

伴随司法实践的多样化状态，理论界对不真正连带诉讼形态的选择亦处于激烈的争论之中。第一种观点认为应采用固有必要共同诉讼的形式。由于受害人的损失是由两被告的违法行为结合在一起造成的，客观上需要合一确定两被告的责任，因而两被告应当属于必要共同被告，他们具有相互损益的诉讼利益。[③] 第二种观点主张适用普通共同诉讼。该说主张虽然数个侵权责任主体承担责任的原因各不相同，但是其救济目的具有同一性，均为弥补受害人的损失，应当将数个侵权责任主体列为共同被告一并审理，也应当对不同的债务人分别作出判决。[④] 第三种观点主张应该依据实体法之规定，债权人可以向任一债务人起诉。但是对于债权人能否同时向其他债务人起诉，则有不同看法。实践中有观点认为，权利人只能依据实体法规定，择一债务人起诉，诉讼中法官应当依法行使释明权，告知当事人必须在数被告中择一被告并选择适当的法律关系起诉。若当事人坚持己见，法官可以依据诉讼请求不明确为由，裁定驳回当事人起诉。还有观点认为，权利人可以选择起诉任一责任人，但除非该责任人经人民法院强制执行后确实无法承担责任，否则

---

① 参见张永泉：《民事之诉合并研究》，北京大学出版社2009年版，第22页。

* 第55条规定，当事人一方或者双方为二人以上，其诉讼标的是共同的，或者诉讼标的是同一种类、人民法院认为可以合并审理并经当事人同意的，为共同诉讼。如无特殊说明，本文中所引用的民事诉讼法均为2021年修正版本。——本书注

② 第143条规定，原告增加诉讼请求，被告提出反诉，第三人提出与本案有关的诉讼请求，可以合并审理。

③ 参见谭兵：《民事诉讼法学》，法律出版社1997年版，第218～220页。转引自尹伟民：《不真正连带责任的诉讼形态——权利实现与程序救济》，载《中国海洋大学学报（社会科学版）》2012年第2期。

④ 参见孔祥俊：《论不真正连带债务》，载《中外法学》1994年第3期。

不能再对其他责任人提起诉讼。[①] 该观点首先认为不真正连带虽然债因独立，但起诉一个被告并不意味着其他的债自然消灭。其次，为了避免当事人双重获利，只有经过执行程序才能确定债权人已经受偿额度，迫使债权人在后诉中以未受清偿额度为诉讼请求。第四种观点坚持类似必要共同诉讼。该说主张虽然债权人和中间责任人之间的诉讼标的与债权人和终局责任人之间的诉讼标的并非同一，但由于当事人之间存在事实或法律上的牵连关系，有必要作为共同诉讼处理。[②] 上述争论直接关系到《民事诉讼法》中有关共同诉讼的立法和理解适用问题，涉及的问题颇为复杂。在学界普遍认为我国共同诉讼存在严重制度供给不足的背景下，欲要解决不真正连带诉讼形态的对应性问题，必须对共同诉讼形态展开讨论。

（3）不真正连带诉讼形态的选择

大陆法系理论中，将多数人的诉讼形态区分为必要共同诉讼和普通共同诉讼，区分的标准为是否"合一确定"。[③] 然而，对于何为"合一确定"需要在共同诉讼的历史发展中予以特别审视。大陆法系的必要共同诉讼起源于日耳曼法。受日耳曼法团体思想的影响，团体成员不具有相对独立人格特征，团体是社会生活的基本单位。"团体成员是一个整体，所以对外则是一个法律关系的主体。"[④]在团体诉讼中，所争讼的标的也只能理解为团体享有。由于诉讼标的不可分，那么诉讼形态自然就需要团体成员共同参与。随着团体的逐步瓦解以及此种诉讼标的不可分带来的诉讼弊端，加之后世诉讼法与实体法的分道扬镳，人们对共同诉讼的观察从实体法转向了诉讼法。结果就是，将实体法标准即诉讼标的的合一确定作为区分必要共同诉讼与普通共同诉讼的界限，而以是否有必要共同参与诉讼，分离出必要共同诉讼与类似必要共同诉讼。所谓类似必要共同诉讼，意味着诉讼标的需要合一确定，但借助"既判力扩张"，并不要求当事人必须共同参加诉讼。因此，如果系指必要共同诉讼，那么"合一确定"就意味着权利义务不可分，必须在诉讼中同一确定，且应该共同参与诉讼。如果系指类似必要共同诉讼，那么"合一确定"就仅指诉讼标的必须合一确定，不得作出冲突的裁判，但不必要共同参与诉讼。

我国《民事诉讼法》对共同诉讼并未采纳实体和程序双重标准确定，而是仅仅

---

① 参见张永强：《不真正连带诉讼中被告主体及其责任之确定》，载《天津政法管理干部学院学报》2007 年第 2 期。

② 参见肖建国、丁金钰：《不真正连带责任的诉讼构造——以〈民法典〉第 1203 条为中心》，载《宁波大学学报（人文科学版）》2021 年第 5 期。

③ 肖建华：《民事诉讼当事人研究》，中国政法大学出版社 2002 年版，第 218 ~ 219 页。

④ 段文波：《德日必要共同诉讼"合一确定"概念的嬗变与启示》，载《现代法学》2016 年第 2 期。

依据实体标准即诉讼标的是“共同”还是“同一种类”，将共同诉讼区分为必要共同诉讼与普通共同诉讼。在必要共同诉讼中，诉讼标的是共同的。所谓诉讼标的共同，一般是指共同诉讼人之间有共同的权利和义务。“固有必要共同诉讼仅是诉的主体合并；从诉的客体的角度来说，因诉讼标的共同，实质上只有一个诉。”①而不真正连带中，数债务人各具独立之债因，各个债务人与债权人之间并无共同的权利义务，在实体法上无诉讼标的合一确定的必要，因此，与必要共同诉讼不相符合。司法实践中不应因为缺少某债务人而认为诉的主体有遗漏。

从不真正连带对外效果上看，一些学者主张引入类似必要共同诉讼，将此作为不真正连带的诉讼形态。所谓类似必要共同诉讼是指，“数人就为诉讼标的的法律关系，虽然不必一同起诉或者一同被诉，而是有选择单独诉讼或共同诉讼的自由，若数人中一旦选择单独诉讼，该一人所受判决的既判力及于未诉讼的其他人；若数人共同诉讼，则其法律关系对于共同诉讼人全体，必须合一确定，法律不得为歧异判决的共同诉讼”。② 类似必要共同诉讼虽然尚在理论探讨之中，但最高人民法院实际上已经在连带责任等诉讼中承认了类似必要共同诉讼的存在。③ 然而，必须注意的是，类似必要共同诉讼之所以不要求当事人共同参与诉讼，根源于其本身带有既判力扩张的效果。如果选择单独诉讼，该判决的既判力也及于其他未参与诉讼的当事人，从而达到实体权利义务合一确定的效果。本书认为，一方面，既判力扩张涉及当事人诉权的保护，法律后果较为严格，必须依赖于法律的明确规定，而我国《民事诉讼法》中并未规定既判力扩张的相关情形。另一方面，在不真正连带中，债权人针对各个债务人的请求相互独立，极有可能存在不同抗辩事实和理由，让未参与诉讼的当事人承担既判力后果并不妥当。同时，不真正连带中的各个债务人之间并不存在诉讼标的同一即共同的权利义务，亦无合一确定的必要。因此，本书认为，将不真正连带的诉讼形态定位于类似必要共同诉讼在目前欠缺合理性。

就普通共同诉讼而言，《民事诉讼法》确定的标准是诉讼标的属于“同一种类”，法院认为可以合并审理且经过当事人同意。所谓诉讼标的“同一种类”属于实体法上的要件，而后者属于诉讼法上的要件。④ 在普通共同诉讼中，各个当事人之间并无共同权利义务，单独诉讼亦无不可。之所以设定普通共同诉讼制度，无论是从大

---

① 袁琳：《多数人之债的诉讼构造与程序规则》，载《中外法学》2021 年第 6 期。

② 卢正敏：《共同诉讼研究》，法律出版社 2011 年版，第 183 页。

③ 参见蒲一苇：《诉讼法与实体法交互视域下的必要共同诉讼》，载《环球法律评论》2018 年第 1 期。

④ 参见卢正敏：《共同诉讼研究》，法律出版社 2011 年版，第 93 页。

陆法系还是从英美法系角度而言,一是基于诉讼经济效率层面的考虑,通过对有事实关联案件的合并处理,达到提升效率的目的。二是基于对当事人实体权利保障的考虑,通过及时一次性解决纠纷,实现对当事人利益保护的最大化,提升诉讼的纠纷解决机能。三是避免判决歧义的考虑。虽然各当事人无共同权利义务,但普通共同诉讼产生的原因往往基于同一交易或事件,或者有共同的事实和法律问题,合并审理有利于各利益主体权利义务的统合考量,消除裁判歧异。在不真正连带责任领域,不同债务人往往基于同一或同类的事实或法律原因产生独立债务,令各债务人参加诉讼,对避免法官的释明困境、提升对债权人权利的保护力度无疑都有极大的促进作用,故笔者赞同将不真正连带责任诉讼定位为普通共同诉讼,如果当事人仅起诉一位被告,法院应予尊重。如果当事人起诉数位被告,法院亦不得通过释明令当事人选择其一。然而,选择普通共同诉讼形态仍然面临两个方面的问题,一是如何理解诉讼标的"同一种类",二是如何理解需经"当事人同意"这两个诉讼要件。

第一,对诉讼标的"同一种类"的理解。在不真正连带责任中,债权人主张数个独立法律关系皆属不同的诉讼标的,但此不同诉讼标的是否属同一种类则需要进一步分析。有观点认为,"在不真正连带债务中,债权人可以起诉任一债务人履行全部债务,也可以将数债务人作为共同被告,因各请求权之间彼此独立甚至没有实体牵连,很难说其符合普通共同诉讼'诉讼标的同一种类'的要求"。[①] 本书认为,若从发生原因中观察,不真正连带责任中具有责任"嵌套"的模式,责任的发生往往基于终局责任人的行为,故不宜认为数债务人之间的纠纷完全没有牵连关系。过分限缩"同一种类"难免会与普通共同诉讼制度纠纷解决的效率价值背道而驰。因此,应对"同一种类"进行扩大解释,即将不真正连带责任中具有牵连关系的诉讼标的视为"同一种类"。

第二,对当事人"同意"应做限缩解释。学理通说认为,经当事人同意是指双方、全体当事人均同意合并审理。[②] 但实际上,如从共同诉讼的立法目的来讲,扩大共同诉讼的适用范围具有权利保障、诉讼经济等多重目的。从比较法上讲,德国、日本、韩国等国家和地区立法和司法实践对于普通的共同诉讼,均未要求以"双方当

---

① 袁琳:《多数人之债的诉讼构造与程序规则》,载《中外法学》2021 年第 6 期。

② 参见田平安主编:《民事诉讼法原理》(第 5 版),厦门大学出版社 2012 年版,第 82 页。

事人同意"为条件。[①] 因此,从扩大普通共同诉讼适用的目的上讲,可对"经当事人同意"进行两种解释:一是双方当事人均同意;二是一方当事人同意。"即在原告同时以数人为被告以普通共同诉讼的形式起诉的,可解释为'经当事人同意',而在原告分别以数人为被告提起诉讼标的为同种类的数个诉讼时,如果各被告要求合并审理的,也构成'经当事人同意'。"[②]

综上分析,在不真正连带的诉讼中,债权人可分别起诉各债务人,亦可以同时起诉各债务人。如果是共同诉讼,较为理想的选择是按照普通共同诉讼解决。

2. 不真正连带的效力事项与程序法衔接

不真正连带应该采纳普通共同诉讼形态解决,而普通共同诉讼当事人并无共同权利义务,所以各个当事人有独立的诉讼实施权。通常情况下,各个当事人实施的诉讼行为对其他当事人而言并不产生效力。然而,既然能将不同的诉讼合并审理,适用同一个程序解决,普通共同诉讼人之间势必有一定的牵连关系或者共通关系。大陆法系所公认的普通共同诉讼人之间的牵连关系体现在两个方面,一是主张共通原则,二是证据共通原则。对前者而言,如果共同诉讼的当事人提出某主张,其他共同诉讼人没有采取抵触行为时,只要此主张有利于其他共同诉讼人,就可以认定该主张适用其他共同诉讼人。对后者而言,共同诉讼中的一个人所提出的证据,如其他当事人没有异议时,直接被视为其他共同诉讼人提出的证据,法院得依该证据认定事实。[③] 上文中本书就不真正连带的效力事项展开讨论,认为不真正连带中存在绝对效力事项与相对效力事项。这些相互影响的事项皆可通过普通共同诉讼牵连性的二原则适用达到实体和程序的有机衔接。

在债权人分别起诉不同债务人时,虽然前诉判决对后诉当事人并不发生既判力扩张的效果,但已经法院认定的事实还是具有某种"预决"效力。后诉中的债务人可依据前诉判决内容主张对自己有利的事实。当然,亦可以通过举证推翻前诉判决认定的事实,进而提出实质上有利于自己的主张。值得说明的是,如果原告并未一同起诉债务人,法院可进行针对性释明,要求原告申请追加当事人参与诉讼,进而形成普通共同诉讼。如果原告不同意追加,应尊重当事人的处分权,此时,法院基于绝对效力事项等事实因素考虑,可通过将其他债务人追加为第三人等方法,尽

① 参见赵盛和:《论不真正连带债务请求权的诉讼形态——以民事程序法与实体法的协调与契合为分析路径》,载《湖南社会科学》2015 年第 3 期。

② 赵盛和:《论不真正连带债务请求权的诉讼形态——以民事程序法与实体法的协调与契合为分析路径》,载《湖南社会科学》2015 年第 3 期。

③ 参见卢正敏:《共同诉讼研究》,法律出版社 2011 年版,第 113 ~ 122 页。

量确保案件事实认定的准确。例如,在对终局责任人责任免除等场合,由于责任免除系单方法律行为,其他当事人未必有知晓的可能,如果法院在终局责任人未参与时直接判决中间责任人承担责任,中间责任人直到追偿权行使时才会发现绝对事项效力的存在,而此时前案判决生效,必须经过再审予以纠正。再如,在抵销问题中,中间责任人就终局责任人对债权人的债权可主张抵销,此时,由于终局责任人未必参与到案件诉讼中,从减少程序纠纷而言,如果债权人不愿意让终局责任人承担责任,法院可以依职权追加终局责任人为第三人参与诉讼,并对终局责任人对债权人的债权是否符合抵销等事实进行审查并作出是否准许抵销的认定。

3. 不真正连带的案由、管辖、裁判技术问题

(1)案由的确定

在不真正连带中,如果债权人仅仅起诉某一债务人,该案件在案由的确定上相对比较简单,但如果债权人同时起诉或者在诉讼中追加其他债务人参与诉讼,其如何确定案由值得探讨。司法实务中,对不真正连带的案由确定有以下几种观点:一是主张以共同的上位概念来确定案由。二是主张以所有的法律关系来确定案由。三是任意选择一法律关系确定案由。四是综合分析案情,以争议的主要法律关系确定案由。如在有终局责任人的场合,应该依据债权人与终局责任人的法律关系性质确定案由。还有观点主张按照管辖连接点系属该法院的法律关系进行确定,如果连接点都在该系属法院,则应并列案由。① 对上述争议本书认为,最高人民法院对民事案由的规定,是依据当事人诉争的民事法律关系性质来确定的。司法实践中对案由的认识也一直坚持依据法律关系来确定。在不真正连带案件中,因涉及普通共同诉讼问题,实际上法院必须就不同的法律关系进行审理,进而确定各方之间的责任形态。从该角度讲,不同案由反映不同的法律关系,应该与案件审理相互对应。但最高人民法院在案由规则中已经明确,即同一诉讼中涉及两个以上的法律关系的,应当根据当事人诉争的法律关系的性质确定个案案由;均为诉争的法律关系的,则按诉争的两个以上法律关系并列确定相应的案由。当然,如果共同诉讼中数个法律关系性质相同,仅列明一个案由即可,此毋庸赘言。

(2)管辖问题

民事诉讼中的管辖是指,"各级人民法院之间以及同级人民法院之间受理第一审民事案件的分工和权限"。② 我国《民事诉讼法》对级别管辖、地域管辖、专属管辖

---

① 参见张煌辉:《不真正连带债务若干程序问题探析》,载《法律适用》2010 年第 2、3 期。

② 张卫平:《民事诉讼法》(第 3 版),法律出版社 2013 年版,第 86 页。

以及协议管辖等制度均作出了规定。一般而言,由“同一法院管辖”属于普通共同诉讼合并审理的一项必备条件。[①] 首先,法院必须对该数个诉讼具有管辖权。如果其中某个诉的地域管辖不属于受诉法院,或者由其他专属管辖法院,那么不可能由受诉法院统一处理。其次,该数个诉讼必须适用统一诉讼程序,如果有案件属于上级法院管辖,则受诉法院受理明显违背了级别管辖要求,此种情况不得提起共同诉讼。[②] 在不真正连带诉讼中,如果当事人分别起诉,那么自然应该依据各自管辖处理,但如果采用共同诉讼形态,就会面临管辖问题。例如,A 地甲的物品委托 B 地乙保管,此时合同履行地和被告住所地均为 B 地,但该物品被 A 地的丙损坏。现甲在 A 地起诉终局责任人丙符合法律规定,但如果要同时起诉乙,就会面临管辖问题,因为合同履行地以及被告住所地均在 B 地,此时如何解决颇费思量。诉讼法制度上有所谓合并管辖制度,又称牵连管辖,是指法院对某一案件行使管辖权时,合并管辖与该案存在某种牵连关系的诉讼请求。[③] 通说认为,在我国诉讼法上已建立了关于反诉的合并管辖制度。《民诉法解释》第 233 条第 3 款规定,反诉应由其他人民法院专属管辖,或者与本诉的诉讼标的及诉讼请求所依据的事实、理由无关联的,裁定不予受理,告知另行起诉。反向解释第一句,即除了专属管辖之外,其他均可与本诉合并审理,从而将地域管辖,甚至级别管辖排除在外。除此之外,《民法典担保制度的解释》第 21 条第 2 款规定,债权人一并起诉债务人和担保人的,应当根据主合同确定管辖法院。该规定亦具有合并管辖的效力。另值得注意的是,最高人民法院《关于在经济审判工作中严格执行〈中华人民共和国民事诉讼法〉的若干规定》(已失效)第 2 条曾规定,当事人基于同一法律关系或者同一法律事实而发生纠纷,以不同诉讼请求分别向有管辖权的不同法院起诉的,后立案的法院在得知有关法院先立案的情况后,应当在 7 日内裁定将案件移送先立案的法院合并审理。有学者认为,这实质上确立了基于同一法律关系或法律事实的合并管辖规则,为合并审理提供了必要的程序保障。[④] 虽然该司法解释已经失效,但最高人民法院仍在相关案件中适用该条款确立的合并管辖规则,将诉讼请求具有高度关联性的诉讼移送管辖并合并审理。[⑤] 本书认为,合并管辖制度是诉的合并制度必须予以解决的问题,未来应在《民事诉讼法》修改中予以明确规定。在现有条件下,如不真正连带的

---

① 参见袁琳:《多数人之债的诉讼构造与程序规则》,载《中外法学》2021 年第 6 期。

② 参见张永泉:《民事之诉合并研究》,北京大学出版社 2009 年版,第 74 页。

③ 参见张晋红:《民事诉讼合并管辖立法研究》,载《中国法学》2012 年第 2 期。

④ 参见袁琳:《多数人之债的诉讼构造与程序规则》,载《中外法学》2021 年第 6 期。

⑤ 参见最高人民法院(2020)最高人民法院民辖终 7 号民事裁定书。

数个债务人在同一法院受诉不符合管辖规定，则可以《民诉法解释》第221条为依据，认为数个纠纷系"基于同一事实发生"，如此，再援引《民诉法解释》第36条之规定，①假定分别起诉后被移转的法律效果，最终将案件合并审理，从而达到合并管辖的目的。

（3）裁判技术问题

有关裁判技术涉及两个方面的问题，一是如何处理数个债务人的判决问题，二是如何解决追偿权问题。

就判决来讲，如果当事人并未采纳共同诉讼，而是选择单独起诉或者在单独起诉后未受全部清偿前再行诉讼，则判决的主文处理应与诉讼请求相对应，且经查明后，后诉的诉讼请求理应排除已经受偿的部分。在债务人并未援引已经判决履行的绝对事项时，法院只能按照当事人起诉数额予以裁判。此时，如果债权人申请执行确有可能发生重复受偿的可能。对该问题，应依托于再审制度或执行回转制度解决。

当事人如果采纳普通共同诉讼进行时，实践中存在由终局责任人承担责任，而驳回原告对中间责任人诉请的做法。该种处理违背了不真正连带制度保证债权人权益实现的目的，不应采纳。由于各债务人均在诉讼之中，故而对于中间责任人应该选择在"本院认为"部分释明追偿权，以及在"判决主文"部分确定赔偿责任的方式处理。而对于终局责任人，直接在判决主文中确定赔偿责任。两项判决内容并立，且判决中应表明，债权人实际通过执行获得的赔偿数额不应超过其应赔偿额。

就追偿权来讲，主要涉及追偿权能否预先一并判决的问题。对该问题，最高人民法院曾在1992年（法经〔1992〕121号）、1996年（经他〔1996〕4号）以及2009年（〔2009〕执他字第4号）复函过相关高院，认可追偿权预先一并判决制度，在原担保法司法解释第42条中，最高人民法院亦明确规定了保证人追偿权预先一并判决制度。但《民法典》及其配套规定未能明确规定。学理上，有认为可以在判决主文中直接确定中间责任人追偿权。② 但亦有相反意见认为，追偿权的取得依赖于债务人的实际履行，其没有履行或者履行没有超出自己应承担的份额前，根据《民法典》第

---

① 该条规定，两个以上人民法院都有管辖权的诉讼，先立案的人民法院不得将案件移送给另一个有管辖权的人民法院。人民法院在立案前发现其他有管辖权的人民法院已先立案的，不得重复立案；立案后发现其他有管辖权的人民法院已先立案的，裁定将案件移送给先立案的人民法院。

② 参见谷昔伟：《论侵权行为不真正连带责任之适用类型及诉讼程序——基于281份涉及不真正连带裁判文书的类型化分析》，载《法律适用（司法案例）》2018年第10期。

178 条第 2 款规定尚未获得追偿请求权。[①] 在不真正连带责任中,如果中间责任人仅仅承担判决确认的赔偿责任,而在其未能实际履行前,判决其享有追偿权似乎亦违背了上述第 178 条第 2 款的规范构成。本书认为,追偿权预先一并判决制度不论是从实践检验立场还是从纠纷解决效率上考量,都不失为一种好的制度安排,虽然《民法典》以及配套解释没有规定,实践中仍应以最高人民法院复函精神处理。但是,由于追偿权处理的是数债务人内部关系,而非原被告之间的关系,法院在判决主文中予以处理,明显超出了原告诉讼请求的范围。从民诉法理论观察,如果要求在不真正连带共同诉讼中对追偿权予以确认,实际上是一种类似于美国法上"交叉之诉"做法。交叉之诉首先以共同诉讼的存在为前提,同时还必须符合两个条件,一是交叉之诉基于作为本诉或反诉的诉讼标的的交易事项或实践而引起,或者与作为本诉标的的财产相关。二是提起交叉之诉的人必须是向其他共同诉讼人提出明确的实际救济请求,而不能只是声明自己对于对方当事人不应当承担任何责任而应该由其他的共同诉讼人承担责任。[②] 追偿权就是如此,首先其存在于共同诉讼中,其次是向其他共同债务人主张权利,故而符合交叉诉讼的特征。本书认为,对于不真正连带责任债务人之间的追偿权,理论上应该作为交叉诉讼对待。我国《民事诉讼法》中并无交叉诉讼的概念,但已经有交叉诉讼的影子,最直接的体现是《民诉法解释》第 319 条,该条对共同诉讼人之间因权利义务分担异议如何列明上诉地位作出规定。因此,司法实践中可以将《民诉法解释》第 319 条作为追偿权一并判决制度的实在法基础看待,但为解决诉讼请求的范围问题,建议在审理中释明中间责任人提出追偿权的要求,而非直接在判项中确定追偿权。而一旦判决中确定了追偿权,中间责任人清偿后,便取得了相应的执行依据,其在证明其已经清偿或者经过法院执行后,可以直接以生效判决为依据,要求对终局责任人进行执行,从而保护其合法权益。最高人民法院在《关于判决书主文已经判明担保人承担担保责任后有权向被担保人追偿,该追偿权是否须另行诉讼问题请示的答复》中亦认为,对人民法院的生效判决书已经确定担保人承担担保责任后,可向主债务人行使追偿权的案件,担保人无须另行诉讼,可以直接向人民法院申请执行,进而避免因为追偿权问题再次开启审判程序。[③]

---

① 参见任重:《民事纠纷一次性解决的限度》,载《政法论坛》2021 年第 3 期。

② 参见卢正敏:《共同诉讼研究》,法律出版社 2011 年版,第 239 页。

③ 参见宋春龙、高一凡:《保证合同纠纷诉讼程序的检讨——兼论〈民法典〉实施后保证合同纠纷的诉讼程序》,载《法律适用》2020 年第 21 期。

六、本章观点集成

1.《民法典》第1203条关于生产者和销售者的责任类型是什么？其对内对外法律效果又是什么？

有观点认为，生产者和销售者责任属于连带责任，受害人可请求生产者，也可以请求销售者，还可以同时请求生产者和销售者承担赔偿责任。具体可参照最高人民法院《关于审理食品药品纠纷案件适用法律若干问题的规定》第2条规定处理，即因食品、药品存在质量问题造成消费者损害，消费者可以分别起诉或者同时起诉销售者和生产者。对外效果上，既然是连带责任，债权人可要求任一债务人分别或同时承担部分或者全部赔偿责任，对内可以依法行使追偿权。

也有观点认为，生产者和销售者责任属于典型的不真正连带责任，同属于不真正连带责任的条款还有第三人导致的雇员受害责任、安全保障义务、校园事故责任以及动物致害责任等。不真正连带的对外效果体现为，债权人可向任一债务人主张债权，在该债权未能获得清偿时，债权人可以向其他债务人主张债权；债权人可以同时向不同债务人分别主张债权，但不得重复获利；债权人可以同时向不同债务人同时主张债权，但应分别确定偿付责任。不真正连带中存在中间责任人与终局责任人之分，在产品责任中，引发产品缺陷的责任人即为终局责任人，在中间责任人赔偿之后，可以依法向终局责任人追偿，但此追偿并不等同于连带责任内部的追偿，不真正连带责任中的追偿是完全的追偿，体现了最终责任人完全负担的原则。

本书初步意见倾向后一种观点。

2. 不真正连带责任中，中间责任人是否可以终局责任人对债权人享有的债权向债权人主张抵销？

有观点认为，不应该予以准许，终局责任人与债权人之间的债权债务系独立于中间责任人的法律关系，如果允许，会导致第三人对他人债权债务进行干涉，违背他人自由处分自己财产原则。

也有观点认为，不真正连带中存在终局责任人，如果不允许此种抵销，则中间责任人清偿后，可向终局债务人求偿。终局债务人偿付中间责任人后，还需与债权人之间再行清算，徒增困扰。为求法律关系简单，我国台湾地区“民法”第277条规定，连带债务中之一人，对于债权人有债权者，它债务人以该债务人应分担之部分为限，得主张抵销。该规定可以参考，令中间责任人在清偿范围内，以终局责任人对债权人之债权主张抵销。

本书初步意见倾向后一种观点。

3. 不真正连带债务中,如果债权人受领迟延导致标的物灭失时,债权人是否可以向其他债务人再次主张权利?

有观点认为,可以允许。不真正连带债务中,数个债务人债因独立,在其中一个债务人存在未清偿或未足额清偿等情形时,债权人可向其他债务人继续主张。如果存在受领迟延导致标的物灭失,如果要求该债务人继续履行显然有悖公平原则,但向其他债务人主张履行则符合不真正连带责任中对债权人的最大保护,也免于让其他债务人逃避责任。

也有观点认为,是否允许向其他债务人主张,关键在于分析受领迟延的法律效果。依据《民法典》第 605 条关于迟延交付的风险负担规定,因买受人的原因致使标的物未按照约定的期限交付的,买受人应当自违反约定时起承担标的物毁损、灭失的风险。因此,该种情形出现时意味着债务人已经履行完毕,债务已经得到清偿,自然对其他债务人发生债务清偿的绝对效力。该种不利情形出现原因的在于债权人自身,让其承担不利后果符合法典精神。如果清偿的债务人属于中间责任人,那么其依法可以向终局责任人进行追偿。

本书初步意见倾向后一种观点。

4. 对于不真正连带债务,实践中应该采取何种诉讼形态?

有观点认为,应采用固有必要共同诉讼的形式。在不真正连带中,由于受害人的损失是由两被告的违法行为结合在一起造成的,客观上需要合一确定两被告的责任,因而两被告应当属于必要共同被告,他们具有相互损益的诉讼利益。

也有观点认为,主张适用普通共同诉讼。虽然数个侵权责任主体承担责任的原因各不相同,但是其救济目的具有同一性,均为弥补受害人的损失,应当将数个侵权责任主体列为共同被告一并审理,也应当对不同的债务人分别作出判决。

还有观点认为,主张应该依据实体法之规定,债权人可以向任一债务人起诉。

本书初步意见认为,应将不真正连带共同诉讼的诉讼形态定位于普通共同诉讼。

第五章　诉的主观合并(四)：补充之债*

上章中，探讨了不真正连带实体与程序衔接问题。在关于不真正连带的分类中，本章认为补充责任属于不真正连带责任的特殊样态，本质上还属于不真正连带责任范畴。鉴于补充责任在清偿的顺序性上有自身特点，故本章将补充责任作为特殊不真正连带样态予以专章论述。

一、补充责任的基本规范内涵阐释及立法演进

(一)补充责任的基本规范内涵

通说认为，补充责任是当多数行为人基于不同原因产生了具有同一给付内容的数个责任，在直接责任人无法确定或其财产不足以承担应负责任时，由补充责任人在一定范围内对债权人承担责任的责任形态。① 补充责任具有如下特点。

1. 终局责任和中间责任债因独立

补充责任的不同责任在成立上具有各自独立的原因，涉及不同的法律关系。此与不真正连带相吻合而异于侵权法中的连带责任构成。

2. 补充责任具有赔偿的"顺位性"特征

实体法学者认为，补充责任的核心在于责任承担的补充性。② 该观点准确表达了补充责任异于其他责任形态的特征。而此种补充性要求，需要通过直接责任人和补充责任人现实担责的顺序性予以控制，只有当直接责任人的财产不足以清偿债务时补充责任人才有担责义务。补充责任的顺位性又催生出中间责任人的先诉抗辩权，二者一体两面，保证补充责任"补充性"价值的实现。

---

* 为论述之便，本报告后文中不再区分补充之债与补充责任，统一称为补充责任。

① 参见王利明：《侵权责任法研究》(上卷)，中国人民大学出版社 2011 年版，第 43 页。

② 参见张海燕：《民事补充责任的程序实现》，载《中国法学》2020 年第 6 期。

3. 补充责任在范围上具有限定性

《民法典》第1198条关于经营者安全保障义务的规定就是典型的体现，即因第三人的行为造成他人损害的，由第三人承担侵权责任；经营者、管理者或者组织者未尽到安全保障义务的，承担相应的补充责任。经营者、管理者或者组织者承担补充责任后，可以向第三人追偿。所谓"相应"的赔偿责任，说明中间责任的赔偿与终局责任人的赔偿存在差异化特征。可以说，补充责任特殊一面不仅体现在顺序上还体现在担责范围上。

4. 补充责任与追偿权紧密关联

在中间责任人承担了相应的补充赔偿责任后，中间责任人可以依据法律规定向终局责任人追偿。法律设定追偿权，"即使受害人的损害得到了填补，又通过求偿顺位的设置合理限制了受害人的求偿选择权，同时赋予补充责任人对直接责任人的追偿权。较之连带责任和按份责任，补充责任制度较好地平衡了受害人利益的保护和侵权责任的最终承担问题，体现了民法的公平原则"。①

5. 补充责任具有法定性

不真正连带产生于广义上的请求权竞合，是法律规范内在逻辑衍生的必然结果。因此，虽然不真正连带在《民法典》中有一定的体现，但不能将法典明确规定的列为不真正连带，而将未规定的排除在外。但补充责任却相反，虽然补充责任属于不真正连带责任的变形样态，但补充责任具有较为特殊的内外部权利义务构架。例如，补充责任的顺位性打破了债权人权利实现的自由性，从债权人角度来讲，属于对其权利的限制，从中间责任人的角度而言，属于对其责任一定限度的免除，这种"限制 + 免除"的效果固然有补充责任所欲实现的价值取向，但亦是在不同价值层面的利益衡量结果，而该种责任效果只能由法律规定者为限，滥用补充责任或者补充责任无限扩展，都会违反法律基于特殊价值判断的制度安排从而违反基本赔偿法伦理。因此，"为避免对补充责任人不公，补充责任应坚持法定主义，只有法律明确规定的情形，限于特定主体范围才能承担补充责任"。②

（二）补充责任的立法演进概括

根据学者考察，补充性质的侵权责任形态在我国法上发轫较早。新中国成立后早期的《民法典》立法过程中，学者们针对个别损害赔偿的规定就提出了补充责任的思想。如有学者主张："建筑物、动物和其他物造成损害，责任应首先由直接负

① 张新宝：《我国侵权责任法中的补充责任》，载《法学杂志》2010年第6期。

② 张平华：《〈民法典〉多数人侵权体系及相关法律适用问题》，载《东南学术》2020年第5期。

责的人负责，在他不能负责或有困难时才找所有人。”关于“损害的发生如果是由于第三人的故意或者过失所造成，应由第三人负赔偿责任”的规定，也有学者提出“第三人找不到时，责任应由谁负”的问题。[①] 上述立法资料表明，当时的立法者对于最终责任人不明或者不具有赔偿能力的情形，已经考虑到了受害人求偿不能的风险问题，并试图对此问题作出先后顺序性的安排。[②] 1988 年颁布的最高人民法院《关于贯彻执行〈中华人民共和国民法通则〉若干问题的意见》第 161 条第 2 款规定：“行为人致人损害时年满十八周岁的，应当由本人承担民事责任；没有经济收入的，由扶养人垫付，垫付有困难的，也可以判决或者调解延期给付。”该规定中关于没有经济收入由抚养人垫付的责任，确定了多数人责任模式，并形成了何种条件下抚养人应付垫付责任的条件，责任承担具有明显的顺位性特征。在产品侵权及消费者保护领域，1993 年颁布的《产品质量法》第 30 条第 2 款规定：“销售者不能指明缺陷产品的生产者也不能指明缺陷产品的供货者的，销售者应当承担赔偿责任。”《消费者权益保护法》第 43 条关于“展销会结束或者柜台租赁期满后，也可以向展销会的举办者、柜台的出租者要求赔偿”的规定，实际上也具有补充责任的性质，即“向展销会举办者、柜台的出租者要求赔偿的权利，是发生在‘展销会结束或者柜台租赁期满后’。其暗含的意思是，有可能销售者或者服务者难以查找，或者向其求偿困难，因此候补性地增加了新的不真正连带责任人”。[③] 1994 年颁布的《广告法》第 38 条第 2 款则进一步明确：“广告经营者、广告发布者不能提供广告主的真实名称、地址的，应当承担全部民事责任。”该法所确定的补充责任与后来《侵权责任法》以及《民法典》所规定补充责任最大的区别在于，它属于一种全额的补充责任，而非与其过错相适应的“相应”的补充责任。上述有关规定虽然体现了立法者及学术界对一种第三人承担责任思想的初步探讨和尝试，但并未形成有关补充责任的系统性制度，直到 2003 年最高人民法院颁布《人身损害赔偿司法解释》。该司法解释在第三人介入时经营者的安全保障义务以及第三人导致未成年人受到伤害时的教育机构责任中明确规定了补充责任，自此在制度规范层面创设了侵权法领域的补充责任。

---

① 参见何勤华、李秀清、陈颐编：《新中国民法典草案总览》（上册），法律出版社 2003 年版，第 226 页、第 243 页。转引自王竹：《补充责任在〈侵权责任法〉上的确立与扩展适用——兼评〈侵权责任法草案（二审稿）〉第 14 条及相关条文》，载《法学》2009 年第 9 期。

② 参见王竹：《补充责任在〈侵权责任法〉上的确立与扩展适用——兼评〈侵权责任法草案（二审稿）〉第 14 条及相关条文》，载《法学》2009 年第 9 期。

③ 王竹：《补充责任在〈侵权责任法〉上的确立与扩展适用——兼评〈侵权责任法草案（二审稿）〉第 14 条及相关条文》，载《法学》2009 年第 9 期。

原《侵权责任法》基本上沿用了上述司法解释的立法思想，在第三人介入时违反安全保障义务的侵权责任和校园事故中继续适用补充责任，将补充责任这一独立的责任形态以正式立法的形式予以确认。《民法典》在学理研究以及侵权法适用的司法实践基础上，对补充责任进行了有益完善和发展。

二、《民法典》中对补充责任的规定

上文已述，补充责任的特征体现在其顺位性上，而顺位性的保证则在于先诉抗辩权。先诉抗辩权本属一般保证中的保证人抗辩权，但是，在2003年制定《人身损害赔偿司法解释》中有关补充责任规范时，实际上是学者在参考保证合同中的先诉抗辩权和追偿请求权的构造安排，为寻求直接责任人和补充责任人之间的利益平衡而进行的设计。[①] 因此，《民法典》有关补充责任的规定，也不可避免地同时涉及担保制度与侵权责任制度。学理上认为，补充责任典型形态是一般保证责任，包含了先诉抗辩权和追偿权两个基本要素。一般认为，具备两要素者为完全补充责任，不具备两要素者为不完全补充责任。[②]

1.《民法典》物权编第392条规定，被担保的债权既有物的担保又有人的担保的，如果债务人自己提供物的担保的，债权人应当先就该物的担保实现债权。该规定中，实际上将此种情形下的保证责任在顺位上滞后于债务人自己提供之物的担保。但是，学术界很少将其置于补充责任中去讨论，一般认为是基于担保关系本质使然。当然，从《民法典》补充责任的体系性角度观察，将其作为补充责任是必要的。

2.《民法典》合同编第687条有关一般保证的先诉抗辩权规定，即一般保证的保证人在主合同纠纷未经审判或者仲裁，并就债务人财产依法强制执行仍不能履行债务前，有权拒绝向债权人承担保证责任，但是有下列情形之一的除外：(1)债务人下落不明，且无财产可供执行；(2)人民法院已经受理债务人破产案件；(3)债权人有证据证明债务人的财产不足以履行全部债务或者丧失履行债务能力；(4)保证人书面表示放弃本款规定的权利。该规定明确了先诉抗辩权的行使条件和除外条款，构成补充责任规范适用的核心。

3.《民法典》侵权责任编第1198条有关经营者的安全保障义务，属于法律明确规定的补充责任。但与原《侵权责任法》相比，《民法典》第1198条在责任主体上进

---

① 参见王竹：《补充责任在〈侵权责任法〉上的确立与扩展适用——兼评〈侵权责任法草案（二审稿）〉第14条及相关条文》，载《法学》2009年第9期。

② 参见李中原：《论违反安全保障义务的补充责任制度》，载《中外法学》2014年第3期。

行必要的扩充，由原来的"宾馆、商场、银行、车站、娱乐场所等公共场所的管理人或者群众性活动的组织者"修改为"宾馆、商场、银行、车站、机场、体育场馆、娱乐场所等经营场所、公共场所的经营者、管理者或者群众性活动的组织者"，责任主体上增加"机场、体育场馆"并将管理人扩充为"经营者、管理者"，同时，对追偿权予以明确规定，进一步贴合了安全保障义务的立法价值。

4.《民法典》侵权责任编第1201条有关教育机构内第三人侵权责任承担，亦属于法律明确规定补充责任的情形。与原《侵权责任法》相比，该条除了一些字词表述有变化外，无实质修改，但亦增加对追偿权的明确规定。

5.《民法典》侵权责任编第1254条第2款关于物业服务企业安全保障义务的规定，即物业服务企业等建筑物管理人应当采取必要的安全保障措施防止前款规定情形的发生；未采取必要的安全保障措施的，应当依法承担未履行安全保障义务的侵权责任。物业企业安全保障义务的责任基础以及责任范围即《民法典》第1198条的相关规定。

6.《民法典》侵权责任编第1256条关于公共道路上堆放、倾倒、遗撒妨碍通行的物品致害责任的规定，学理通说认为属于补充责任，具体上文已经分析，不再赘述。

除了以上所列举的较为明确的补充责任外，《民法典》中还有一些具体规定，其是否属于补充责任，还有待基于解释学路径进一步的分析。

1. 有学者认为，道路交通事故责任中强制保险、商业保险、侵权损害赔偿的先后顺序中也体现了补充责任规范内涵，属于补充责任类型。① 本书不赞同该观点，虽然上述先后顺序确实与补充责任相似，但该类规范主要是基于风险的社会化分散考量，带有明显的分配正义色彩，与补充责任仍然立足于损害赔偿的矫正正义考量还有本质的不同。将之与补充责任混为一谈，会导致责任体系的混乱，不利于确立科学的补充责任规范，造成各种类型责任的滥用，破坏侵权法的刚性，也容易产生是否存在先诉抗辩权、追偿权等难题。②

2. 有学者认为，受益人补偿责任亦属于补充责任之一种。③《民法典》第183条对见义勇为中受益人的补偿责任作出了规定，即因保护他人民事权益使自己受到

---

① 参见李中原：《论民法上的补充债务》，载《法学》2010年第3期。

② 参见张平华、王圣礼：《侵权补充责任的独立地位及其体系化》，载《烟台大学学报（哲学社会科学版）》2015年第6期。

③ 参见李中原：《论民法上的补充债务》，载《法学》2010年第3期。

损害的,由侵权人承担民事责任,受益人可以给予适当补偿。没有侵权人、侵权人逃逸或者无力承担民事责任,受害人请求补偿的,受益人应当给予适当补偿。该规定也具有相应的顺序性要求,与补充责任有一定的相似之处,但由于侵权领域中"补偿"并非损害赔偿责任,而补充责任的强度虽比先顺位责任低,但仍为侵权责任,故二者不应发生混淆。

3.《民法典》侵权责任编第 1188 条关于监护人责任的规定中是否存在补充责任争议很大。① 争议主要场域是第 1 款与第 2 款之间的适用关系。一种观点认为,该款确立了监护人的补充责任,即在被监护人自己有财产时,应当由被监护人承担首位的责任。只有被监护人的财产不足时,才由监护人承担适当的补充责任。② 另一种观点认为,第 2 款并不具有一般意义,因为没有确定监护人补充责任的形态,其所处理的是特定情况下监护人与被监护人之间的利益平衡问题,以及克服监护人与被监护人财产独立可能导致的对受害人救济落实不利的影响。③ 还有观点认为,第 1 款与第 2 款之间不是一般与例外的关系,而是一般规定与补充规定的关系。第 2 款是为了弥补第 1 款在保护受害人权益上的缺漏,根据衡量思想而作出的补充规定。④ 分析上述观点,本书认为都有一定道理但亦有无法解释的体系矛盾。就补充责任的观点而言,其所面对的最大问题是,补充责任意味着直接侵权责任人的存在,而在《民法典》不承认过错能力的背景下,该解释使得被监护人承担了结果责任,而无论其是否有责任能力,这种做法明显不妥。⑤ 本书认为,坚持补充责任观点导致体系解释矛盾,不符合侵权责任基本构成。第二种观点认为没有实际意义,第三种观点认为属于补充规定均不足取。对于原《侵权责任法》第 32 条第 2 款的规定,立法机关有关人士认为,该款的重要意义在于解决父母等亲属之外的人员或者单位承担监护人的情况下侵权责任承担过重,从而不愿意担任监护人的问题,从被

---

① 《民法典》第 1188 条规定:无民事行为能力人、限制民事行为能力人造成他人损害的,由监护人承担侵权责任。监护人尽到监护职责的,可以减轻其侵权责任。有财产的无民事行为能力人、限制民事行为能力人造成他人损害的,从本人财产中支付赔偿费用;不足部分,由监护人赔偿。

② 参见李中原:《论民法上的补充债务》,载《法学》2010 年第 3 期;王利明、周友军、高圣平:《中国侵权责任法教程》,人民法院出版社 2010 年版,第 446 页;最高人民法院民法典贯彻实施工作领导小组:《中华人民共和国民法典侵权责任编理解与适用》,人民法院出版社 2020 年版,第 222 页。

③ 参见薛军:《走出监护人"补充责任"的误区——论〈侵权责任法〉第 32 条第 2 款的理解与适用》,载《华东政法大学学报》2010 年第 3 期。

④ 参见朱广新:《被监护人致人损害的侵权责任配置——〈侵权责任法〉第 32 条的体系解释》,载《苏州大学学报(哲学社会科学版)》2011 年第 6 期。

⑤ 参见程啸:《侵权责任法》,法律出版社 2021 年版,第 433 页。

监护人财产中支付，可以打消监护人的此种疑虑。[①] 因而，原《侵权责任法》第 32 条第 2 款实为对监护人基本责任主体身份的确认，绝非有将其“沦落”为补充责任人之意。事实上，作为未成年人的监护人应该始终承担无过错监护责任，这是《民法典》第 1188 条第 1 款的核心要义，坚持此种观点也可以消弭责任能力带来的违反常理判断的结论，达到体系协调，而第 2 款主要是就责任承担之后的内部关系作出的规定，也即两条款互相独立，第 1 款涉及外部关系，而第 2 款涉及内部关系。如此理解才应符合立法者真实意思，故而，本书亦不赞同该条款为补充责任。

4.《民法典》第 1010 条第 2 款规定，机关、企业、学校等单位应当采取合理的预防、受理投诉、调查处置等措施，防止和制止利用职权、从属关系等实施性骚扰。依据该款，单位负有为防止和制止利用职权、从属关系等实施性骚扰而采取措施的义务。这主要源于单位对其工作人员具有一定的管理和控制能力，使得单位能够在一定程度上防止和制止性骚扰的发生和继续发生，也有助于建立多元化的性骚扰纠纷解决机制。当单位未尽到采取合理措施的义务的，受害人有权依照本法和其他法律的规定请求单位承担民事责任。[②] 但是单位的责任类型是什么，人大法工委在释义中并未明确。本书认为，单位尽管有相应的预防、管理等义务，但是实际实施性骚扰的主体却并非单位，而系单位员工的个人行为，单位责任更类似于管理人的安全保障责任，如此能够借助补充责任平衡好权利保护、责任自负、损害预防等多维关系。因此，本书倾向认为属于补充责任。

三、补充责任程序与实体衔接的争议及其表现

补充责任虽然作为不真正连带的特殊样态而出现，但其在实体和程序衔接的问题上却并不比不真正连带简单，而是更为复杂。这归因于补充责任在内部权利义务的分配上具有“顺位性”特征。正是此种“顺位性”特征，才导致债权人权利的确立和实现出现了某种程度的“断裂”，让实体的归实体，让程序的归程序，是解决补充责任的两个阶段要求。[③] 但实体和程序在自身维度上纠缠不清，往往阻碍了彼此之间的脉络贯通。

（一）实体法争议对程序法的影响

补充责任在实体层面的争议或有待辨析的问题至少有以下几个。

---

① 参见程啸：《侵权责任法》，法律出版社 2021 年版，第 432 页。

② 参见黄薇主编：《中华人民共和国民法典人格权编解读》，中国法制出版社 2020 年版，第 101 页。

③ 参见张海燕：《民事补充责任的程序实现》，载《中国法学》2020 年第 6 期。

1. 对补充责任的识别

对于补充责任的识别，除上述不同规范在解释学上是否属于补偿责任外，还包括在法定的补充责任规范中，是否真正构成补充责任。本书以经营者的安全保障义务为例来说明。一般来讲，侵权责任借助加害人的过错形态以及因果关系等，构建了多数人侵权的框架。多数人侵权导致不同责任类型乃属常态，核心在于过错以及因果关系的认定。经营者除构成补充责任外，仍有可能构成其他责任形态，比如，当经营者存在教唆或者帮助行为时，其显然应该与加害人承担侵权责任。当经营者与直接加害人均存在过失时，就可能构成按份责任而非补偿责任。因此，对多数人侵权中过错以及因果关系的分析，就成为补充责任重要的识别途径。

2. 补充责任的先诉抗辩权

所谓先诉抗辩权，又称为检索抗辩权，是指"保证人于债权人未就主债务人之财产强制执行仍不能履行债务前，对于债权人的拒绝清偿的权利"。[①]《民法典》第687 条[②]对一般保证的先诉抗辩权以及行使条件、排除条款进行了明确的规定。在补充责任的立法规范中，一般并无先诉抗辩权的文义表述，但事实上，从补偿责任所欲实现的法效果上看，补充责任的顺序性正是通过补充责任人先诉抗辩权这一防御性权利来实现的，该顺序性决定了先诉抗辩权的天然存在。"先诉抗辩权对抗的是债权人请求补充责任人担责的权利，债权人对于补充责任人的担责请求权是一项附条件的将来给付请求权，所附条件是'因主债务而依判决或依其他执行名义，对主债务人实施执行措施'。"[③]先诉抗辩权虽然是一项重要的实体性权利，但其本质上又具有重要的程序价值，这一方面体现在权利是否行使而带来的责任形态认定上，另一方面也体现在执行等程序中如何保障补充责任真正顺序性的实现上。当然，抗辩权行使的排除因素亦与上述实体及程序权利保障有密切的关联，实践中涉及补充责任的一些问题和是否承认先诉抗辩权以及先诉抗辩权的行使有关。比如，如果认为安全保障义务中，经营者并无先诉抗辩权，那么其

---

① 谢鸿飞、朱广新主编：《民法典评注合同编（典型合同与准合同）》，中国法制出版社 2020 年版，第 50 ~ 51 页。

② 《民法典》第 687 条规定："当事人在保证合同中约定，债务人不能履行债务时，由保证人承担保证责任的，为一般保证。一般保证的保证人在主合同纠纷未经审判或者仲裁，并就债务人财产依法强制执行仍不能履行债务前，有权拒绝向债权人承担保证责任，但是有下列情形之一的除外：（一）债务人下落不明，且无财产可供执行；（二）人民法院已经受理债务人破产案件；（三）债权人有证据证明债务人的财产不足以履行全部债务或者丧失履行债务能力；（四）保证人书面表示放弃本款规定的权利。"

③ 杜景林、卢谌：《德国民法典评注：总则 · 债法 · 物权》，法律出版社 2011 年版，第 437 页。

在诉讼中和之后的执行程序中就无法对抗债权人的实体请求权，补充责任的顺序性无法得到保障，其必然结果就使得补充责任最终可能沦为连带或按份责任，使补充责任的价值落空。

3. 补充责任中的责任限定

补充责任是属于限定责任还是概括责任，在立法上并不明确，应依据法解释学予以进一步阐释，以达对补充责任最妥帖的理解。补充责任何谓“补充”，至少可在三个层面理解：一是主体的替代，即加害人无法找到时，由其他人“替代”赔偿；二是赔偿额的补充，即加害人无法全额赔偿时令其他人继续赔偿；三是补充责任人应在自己过错范围内补充赔偿。以经营者安全保障义务为例，《民法典》第1198条第2款规定，经营者、管理者未尽到安全保障义务的，承担相应的补充责任。这里对“相应”的理解就涉及责任限度。但是，如果从保证责任的先诉抗辩权角度出发，本书发现《民法典》并未规定所谓相应的保证责任，只是强调债务人不能履行债务时，由保证人承担保证责任，保证人的过错问题根本不是履行保证合同所应关注的问题，也就是说，这里的补充责任并无过错以及限额要求。在法律没有明确规定为补充，但依据学理通说解释为补充责任的情形似乎更为复杂，需要具体分析。责任限额问题对补充责任的诉讼程序构建影响深远，表层上会涉及裁判技术问题，深层上则关系到补充责任中责任的补充性实现问题。

4. 补充责任的绝对效力和相对效力

对绝对效力和相对效力在不真正连带中本书讨论了很多，补充责任作为不真正连带的变形，自然也会涉及绝对和相对效力，且本质上和不真正连带债务并无二致，但由于补充责任中一些实体法规则本身具有程序的价值意义，这让绝对效力和相对效力表现的冲击力比不真正连带债务稍弱，在下文有关程序中本书再行讨论。

（二）程序法争议对实体法的影响

1. 采取何种诉讼形态

补充责任作为实体法规范，其欲实现责任承担的顺序性要求，势必要在程序法上找到映射。目前，通说认为补充责任属于共同诉讼。但是，作为共同诉讼，到底是属于《民事诉讼法》规定的固有必要共同诉讼还是普通共同诉讼，抑或其他类型共同诉讼则有争议。从诉讼法理论的角度看，补充责任与不真正连带，都不可能属于固有的必要共同诉讼范畴。除此之外，更多观点认为补充责任属于单向的必要共同诉讼，最直接的依据是2003年最高人民法院《人身损害赔偿司法解释》第6条第

2 款的规定[①]以及最高人民法院《民诉法解释》第 66 条[②]之规定。2003 年《人身损害赔偿司法解释》现经修订已经取消了相关条款，但《民诉法解释》第 66 条仍然适用，且是“应当”，而非“可以”适用，足见其程序的强制性效力。实践中如不遵照执行，大概率会因程序违法而被发回。除了上述之外，一些观点认为采用类似必要共同诉讼具有正当性。[③] 还有观点认为应属于牵连必要共同诉讼。该主张认为虽然债权人和直接责任人之间的诉讼标的与债权人和补充责任人之间的诉讼标的并非同一，但由于当事人之间存在事实或法律上的牵连关系，有必要作为共同诉讼处理。[④] 此外，学界还有一种观点，主张在以直接责任人为被告的简单诉讼中追加补充责任人为无独立请求权的第三人，以实现纠纷的一次性解决。[⑤] 从实体与程序的衔接角度看，对补充责任的诉讼形态的考虑，必须兼顾实体规范价值目标与共同诉讼理论之间的无缝对接，如此才能确保实体规范通过诉讼保护的流畅性。

2. 判决主文的技术表达

就补充责任的裁判技术来讲，判决主文的表述涉及多个方面的问题。第一，判决主文涉及数债务人之间的责任形态，其如何表述各债务人之间的责任承担，关系到对补充责任的适用是否准确，以及执行中如何实现终局责任和补充责任之间的顺序性。第二，判决主文是否体现先诉抗辩权，关系到当事人在执行中能否以该实体抗辩作为对抗理由。给付判决作为执行依据，在无实体抗辩权表述时，执行机构如果仅依当事人单方的抗辩便拒绝执行，会带来执行的合法性质疑。第三，判决主文对实体抗辩权的行使条件的处理，将会对执行机构如何衡量其抗辩效力具有重要的指示意义。否则，在执行机构认可先诉抗辩但对抗辩权行使条件不明确时，同样可能会侵犯补充责任人的权利，导致执行合法性受到质疑。

---

① 原最高人民法院《人身损害赔偿司法解释》第 6 条第 2 款规定：因第三人侵权导致损害结果发生的，由实施侵权行为的第三人承担赔偿责任。安全保障义务人有过错的，应当在其能够防止或者制止损害的范围内承担相应的补充赔偿责任。安全保障义务人承担责任后，可以向第三人追偿。赔偿权利人起诉安全保障义务人的，应当将第三人作为共同被告，但第三人不能确定的除外。

② 最高人民法院《民诉法解释》第 66 条规定：因保证合同纠纷提起的诉讼，债权人向保证人和被保证人一并主张权利的，人民法院应当将保证人和被保证人列为共同被告。保证合同约定为一般保证，债权人仅起诉保证人的，人民法院应当通知被保证人作为共同被告参加诉讼；债权人仅起诉被保证人的，可以只列被保证人为被告。

③ 参见张海燕：《民事补充责任的程序实现》，载《中国法学》2020 年第 6 期。

④ 参见章武生、段厚省：《必要共同诉讼的理论误区与制度重构》，载《法律科学（西北政法学院学报）》2007 年第 1 期。

⑤ 参见曹云吉：《论“民事共同责任”的诉讼形态》，载任重执行主编：《民事程序法研究》（第 13 辑），厦门大学出版社 2015 年版，第 106 页。

3. 追偿权的有无

在补充责任中，补充责任人是否有追偿权，肯定者与反对者一直分庭抗礼。[①]理论上，补充责任人承担的是与其过错相适应的赔偿责任，既然是与其过错相适应，那么其承担终局责任似乎就符合侵权法自己责任的原则，并无追偿权的行使必要。该观点随着立法的变迁曾得到了一定程度的强化，在2003年《人身损害赔偿司法解释》中，其第6条第2款中规定，安全保障义务人承担责任后，可以向第三人追偿。但原《侵权责任法》第37条取消了有关追偿权的规定。这也是当时学者争议的主要理由。然而《民法典》第1198条又新增了追偿权的规定，使得该争论在立法层面得到终结。但是，《民法典》规定的追偿权属于实体性权利，其如何实现却是问题。理论上，就追偿权的实现至少可以有单独起诉或直接依据判决在执行中追偿两种可能的方案。如果必须单独起诉，那么在判决中是否体现就无大的影响，如果可以在执行中直接追偿，那么就存在判决书表述与不表述，是否对该实体权利造成影响等问题。

4. 执行程序的处理

补充责任是与执行问题紧密联系在一起的。诚如学者所言，补充责任的程序实现应从两个阶段进行观察，第一个阶段是债权人将对于补充责任人的担责请求权从实体法中的权利转变为法院判决书主文中的权利，第二个阶段是在直接责任人财产不足以清偿债务时，补充责任人才向债权人承担责任。“第一阶段债权人的权利转变需要通过诉讼程序完成，是补充责任的确定阶段；第二阶段主要发生在执行程序，是补充责任的实现阶段。”[②]如果在执行阶段，无论是直接责任人还是补充责任人，谁有财产就执行谁，或者不论补充责任的责任大小，一律对未受偿的部分予以执行，这虽然强化了对债权人利益的保护，但却违反法律对补充责任人的保护，使得补充责任成为按份责任，甚至是全部赔偿责任。再者，如果补充责任人提出先诉抗辩权，此时法院将会如何处理？是继续对补充责任人进行执行，还是暂停执行，对直接责任人的财产状况进行审查？执行程序中又如何审查这一具有实体内容的抗辩权？这些问题如果得不到解决，补充责任的顺序性将会成为无法实现的空白权利。

---

① 肯定论者观点参见张平华、王圣礼：《侵权补充责任的独立地位及其体系化》，载《烟台大学学报(哲学社会科学版)》2015年第6期；否定论者观点参见郭明瑞：《补充责任、相应的补充责任与责任人的追偿权》，载《烟台大学学报(哲学社会科学版)》2011年第1期。

② 参见张海燕：《民事补充责任的程序实现》，载《中国法学》2020年第6期。

(三)司法实践的问题表现

补充责任中实体认识对程序的影响以及程序认识对实体的影响并非仅处于理论层面,事实上在司法实务中已经广泛表现出来。

从诉讼角度观察,在补充责任的识别上,一些案件中当事人主观状态事实上处于同一层级之上,典型的就是"过失+过失"类型。在这种主观状态中,直接责任人的过失程度可能比"补充责任人"的过失程度还要小,是否构成补充责任就值得检讨。[①] 就先诉抗辩权而言,实践中在涉及补充责任诉讼形态的选择上,存在以普通诉讼的形式对待补充责任,不承认补充责任人的先诉抗辩权的情形。在司法实践中,债权人可以选择起诉补充责任人,也可以起诉直接责任人,或者将两者作为共同被告起诉。直接起诉补充责任人,法院亦不会追加直接责任人。[②] 根据学者统计,仅2018年上半年,有123件仅将补充责任人作为被告的案件中,仅有37件是赔偿权利人已经起诉过直接责任人但未获得完全赔偿的案件,说明直接起诉补充责任人案件的比例还是比较高的。[③] 直接起诉补充责任人会导致裁判之后补充责任即应当履行的问题,从而使得补充责任的顺序性无法体现,"原本的按序责任变成了平行责任,补充责任也只能称为'按份责任'甚至'连带责任','补充责任'徒有其名"。[④] 而在执行程序中,一些法院遵循执行方便原则,依据当事人财产的状况选择执行,不考虑抗辩权问题,或者按份执行,法院对于直接责任人和补充责任人财产的执行,往往按照一定比例或一定份额同时进行,完全否定了补充责任人的执行顺序利益。[⑤] 就责任限额方面,实践中存在不区分补充责任人过错,直接判定责任的情形,例如,在(2016)湘07民终1551号判决中,法院在补充责任人的责任认定中,确定"以不能履行部分范围为限承担补充赔偿责任"。而不能履行部分属动态过程,该种处理方法一方面影响补充责任人的权利,另一方面也使得执行程序中何时启动对补充责任人的执行程序也处于不确定状态中,从而影响到了债权人的权利实现。依学者统计,在涉及补充责任的判决中,判决书主文表述为"安全保障义

---

① 参见黑龙江省哈尔滨市南岗区人民法院(2016)黑0103民初8171号民事判决书;江苏省南京市中级人民法院(2017)苏01民终1352号民事判决书。

② 参见肖建国、宋春龙:《民法上补充责任的诉讼形态研究》,载《国家检察官学院学报》2016年第2期。

③ 参见刘洋、邱敏:《论侵权补充责任的诉讼形态》,载《法律适用》2019年第9期。

④ 参见肖建国、宋春龙:《民法上补充责任的诉讼形态研究》,载《国家检察官学院学报》2016年第2期。

⑤ 参见张海燕:《民事补充责任的程序实现》,载《中国法学》2020年第6期。

务人对侵权人应承担的××元赔偿责任承担补充赔偿责任”仍占有很大的比例，即名义系“补充责任”，但实际上并无根据补充责任人的过错等因素严格区分其赔偿额度，属于“伪补充责任”。[①] 就多数人诉讼形态选择上，司法实践中典型的做法有以下几种，一是多数判决以实体法为依据，将直接责任人以及补充责任人确定为共同被告，采用共同诉讼方式。二是受害人分别向直接责任人与补充责任人主张权利。在直接责任人未履行或未全部履行时，再起诉补充责任人。[②] 三是受害人仅向补充责任人主张权利。在直接责任人不确定、直接责任人下落不明情形下，若受害人向直接责任人主张权利存在障碍，那么此时单独向补充责任人主张权利并无不妥。此外，实务中还有一种情形，即债权人将直接责任人作为被告而将补充责任人作为第三人，[③]或者将补充责任人作为被告而将直接责任人作为第三人。[④] 多样化的诉讼形态说明实践中对补充责任诉讼程序选择处于一种无序化状态，裁判思路不统一。就判决文书技术而言，存在担责样态多样化，担责范围违背补充责任特征的现象，上文已有表述。在涉及追偿权的问题上，实践中判决主文存在对追偿权表述与不表述两种做法，表述追偿权的一般体现为“某一责任主体承担赔偿责任后，有权向另一责任主体追偿”。

从诉讼后的执行角度观察，依据学者考察，司法实践中突破执行顺位而导致最终突破补充责任顺序性的案例有很多。比如，有案件遵循执行方便原则，不论直接责任人和补充责任人的先后顺序，谁有财产便执行谁的财产。[⑤] 还有形式上符合补充责任执行顺序原则，但未达到执行穷尽的要求。另有司法裁判依据份额执行的现象，完全否定了补充责任人的执行顺序利益。[⑥] 在被执行人于执行中进入破产程序时，不同法院的做法亦不统一。有的法院认为，在破产财产分配之前，其未清偿部分也无法确定，不能对补充责任人财产进行执行。[⑦] 而有的法院要求申请执行人自行申报破产债权，并终结本次执行或者裁定中止执行，暂停查控措施。[⑧] 补充责任人享有先诉抗辩权，但先诉抗辩权亦有排除条件，在符合排除条件时，其无法行使

---

① 参见张海燕：《民事补充责任的程序实现》，载《中国法学》2020 年第 6 期。

② 参见浙江省宁波市中级人民法院(2012)浙甬民一终字第 236 号民事判决书。

③ 参见辽宁省大连市中级人民法院(2019)辽 02 民终 8242 号民事判决书。

④ 参见福建省宁德市中级人民法院(2019)闽 09 民终 1011 号民事判决书。

⑤ 参见江苏省高级人民法院(2016)苏执复 87 号民事裁定书。

⑥ 参见黎晓道：《补充责任按份化的实证分析》，载《管理观察》2017 年第 18 期。

⑦ 参见湖北省宜昌市中级人民法院(2017)鄂 05 执 191 号民事裁定书。

⑧ 参见湖北省宜昌市中级人民法院(2017)鄂 05 执 191 号民事裁定书；湖北省郑州市中级人民法院(2018)豫 01 执 476 号之一执行裁定书。

有效抗辩。但问题是何种条件属于排除条件，司法实践也是宽严有别。如有的法院因直接责任人的股权无法鉴定而不能执行，认为可以执行补充责任人财产。[①] 有的法院因主标的物流拍无法变现而无法清偿，认为可以执行补充责任人财产，[②]有的法院因直接责任人财产被税务部门查封认定可先行执行补充责任人财产。[③] 有学者亦发现，在补充责任执行案件中，法院一般同时对直接责任人与补充责任人实施网络查控；发现补充责任人财产后，直接对补充责任人的财产实施查封、冻结。[④] 对补充责任人财产实施扣划、拍卖、变卖后，并不向补充责任人出具其可向直接责任人追偿的相关权利凭证。在涉及追偿权的问题时，一些法院的做法是经补充责任人申请直接执行直接责任人的财产，而不论之前执行名义中是否提及追偿权，但更多法院认为补充责任人应提起追偿权之诉。[⑤]

从上述总结分析中本书发现，无论是在理论中还是在司法实践中，对补充责任实体内容以及其程序实现，均存在不同的观点和做法，实体和程序之间的衔接并不通畅，该种现象对补充责任的实现以及各方权利保护构成障碍，因此，有必要从实体和程序两条路径对该疑难进行破解。

四、实体与程序衔接视角下的补充责任解决路径

（一）实体视域中的补充责任规则

1. 补充责任的识别

补充责任属于典型的多数人债务，集中体现在侵权责任领域中。为了论述方便，本节主要以《民法典》侵权责任编第1198条经营者的安全保障义务为中心而展开。

《民法典》侵权责任编以当事人过错以及因果关系为手段，构筑了多数人侵权责任体系。其在第1168条的共同侵权中采用共同过错说，且因果关系合一确定。数个行为人单独的因果关系是否确定均不在法律考量的范围之内，以数个行为形成的整体合力与损害后果之间的因果关系为主要判断方法。第1169条的教唆帮助等侵权责任中，也强调主观过错的重要性，比如，教唆行为就是主观故意行为，一般

---

① 参见吉林省长春市中级人民法院（2017）吉01执异977号执行裁定书。

② 参见安徽省芜湖市中级人民法院（2020）皖02执异6号执行裁定书。

③ 参见山东省日照市中级人民法院（2017）鲁11执异4号执行裁定书。

④ 参见尹志勇：《民事侵权补充责任的程序表达》，载《西北师范大学学报（哲学社会科学版）》2021年第1期。

⑤ 参见张海燕：《民事补充责任的程序实现》，载《中国法学》2020年第6期。

过失行为可能构成帮助,但无法构成教唆。第 1170 条共同危险、第 1171 条累积因果关系、第 1172 条共同因果关系引发的数人侵权中,因果关系是衡量责任以及责任比例更为重要的考量因素。就第 1198 条的安全保障义务来讲,直接加害人的主观形态可能是故意亦可能属于过失,而经营者亦有可能属于故意或者过失,在不区分主观过错的状态下考虑安全保障义务的适用,在一些案件中将会得出违反常理的结论。因此,本书认为,识别安全保障义务或者补充责任承担,有必要首先从主观层面予以论证。

学理上,对于补充责任中第三人即直接侵害人的过错问题,一直有故意和过失两种形态说。谢鸿飞教授认为,安保义务人怠于作为和第三人直接侵权的结合主要包括第三人故意侵权和过失侵权两种形态,但原《侵权责任法》第 37 条第 2 款未予区分。这是造成补充责任理论困扰的根源。在解释论上,必须将其限缩为仅适用于第三人故意侵权情形。① 而程啸教授则认为,第三人的侵权行为既有故意的侵权行为,也有过失的侵权行为。② 本书认为,对补充责任中过错主观形态的衡量必须与补充责任这一责任形态相适应。在侵权法中,基于自己责任的原理,任何人都应该对因自己过错所造成的损害负担赔偿责任。从该点上,补充责任似乎没有应用的余地。但是,来源于德国法上交易往来安全义务的安全保障义务则有其独特性。交易往来安全义务所涉及的是个人或企业在社会活动上应防范其所开启或持续的危险,以避免伤害他人。③ 谁制造或维持了一项针对他人的危险,则有义务采取一切适当且合理的措施,以便控制该危险,并尽可能防范该危险实现。④ 随着社会分工的日益复杂化,社会行为人之间的交往密度和风险增大,安保义务引入的主要目的就在于解决传统侵权法上不作为侵权的构成难题,它也渗透到侵权责任的诸要件中,无论是该当性、违法性和有责性等递进构成要件,还是行为、损害等扁平构成要件。其结果是使侵权领域内的作为和不作为被法律等值评价。⑤ 故而违反交往安全义务或者安全保障义务的形式是不作为侵权,而且在不作为侵权中,是第三人加害行为导致损害的发生,安全保障义务人在能力所及范围内应该采取积极作为而没有采取。原则上讲,如果没有第三人实施侵权行为,根本无法触发安全保障义

---

① 参见谢鸿飞:《违反安保义务侵权补充责任的理论冲突与立法选择》,载《法学》2019 年第 2 期。

② 参见程啸:《侵权责任法》,法律出版社 2021 年版,第 533 页。

③ 参见王泽鉴:《侵权行为》(第 3 版),北京大学出版社 2016 年版,第 318 页。

④ 参见[德]埃尔温·多伊奇、于尔根·阿伦斯:《德国侵权法——侵权行为、损害赔偿及痛苦抚慰金》,叶名怡、温大军译,中国人民大学出版社 2016 年版,第 120 页。

⑤ 参见谢鸿飞:《违反安保义务侵权补充责任的理论冲突与立法选择》,载《法学》2019 年第 2 期。

务人的积极作为义务，但是如果没有补充责任人不作为行为，损害也并非不会发生，相较于第三人而言，补充责任人更应当受到法律的保护。[①] 这也是法理上采纳补充责任的重要原因。至于第三人，一般认为，第三人主观上为故意时，处于最高程度的过错，应当承担全部的责任。相较于过失侵权而言，故意侵权更加具有道德上的可非难性。[②] 因此，安保义务的性质以及补充责任形态就意味着直接责任人以及补充责任人不可能存在于同一过错阶层。理论上，如果二者均为故意或均为过失，甚至安全保障义务人存在故意形态，第三人仅存在过失时，因不同行为在因果关系进程中发挥着等值作用甚至是更为直接作用，适用补充责任就会违反基本公平理念。一些学者也认为，在安全保障义务领域，当发生第三人介入侵权时，下列两种情况下不能适用补充责任，一是安全保障义务人故意违反安全保障义务，二是安全保障义务人与直接侵害人具有大体相当之可归责性，即处于同一责任层次或级别之上。[③] 有争论的是，直接责任人如果属于重大过失而补充责任人属于一般过失时，是否适用补充责任。比如，《民法典》第1256条关于公共道路上堆放、倾倒、遗撒妨碍通行的物品致害责任的规定。[④] 一般情况下，遗撒行为等往往是出于过失，鲜有故意形态，那么此种情形下，似乎就不构成补充责任。本书认为，倾倒、堆放一般是故意行为。遗撒行为可能构成故意，也可能构成重大过失，亦有可能是一般过失。考虑驾驶人高度注意义务的法律要求，本书倾向认为应该依据重大过失判断。重大过失对他人利益的严重漠视态度，与故意存在极其相似之处。重大过失的可谴责性与故意不存在鸿沟性的区别，将其认定为是同一阶层，同样对待，正当且合理。[⑤] 因此，对直接加害人的过错程度可以适当扩展至重大过失。

2. 关于先诉抗辩权

前文已述，补充责任的顺序性需要通过特殊权利和程序予以保障，而先诉抗辩权则是保障顺序性实现的重要实体性抗辩权。通说均认可补充责任中先诉抗辩权的存在，但司法实践中对先诉抗辩权的排除存在不同的理解，《民法典》在具体规定中亦无对先诉抗辩权行使条件的明确规定。由于先诉抗辩权直接源于一般保证人责任，而《民法典》对一般保证先诉抗辩权的排除条款有明确的规定，所以，本书认

---

① 参见李怡雯：《补充责任与追偿权的断裂与衔接》，载《河南财经政法大学学报》2021年第2期。

② 参见李怡雯：《补充责任与追偿权的断裂与衔接》，载《河南财经政法大学学报》2021年第2期。

③ 参见李中原：《论违反安全保障义务的补充责任制度》，载《中外法学》2014年第3期。

④ 事实上，该条第一句有关倾倒人等承担的责任为无过错责任，但此仅是在责任承担构成角度而言的，在涉及补充责任适用时，仍然应考虑其主观过错形态。

⑤ 参见李怡雯：《补充责任与追偿权的断裂与衔接》，载《河南财经政法大学学报》2021年第2期。

为,在补充责任先诉抗辩权的行使上,应该依据同类事物同类处理的原则,类推适用《民法典》第 687 条第 2 款之规定。具体论述如下:

第一,债务人下落不明,且无财产可供执行。实践中,不宜认定债务人单纯下落不明即可引发补充责任承担。因此,如果债务人有财产可供执行,并不符合补充责任立法价值。当然,无财产可供执行一般意味着执行中必须尽可能穷尽查明当事人财产状况,应该由债权人承担相应的举证责任。如果补充责任人对补充责任承担有疑问的,亦应承担证明直接责任人尚有财产可供执行。

第二,债权人有证据证明债务人的财产不足以履行全部债务或者丧失履行债务能力。对于该阻却事由,实践中较为麻烦的如上文判决所列举的情形,可能存在直接责任人财产价值无法判定,财产价值无法变现等特殊问题。对这些特殊情形,本书倾向认为,如确实存在上述事由时,甚至直接加害人虽有财产,但属于未来可得利益,可以认定财产不足以清偿或丧失履行能力。至于对补充责任人的救济可以依托追偿权去实现。该种做法是出于两种考虑:一是出于对债权人的最大保护,使得其损害能够及时得到填补,符合人民群众对公平正义的朴素认知;二是虽然补充责任人值得保护,但其本身毕竟有相应的过错。将暂时不能清偿的风险转移至补充责任人,与其过错相适应,也不致使三方利益过分失衡。

第三,人民法院已经受理债务人破产案件。该债务人在保证合同中应指合同债务人,而非保证人。但从补充责任角度看,理论上存在直接责任人和补充责任人均可能进入破产程序。当直接责任人在执行中处于破产状态时,债权人应积极申报债权,似乎其未受清偿额无法确定,但依据《民法典担保制度的解释》第 23 条规定,人民法院受理债务人破产案件,债权人在破产程序中申报债权后又向人民法院提起诉讼,请求担保人承担担保责任的,人民法院依法予以支持。债权人在债务人破产程序中未获全部清偿,请求担保人继续承担担保责任的,人民法院应予支持。因此,实践中对补充责任中直接责任人涉及破产问题的,应该类推适用上述规定解决。至于补充责任人处于破产状态时,是否可以直接向补充责任人要求清偿,应该具体问题具体分析。在直接责任人财产可以清偿时,应该执行直接责任人的财产,在直接责任人的财产是否能够清偿不确定时,从积极申报债权的法律意义出发,应该允许在破产中解决,否则可能会因破产财产分配而导致受害人损害无法及时填补。

第四,补充责任人书面放弃先诉抗辩权的。先诉抗辩权是一项实体抗辩权,当事人自然可以放弃,但应参照《民法典》第 687 条第 2 款之规定,以书面形式为宜,以体现放弃权利的严肃性与确定性。

3. 关于责任范围

在补充责任中,责任范围问题应该说仅仅与一些补充责任类型相关,而非是补充责任的一般问题。学者对此进行过两种比较准确的分类,一是以一般保证责任为主的概括责任,责任范围取决于主债务人的债务清偿能力;二是以侵权补充责任为主的限额责任,责任范围受制于过错程度。[①] 而对于限额责任来讲,争议较大的就是如何理解法律规范中所谓“相应”补充责任。本书认为,在侵权责任中,应该严格区分责任成立上的因果关系与责任范围因果关系。责任成立因果关系解决的是自然因果问题,补充责任虽然具有“补充”性,但责任人的不作为与损害之间存在因果关系是确定的。这就说明,责任成立上的因果关系是完全的。而责任范围因果关系解决的是损害赔偿范围问题,对该问题通说认为应更多地考虑“原因力大小与过错程度”。[②] 侵权补充责任中,引起损害发生的直接原因是作为加害人的第三人,补充责任人仅违反了不作为的安全保障义务,从受害结果的直接原因力以及过错衡量,补充责任所应承担的责任都不可能过于苛刻。因此,依据权威解释,“相应”并非对应于第三人未承担的全部范围,而是与违反安保义务的程度相应的责任份额,[③]即其能防止或者制止损害范围内的责任。[④] 所以,对责任范围的确定应该考虑如下规则,第一,直接责任人能够完全赔偿的,补充责任人不予赔偿,体现其顺位性。第二,直接责任人不能完全赔偿的,补充责任人并非替代填平受害人的全部损害。第三,补充责任的赔偿额取决于其过错与原因力大小。第四,补充责任人仅在依法认定的赔偿额范围内承担补充责任。

4. 关于追偿权

关于追偿权,学理将其认定为让与请求权,而请求权让与的正当性源于矫正正义。也就是说,风险责任人承担风险责任后,通过受让原赔偿权利人的请求权,向最终责任人追偿,以消解自己受偿不能的风险。[⑤] 追偿权是补充责任的内在要求,也

---

① 参见张海燕:《民事补充责任的程序实现》,载《中国法学》2020 年第 6 期。

② 王利明:《侵权责任法研究》(下卷),中国人民大学出版社 2011 年版,第 221 页;张新宝:《我国侵权责任法中的补充责任》,载《法学杂志》2010 年第 6 期。

③ 参见王胜明主编:《中华人民共和国侵权责任法释义》(第 2 版),法律出版社 2013 年版,第 64 页。

④ 参见郭明瑞:《补充责任、相应的补充责任与责任人的追偿权》,载《烟台大学学报(哲学社会科学版)》2011 年第 1 期。

⑤ 参见王竹:《侵权责任分担论——侵权损害赔偿责任数人分担的一般理论》,中国人民大学出版社 2009 年版,第 184 页。

被《民法典》相关规定所确认。在法律并未明确规定但属于补充责任的其他场合，亦应该依据补充责任本质的要求，赋予补充责任人以追偿权。但是，法律规定补充责任人享有追偿权，与追偿权在判决中直接予以处理是两个问题。事实上，追偿权纠纷本就作为一个独立案由存在，其意味着当事人可以独立诉讼解决。实践中，在补充债务的执行中，多数法院也是要求当事人另行诉讼解决。那么是否可以在判决中一并解决，本章观点是有条件的认可，具体已在不真正连带中论述，在此不再赘述。

5. 关于绝对效力和相对效力

由于补充责任属于特殊不真正连带，所以原则上不真正连带中绝对和相对效力事项可以适用于补充责任。但因补充责任的顺位性，一般来讲，其互相影响的事项相比不真正连带会少一些。首先，在清偿类问题上，因为补充责任人仅仅承担与其过错相适应的责任，所以，直接责任人的清偿是否能够产生绝对效力，关键在于其已经清偿的额度是否覆盖了补充责任的应承担范围。其次，补充责任人对债务的清偿对直接责任人具有绝对效力。再次，对诉讼时效、受领迟延等事项，因债权人对直接责任人怠于主张权利或因受领迟延导致风险转移产生实际不能获得清偿的结果时，因直接责任人并非没有清偿能力，只是因债权人自身原因导致权利受损，该风险不能转嫁给补充责任人。最后，在涉及破产等事项时，如果债权人因自身原因如不申报债权而不能获得清偿的，在应受清偿的范围内，补充责任人不承担责任。如果债权人可获得破产清偿的财产额度覆盖补充责任人的责任限额，补充责任人仅偿付债权人未获得部分。如果债权人可获得破产清偿财产本就无法覆盖补充责任人的责任限额，补充责任人仍要在其限额内承担责任，此时应区分不同情形分析判定。

6. 关于判决文书的表述

就裁判文书表述，最为重要的还是对于先诉抗辩权的体现。《民法典担保制度的解释》第 26 条第 2 款规定，一般保证中，债权人一并起诉债务人和保证人的，人民法院可以受理，但是在作出判决时，除有《民法典》第 687 条第 2 款但书规定的情形外，应当在判决书主文中明确，保证人仅对债务人财产依法强制执行后仍不能履行的部分承担保证责任。该条将先诉抗辩权体现为“依法强制执行后仍不能履行”。本书认为，该条件虽然比较单一，但能够涵盖当事人下落不明、无财产可供执行等多个方面，实践中可以参考执行，表述为“直接责任人经依法强制执行后仍不能履行时，补充责任人承担相应责任”。至于发生破产等事项时，如果破产是在执行中发生的,裁判时无法预见可不予考虑。如果在审理中发生破产问题,可表述为“在破产财产不足以清偿后,补充责任人承担相应责任”。当然,发生先诉抗辩权排除的情形较多,应该依据具体案情采用适当表达方法,但最终目的一定是要清晰地将补充责任顺序性体现出来。

(二)程序视域中的补充责任规则

1. 关于诉讼形态

对于补充责任的诉讼形态,单向必要共同诉讼一直占据主流地位,这与实体法的规定密切相关。虽然最高人民法院人身损害司法解释的相关规定已经取消,但是《民诉法解释》第66条有关一般保证人与债务人的诉讼主体设置问题却未加改变。本书认为,虽然该条系关于一般保证人与债务人的主体问题,但补充责任设置来源于保证责任,故而在司法实践中应该以《民诉法解释》第66条为准。

就应然层面来讲,本章认为补充责任以采纳普通共同诉讼为宜。虽然也有学者主张类似必要共同诉讼,但基于类似必要共同诉讼的既判力扩张要求,理论辐射面较广,在目前不应予以坚持。补充责任本质上属于不真正连带责任。数债务人之间无意思联络,亦不存在法定连带责任的认定情形,故而各债务人之债具有相对的独立性特征,应分别承担责任。在债权人单独起诉补充责任人时,由于实体法上赋予补充责任人先诉抗辩权,故直接责任人是否参与诉讼理论上并不会影响补充责任人的实体权利。当事人基于趋利避害的考虑,往往经过释明也会追加直接责任人参与诉讼,除非直接责任人下落不明。如果债权人单独起诉直接责任人,在直接责任人能够清偿时没有任何问题,如果不足以清偿,可在无财产可供执行时再行起诉补充责任人,这是补充责任顺序性的体现,因而,对不同债务人并无必须合并审理的必要。但如果债权人同时起诉,法院应根据当事人诉求,作出直接责任人承担全部责任,补充责任人在条件成就时承担补充责任的判项,这有利于纠纷一次性解决。因此,在诉讼形态上将该种诉讼界定为普通共同诉讼是准确的。

2. 关于执行程序

补充责任的补充性映射在执行程序上就是其先诉抗辩权的行使。先诉抗辩权的规范内涵包括两点:一是补充责任人是否担责及其担责范围取决于直接责任人的债务清偿能力;二是补充责任人担责条件成就与否的判断原则上是在执行阶段,先诉抗辩权的行使、消灭以及放弃以执行阶段为必要。[①] 先诉抗辩权无疑是一项实

---

① 参见邬砚:《侵权补充责任研究》,法律出版社2015年版,第286页。

体权利，但却具有重要的程序价值，在诉讼进行中，该权利的存在使法院应当在判决书主文中明确直接责任和补充责任的承担顺序，但判决不论如何作出，都不会立即产生债务清偿的义务。只有在执行阶段，该权利的行使才会使法院应当先执行直接责任人的财产。①

那么这种先诉抗辩如何在执行程序中体现呢？本书认为，案件一旦进入到执行程序，首先，要坚持执行顺位原则。所谓执行顺位原则是指，在执行时应先执行直接责任人的财产，不能对补充责任人的财产直接执行。②《民法典》关于保证人先诉抗辩权的规范中已经体现出了这种实体权利实现的顺序性要求。其次，要坚持穷尽执行原则。执行机构应根据自查以及债权人提供的财产线索尽到全部审查责任，尽可能对直接责任人财产进行执行，以避免不当扩大补充责任人追偿不能的风险责任范围。再次，要尽到法律审查责任。在对直接责任人的财产执行前，除了穷尽执行外，还要依据先诉抗辩排除条件，对案件进行分析辨别，上文已经做过论述，具体不再赘述。最后，要保证补充责任人的权利，依法确保其执行救济措施到位。补充责任的执行条件是否成就，在申请执行人和补充责任人之间常常有争议。实践中，申请执行人申请执行补充责任人，法院以对直接责任人尚未执行完毕驳回申请时，申请执行人可以根据《民事诉讼法》第232条向执行法院提出执行行为违法的异议，对异议裁定结果不服的，可以申请复议。补充责任人认为执行条件尚未成就，也可根据该条规定提出异议和复议。此外，双方当事人如果仍然不服，还有机会申请执行监督程序。③

在理论上，对补充责任这种附有条件判决文书的执行，确实需要进一步研究，至少要解决两个问题，一是如何将条件实现在执行程序中，对此，有学者提出附条件的执行名义。执行名义附有条件的，只有在条件成就后，才能开始强制执行。执行名义附条件一般有两种情形：执行名义上载明的请求权附有条件；执行名义本身附有条件。④ 目前《民事诉讼法》以及涉及执行方面司法解释存在制度供给不足的情况，尚未达到对补充责任等精细化操作的要求。二是如何解决执行中实体处理问题。抗辩权的成就属于实体审查范围，而执行中对实体审查一般处于谨慎态度，交由审判庭处理已经达成共识，这也是多数法院在追偿权的问题上要求另案解决

① 参见张海燕：《民事补充责任的程序实现》，载《中国法学》2020年第6期。

② 参见马登科、韩强：《民法典背景下补充责任裁判执行问题研究》，载《行政与法》2021年第6期。

③ 参见马登科、韩强：《民法典背景下补充责任裁判执行问题研究》，载《行政与法》2021年第6期。

④ 参见杨与龄：《强制执行法论》，中国政法大学出版社2002年版，第99页。转引自马登科、韩强：《民法典背景下补充责任裁判执行问题研究》，载《行政与法》2021年第6期。

的原因之一。这就需要处理好执行机构裁执分离下的权利配置问题,以实现包括追偿权在内的实体审查问题。如此,才能最大限度避免一些无效率的案件进入司法程序审理,也才能最大限度地确保债权人利益及时执行到位。

五、本章观点集成

1. 问题:

(1)经营者安全保障义务的债务类型是补充责任还是其他责任形态?

有观点认为,根据《民法典》的相关规定,在第三人介入时,经营者应该承担补充责任,补充责任具有法定性,以法律规定者为限。

也有观点认为,不可一概而论,应具体情事具体分析。

本书初步意见认为,如果经营者和第三人均为故意或均为过失,甚至安全保障义务人存在故意形态,第三人仅存在过失时,因不同行为在因果关系进程中发挥着等值作用甚至是更为直接作用,此时适用补充责任就会违反立法目的以及公平理念。具体而言,当发生第三人介入侵权时,下列两种情况下不能适用补充责任,一是安全保障义务人故意违反安全保障义务;二是安全保障义务人与直接侵害人具有大体相当之可归责性,即处于同一责任层次或级别之上,此时应该考虑其他责任类型。

(2)补充责任中,补充责任人先诉抗辩权排除情形有哪些?

本书初步意见认为,第一,债务人下落不明,且无财产可供执行。如果债务人有财产可供执行,并不符合补充责任立法价值。第二,债权人有证据证明债务人的财产不足以履行全部债务或者丧失履行债务能力。如果存在直接责任人财产价值无法判定、财产价值无法变现、直接加害人虽有财产,但属于未来可得利益等特殊情形时,可以认定财产不足以清偿或丧失履行能力。第三,人民法院已经受理债务人破产案件。当直接责任人在执行中处于破产状态的,债权人应积极申报债权,同时也可请求补充责任人承担责任。至于补充责任人处于破产状态时,如果直接责任人的财产是否能够清偿不确定,从积极申报债权的法律意义出发,也应该允许在破产中解决,否则可能会因破产财产分配而导致受害人损害无法及时填补。第四,补充责任人书面放弃先诉抗辩权的。

(3)补充责任应该选择何种诉讼形态?

有观点认为,应该采取单向必要共同诉讼。虽然最高人民法院人身损害司法解释的相关规定已经取消,但是最高人民法院《民诉法解释》第66条有关一般保证人与债务人的诉讼主体设置问题却未加改变。该条系关于一般保证人与债务人的主体问题,但补充责任设置来源于保证责任,故而在司法实践中应该以《民诉法解释》第66条为准。

也有观点认为,就应然层面来讲,补充责任以采纳类似必要共同诉讼为宜,在债权人单独起诉补充责任人时,由于实体法上赋予补充责任人先诉抗辩权,故直接责任人是否参与诉讼理论上并不会影响补充责任人的实体权利。当事人基于趋利避害的考虑,往往经过释明也会追加直接责任人参与诉讼,除非直接责任人下落不明。如果债权人单独起诉直接责任人,在直接责任人能够清偿时没有任何问题,如果不足以清偿,可在无财产可供执行时再行起诉补充责任人,这是补充责任顺序性的体现,因而,不同债务人并无合一裁判的必要。但如果债权人同时起诉,法院应根据当事人诉求,作出直接责任人承担全部责任,补充责任人在条件成就时承担补充责任的判项,此种合一判决也有利于纠纷一次性解决。

本书初步意见认为,补充责任应该应该采取单向必要共同诉讼。但在诉讼形态上将该种诉讼界定为普通必要共同诉讼是准确的,未来修改《民事诉讼法》时应该加以吸收。

(4)在共同诉讼中,补充责任的裁判文书应该如何表述?

本书初步意见认为,就裁判文书表述,最为重要的是对于先诉抗辩权的体现。最高人民法院《关于民法典担保制度的解释》第26条第2款规定,一般保证中,债权人一并起诉债务人和保证人的,人民法院可以受理,但是在作出判决时,除有《民法典》第687条第2款但书规定的情形外,应当在判决书主文中明确,保证人仅对债务人财产依法强制执行后仍不能履行的部分承担保证责任。该条将先诉抗辩权排除体现为"依法强制执行后仍不能履行"。本书认为,该条件虽然比较单一,但能够涵盖当事人下落不明、无财产可供执行等多个方面,实践中可以参考执行,表述为"直接责任人经依法强制执行后仍不能履行时,补充责任人承担相应责任"。至于发生破产等事项时,如果破产是在执行中发生的,裁判时无法预见可不予考虑。如果在审理中发生破产问题,可表述为"在破产财产不足以清偿后,补充责任人承担相应责任"。当然,发生先诉抗辩权排除的情形较多,应该依据具体案情采用适当表达方法,但最终目的一定是要清晰地将补充责任顺序性体现出来。

2. 民事诉讼制度展望

(1)建议

新增:不真正连带债务和补充责任的诉讼形态为普通共同诉讼。对于《民法典》第1203条关于生产者和销售者的责任等不真正连带责任,以及经营者安全保证义务中的补充责任，债权人可以共同起诉，也可分别起诉。

(2)要点

明确不真正连带责任和补充责任为普通共同诉讼形态，应按照普通共同诉讼的规则处理。

(3)理由

不真正连带债务是指多数债务人基于不同发生原因而偶然产生的同一内容的给付，各债务人负全部履行义务，因债务人之一的履行而使全体债务均消灭的债务。不真正连带债务中虽然债的发生原因独立，但往往是基于同一事实或者事实具有牵连性，如产品责任中，生产者和销售者承担不真正连带责任的原因在于生产或销售的缺陷产品致害这一共同事实。由于不属于诉讼标的共同，当事人之间没有共同的权利义务关系，因此不应属于必要共同诉讼。对避免法官的释明困境、提升对债权人权利的保护力度，应将不真正连带责任诉讼定位于普通共同诉讼，如果当事人仅起诉一位被告，法院应予尊重。如果当事人起诉数位被告，法院亦不得通过释明令当事人选择其一。

对于补充责任的诉讼形态，单向必要共同诉讼一直占据主流地位，这与实体法的规定密切相关。虽然最高人民法院人身损害司法解释的相关规定已经取消，但是《民诉法解释》第66条有关一般保证人与债务人的诉讼主体设置问题却未加改变。本书认为，虽然该条系关于一般保证人与债务人的主体问题，但补充责任设置来源于保证责任，故而在司法实践中应该以《民诉法解释》第66条为准。但就应然层面来讲，本书认为，补充责任以采纳普通共同诉讼为宜。虽然也有学者主张类似必要共同诉讼，但基于类似必要共同诉讼的既判力扩张要求，理论辐射面较广，在目前不应予以坚持。补充责任本质上属于不真正连带责任。数债务人之间无意思联络，亦不存在法定连带责任的认定情形，故而各债务人之债具有相对的独立性特征，应分别承担责任。在债权人单独起诉补充责任人时，由于实体法上赋予补充责任人先诉抗辩权，故直接责任人是否参与诉讼理论上并不会影响补充责任人的实体权利。当事人基于趋利避害的考虑，往往经过释明也会追加直接责任人参与诉讼，除非直接责任人下落不明。如果债权人单独起诉直接责任人，在直接责任人能够清偿时没有任何问题，如果不足以清偿，可在无财产可供执行时再行起诉补充责任人，这是补充责任顺序性的体现，因而，对不同债务人并无必须合并审理的必要。但如果债权人同时起诉，法院应根据当事人诉求，作出直接责任人承担全部责任，补充责任人在条件成就时承担补充责任的判项，这有利于纠纷一次性解决。

第六章　诉的主观合并(五)：共同之债

一、《民法典》中共同之债的存在性

多数人之债的构造关系非常复杂，理论上有多种分类方式：在债的标的视角下，按给付是否可分为标准，分为可分之债和不可分之债；也有三分法即按份之债、连带之债、协同之债，[①]或我国台湾地区按债之标的区分为可分之债、不可分之债、连带之债，和按债权之归属区分为准共有之债、公同共有之债[②]、协同之债；[③]亦有四分法，如王利明教授主张的按份之债与连带之债、可分之债与不可分之债，[④]或杨立新教授针对多数人债务主张的按份债务、连带债务、不真正连带债务、补充债务四种类型[⑤]等。

前文以债的承担方式为视角，对按份之债、连带之债、不真正连带之债及补充债务均已论及。但对于以债之归属为视角划分的共同之债，各国(地区)规定不一，理论上也有很大争议。就我国而言，《民法典》第177条、第178条分别规定了按份责任和连带责任，《民法典》合同编第517条、第518条分别规定了按份之债和连带之债，可见《民法典》体系中多数人之债只有按份之债和连带之债两种基本类型。但问题在于，对于因共同关系而产生的共同之债，典型如夫妻共同债务，其能否当然地归入按份之债与连带之债两分体系，似乎存疑。《民法典》婚姻家庭编第1089条规定，离婚时，夫妻共同债务应当“共同偿还”，司法实务中多将其视为连带之债，由夫妻承担连带清偿责任，但“共同偿还”是否意味着与连带责任等同，将未举债一

---

① 参见李中原：《多数人之债的类型建构》，载《法学研究》2019年第2期。

② 此处“公同共有”非笔误，而是遵照我国台湾地区学界的惯称，下同。

③ 参见孙森焱：《民法债编总论》(下册)，法律出版社2006年版，第710页。

④ 参见王利明：《债法总则研究》，中国人民大学出版社2016年版，第69～89页。

⑤ 参见杨立新：《债法总则研究》，中国人民大学出版社2006年版，第198～199页。

方的个人全部财产都作为偿还夫妻共同债务的责任财产,是否符合夫妻共同债务制度的规范意旨,是否会导致权利失衡,值得商榷;夫妻共同债务内部追偿的问题,是否与连带之债的追偿权规则相同,需要讨论。在继承、合伙等共同关系中产生的债权债务,是否亦可直接归入按份之债或连带之债,在债务的清偿问题上,共同继承人对被继承人债务的清偿规则以及合伙人对合伙债务的清偿规则,是否可完全按照按份清偿责任或连带清偿责任处理,亦值得讨论。总之,对于"共同之债"这一以夫妻关系、共同继承关系、合伙关系等共同关系为基础产生的债权债务,是否可以直接应用按份或连带的规则,并在此基础上适用相应的诉讼制度,需要在理论上和实践中进一步审视。

"共同之债"虽然是我国现行法律规范体系中所没有的表述,但理论上存在此种分类,实践中亦存在与之相对应的诸多情形。司法实务中对"共同之债"的处理多与连带之债混同,如果出现适用连带之债会导致实体结果不合理或程序规则相龃龉的情形时,也往往采取一种模糊的方式论证处理,来达到预期的效果。共同之债虽然与连带之债确有诸多相似之处,但亦有其自身独特性,两者无论是在性质、清偿规则、诉讼程序方面,还是在债之个数方面,均具有无法忽略的差别。这些差别不仅将导致实体规则的适用存在不同,也会导致诉讼主体、诉讼形态、判决既判力等程序规则的适用差异。因此,有必要厘清"共同之债"的特征,廓清与其他债的类型尤其是连带之债的区别,进而探讨在现行法只有按份之债和连带之债两种基本类型之外,"共同之债"是否有独立存在的意义和空间,以及对于实践中共同之债的处理,如何在确定实体法规则的基础上与程序法协调对接,进而有效保障交易活动正常进行和各方主体利益平衡。

二、理论基础:共同之债的含义、类型与规范体系协调

(一)共同之债的内涵与基本规则

我国法律体系中一直没有共同之债这一单独类型,相关研究很少。但我国台湾地区民法理论存在"按债权之归属"的分类方法,将多数人之债分为准共有之债、公同共有之债和协同之债。因协同之债在我国理论和实务的研究论述都极少,本章搁置不予讨论。准共有之债和公同共有之债在我国法律框架内均有对应情形,故将其二者分述如下:

其一,"债之准共有关系"(准共有之债),即以债权债务作为共有的标的。就我

国而言,《民法典》物权编第 307 条规定了"按份共有人按照份额享有债权、承担债务,共同共有人共同享有债权、承担债务",可见,我国台湾地区民法理论上的"准共有之债"可以与我国《民法典》物权编第 307 条规定的情形相对应,系属因共有财产而产生的债权债务。对于此类债权债务,因我国自《物权法》实施以来均将此种债权债务明确规定为按份之债或连带之债,对此前文已有相应分析,不属于本节所讨论的共同之债的范畴。

其二,"债之公同共有关系"(公同共有之债)。史尚宽认为,"谓一债权或债务共同属于数人之债权人或债务人,其数债务人必须共同行使权利,或数债务人必须共同履行其义务。前者谓之共同债权或公同债权,后者谓之公同债务或公同共有债务"。[①] 孙森焱认为"公同共有债权"系"依法律规定或以契约成一公同关系之数人,基于其公同关系而共有一债权者,是为公同共有债权(准用我国台湾地区"民法"第 827 条第 1 项)"。"公同共有债务"系"依法律规定或依契约成一公同关系之数人,基于其公同关系而公同负担之债务",[②]郑玉波认为其系"数人基于共同关系而共同负担之债务"。[③] 虽然表述各有不同,但基本内容较为一致,都强调共同关系这一前提和基础。此种债之类型为本节所要探讨的"共同之债",即因共同关系而产生的债权债务。基本规则如表 2－1 所示(至于何为共同关系,将在下文详述):

表 2－1　我国台湾地区公同共有之债基本理论情况

分类	定义	对外效力	对内效力
基于共同关系共有一债权	1. 数人继承遗产中的债权; 2. 合伙债权; 3. 夫妻共同财产	1. 共同共有物的处分及其他权利行使应经共有人全体同意,在诉讼法上属诉讼标的对于共同诉讼之各人必须合一确定。 2. 公同共有人就公同共有之财产,对外无应有部分之观念,债权人中之一人不得就共有债权进行让与、设质、解除、催告或受领给付,各债权人与债务人间不得为抵销或免除,亦不因混同而消灭	公同关系存续中,各公同共有人不得请求分割其公同共有物。因此,公同共有债权经债务人清偿后,债权人受领之给付物仍属公同共有

① 史尚宽:《债法总论》,中国政法大学出版社 2000 年版,第 696 页。

② 孙森焱:《民法债编总论》(下册),法律出版社 2006 年版,第 766～770 页。

③ 郑玉波:《民法债编总论》,中国政法大学出版社 2004 年版,第 424 页。

续表

分类	定义	对外效力	对内效力
基于共同关系而共同负担之债务	1. 合伙债务； 2. 夫妻公同债务； 3. 未分割前遗产负担之债务	1. 公同共有关系对于公同共有人全体必须合一确定，故除依法律或依契约另有规定得由公同共有人中之一人代表全体，或有管理权者以外，应由全体起诉或应诉。 2. 公同共有债务的清偿，于规定公同共有关系之法律当有规定。 ①合伙债务(我国台湾地区"民法"第681条)：合伙财产不足清偿合伙之债务时，各合伙人对于不足之额，连带负其责任；②夫妻共债(我国台湾地区"民法"第1034条)：应由共同财产，并各就其特有财产负清偿责任；③继承债务(我国台湾地区"民法"第1154条) 总之，原则上以共同共有财产清偿，如有不足，则或变更为连带之债，或变更为可分之债	有约定从约定，无约定依规定共同关系的法律而定。 ①合伙(我国台湾地区"民法"第677条) ②夫妻共债(我国台湾地区"民法"第1038条) ③继承债务(我国台湾地区"民法"第1153条)

(二)共同之债的类型

如前所述，共同之债系以共同关系为前提的债权债务关系。但何为共同关系，一直没有清晰的定论。学理上对共同关系有多种阐释，有论者以为，"共同关系是指数人因共同目的而形成的(法律)关系"，[①]或"共同共有中，在各共有人之间必须首先或同时存在一层基础性的法律关系，如夫妻关系、家庭关系等"。[②] 我国台湾地区学者定义为"所谓公同关系，系指两人以上因共同目的而结合所成立，足以成为公同共有基础之法律关系"。[③]

与学理上对共同关系采取定义式、概念式界定不同，在法律规范上，德国、我国台湾地区等均采取了类型列举的方式界定共同共有和共同关系。如德国法律体系中，作为共同共有财产关系的，只包括民法上的合伙、无限责任公司与两合公司、夫

① 戴永盛：《共有释论》，载《法学》2013年第12期。

② 张双根：《共有中的两个问题——兼谈对〈物权法(草案)〉"共有"章的一点看法》，载《比较法研究》2006年第2期。

③ 谢在全：《民法物权论》，中国政法大学出版社1999年版，第324页。转引自唐勇：《论共有：按份共有、共同共有及其类型序列》，北京大学出版社2019年版，第48页。

妻约定财产共同关系、遗产未分割前的共同继承财产关系；[①]我国台湾地区民法中，共同共有关系也仅限于合伙财产、未分割之遗产以及祭田、祀产祭祀公业等。[②] 因此，与其陷于难以准确界定的概念和循环定义的沼泽，不如采取类型闭锁的方式，对共同之债进行类型化的固定，更加便于问题讨论。

既然通说认为共同关系存在于夫妻关系、共同继承关系和合伙关系中，因此，共同之债在实践中也体现为以下三种类型。

1. 因夫妻关系产生的夫妻共同债务

《民法典》第 1064 条规定了夫妻共同债务，从该条条文来看，可将夫妻共同债务分为三种情形：一是基于合意的夫妻共债，包括因夫妻双方共同负债的意思表示而成立，或因夫妻一方举债获得另一方同意而成立，或因夫妻一方事后追认而成立。二是基于家事日常代理的夫妻共债，即夫妻一方在婚姻关系存续期间以个人名义为家庭日常生活需要所负的债务。三是基于共同利益的夫妻共债，即夫妻一方在婚姻关系存续期间以个人名义超出家庭日常生活需要所负的债务，且债权人能够证明该债务用于夫妻共同生活、共同生产经营或者基于夫妻共同意思表示。也有很多观点将夫妻共同债务分为两种类型，即合意型（情形一）和利益共享型（情形二、情形三）。

2. 因继承关系产生的共同继承之债

继承关系中的共同之债主要是被继承人生前的债权债务，因继承而归属各继承人共同共有。《民法典》第 1122 条规定，遗产是自然人死亡时遗留的个人合法财产。我国采取"概括继承"原则，遗产的范围不仅包括积极财产，也包括消极财产即债务。当有多数继承人共同继承遗产时，继承人之间成立共同共有关系，"自继承开始时起，被继承人的债权成为全体共同继承人的共同债权，被继承人的债务人应当向全体共同继承人进行清偿"，[③]相应地，被继承人的债务成为全体共同继承人的共同债务，由共同继承人对遗产债务进行清偿。继承人对被继承人债务的清偿承担无限责任或有限责任，与继承制度设计有关。《民法典》继承编第 1161 条规定了被继承人债务清偿的"限定继承"规则，即继承人以所得遗产实际价值为限承担清偿责任。

---

① 参见张双根：《共有中的两个问题——兼谈对〈物权法（草案）〉"共有"一章的一点看法》，载《比较法研究》2006 年第 2 期。

② 参见王泽鉴：《民法物权：通则 · 所有权》，中国政法大学出版社 2003 年版，第 322 页。

③ 杨立新：《对修正〈继承法〉十个问题的意见》，载《法律适用》2012 年第 8 期。

3. 因合伙关系产生的合伙之债

传统观点认为，合伙是指“两个或两个以上的自然人或法人，根据合伙协议而共同出资、共同经营、共享收益、共担风险的营利性组织”。[①] 但合伙在实践中可根据不同的标准区分为不同的类型，以是否存在稳定的营业为标准，合伙区分为民事合伙和商事合伙；以是否频繁发生对外交往为标准，合伙区分为内部合伙和外部合伙；以是否最终形成组织为标准，合伙区分为未形成组织的合伙（合同型合伙）和形成组织的合伙（组织型合伙）。[②]《民法典》总则编第 102 条将合伙企业作为非法人组织的类型之一，成为与自然人和法人并列的第三类民事主体。除合伙企业这种具备组织体属性的合伙之外，还有《民法典》合同编增设的合伙合同一章所规范的未形成组织的合伙。对于合伙企业来说，合伙财产归属于合伙企业；对于未形成组织的合伙，合伙财产的归属则面临争议，认为属于全体合伙人共同共有，或按份共有，或混合共有等观点并存。本章采纳未形成组织的合伙中合伙财产归属于全体合伙人共同共有的观点。未形成组织的合伙因追求“共同的事业目的”会产生债权债务，从而形成共同之债。

（三）共同之债相关概念辨析

如前所述，多数人之债按照不同的视角或标准，会产生多种分类方法。共同之债与可分之债、不可分之债、连带之债等类型并不构成泾渭分明、非此即彼的周延关系。为进一步廓清共同之债的特征，对相关概念逐一比较如下。

1. 共同之债与连带之债

理论上对连带之债的定义多从连带之债的效果出发，即债权人或债务人有数人，各债权人都有权请求债务人为全部给付，而各债务人均有义务向债权人为全部给付之多数人之债。在债的个数上，通说认为连带之债系复数之债。在对外效力上，清偿、代物清偿、提存、抵销、免除等会产生绝对效力。在对内关系上，连带债务人之间具有求偿权。与其相较，共同之债的区别体现为：

其一，在划分标准上，连带之债更强调债的实现效果上的连带性，而共同之债更强调发生原因上的共同关系。因此，共同之债通常具有紧密的外观形态，如史尚宽认为，“共同债务惟于其债务由共同财产之关于人，以其共同财产负责时为限，有其存在”。[③] 而连带之债则不以存在共同关系为必要条件，各个连带债务人可能不

① 王利明：《论合伙协议与合伙组织体的相互关系》，载《当代法学》2013 年第 4 期。

② 参见朱虎：《〈民法典〉合伙合同规范的体系基点》，载《法学》2020 年第 8 期。

③ 史尚宽：《债法总论》，中国政法大学出版社 2000 年版，第 698 页。

知道彼此的存在。

其二,在债的个数上,[①]连带之债系复数之债,共同之债系单数之债。共同之债对外以一个整体的形式存在,而连带之债作为复数之债,多个债务人之间彼此独立,相互之间基于共同的目的而被连带,对外展现的依然是数个独立的个体。我妻荣认为,连带之债"只是被作为各个独立的债务具有客观的单一的目的,且有着主观上的共同而被联系在一起"。[②]

其三,在清偿上,连带债务对债权人的保障更有力,其可以通过增加责任财产和行使的任意性(请求部分或全部债务人履行全部债务)来保障债权实现;而共同债务一般先以共同财产清偿,不足部分再以债务人个人财产清偿。

其四,在求偿权上,基于共同关系而形成的共同之债,若以共同财产进行偿还,则内部无补偿请求权。[③] 而连带之债中,一债务人履行的超过其份额的债务部分,可以向其他债务人追偿。

其五,在诉讼程序上,共同之债作为单数之债,体现在诉讼程序上就是共同之债的诉讼系不可分之诉,须以各债务人作为共同被告,判决的效力也及于共同之债的各个主体。而连带之债中,债权人有选择债务人的权利,可以选择连带债务人的一人、数人或全体作为被告,可以以偿还债务的部分或全部作为诉讼请求。[④]

2. 共同之债与可分之债(按份之债)

可分之债指债之主体有多数,以同一可分给付为标的,由数人分担或分受其给付之债。同一给付即基于同一发生原因所生之给付。在债之个数上,虽然可分之债发生原因同一,但债之关系系就各个主体发生,因此可分之债系复数之债。在对外效力上,因可分之债中的各个债相互间原则上无牵连关系,各可分债权或可分债务系各个独立的权利义务,因此,各债权人或各债务人仅就自己的份额享有权利或承担义务,就一人所发生的给付延迟、受领延迟、给付不能、不完全给付以及其他履行过失事项,仅对自己发生影响,与其他人无涉。但亦有两种例外情形,其一,因合同产生的可分之债,合同解除需经全体债权人或债务人同意;其二,在双务合同的情

① 判断债的个数的标准,本章以史尚宽先生所认可的观点,即"以就各主体能否独立发生其为债权人或债务人一切之效力以为断,如其效力就各主体能独立发生者,为复数之债,否则为单数之债"。史尚宽:《债法总论》,中国政法大学出版社 2000 年版,第 634 ~ 635 页。

② 参见[日]我妻荣:《新订债权总论》,王燚译,中国法制出版社 2008 年版,第 355 ~ 356 页。

③ 参见郑玉波:《民法债编总论》,中国政法大学出版社 2004 年版,第 425 页;张弛、翟冠慧:《我国夫妻共同债务的界定与清偿论》,载《政治与法律》2012 年第 6 期。

④ 参见孙森焱:《民法债编总论》(下册),法律出版社 2006 年版,第 721 ~ 722 页。

况下,债务人之一未为给付时,债权人对其他债务人具有同时履行抗辩权。在对内效力上,依当事人之约定,无约定则依法定。[①]

按份之债是指以同一可分给付为标的,债的多数主体各自按照确定的份额分享债权或分担债务的债。在比较法上,德国、日本、法国及我国台湾地区“民法”对按份之债均未作规定,而仅规定可分之债。这里的可分之债就是我国立法上规定的按份之债。只是按份之债是从债的多数主体间的权利义务的效力角度展开的,由于是按份享有权利、负担义务,其效力不及于整个债的关系,由此与连带之债相对;而可分之债是从债的标的的可分性展开的,与不可分之债相对。[②] 因此,按份之债基本可理解为可分之债。

与其相较,共同之债的区别体现为:其一,在划分标准上,可分之债以债之标的系可分为视角,而共同之债一般以共同关系为前提;其二,在债的个数上,可分之债系复数之债,共同之债系单一之债;其三,在对外效力上,可分之债各债权人或各债务人多系独立行动,而共同之债原则上强调共同行动,对共有债权债务的处分及其他权利的行使,应经全体债权人或债务人同意;其四,在债的清偿上,共同之债原则上先以共同财产清偿,不足部分再以债务人个人财产清偿(如合伙债务),而可分之债则没有相关规则。

3. 共同之债与不可分之债

不可分之债系多数主体以不可分给付为标的形成的债的关系,不可分给付有“依性质不可分”和“依约定不可分”两种情形。《德国民法典》及我国台湾地区“民法”第 292 条、第 293 条规定,不可分债权的债权人只能请求债务人向全体债权人履行,债务人也只能向全体债权人为给付;不可分债务作为连带债务处理。在债的个数上,通说认为不可分之债系复数之债。在对外关系上,不可分之债中,债权人与债务人之间发生的事项以相对效力为原则,产生绝对事项的情形有请求(向全体债权人)给付以及受领延迟。[③]

与其相较,共同之债的区别体现为:其一,在划分标准上,不可分之债以债之标的不可分为视角,而共同之债一般以共同关系为前提;其二,在债的个数上,不可分之债系复数之债,共同之债系单一之债;其三,在履行上,共同之债可以部分履行,而

---

① 参见史尚宽:《债法总论》,中国政法大学出版社 2000 年版,第 637 ~ 640 页;孙森焱:《民法债编总论》(下册),法律出版社 2006 年版,第 711 ~ 715 页。

② 参见陈华彬:《债法总论》,中国法制出版社 2012 年版,第 218 页。

③ 参见孙森焱:《民法债编总论》(下册),法律出版社 2006 年版,第 756 ~ 765 页。

不可分之债则不能部分履行。

(四)共同之债与法律规范体系的协调

认定债的性质对于当事人的实体和程序权利的影响至关重要,不同债的类型的制度设计,会有不同甚或截然相反的适用规则。然而,我国现行法律体系中并没有共同之债的称谓,《民法典》条文中只出现了按份之债和连带之债;在民事责任层面,《民法典》在"民事责任"一节只规定了按份责任和连带责任,不真正连带责任和补充责任在理论上较为成熟,但理论上和立法上均没有或极少出现"共同责任"。因此,有必要就共同之债如何与债的体系以及责任体系的协调关系进行说明。

1. 共同之债在债的体系中的协调

虽然共同之债没有在立法上明确确认,但一方面,理论上,前文对共同之债的产生原因、内涵特征以及与连带之债、按份之债、不可分之债等的区别等问题进行的论述可以清晰地显示出,共同之债是一种独特的债的类型,是"主体之间形成共同财产后内在逻辑的必然要求",①应当与目前《民法典》中规定的按份之债和连带之债相区别。另一方面,实践中,我国现行法律规范对夫妻共同债务、共同继承人对被继承人负担的生前债务、合伙债务等具体问题进行了规定,而正如前述,这些债在性质上均属于共同之债。虽然"共同之债"并没有像按份之债、连带之债那样形成了明确的、成熟的规定,但其具有独立存在的必要价值,且"共同之债"概念下的具体表现类型,在现行法上具有相应的规范依据。因此,共同之债在理论上的独立存在,并不与《民法典》中债的规范体系形成冲突,反而可以助推对相关问题的分析和认识。

2. 共同之债在责任体系中的协调

债务和责任虽然经常混用,但其系两个不同的概念。债务指应为一定给付的义务,责任指强制实现此项义务的手段,亦即履行此项义务的担保。② 债务和责任之间具有很多同一性特征,责任是债务的转化形态。③ 但这并不意味着一种债务类型必然固定地对应着一种责任。对于连带之债而言,其与连带责任应系一一对应关系,因为连带之债的性质本身就要求各连带债务人不分顺序地承担全部责任,此亦为连带责任的本质特征。但对于共同之债则不然。如合伙债务,在性质上属于合伙人之间的共同之债,但在责任承担上,当合伙财产不足以清偿债务时,普通合伙

---

① 张弛、翟冠慧:《我国夫妻共同债务的界定与清偿论》,载《政治与法律》2012 年第 6 期。

② 参见王泽鉴:《债法原理》,北京大学出版社 2013 年版,第 74 页。

③ 参见韩世远:《合同法总论》,法律出版社 2011 年版,第 582 页。

企业的合伙人要承担无限连带责任。这一责任承担方式因存在先由合伙财产清偿的规则而不同于一般意义上的连带责任。再如，共同继承人对被继承人债务承担的清偿责任，各继承人应该在其继承遗产份额内承担责任，在效果上对应着按份责任。同时，有学者已经注意到传统的按份责任、连带责任无法有效地、合理地解决所有问题的情形，如有论者以为，连带责任应当具有弹性，其所要求的各债务人不分顺序承担全部清偿义务的特性可以被突破，允许各连带债务人之间承担不同的责任，或各债务人之间存在清偿顺序的先后之分（如补充责任），前者为连带责任与按份责任"量"的组合，后者则为对连带责任"质"的修补。① 这种观点是从责任的角度出发看待问题，进而通过修正责任的适用规则来寻求解决途径，未尝不是一种路径；而另一种视角是，从债的类型、债的性质的角度出发来展开分析，认为债的类型与责任类型并不必然一一对应。共同之债的责任类型应以形成共同之债的基础关系为基点，结合相关规则予以确定，最终形成的可能是一种债的类型对应多种责任类型的局面。

综上所述，司法实践必须以法律为依据，而我国民法体系中仅有按份之债和连带之债的规定，似乎没有共同之债生存的土壤。然而，前述分析显示，共同之债和连带之债不可全然等同视之。共同之债以共同关系的存在为产生的前提，在共同关系的包裹下，债的个数是单一的，因而可以推导出，共同之债在实体规则层面强调一致行动，即便在一人请求给付的例外情形时，亦强调为全体债权人之利益；在程序规则层面，"共同债务惟有合一的法律命运"。② 而连带之债强调责任承担上的连带关系，债权人可以向任一连带债务人请求给付，无所谓为全体债权人之利益。在债务清偿层面，共同债务往往需要先以共同财产清偿，相当于为共同债务人设置了一道保护个人财产的屏障，更好地维护共同关系的存续与稳定，尤其是对于合伙关系而言。司法实践中将共同之债准用连带之债，"与当事人之间实际的权利义务关系不相符合，不利于保护各共同债务人的个人利益"。③ 因此，无论是从理论上还是实践上，共同之债都应占有一席之地，即便目前《民法典》上没有明文规定，但在相关共同关系的基础规则上其实是有所体现的，且其存在并不会与现行的债的体系或责任体系相龃龉，因此，应将共同之债作为独立的债的类型予以看待和分析。

然而，长期以来，理论上的模糊不清和实践中的认识误区导致涉共同之债争议

---

① 参见张平华：《连带责任的弹性不足及其克服》，载《中国法学》2015 年第 5 期。

② 史尚宽：《债法总论》，中国政法大学出版社 2000 年版，第 698 页。

③ 张玉敏：《论我国多数人之债制度的完善》，载《现代法学》1999 年第 4 期。

的适法和处理存在诸多问题和困境，尤其在实体规则与诉讼程序衔接的交界地带尤为集中。以下结合审判实践中的具体案例展开呈现。

三、诉讼实施视角下共同之债存在的问题及表现

既往对于共同之债上述三种类型的研究，多集中于实体规则领域。在程序和实体协调对接的主题视角下，应对共同之债在诉讼实施层面存在的问题予以更多关注。

（一）夫妻共同债务的诉讼实施

1. 诉讼形态方面

涉夫妻共同债务纠纷是否必须将夫妻双方作为共同被告？司法实践中涉及夫妻共同债务的纠纷主要有两类，一是债权人起诉债务人的合同类纠纷（多为民间借贷纠纷），二是夫妻之间在离婚纠纷或离婚后财产纠纷中对某项债务是否应认定为夫妻共同债务的争议。因后一种情形的诉讼构造通常比较简单，一般均系夫妻双方分别作为原被告，故不涉及诉讼主体的问题。但对于第一种情形（债权人起诉债务人），司法实践中会产生多种诉讼形态：

第一，共同诉讼型。债权人作为原告，夫妻双方作为共同被告。司法实践中多数系此种类型。

第二，前后两诉型。债权人先单独起诉夫妻中的举债方，确认举债方与债权人之间的债权债务关系；继而在后一个案件中单独将非举债方作为被告，要求其对在先案件确认的债务承担还款责任。①

第三，前后两诉＋第三人型。债权人先单独起诉举债方，确认债权债务关系；然后单独起诉举债方的配偶要求承担连带责任，并将举债方列为第三人。②

前文在分析共同之债与连带之债的区别时已提及，共同之债系单数之债，体现在诉讼程序上就是共同之债的诉讼系不可分之诉，须以各债务人作为共同被告，判决的效力也及于共同之债的各个主体。因此，若债权人先单独起诉举债方，通过判决确定了债务真实性、债务数额及还款日期，此后再就该笔债务向债务人的配偶主张系夫妻共同债务，要求配偶一起偿还，那么，在后一个诉讼中，举债方是否应作为共同被告参与诉讼；若后诉判决认定了该债务构成夫妻共债，则是否意味着后诉判

---

① 参见北京市大兴区（县）人民法院（2020）京0115民初7670号民事调解书（在先案件）；北京市第二中级人民法院（2021）京02民终14521号民事判决书（在后案件）。

② 参见北京市高级人民法院（2021）京民申5948号民事裁定书。

决必须与在先判决确认的债务数额、还款期限等保持一致，此时是否可能导致判决前后矛盾或未举债一方权利失衡？更有甚者，若夫妻之间已有或正在进行离婚诉讼，其中涉及共同债务的认定与债务分割事项时，债权人只针对夫妻一方进行的民间借贷诉讼应如何与离婚诉讼的结果相协调，诸如此类问题，需要进一步予以厘清。

2. 判决主文方面

夫妻共同债务"共同偿还"是否意味着由夫妻双方承担连带清偿责任？司法实践中，判决主文对于夫妻共同债务的责任承担也出现了不同的做法（以下举例中，某甲为举债方，某乙为未举债方，某丙为债权人）：

第一，共同清偿型①。在共同诉讼型案件中，判决主文表述为：某甲、某乙于N日内向某丙共同偿还X元。

第二，连带清偿型②。在共同诉讼型案件中，判决主文表述为：①某甲于本判决生效后十日内向某丙偿还借款本金20万元；②某甲于本判决生效后十日内向某丙偿还借款利息22,000元；③某乙就某甲上述债务向某丙承担连带清偿责任③。在前后两诉型案件中，在后诉讼的判决主文表述为：某乙对某生效裁判确认的某甲未向某丙偿还的借款本金870,000元及利息承担连带清偿责任。

第三，一方全部承担型④。在前后两诉型案件中，在后诉讼的判决主文表述为：某乙（非举债方）于判决生效之日起15日内给付某丙借款本金265,000元及利息。（注：该判项确认的清偿数额系在前判决确认的举债方承担债务的全部数额）

第四，举债方无限责任+未举债方有限责任型⑤。在共同诉讼型案件中，法院认为，在责任财产范围上，某甲应以其全部财产对该债务承担清偿责任；某乙则仅需以其与某甲在婚姻关系存续期间取得的夫妻共同财产为限，对该债务承担清偿责任。

上述情况反映出，对于《民法典》第1089条规定的夫妻共同债务应当"共同偿还"，实践中的理解和做法不一。多数将其直接作为连带清偿责任，但此种处理可能与夫妻共同债务的本旨不相匹配。而且在前后两诉型的案件中，在后案件的未举债一方没有参与前诉的债务认定过程，却直接在后诉案件中被判定对前诉判决

---

① 参见吉林省通化市中级人民法院（2021）吉05民终1492号民事判决书。

② 参见北京市第二中级人民法院（2021）京02民终15095号民事判决书。

③ 参见北京市第二中级人民法院（2021）京02民终14521号民事判决书。

④ 参见北京市第二中级人民法院（2021）京02民终14405号民事判决书。

⑤ 江苏省高级人民法院2016年典型案例"王某保与吕某华、刘某桂债权确认纠纷案"。

确认的债务承担连带清偿责任，此时在债务承担期限方面容易引起争议。此外，判项中判定夫妻双方共同偿还的，应作何理解，应理解为双方各承担一半，还是理解为连带责任，其中是否涉及夫妻共同财产先行清偿的问题，双方进行清偿的责任财产范围等问题，均未在判项中予以明确，各当事人也会产生不同认识，将对后续执行带来困扰。

3. 执行程序方面

能否直接在执行程序中对夫妻共同债务进行认定，并据此追加被执行人的配偶为执行案的被执行人？如前所述，在夫妻一方以个人名义举债的情况下，实践中债权人往往基于合同相对性仅起诉举债方个人，并通过判决确认债权债务关系。在该举债方未能履行判决义务时，债权人申请强制执行，此时，债权人或因该举债方名下财产不足以清偿债务，或出于扩大责任财产范围以确保债务得以清偿的目的，可否申请法院在执行程序中对债务是否系夫妻共同债务的性质进行认定并追加配偶作为被执行人，实践中做法不一：

第一，肯定例①。福建省某法院生效民事调解书确认某甲尚欠某丙借款本金60，000 元及利息 16，800 元，某甲分期偿还本金及相应利息。某甲未按期履行法律义务，某丙向法院申请执行，请求强制某甲履行已生效法律文书所确定的全部义务。执行过程中，申请执行人某丙向法院申请追加某乙（被执行人某甲的配偶）为本案的被执行人。法院经审理认为，申请执行人某丙与被执行人某甲的民间借贷法律关系发生在某甲与某乙的夫妻关系存续期间。某乙未能举证证明涉案民间借贷系属被执行人某甲的个人债务，或属于《婚姻法》（已失效）第 19 条第 3 款规定的情形。由于执行程序本身具有裁决权的属性，故人民法院可以追加符合要件的被执行人的配偶为执行案的被执行人。

第二，否定例②。生效判决确认，某甲向某丙给付款项 50 余万元及相应利息。上述判决生效后，某甲未履行义务，某丙依法向一审法院申请强制执行。执行中查明：某乙与某甲原系夫妻关系，双方于一审期间办理离婚登记，并约定由某甲自行承担其所欠债务。执行过程中，某丙认为其与某甲的债务发生在某甲与某乙夫妻关系存续期间，属于夫妻共同债务，应由夫妻共同偿还，故向执行法院申请追加某乙为被执行人。执行法院认为，某甲与某丙出资纠纷发生在某甲与某乙婚姻关系存续期间，属于夫妻共同债务，双方办理的离婚登记手续系在某甲与某丙出资纠纷

---

① 参见福建省厦门市集美区人民法院（2015）集执字第 1437 号执行裁定书。

② 【法宝引证码】CLI. C. 3245236，未检索到该案案号。

案件一审审理期间，且双方对于债务承担的约定不能对抗申请执行人某丙，该债务应由夫妻共同偿还，据此裁定追加某乙为被执行人，由某乙对某甲所欠的债务承担连带责任。某乙对该裁定不服，申请复议，复议维持原裁定。某乙不服复议裁定，向高级人民法院申请监督。高级人民法院经审查认为，对夫妻关系存续期间夫妻共同财产、共同债务的认定，应通过诉讼程序经审理确认，而不应在执行程序中予以认定，遂撤销执行法院与复议法院的裁定。

对于上述问题，理论界和司法实践中有很大争议，如何在确保债权人实现权利、保护未举债方利益、实质公正、执行效率、诉权保障等目标之间寻求平衡，需要进一步加以探讨。

4. 执行财产顺序方面

是否存在夫妻共同财产与个人财产的先后顺序？也即债务人（特别是未举债方）是否有对其个人财产执行的先诉抗辩权？第一，共同财产优先例①。该案中，生效判决认为，我国《婚姻法》（已失效）第 41 条规定："离婚时，原为夫妻共同生活所负的债务，应当共同偿还。共同财产不足清偿的，或财产归各自所有的，由双方协议清偿；协议不成时，由人民法院判决。"从该条法律的规定来看，夫妻共同债务，应当优先以夫妻共同财产进行偿还。最终裁定解除对标的房产的查封。

第二，个人财产优先例②。优先以举债方个人财产清偿，不足清偿的，未举债方在夫妻共同财产范围内清偿。法院认为，为避免某甲与某乙通过本案转嫁某甲举债风险，并且不损害某丙作为债权人的利益，依照《合同法》（已失效）第 5 条"当事人应当遵循公平原则确定各方的权利和义务"之规定，一审法院认为，应当首先执行某甲的财产，确实执行不能，再由某乙以夫妻共同财产为限承担责任。这样，一方面可避免某甲转嫁责任；另一方面，由于某丙的债权也有某乙以婚姻关系存续期间所得夫妻共同财产为拖底保障。将某乙的责任确定为补充责任，并且限定其责任范围为婚姻关系存续期间所得夫妻共同财产符合公平原则及本案实际情况。

该问题本质上与前述问题 2 紧密相关。只有明确夫妻共同债务的清偿规则，以及夫妻对于该债务所承担的责任的性质和范围，才能有效解决执行程序中出现的混乱。

（二）共同继承之债的诉讼实施

1. 诉讼形态方面

被继承人债务清偿纠纷中，如有多个继承人，是否系必要共同诉讼？实践中，多

---

① 参见陕西省延川县人民法院（2021）陕 0622 执异 5 号执行裁定书。

② 参见四川省成都市中级人民法院（2021）川 01 民终 579 号民事判决书。

数法院还是以共同诉讼处理,但在细节上有差异。以是否实际承继遗产,区分为:

第一,实际继承例①。该案中法院认为,本案的审理涉及龙某的遗产继承问题。遗产在分割之前处于继承人共同共有的状态,在法定继承情形下,全体继承人为必要共同诉讼人,故应当首先查明继承人的范围……原审遗漏诉讼主体,违反法定程序,本案应当发回重审。

第二,非实际继承例②。该案中,法院认为,三被告系被继承人的第一顺序法定继承人,根据法律规定,该三被告应在继承被继承人遗产范围内承担还款责任。至于被继承人是否留有遗产以及三被告是否实际继承了被继承人的遗产,因与本案不是同一法律关系,本案不予一并处理。遂判决三被告在继承被继承人遗产范围内偿还原告借款本金 32 万元。

对于被继承人债务清偿纠纷的被告,司法实践较为一致的做法是,认为此类诉讼系必要共同诉讼,应将全体继承人作为共同被告。但问题在于,当遗产处于未分割的状态时,对于债权人而言,继承人的范围是未知的;即便遗产已经分割完毕,因家庭关系的内部性,债权人也难以知晓遗产继承的实际情况。即便法院可以依职权追加共同被告,但继承人范围的确定意味着法院须对被继承人是否留有遗嘱及遗嘱效力、遗嘱继承人或法定继承人有无丧失继承权、放弃继承等事实进行审查认定。司法实践中,多数法院仅作形式的、概括的审查,将被继承人的第一顺位继承人列为共同被告,至于其实际继承遗产的情况,在所不问。但此种处理方式将会导致判项中的责任主体、责任类型、责任范围均不明确,可能带来执行的难题。

2. 诉讼程序方面

继承人在诉讼中声明放弃继承,应如何处理?被继承人债务清偿纠纷中,如果继承人放弃继承,法院首先需要解决的问题为是否允许放弃。如果允许,当以何种方式处理;如果不允许,出于何种考虑。对上述问题,实践中主要存在以下四种做法:

第一,允许放弃继承,判决驳回债权人诉讼请求③。该案中,法院认为,依据《继承法》(已失效)第 33 条之规定,继承人全部放弃了继承,对被继承人的债务可以不负偿还责任,故判决驳回债权人的全部诉讼请求。

---

① 参见广东省湛江市中级人民法院(2018)粤 08 民终 1397 号民事裁定书;类似观点的案件还有吉林省吉林市丰满区人民法院(2021)吉 0211 民初 2044 号民事裁定书等。

② 参见辽宁省大连市中级人民法院(2019)辽 02 民终 5170 号民事判决书。

③ 参见广东省梅州市中级人民法院(2015)梅中法民二终字第 186 号民事判决书。

第二，允许放弃继承，裁定驳回债权人起诉[①]。该案中，法院认为，除因放弃继承的行为导致继承人不能履行法定义务的情形外，继承人有放弃的自由，继承人已出具书面放弃继承声明，债权人不应再向继承人主张权利，至于被继承人生前遗留的财产，应为无主财产，债权人可另行主张权利，本案被告已不适格，故裁定驳回债权人的起诉。

第三，允许放弃继承，判决继承人协助遗产清偿[②]。该案中，法院认为，虽继承人放弃了继承，对被继承人生前所欠债务不再承担偿还责任，但继承人仍然应当妥善保管被继承人的遗产，及时对遗产进行清理和清算，并以遗产偿还被继承人生前所欠债务，故判决继承人应妥善保管和协助清理被继承人的遗产，并以遗产偿还被继承人生前所欠的债务。

第四，不确认放弃继承的声明，判决在继承范围内清偿债务[③]。该案中，法院认为，以现有证据难以核实是否存在遗产及遗产范围、是否曾发生过继承，如确认继承人的放弃继承声明，相关事实将更难查明，债权人的合法权利也将更难得到保障，所以对放弃继承声明不予确认，故判决继承人在继承遗产范围内清偿被继承人生前所负债务。

可见，实践中对该问题的处理不一。在允许放弃继承的情况下，应作出“裁定驳回起诉”的处理还是“判决驳回诉讼请求”的处理，体现出法院对“诉讼成立要件”与“权利保护要件”的认识存在误区；若不允许放弃继承，是否存在侵害继承人意思自治的风险；以及在《民法典》增设遗产管理人制度后，此类问题如何与之相衔接，都成为需要解决的问题。

3. 判决主文方面

多数继承人承担的清偿责任系何种责任类型？实践中，被继承人债务清偿的判决主文有以下三种类型的表述：

第一，以遗产范围为限型[④]。此类案件判项一般表述为：继承人甲、乙以被继承人的遗产范围为限偿还债务。

第二，以继承范围为限型[⑤]。此类案件判项一般表述为：继承人甲、乙、丙在继承被继承人的遗产范围内偿还债务。

---

① 参见浙江省湖州市中级人民法院（2016）浙05民终970号民事裁定书。

② 参见广西壮族自治区梧州市中级人民法院（2014）梧民一终字第143号民事判决书。

③ 参见北京市大兴区（县）人民法院（2015）大民（商）初字第15650号民事判决书。

④ 参见北京市石景山区人民法院（2015）石民初字第5861号民事判决书。

⑤ 参见江苏省南京市浦口区人民法院（2019）苏0111民再6号民事判决书。

第三，以继承范围为限＋放弃继承时的处理型[①]。此类案件判项一般表述为：继承人在继承遗产的范围内偿还债务；如果继承人或者部分继承人放弃继承遗产，则直接以被继承人的遗产或放弃部分的遗产及继承部分的遗产为限清偿债务。

第一种和第二种的区别在于：第一种处理方式中，并未以继承人是否分割遗产为前提，即无论继承人在随后的执行过程中是否放弃继承，都负有清偿的义务。第二种处理思路则存在一定的不确定性，如果继承人在执行过程中放弃遗产继承，则该判决主文将产生一定的障碍。第三种处理方式似乎是为了解决这种障碍，而对执行中继承人放弃继承的后续处理进行了明确。由此带来的问题是：各个继承人对于债权人负有的责任是何种责任类型？是按份责任还是连带责任？这一问题的结论将直接影响当继承人不履行清偿义务时，债权人主张权利的对象，需要加以分析。

4. 审查范围方面

被继承人债务清偿纠纷中，是否需要审查并明确被继承人的遗产范围？实践中，极少数案件中法院会将遗产范围予以查明并在判项中明确，如下述案例[②]：

该案判项表述为：谢某某、何某乙自本判决生效之日起10日内在其各自继承周某某遗产范围内［周某某的遗产有：谢某某从阳光人寿保险股份有限公司重庆分公司领取的理赔款120,000.00元、谢某某领取周某某住房公积金13,756.30元、登记所有权人为周某某的重庆市彭水苗族土家族国土资源和房屋管理局职工宿舍5－1号房（重庆彭水彭房权字第00624号）］清偿张某借款288,000元及利息（从2012年7月27日起依照中国人民银行同期同类贷款基准利率计算至实际清偿完毕之日止）。

但实践中绝大多数案件在审理中并不会查明被继承人的遗产，只是在判决主文中确定继承人在继承遗产范围内（或以遗产为限）承担偿还责任。在此情形下，如果债权人找到了被继承人的遗产并申请执行，但其他继承人或案外人提出执行异议认为该项财产并非遗产，此时执行部门将难以处理，导致债权人必须再次起诉，要求确认某项财产为继承人遗产，对债权人权利实现造成障碍。

（三）合伙之债的诉讼实施

合伙债务是否必须追加全部合伙人作为共同被告？某二审法院认为，从查明的事实可知，本案原审被告仅为其中一个合伙人杨某1。根据《民诉法解释》第60

---

① 参见河北省青龙满族自治县人民法院（2014）青民初字第1257号民事判决书。

② 参见重庆市第四中级人民法院（2014）渝四中法民终字第00206号民事判决书。

条的规定,合伙人是必要的共同诉讼人,由于杨某2、杨某3在一审时未参加诉讼,本案判决结果对其有影响,需追加杨某2、杨某3参加诉讼。因此,一审判决程序违法,遂裁定发回重审。①

审判实践中,通常将合伙债务作为必要共同诉讼处理,要求合伙人全部参与诉讼,且法院可以依职权追加。此系依照《民诉法解释》第60条规定"在诉讼中,未依法登记领取营业执照的个人合伙的全体合伙人为共同诉讼人"处理。然而,实体法层面,《民法典》第973条规定,合伙人对合伙债务承担连带责任。《民法典》第178条规定,二人以上依法承担连带责任的,权利人有权请求部分或者全部连带责任人承担责任,由此带来实体和程序的龃龉。

四、共同之债的实体法基础与诉讼法展开

(一)夫妻共同债务相关

1. 夫妻共同债务纠纷的诉讼构造

(1)学理观点。学理上对夫妻共同债务的诉讼构造存在多种观点。一是共同诉讼说。如有论者以为,在已确定属于夫妻共同债务的情况下,构成夫妻共同债务的应以夫妻双方为当事人,构成夫妻个人债务的,举债方是正当当事人。② 二是区分说。将夫妻共同债务分为"单方型"和"合意型",认为"单方型"债务的性质为共同之债,夫妻双方为被告,"合意型"债务的性质为连带之债,债权人可选择举债方或其配偶作为被告或者二者作为共同被告。③ 三是共同被告或第三人说。在夫妻共同债务诉讼中,债权人可将举债方及其配偶列为共同被告,但如果债权人没有将举债方配偶列为被告,则举债方配偶可以以第三人身份参与诉讼。④ 四是分别诉讼说。实务中有观点认为,在未确定是否属于夫妻共同债务的情况下,解决这一争议应依据合同相对性原则,债权人直接起诉举债方。如果债权人想要认定举债方配偶为债务人,则应提起新的诉讼。⑤

(2)问题分析。如前所述,共同之债的所有债务人对外以一个整体形式存在,

---

① 参见广东省茂名市中级人民法院(2021)粤09民终1640号民事裁定书。

② 参见刘璐、曾媛媛:《民间借贷纠纷正当当事人的判断》,载《政治与法律》2013年第12期。

③ 参见曲超彦:《夫妻共同债务清偿规则探析》,载《法律适用》2016年第11期。持类似观点的还有周虹、王铮:《夫妻债务案件的共同诉讼类型研究》,载《法治论坛》2020年第1期。

④ 参见王雷:《〈婚姻法〉中的夫妻共同债务推定规范》,载《法律适用》2017年第3期。

⑤ 参见黄海涛:《夫妻共同债务的司法认定——对〈婚姻法解释二〉的理解》,载《人民司法》2015年第19期。

在诉讼中须以所有债务人为共同被告;而连带之债的各债务人为独立的主体,其连带源于举债的共同目的,对外以数个独立的个体形式存在。所以从诉讼法的角度看,涉及夫妻共同债务的案件,应当以夫妻双方作为固有必要共同诉讼中的共同被告,债权人不能仅起诉举债方或其配偶;如果债权人只起诉了一方,法院可以依职权追加。同时,还有三个问题需要说明:

其一,为何不采纳"区分说"? 如前所述,有学者主张将夫妻共同债务区分为"单方型"和"合意型",认为合意型夫妻共债系依托双方共同的意思表示构成的基于约定的连带债务,因此债权人可以择一起诉或共同起诉。这一观点有可取之处,但应用到实践中却会面临一些问题。首先,《民法典》第 1064 条规定的第一种夫妻共债情形"共债共签",并不能当然得出夫妻双方均认可对债务承担连带责任的结论。当夫妻以共同签名的共同意思表示来共同举债,大都是出于夫妻共同利益的目的,也有着以夫妻共同财产优先偿还的预期,不能因为共同签名就直接等同于约定承担连带责任。其次,夫妻共债的清偿规则应以夫妻共同财产优先清偿,共债共签型的夫妻共债也不例外,只是在夫妻共同财产不足以清偿债务时,夫妻双方均以个人财产对不足部分承担连带责任(具体将在下文详述)。因此,以夫妻共同财产优先清偿的规则也必将导致应将夫妻双方作为共同被告,而不能仅起诉一方要求其承担全部债务。最后,债权人在起诉主张债务系夫妻共同债务时,往往不能确定该债务到底是构成合意型还是单方型,因为合意型不仅包括有明确外在表示的共债共签,还有默示同意以及事后追认等方式。夫妻共同债务最终是构成合意型还是单方型,需要经过审理才能确定。以审理后的结论来确定起诉时的诉讼形态,有因果倒置之嫌,这也是静态实体规则与动态诉讼程序之间的张力所致。因此,区分说在司法实践中不足取,会带来更多适用上的混乱。如债权人主张夫妻共同债务,应将双方作为共同被告。当然,如果夫妻双方在共债共签时明确约定双方均对债务承担连带责任,则构成意定的连带债务,适用连带责任的相关规则,自不待言。

其二,前后两诉型的处理。实践中,在单方举债的情况下,很多债权人会先基于合同相对性起诉举债方,在举债方下落不明或无财产可供执行时,债权人会另行主张该债务构成夫妻共同债务,进而起诉举债方的配偶承担清偿责任。此时,在后诉中,是否也必须将举债方作为后诉共同被告? 对此,本章持肯定态度。有观点认为既然举债方已经参与前诉案件,无须再参加后诉。这一理解存在如下问题:首先,前诉案件只解决了债权人和举债方之间的债权债务关系,但债权人所对应的真实债务人是个人还是夫妻双方，这一问题仍然处于未决状态。因此，如果债权人因为种种事由，需要明确举债方的配偶构成共同债务人，应当在后诉中通过主张夫妻共同债务予以确定。而按照共同之债的基础理论，后诉纠纷本身就是固有的必要共同诉讼。前诉只是通过裁判或调解的方式确认了债的成立，从而成为后诉中的免证事实而已，并未改变夫妻共同债务的诉讼构造。其次，若在后诉中仅起诉非举债方，则无法解决对于夫妻共同债务的清偿应以共同财产优先的问题，不利于非举债方权益保护，也对后续执行造成清偿顺序和责任财产上的混乱。因此，即便债权人已经通过起诉举债方单方确认了债权债务关系及清偿数额、清偿日期，当其欲求举债方配偶对该债务承担清偿责任时，也应将举债方作为共同被告。

这样可能带来的问题是对债权人获得清偿的及时性保护不足，因举债方可能下落不明，将其列为共同被告意味着需要经过公告等程序，从而对债权人实现权利造成障碍。对此，可以通过在前诉案件（债权人单独起诉举债方）中加强释明的方式予以缓解，告知债权人可以考虑在前诉案件中直接主张夫妻共同债务，债权人可视情况决定是否变更诉讼请求，进而在一个案件中解决问题，减少诉讼周期。

其三，民间借贷纠纷与离婚类纠纷的协调。实践中，涉夫妻共同债务案件不仅包括债权人起诉的民间借贷纠纷，还有夫妻内部在离婚纠纷、离婚后财产纠纷或夫妻财产纠纷（暂且统称离婚类纠纷）中对夫妻共同债务的认定与分割。此时可能涉及夫妻共同债务纠纷内部关系与外部关系的衔接问题。若债权人先以民间借贷纠纷单独起诉举债方并通过裁判确认了债务，其后举债方夫妻之间产生了涉及该债务为夫妻共同债务的认定及分割问题的离婚类纠纷。此时，本书认为，债权人可以作为有独立请求权的第三人参与离婚类诉讼（离婚纠纷除外），若其参与诉讼，则受该裁判结果约束；若其未参与诉讼（如离婚纠纷中不设第三人），则夫妻内部财产分割的结果不能当然约束债权人，债权人若将夫妻作为共同被告进行起诉，不构成重复起诉。这样的考虑一则出于债的内部关系与外部关系应予区别；二则出于防止夫妻内部通过司法调解的方式转移债务，损害债权人权益。

（3）本书初步认为，债权人以债务构成夫妻共同债务为由要求夫妻共同偿还的，诉讼形态系固有的必要共同诉讼，夫妻应作为共同被告参与诉讼。债权人只起诉一方的，法院可以依职权追加。即便债权人此前单独起诉举债方的相关裁判已生效，若债权人以夫妻共同债务为由要求举债方的配偶对前述裁判确认的债务承担责任，也应将举债方作为共同被告。但若夫妻双方均明确作出对债务承担连带责任的意思表示，债权人可依照连带债务的诉讼规则行使权利。

2. 夫妻共同债务的责任类型与清偿规则

（1）学理观点。学理上对夫妻共同债务的性质存在如下几种观点：一是连带债务说。对于夫妻共同债务，夫妻任何一方都有清偿全部债务的责任，当一方清偿全部债务后，超出自己应清偿的数额的，发生内部追偿之债，且离婚时应确定夫妻各方的清偿比例。① 二是特殊的连带债务说。夫妻共同债务性质上属于连带债务，但清偿方式上具有特殊性，应先以夫妻共同财产清偿，不足部分由夫妻各方承担连带责任，在夫妻一方承担了全部债务后，该方即在内部取得了向另一方追偿的权利。② 三是合伙债务说。将家庭视为个人合伙组织，夫妻共同债务是执行婚姻合伙的事务所产生的，夫妻一方对共同债务承担无限连带责任。③ 四是共同债务说。将夫妻共同债务作为一个由夫妻团体共同承担的债，清偿时准用合伙债务的清偿规则，以夫妻共同财产清偿，不足部分准用连带清偿方式扩展至以个人财产清偿。以共同财产清偿债务的，夫妻内部不发生追偿问题，但夫妻共同债务需要以个人财产偿还而夫妻一方的个人财产不能完全清偿时，夫妻各方有义务偿还夫妻共同债务，且在内部发生追偿之债。④ 五是区分说。对于日常家事代理权或者夫妻双方合意产生的债务，双方对债权人承担连带责任；对于非因家事代理权而产生的夫妻共同债务，双方共同责任产生的基础在于财产共有关系的存在，因此在婚姻关系存续期间，债权人应有权就举债方的个人财产以及夫妻双方的共同财产部分受偿，但配偶一方的个人财产部分不应成为债权实现的责任财产；在婚姻关系因离婚或者一方死亡而终结时，此时非举债一方应当以其从共同财产中取得的份额为限承担共同债务的清偿责任，并且此时的责任形式为按份责任而非连带责任。⑤

（2）问题分析

①对夫妻共同债务并非连带之债的论证。从规范变化来看，最高人民法院《关于适用〈中华人民共和国婚姻法〉若干问题的解释（二）》（已失效）第25条规定，对

---

① 参见李晓斌、何学忠：《离婚案夫妻共同债务处理之我见》，载《现代法学》1995年第3期；邓卫平：《离婚案件中夫妻共同债务处理存在的问题及建议》，载《法律适用》1996年第5期；刘征峰：《夫妻债务规范的层次互动体系——以连带债务方案为中心》，载《法学》2019年第6期。

② 参见冯源：《夫妻债务清偿规则的价值内涵与立法改进》，载《中南大学学报（社会科学版）》2014年第5期；王歌雅：《离婚财产清算的制度选择与价值追求》，载《法学论坛》2014年第4期。

③ 参见胡苷用：《夫妻共同债务的界定及其推定规则》，载《重庆社会科学》2010年第2期。

④ 参见张弛、翟冠慧：《我国夫妻共同债务的界定与清偿论》，载《政治与法律》2012年第6期。另参见夏江皓：《论中国民法典夫妻共同债务界定与清偿规则之构建》，载《妇女研究论丛》2018年第4期。

⑤ 参见李贝：《夫妻共同债务的立法困局与出路——以“新解释”为考察对象》，载《东方法学》2019年第1期。

于夫妻共同债务,夫妻应当承担连带清偿责任。司法解释将婚姻法中的"共同偿还"简单等同于"连带清偿责任"是否妥当,一直是学界和实务界关注的问题。《民法典》颁布实施后,配套的《民法典婚姻家庭编司法解释一》第35条对之前的司法解释进行了修改,一方面删除了"连带"字样,表述为"一方就夫妻共同债务承担清偿责任后",使之更符合共同债务共同偿还的性质;另一方面,将原司法解释中"追偿"的表述修改为"主张由另一方按照离婚协议或者人民法院的法律文书承担相应债务的",抹去了"追偿"这一具有连带责任色彩的表述,"表明了司法立场的重大转变"①,可见连带债务说已被最高人民法院慎用。从字义理解看,原《婚姻法》和《民法典》条文规定的"共同偿还",只能表明对夫妻共同债务承担清偿责任的不止有债务人一人,并不能从中解读出非举债方承担的责任形式就是连带责任。从"共同偿还"的语义可见,债权人在主张债权时,应当要求夫妻双方共同对债务负清偿责任。但如果将夫妻共同债务的性质认定为连带责任,那么,债权人既可以同时要求夫妻双方清偿,也可以单独向夫妻一方提出清偿要求,并可要求一方单独承担全部清偿责任,显然误解了实体法的规定。从债的效果看,如前所述,连带之债是复数之债,对外效力以相对效力为原则,绝对效力为例外;而共同之债是单数之债,强调共同性、整体性、一致性。例如,连带债务中,若债权人向连带债务的其中一人作出免除其应分担的债务的意思表示,那么这一效力只及于该债务人,其他债务人仍没有免除其履行全部给付义务的责任。但在夫妻共同债务中,如果债权人做出了免除举债方债务的意思表示,因共同之债系单数债,这一免除只能是针对该债务的整体的免除;若将其按照连带之债的规则理解,认为举债方的债务被免除,由非举债方承担全部清偿责任,则会造成明显不公,违背了夫妻共同债务的性质和本旨。因此,夫妻共同债务的性质不能界定为连带债务。

需要说明的是,夫妻共同债务的性质界定与责任承担方式并不完全对应。债务性质会影响履行的规则和效果,也会影响诉讼形态,但如前所述,债务和责任是既有联系又有区别的两个概念,债务性质与责任类型并不构成一一对应关系。虽然连带之债对应着连带责任,这是由连带之债本身性质特点决定的;但对于共同之债,其在性质上虽然并非连带之债,但并不意味着其责任承担完全排斥连带责任的适用。夫妻共同债务清偿规则的构建,仍应在现行《民法典》体系框架内进行,其作为共同之债的特殊性,可通过特殊规则予以调整,以下详述。

---

① 冉克平:《论夫妻债务的清偿与执行规则》,载《法学杂志》2021年第8期。

②夫妻共同债务的清偿规则。《民法典》第1089条规定,共同财产不足清偿或财产归各自所有的,由双方协议清偿,协议不成的,由人民法院判决。可见夫妻共同债务的清偿顺序是先由共同财产清偿,后由个人财产补充清偿。因此,无论是合意型夫妻共债还是单方型夫妻共债,首先都应以共同财产偿还。如共同财产可以覆盖,则不发生以夫妻一方个人财产清偿以及追偿问题;如共同财产不足以清偿,则需要分情况而定。对于合意型的夫妻共同债务,共同财产不足以清偿的部分,应由夫妻任意一方以个人财产承担连带责任。对于单方型的夫妻共同债务,共同财产不足以清偿的部分,应由举债方的个人财产清偿,非举债方的个人财产不在清偿共同债务的责任财产范围内。由此可较好实现平衡保护债权人和非举债方权益的目的。另需指出的是,在涉及夫妻共同债务的民间借贷纠纷中,如确认债务构成夫妻共同债务,应在判项中明确责任承担方式和夫妻各方的责任财产范围,尽可能减少后续纷争。

(3)本书初步意见

《民法典》规定的夫妻共同债务"共同偿还"并不等同于夫妻对共同债务承担连带责任。夫妻共同债务的清偿应以共同财产优先清偿,对于不足部分,合意型的夫妻共同债务以夫妻任意一方的个人财产承担连带责任,单方型的夫妻共同债务由举债方的个人财产清偿。

如确认债务构成夫妻共同债务,应在判项中明确责任承担方式和夫妻各方的责任财产范围。具体可表述为:(针对合意型夫妻共债)对某丙(债权人)的债务X元,由某甲(举债方)和某乙(非举债方)以其共同财产共同偿还,二人对共同财产不足以清偿的部分以个人财产承担连带责任。(针对单方型夫妻共债)对某丙(债权人)的债务X元,由某甲(举债方)和某乙(非举债方)以其共同财产共同偿还,如共同财产不足清偿,则相应部分由某甲(举债方)以个人财产承担。

执行财产顺序方面,在夫妻共同财产未被强制执行前,未举债方有对其个人财产执行的先诉抗辩权。

3.关于追加举债方配偶为被执行人

(1)各地规范。各地法院对在执行中认定债务性质并追加债务人配偶的问题,规定不一。一是不能追加,如北京市高级人民法院《北京市法院执行工作规范》第539条规定,若法院的执行依据已确定债务性质为个人债务的,根据现有法律规定,由于没有可以在执行中追加债务人配偶为被执行人的法律依据,所以不得在执行中追加债务人配偶为被执行人。债权人的主张只得通过其他程序实现。二是可以审查并追加,如上海市高级人民法院在《关于执行夫妻个人债务及共同债务案件法律适用若干问题的解答》中规定，若法院判决未对债务性质作出认定，申请执行人在执行中申请认定债务性质、追加债务人配偶的，执行法院可依据执行听证程序进行审查，并根据审查结果具体做出处理：①经审查认定为个人债务的，不予追加。②债务性质难以确定的，不予处理，当事人应另行起诉。③除前述两种情形外，若审查结果为共同债务的，可作出追加债务人配偶为被执行人的裁定。三是无须裁定可直接执行财产，如浙江省高级人民法院在《关于执行生效法律文书确定夫妻一方为债务人案件的相关法律问题解答》规定，债权人申请追加债务人配偶为被执行人的，执行机构应当进行审查，有充分证据证明债务系夫妻共同债务的，可以执行共同财产，共同财产不足以清偿债务的，可执行债务人配偶名下的个人财产。但执行机构在执行财产时应当根据具体采取的强制执行措施制定相关文书，但无须作出追加被执行人配偶的裁定，可直接执行其财产。

（2）学理观点。肯定说主要从两个角度论证，一是执行力主观范围扩张，如有学者从执行权属性、法规范内容以及法实践支持等方面论证了执行阶段法院有权对被执行债务的性质，并提出增加追加前的审查程序以及追加后的救济程序来保障配偶的程序权利。[①] 二是民法受益理论，认为在执行债务人财产时，其配偶应当在受益范围内承担责任，对于执行异议程序可以直接查明的异议较小的夫妻共同债务，可以在执行程序中直接追加举债方配偶为被执行人；在执行阶段难以查明的，则应通过诉讼程序解决，执行中止。[②] 否定说认为，在夫妻共同债务诉讼中，如果已生效的法律文书只确定夫妻一方为债务人，在案件执行中不能直接追加另一方为被执行人，从而执行夫妻共同财产。应告知债权人另行提起诉讼，在取得被执行人配偶的执行依据后合并执行。[③] 从民事诉讼法教义学视角出发，无论是追加夫妻另一方为被执行人，还是未追加夫妻另一方的情况下直接执行夫妻共同财产中被执行人的份额，都突破了执行合法原则和审执分离原则，因此，为债权人起诉夫妻另一方提供明确的请求权基础，从而确保其经由诉讼获得针对夫妻另一方的生效给付判决的做法，才满足民事诉讼基础理论要求。[④]

（3）问题分析。追加债务人配偶为被执行人的前提条件是执行依据中的债务性质为夫妻共同债务，认定债务性质涉及实体问题审查，如果在执行阶段审查债务

---

① 参见张海燕：《执行程序中被执行人配偶追加问题研究》，载《当代法学》2019 年第 1 期。

② 参见李长军、王庆丰：《执行债务人配偶财产的法律思考》，载《法律适用》2013 年第 4 期。

③ 参见王雷：《〈婚姻法〉中的夫妻共同债务推定规范》，载《法律适用》2017 年第 3 期。

④ 参见任重：《民事诉讼法教义学视角下的“执行难”：成因与出路——以夫妻共同财产的执行为中心》，载《当代法学》2019 年第 3 期。

性质这一实体问题，存在"以执代审"的嫌疑。更何况，懒惰的债权人不值得法律保护，实践中，很多债权人出于希望减少诉讼时间成本、回避举证责任等目的，仅起诉举债方一人，而后再在执行程序中申请追加债务人配偶来保障债权实现。然而，正如有论者所指出的，"若所缔结债务为夫妻共同债务，债权人本应在签订债权债务合同时就要求债务人配偶与债务人共债共签"。[①] 即便举债时没有共同签字，基于前述关于夫妻共债性质上系共同之债，诉讼上应为固有必要共同诉讼的分析，债权人在起诉时也应该将夫妻二人作为共同被告。因此，在执行中追加债务人配偶是对债权人惰性的放任。[②]

(4)本书初步意见。任何执行行为都应当依据法院的判决，在执行程序中，执行主体不应无视法律文书，自行根据实体法规范推定未被法院确定为债务人的一方是债务人，进而执行夫妻共同财产。如果债权人想以举债方及其配偶的夫妻共同财产为执行对象，应对举债方及其配偶提起诉讼，在法院判决夫妻同为债务人并取得法院的执行依据后，才可执行债务人的夫妻共同财产。

(二)共同继承之债相关问题

1. 涉遗产债权和遗产债务纠纷的诉讼形态

对于遗产债务即实务中的被继承人债务清偿纠纷，实践中较为一致的做法是将其作为固有必要共同诉讼，债权人应对全体继承人提起诉讼，这一处理方式实践中争议不大，亦符合共同之债的理论推演。对于遗产债权，其在诉讼上是否应与遗产债务一样，作为固有必要共同诉讼？是否可以由继承人中之一人或数人行使债权，向债务人主张权利？对此，我国学界和实务界鲜有讨论，在此以我国台湾地区为例阐述：

(1)学理观点。共同行使说认为，经其他共同共有人全体同意，或为共同共有人全体之利益，得单独或共同起诉外，如果请求是基于共同共有法律关系，仍属固有必要共同诉讼，应由共同共有人全体起诉。[③] 单独行使说认为，在共同共有债权，为维持共同共有关系之存续以及全体共同共有人之利益，债务人自应向全体债权人为给付。但考虑到兼顾债权请求之便利与共益性，一债权人或数债权人可以为

---

① 程新文、刘敏、方芳、沈丹丹：《〈关于审理涉及夫妻债务纠纷案件适用法律有关问题的解释〉的理解与适用》，载《人民司法·应用》2018年第4期。

② 参见贺剑：《论婚姻法回归民法的基本思路——以法定夫妻财产制为重点》，载《中外法学》2014年第6期。

③ 参见吕太郎：《公同共有债权人起诉请求给付之当事人适格——评"最高人民法院"2015年度第3次民事庭会议决议》，载《月旦裁判时报》2016年第49期。

全体之利益而为请求。①

(2)问题分析。如前所述,共同之债强调一致行动,共同债权人对外是一个整体,故"原则上,共同债权中的各债权人为实现债权应当由全体债权人共同为意思表示,向债务人请求给付,个别债权人对于共同债权无任何权利"。② 因此,理论上,债务人仅向部分债权人为给付,不生债之清偿效力,诉讼上应为共同原告或共同被告。本书认为,在共同继承人主张遗产债权时,各继承人应作为共同原告提起诉讼。理由有以下几点:一是符合基于共同关系而产生的共同债权应共同行使的原则;二是若仅有继承人一人或数人参与诉讼,将难以查清继承关系、原告有无继承权、是否能作为接受清偿的适格主体等问题,会带来衍生诉讼推翻前诉生效判决的风险,有损既判力和司法权威;三是免于后续继承人内部再次形成诉讼,有利于纠纷一次性解决。但考虑到继承的家庭内部性,债务人往往难以知晓具体情况,因此,在清偿上,应赋予债务人向继承人之一人或数人为给付即生清偿效力的权利。

(3)本书初步意见:被继承人债务清偿纠纷和共同继承人主张遗产债权的纠纷均系固有必要共同诉讼,各继承人均应作为共同原告或共同被告参与诉讼,法院可依职权追加。

2. 继承人对遗产债务承担的责任类型

(1)遗产债务与"因共有财产产生的债务"。有观点认为,在被继承人债务清偿纠纷中,各继承人对被继承人的债务应承担连带责任,债权人可以单独对某一继承人提起诉讼要求其承担清偿责任。③ 本书认为,这种观点是值得商榷的。首先,遗产债务并非连带之债,其与《民法典》物权编第 307 条规定的"因共有的不动产或者动产产生的债权债务,在对外关系上,共有人享有连带债权、承担连带债务"并非同一规范对象。该条文规定的是"因共有的不动产或动产产生的债权债务",主要是指共有财产导致损害或受到损害而引发的侵权之债,以及因共有财产的出卖、出租等导致的合同之债。而遗产债务是被继承人生前业已存在的债务,只是因被继承人的死亡而使这一债务作为消极财产成为遗产,由各继承人概括继承而形成共同共有。其与《民法典》第 307 条规定的情形有本质区别。再者,将遗产债务看作连带之债在实践中也会带来很多问题,其一,对被起诉的继承人造成不公,因债权人

① 参见林诚二:《准公同共有债权之请求——"最高人民法院"2015 年度台上字第 2184 号民事判决释评》,载《月旦裁判时报》2016 年第 45 期。

② 张玉敏:《论我国多数人之债制度的完善》,载《现代法学》1999 年第 4 期。

③ 参见杜江涌:《遗产债务法律制度研究》,群众出版社 2013 年版,第 69 页。

通常会选择有更多清偿能力的继承人起诉，要求其承担全部债务清偿责任，即便该继承人清偿后取得对于其他继承人的追偿权，也对其造成了不必要的成本和负担；其二，没有从实质上解决遗产债务承担的问题，造成衍生诉讼。因此，将遗产债务以连带之债规则处理的做法不可取。

（2）对“遗产状态区分说”的评析。有观点认为，遗产状态决定连带责任范围，如遗产尚未分割，全体继承人以被继承人的遗产范围为限对被继承人的个人债务应负连带清偿责任；如遗产已分割，各继承人以自己分得的遗产为限，对上述债务承担连带清偿责任，超出比例者，可向其他继承人追偿。① 对此，本书认为，即便遗产已经分割，因遗产债务尚未清偿，对于遗产债务而言，仍处于各继承人共同共有的状态，仍构成共同之债而非连带之债。何况对于债权人而言，很难知晓遗产继承的实际情况，区分处理意义不大。而对于各继承人而言，如果允许债权人择一起诉，一则被选择的继承人其继承的遗产可能不足以清偿债务，且清偿后又会引发追偿权的诉讼，不利于纠纷的顺利解决。因此，无论遗产是否已经分割，遗产债务都属于共同之债，由各继承人共同承担责任。

3. 放弃继承的诉讼程序处理

（1）学理观点

①继承人全部放弃继承时，裁驳与判驳的区分。如前述案例可见，在被继承人债务清偿纠纷中，若继承人全部放弃继承，审判实践中出现了裁驳与判驳两种处理思路。思路的不同实质上反映了民事诉讼理论中当事人适格不同学说的差异。本案判决请求权说（纠纷解决请求权说）认为，当事人适格属于诉讼成立要件之一，欠缺诉权要件则为欠缺起诉程序的合法要件。② 因此，无论是在立案审查阶段还是在案件审理阶段，法院发现当事人不适格，应裁定驳回起诉。权利保护请求权说（具体诉权说）认为，民事诉讼的目的在于保护当事人私权，须具备权利保护要件才能进行原告有理由的胜诉判决，将权利保护要件分为诉讼上权利保护要件和实体上权利保护要件，而当事人适格是诉讼上权利保护要件，欠缺诉讼权利保护要件时法院应判决驳回原告诉讼请求。③

②放弃继承行为的效力。实践中，不少法院为了保护债权人的利益，避免因放弃继承的行为而产生债权实现的障碍，而认为继承人放弃继承的行为无效。对此，

---

① 参见北京市第三中级人民法院民一庭课题组齐晓丹、史智军：《被继承人债务清偿纠纷审判之疑难问题研究》，载《人民司法·应用》2018 年第 25 期。

② 参见李龙：《民事诉讼当事人适格刍论》，载《现代法学》2000 年第 4 期。

③ 参见陈贤贵：《当事人适格问题研究》，厦门大学出版社 2013 年版，第 23 页。

大部分学者持批判态度。如杨立新认为,实际上继承人放弃继承导致无人继承不属于“因放弃继承权导致不能履行法定义务”的情形,此处的“法定义务”主要是指法定的抚养、扶养、赡养义务,参加遗产清偿诉讼不属于法定义务的范围。[①] 因此,不能因为无人继承条件下适格被告不明确导致的程序困境,而在实体上直接否认放弃继承行为的效力,可以通过理顺程序来解决。

(2)问题分析。本书认为,无论是裁驳还是判驳,都无法实质性解决纠纷,给债权人徒增诉累,尤其在《民法典》新增设遗产管理人制度后,若继承人全部放弃了继承,则由遗产管理人作为清偿遗产债务的义务主体,在遗产分割前对遗产债务进行清偿。如果部分继承人放弃继承,则该继承人是否仍应列为共同被告?对此,本书持肯定意见,主要考虑到:一是规制放弃继承的虚假意思表示;二是更有助于查明债务、遗产等相关事实;三是继承人明确放弃继承的可能并非全部遗产,且无法确定是否还有其他遗产存在,加之遗产清偿时可能需要全部继承人的协助配合等因素,将其列为共同被告更有利于查明事实、解决纠纷,也可以更全面地保护债权人权益。但仍须明确的是,将放弃继承者列为被告,只是为了更好地清偿债务,并不妨碍继承人对其私权利包括继承权的自由处分。

(3)本书初步意见。被继承人债务清偿纠纷中,若全部继承人放弃继承,可依照《民法典》关于遗产管理人的相关规定,由适格的遗产管理人作为被告;若部分继承人放弃继承,仍应将放弃继承者列为共同被告,但诉讼地位的列明不影响其对自身继承权的实体处分。

4. 被继承人债务清偿纠纷的审查范围与判项表述

在被继承人债务清偿纠纷中,遗产状况是重要的基础事实。但实践中,如前所述,大量案件并未查明遗产范围和遗产状况,仅仅在判项中模糊地表述为“以遗产范围/继承范围为限承担清偿责任”。

(1)问题成因。上述问题究其原因,一是在于举证困难。根据“谁主张,谁举证”的一般规则,被继承人债务清偿纠纷中,债权人应对被继承人留有遗产的事实承担证明责任。基于此,审判中法官大多依赖于债权人的举证来查明遗产范围和继承情况。但现实情况是,继承事实具有隐蔽性和内部性,债权人往往难以掌握遗产状况,加之继承人多有逃避责任行为等种种因素,债权人通常无法对遗产状况和继承状况进行充分举证。如债权人未收集到相关证据,继承人又不提供、不配合,甚

① 参见杨立新、刘德权等主编:《继承法的现代化》,人民法院出版社 2013 年版,第 374 页。

至未出面应诉时,法院便面临难以查明遗产状况的困境,这也是有大量裁判文书未查明遗产范围且较多采用概括式判决的原因之一。二是在于诉讼标的的理论掣肘。此外,审判实践长期秉持一案一诉的观念,即一个诉讼程序中只能有一个法律关系、一个诉讼标的。在这一前提下,因继承纠纷和债务纠纷是两个不同的法律关系,继承纠纷是各继承人之间的内部争议,而债务纠纷则是债权人与全体继承人作为债务人之间的外部争议。如果坚持一个案件只审理一个法律关系,那么被继承人债务清偿纠纷只解决债权人与被继承人之间是否存在合法有效的债权债务关系即可,各个继承人只是对被继承人债务的继受,至于债权人的债权能否实现、如何实现,各继承人各自承担的比例为何,应在继承纠纷中解决。而且继承纠纷往往涉及继承关系、遗产范围等大量基础事实的查明,法官出于尽快结案等因素的考虑,往往更倾向于在被继承人债务清偿纠纷中进行概括式判决。

(2)实践难题。上述做法带来的后果便是判决可能沦为一纸空文,无法在执行程序中顺利兑现。如果债权人无法查找到被继承人的遗产,该判决只能空置;如果债权人查找到了被继承人的遗产,申请执行时,继承人或案外人又有可能提出执行异议主张该项财产并非遗产,导致执行法官难以抉择,进而使当事人不得不再次起诉,要求确认某项财产为继承人遗产,陷入循环诉讼。因此,如果审判阶段忽略遗产范围查明并对判决主文模糊化处理,会导致裁判文书确定的权利义务在执行阶段形同虚设,最终导致裁判流于形式。

(3)本书初步意见。本书认为,被继承人债务清偿纠纷应当查明遗产状况,且在此基础上的判决主文应当尽量表述明确。况且在《民法典》施行后,遗产管理人制度得以确立,根据相关规定,遗产管理人应当清理遗产制作遗产清单,处理被继承人的债权债务。遗产清单有利于审判阶段查明被继承人遗产状况,故在被继承人债务清偿纠纷中查清遗产范围的困难可在一定程度上得以缓解。同时,考虑到大量案件中在案证据难以查清所有遗产,故建议判决主文的表述模式为:某甲、某乙(均为继承人)于本判决生效之日起 X 日内在继承某丙遗产(包括但不限于……此处表述具体遗产名称)实际价值范围内偿还某丁债务。

(三)合伙之债连带责任实体规则与共同诉讼程序规则的协调

“合伙债务是指在合伙关系存续期间,合伙以其全体合伙成员的名义在与第三人发生民事权利、义务关系时形成的债务。”[①]我国从《民法通则》(已失效)颁布起

---

① 马强:《合伙债务清偿问题研究》,载《法学家》1997 年第 4 期。

就规定了合伙人承担连带责任，随后《合伙企业法》依然延续连带主义，并确定合伙企业的合伙人对合伙财产不足以清偿的债务承担无限连带责任。《民法典》合同编新增“合伙合同”一节以规范未形成组织的合伙，并规定合伙人对合伙债务承担连带责任。依照连带责任的规则，合伙债务的债权人可以向任意债务人主张权利，但《民诉法解释》第60条规定，在诉讼中，未依法登记领取营业执照的个人合伙的全体合伙人为共同诉讼人。

如何处理这一实体规则与程序规则的脱节现象，很多学者在连带债务的诉讼问题上已有相关论述，如有学者认为，将连带债务诉讼作为固有必要共同诉讼来处理，有利于查明案件事实、提高诉讼效率、防止矛盾裁判，以及在执行阶段可以保证债权人选择权实现等。[①] 这些观点多数是从实践效果的角度来分析，与连带责任的本质特征相悖，且无法回应很多学者坚持将连带之债作为普通共同诉讼的观点。其实，若从合伙之债本身出发，借助共同之债的相关理论，该问题亦可以厘清。

合伙之债产生于合伙共同关系，系属共同之债。合伙财产归合伙人共同共有，系合伙人的共同财产，先以共同财产清偿合伙债务也是共同之债的特点。王泽鉴认为，以合伙财产进行清偿，是第一次责任，合伙人对于不足之额连带负其责任，系第二次责任。[②] 因此，在合伙关系中，合伙人是以全体的名义进行对外活动，债权人向全体合伙人请求给付自是理所当然。在合伙财产不足以清偿时，第一次责任已经完毕，债权人可以直接向合伙人请求。此时，为保护债权人权益，可以准用连带之债的规则，立法上也明确规定了其责任形式为连带责任。从这一角度来看，合伙之债中实体规则和程序规则的矛盾可以消解：合伙之债系共同之债，共同之债应为必要共同诉讼，全体合伙人应作为共同原告或被告。但在合伙财产不足以清偿，合伙人承担第二次责任时，则该责任变为连带责任，可以向任一合伙人请求。因为在共同之债中，其责任方式依其共同关系所由规定之法律或契约定之，[③]故这一结论也呼应了本章此前关于债的类型与责任类型并不完全一一对应的观点。

五、本章观点集成

1. 涉夫妻共同债务纠纷是否必须将夫妻双方作为共同被告？

有观点认为应采共同诉讼说，即在已确定属于夫妻共同债务的情况下，构成夫

---

① 参见彭熙海：《论连带责任案件的诉讼形式》，载《法学评论》2012年第3期。

② 参见王泽鉴：《民法概要》，北京大学出版社2009年版，第331页。

③ 参见孙森焱：《民法债编总论》（下册），法律出版社2006年版，第710页。

妻共同债务的,应以夫妻双方为当事人;构成夫妻个人债务的,举债方是正当当事人。

有观点认为应采区分说,即夫妻共同债务分为"单方型"和"合意型","单方型"债务的性质为共同之债,夫妻双方为被告;"合意型"债务的性质为连带之债,债权人可选择举债方或其配偶作为被告或者二者作为共同被告。

有观点认为应采共同被告或第三人说,即在夫妻共同债务诉讼中,债权人可将举债方及其配偶列为共同被告,但如果债权人没有将举债方配偶列为被告,则举债方配偶可以以第三人身份参与诉讼。

有观点认为应采分别诉讼说,即在未确定是否属于夫妻共同债务的情况下,解决这一争议应依据合同相对性原则,债权人直接起诉举债方。如果债权人想要认定举债方配偶为债务人,则应提起新的诉讼。

本书初步意见认为,债权人以债务构成夫妻共同债务为由要求夫妻共同偿还的,诉讼形态系固有的必要共同诉讼,夫妻应作为共同被告参与诉讼。债权人只起诉一方的,法院可以依职权追加。即便债权人此前单独起诉举债方的相关裁判已生效,若债权人以夫妻共同债务为由要求举债方的配偶对前述裁判确认的债务承担责任,也应将举债方作为共同被告。但若夫妻双方均明确作出对债务承担连带责任的意思表示,债权人可依照连带债务的诉讼规则行使权利。

2. 夫妻共同债务"共同偿还"是否意味着由夫妻双方承担连带清偿责任?执行财产顺序方面,是否存在夫妻共同财产与个人财产的先后顺序?债务人(特别是未举债方)是否有对其个人财产执行的先诉抗辩权?

有观点认为应采连带债务说,即对于夫妻共同债务,夫妻任何一方都有清偿全部债务的责任,当一方清偿全部债务后,超出自己应清偿数额的,发生内部追偿之债,且离婚时应确定夫妻各方的清偿比例。

有观点认为应采特殊的连带债务说,即夫妻共同债务在性质上属于连带债务,但在清偿方式上具有特殊性,应先以夫妻共同财产清偿,不足部分由夫妻各方承担连带责任,在夫妻一方承担了全部债务后,该方即在内部取得了向另一方追偿的权利。

有观点认为应采合伙债务说,即将家庭视为个人合伙组织,夫妻共同债务是执行婚姻合伙的事务所产生的,夫妻一方对共同债务承担无限连带责任。

有观点认为应采共同债务说,即将夫妻共同债务作为一个由夫妻团体共同承担的债,清偿时准用合伙债务的清偿规则,以夫妻共同财产清偿,不足部分准用连带清偿方式扩展至以个人财产清偿。以共同财产清偿债务的,夫妻内部不发生追偿问题,但夫妻共同债务需要以个人财产偿还而夫妻一方的个人财产不能完全清偿时,夫妻各方有义务偿还夫妻共同债务,且在内部发生追偿之债。

有观点认为应采区分说,即对于因日常家事代理权产生或者夫妻双方合意产生的债务,双方对债权人承担连带责任;对于非因家事代理权而产生的夫妻共同债务,双方共同责任产生的基础在于财产共有关系的存在,因此在婚姻关系存续期间,债权人有权就举债方的个人财产以及夫妻双方的共同财产部分受偿,但配偶一方的个人财产部分不应成为债权实现的责任财产;在婚姻关系因离婚或者一方死亡而终结时,此时非举债一方应当以其从共同财产中取得的份额为限承担共同债务的清偿责任,并且此时的责任形式为按份责任而非连带责任。

本书初步意见认为,《民法典》规定的夫妻共同债务"共同偿还"并不等同于夫妻对共同债务承担连带责任。夫妻共同债务应以共同财产优先清偿,对于不足部分,合意型的夫妻共同债务以夫妻任意一方的个人财产承担连带责任,单方型的夫妻共同债务由举债方的个人财产清偿。

如确认债务构成夫妻共同债务,应在判项中明确责任承担方式和夫妻各方的责任财产范围。具体可表述为:(针对合意型夫妻共债)对某丙(债权人)的债务×元,由某甲(举债方)和某乙(非举债方)以其共同财产共同偿还,二人对共同财产不足以清偿的部分以个人财产承担连带责任。(针对单方型夫妻共债)对某丙(债权人)的债务×元,由某甲(举债方)和某乙(非举债方)以其共同财产共同偿还,如共同财产不足以清偿,则相应部分由某甲(举债方)以个人财产承担。

执行财产顺序方面,在夫妻共同财产未被强制执行前,未举债方有对其个人财产执行的先诉抗辩权。

3. 在执行程序方面,能否直接在执行程序中对夫妻共同债务进行认定,并据此追加被执行人的配偶为执行案的被执行人?

有观点认为,不能追加,如《北京市法院执行工作规范》第539条规定,若法院的执行依据已确定债务性质为个人债务,根据现有法律规定,由于没有可以在执行中追加债务人配偶为被执行人的法律依据,所以不得在执行中追加债务人配偶为被执行人。债权人的主张只得通过其他程序实现。

有观点认为,可以审查并追加,如上海市高级人民法院在《关于执行夫妻个人债务及共同债务案件法律适用若干问题的解答》中规定,法院判决未对债务性质做出认定,申请执行人在执行中申请认定债务性质、追加债务人配偶的,执行法院可依据执行听证程序进行审查,并根据审查结果具体做出处理:(1)经审查认定为个人债务的,不予追加。(2)债务性质难以确定的,不予处理,当事人应另行起诉。(3)除前述两种情形外,若审查结果为共同债务,可作出追加债务人配偶为被执行人的裁定。

有观点认为,无须裁定可直接执行财产,如浙江省高级人民法院在《关于执行生效法律文书确定夫妻一方为债务人案件的相关法律问题解答》中规定,债权人申请追加债务人配偶为被执行人的,执行机构应当进行审查,有充分证据证明债务系夫妻共同债务的,可以执行共同财产,共同财产不足以清偿债务的,可执行债务人配偶名下的个人财产。但执行机构在执行财产时应当根据具体采取的强制执行措施制定相关文书,但无须作出追加被执行人配偶的裁定,可直接执行其财产。

本书初步意见认为,任何执行行为都应当依据法院的判决,在执行程序中,执行主体不应无视法律文书,自行根据实体法规范推定未被法院确定为债务人的一方是债务人,进而执行夫妻共同财产。如果债权人想以举债方及其配偶的夫妻共同财产为执行对象,应对举债方及其配偶提起诉讼,在法院判决夫妻同为债务人并取得法院的执行依据后,才可执行债务人的夫妻共同财产。

4. 被继承人债务清偿纠纷中,如有多个继承人,是否系必要共同诉讼?遗产债权是否必须由全部继承人共同行使?

有观点认为应采共同行使说,即对于共同共有人中之一人或数人,除经其他共同共有人全体之同意,或为共同共有人全体之利益为回复共同共有物之请求,得单独或共同起诉外,如果请求是基于共同共有法律关系,仍属固有之必要共同诉讼,应由共同共有人全体起诉。

有观点认为应采单独行使说,即为维持共同共有关系之存续以及全体共同共有人之利益,债务人应向全体债权人为给付。但考虑到兼顾债权请求之便利与共益性,一债权人或数债权人可以为全体之利益而为请求。

本书初步意见认为,被继承人债务清偿纠纷和共同继承人主张遗产债权的纠纷均系固有必要共同诉讼,各继承人均应作为共同原告或共同被告参与诉讼,法院可依职权追加。在遗产债权的清偿方面,应赋予债务人向继承人中一人或数人为给付即生清偿效力的权利。

5. 继承人在诉讼中声明放弃继承,应如何处理?

本书初步意见认为,被继承人债务清偿纠纷中,若全部继承人放弃继承,可依照《民法典》关于遗产管理人的规定,由适格的遗产管理人作为被告;若部分继承人放弃继承,仍应将放弃继承者列为共同被告,但诉讼地位的列明不影响其对自身继承权的实体处分。

6. 多数继承人承担的清偿责任系何种责任类型?

有观点认为应采连带责任说。在被继承人债务清偿纠纷中,各继承人对被继承人的债务应承担连带责任,债权人可以单独对某一继承人提起诉讼要求其承担清偿责任。

有观点认为应采遗产状态区分说。遗产状态决定连带责任范围,如遗产尚未分割,全体继承人以被继承人的遗产范围为限对被继承人的个人债务负连带清偿责任;如遗产已分割,各继承人以自己分得的遗产为限,对上述债务承担连带清偿责任,超出比例者,可向其他继承人追偿。

本书初步意见认为,多数继承人对遗产债务承担的清偿责任并非连带责任,亦与遗产状态无关。遗产债务属于共同之债,由各继承人共同承担责任。

7. 被继承人债务清偿纠纷中,是否需要审查并明确被继承人的遗产范围?

有观点认为,无须审查遗产范围。限于举证困难的现实情况,以及一案一诉的原则,继承纠纷和债务纠纷涉及两个不同的法律关系,继承纠纷是各继承人之间的内部争议,而债务纠纷则是债权人与全体继承人(债务人)之间的外部争议。被继承人债务纠纷可仅作外部审查,作出“以遗产范围/继承范围为限承担清偿责任”的概括式判决即可。

本书初步意见认为,为避免判决在执行阶段沦为一纸空文,使债权人陷入循环诉讼,被继承人债务清偿纠纷应当查明遗产状况,且在此基础上的判决主文应当尽量表述明确。建议判决主文的表述模式为:甲、乙(均为继承人)于本判决生效之日起×日内在继承丙遗产(包括但不限于……此处表述具体遗产名称)实际价值范围内偿还丁债务。

8. 合伙债务是否必须追加全部合伙人作为共同被告?

有观点认为,合伙债务系连带之债,连带债务诉讼应作为固有必要共同诉讼,这样有利于查明案件事实、提高诉讼效率、防止矛盾裁判,且可以保证债权人的选择权在执行阶段得以实现。

本书初步意见认为,合伙之债系共同之债,共同之债应为必要共同诉讼,全体合伙人应作为共同原告或被告。但在合伙财产不足以清偿,合伙人承担第二次责任时,该责任变为连带责任,可以请求任一合伙人承担责任。

第七章　诉的客观合并(一)：单纯合并

一、客观单纯合并的司法现状分析

理论上,诉的客观合并是指,“将两个或两个以上相互之间具有一定联系的诉合并在同一个诉讼程序中审理和裁判的诉讼行为”。[①] 而诉的客观单纯合并是指,“同一原告对于同一被告,合并提起多项诉讼请求,要求法院对各请求作出判决之合并”。[②] 在中国裁判文书网以“诉的合并”以及“客观合并”为关键词搜索,以全国法院相关案例为观察对象,经分析整理,就诉的客观单独合并适用状况分析如下。

(一)积极维度

1. 对诉的客观单纯合并价值功能的重视程度有所提升

样本中,不论案件是否准确适用了诉的客观合并,但在分析论证中,均将诉的客观合并置于诉讼效率提升、纠纷一次性解决的重要功能意义之上。在诉的客观合并制度供给严重不足的背景下,充分表明司法实践已经意识到诉的客观合并的功能价值,对制度供给需求尤为迫切。例如,法院认为,诉的合并“更有利于一次性解决纠纷、节约司法资源、方便当事人诉讼”;“可减轻当事人双方和法院的诉累,节约审判成本,更有利于矛盾解决”[③];等等。

2. 司法尝试协同考量多主体利益

诉的客观合并关涉多主体利益,包括实体利益与程序利益。就主张合并的一方,纠纷的一揽子解决,最大限度减少诉累对其具有重要价值意义。而就相对方来讲,程序融合亦关涉管辖权、诉讼资料收集等基本权益。从更广阔的角度看,诉的合并还涉及法院自身纠纷解决的深度和精度,关涉到正义输出、裁判效率等公共利

---

① 江伟主编:《民事诉讼法学》(第3版),北京大学出版社2015年版,第28页。

② 张永泉:《民事之诉合并研究》,北京大学出版社2009年版,第24~25页。

③ 最高人民法院(2017)最高法民辖终169号民事判决书;江苏省无锡市中级人民法院(2019)苏02民终1504号民事判决书;成都市新都区人民法院(2020)川0114民初2206号民事裁判文书。

益。本书从相应的案例中可以看到，一些法院在合并时不仅仅考虑到纠纷一次性解决的公共利益以及原告一方实体和程序主张，更关注到了对方当事人的程序利益，如在合并中注重考虑当事人是否同意，充分保障当事人以管辖异议否定合并主张等情形，逐步尝试在客观合并中协同考量平衡多重利益。①

3. 释明权的诉讼指挥功能在客观合并中发挥明显

对当事人主张的多数诉讼标的客观合并案件，法院并未采纳放任或完全拒绝的两极态度，而是通过积极行使释明权，确保当事人在诉的客观合并中的相关实体和程序利益不减损。在一些诉讼标的具有牵连性，但合并审理不利于纠纷及时解决时，法院通过积极释明，要求当事人对诉争标的进行选择，而后依据不同情事分别作出裁判。②

（二）消极维度

1. 制度供给不充分，适法依据不足

虽然《民事诉讼法》及相关司法解释对诉的客观合并有一些规定，如《民事诉讼法》第54条、第141条，《民诉法解释》第221条，但对诉的客观合并所要解决的基本问题，如诉的合并应当由谁提出；是否形成诉的合并最终由谁来决定；决定是否形成诉的合并需要考量哪些因素；法院的释明与诉的合并之形成的关系③；等等，法律和司法解释欠缺较为周详的规定，这也导致样本中适法依据不足的现象较为突出。本书统计，除涉及主观合并的共同诉讼案件外，对客观合并的案件，不论法院是否准许合并，裁判文书中均没有法律适用依据。虽然《民诉法解释》第221条被认为是客观合并最为直接的法律依据（学者有不同意见），但即便如此，适用第221条处理的案件也寥寥无几。与此对应，法律适用依据不足导致司法裁判中民诉法理论的“渗透”较为突出，以“理”服人现象较多。例如，有判决文书载明，一个诉只有一个诉讼标的，若同一个诉讼程序中存在两个以上的诉讼标的，则为两个以上的诉，即诉的客观合并。诉的合并是指法院将两个或两个以上彼此之间有牵连的诉合并到同一法院管辖，并适用同一个诉讼程序审理。④

---

① 参见北京市大兴区人民法院（2020）京0115民初16919号民事判决书；浙江省杭州市中级人民法院（2020）浙01民辖终1087号民事裁定书；杭州互联网法院（2018）浙0192民初4790号民事裁定书。

② 参见杭州市余杭区人民法院（2016）浙0110民初9333号民事裁定书；杭州市余杭区人民法院（2015）杭余民初字第3595号民事裁定书；重庆市第五中级人民法院（2016）渝05民终1338号民事裁定书；杭州市余杭区人民法院（2019）浙0110民初15719号之一民事裁定书。

③ 参见张晋红：《诉的合并之程序规则研究》，载《暨南学报（社会哲学科学版）》2012年第8期。

④ 参见河北省石家庄市中级人民法院（2019）冀01民终6568号民事判决书。

2. 客观单纯合并的尺度不一,牵连性标准的把握宽严有别

客观单纯合并是对不同诉讼标的的合并审理,理论上根据适用情形,区分为有牵连性以及无牵连性的客观单纯合并。① 从实践样态分析,当前司法审判中不承认无牵连性的客观单纯合并,而不同案件的处理,主要围绕牵连性的判断而展开。但是,对何为有牵连性,司法实践的判断标准不一甚至相互矛盾。比如,在一起合同纠纷中,②原告同时主张三份合同的违约损失,法院认为该三份合同的合同主体、标的、内容、价款、履行期限等构成合同的核心条款均有所不同,但原告将三个诉讼标的不同的合同合并起诉构成了诉的客观合并,最终合并审理并作出判决。而在另一起案件中,③法院认为原告就 18 个独立的合同关系提起本案一个诉讼,经一审法院释明后,原告仍坚持在一案中处理多个合同关系,最终裁定驳回其起诉,而事实上该 18 个合同皆与在同一商场购物有关,原告诉请理由也是基于合同欺诈等同一事实。再如,在一案件中,④原告将其自身对被告的债权,以及原告自其他债权人受让的对被告的债权一并诉至法院,法律关系虽不相同,但法院予以合并审理。但在另一案件中,⑤原告银行以借款合同请求被告偿还借款,同时以有追索权的保理合同向被告行使追索权,实质上均为请求被告清偿金钱债务,但法院以借款合同与保理合同系不同法律关系为由不予合并审理。总之,在客观单纯合并牵连性的认定上,是当事人同一还是法律关系类似,抑或二者必须兼备才具有决定性因素,实践认识极不统一。

3. 在客观单纯合并的诉权保障上,不同法院判断结论相异

一是在客观单纯合并是否必须经当事人同意上,法院适用条件不一。目前法律对客观合并的要件并无具体规定,一些法院判决以纠纷的一次性解决为目的,并不关注当事人对合并是否同意,当事人同意或者不同意均不影响合并审理的处理。⑥ 但不少判决中将当事人是否同意合并作为一项重要的考量因素。⑦ 二是在客观单纯合并的管辖上,一些案件当事人以管辖权异议的方式表达对合并审理的反

---

① 参见段厚省:《民事诉讼标的论》,中国人民公安大学出版社 2004 年版,第 283 ~284 页。

② 参见云南省普洱市中级人民法院(2021)云 08 民终 942 号民事判决书。

③ 参见杭州市余杭区人民法院(2016)浙 0110 民初 9333 号民事裁定书。

④ 参见最高人民法院(2013)民一终字第 191 号民事裁定书。

⑤ 参见江苏省泰州市中级人民法院(2017)苏 12 民辖终 19 号民事裁定书。

⑥ 参见最高人民法院(2017)最高法民辖终 169 号民事裁定书。

⑦ 参见杭州市余杭区人民法院(2015)杭余民初字第 3595 号民事裁定书;杭州市余杭区人民法院(2016)浙 0110 民初 9333 号民事裁定书。

对，不少裁判认为，受诉法院对所有案件均有管辖权时，法院方得以合并审理。[①] 但亦有法院认为合并管辖有利于查明事实，防止矛盾裁判且不会对双方当事人的民事权益产生实质性影响，故而直接认定“对其中一份合同有管辖权的人民法院，对应合并审理的案件也有管辖权”。[②]

二、基于实践样态的原因分析

（一）立法层面对司法裁判指示不够

虽然诉讼法学界对诉的合并包括客观合并的讨论持续热烈，但几次修订《民事诉讼法》均未涉及诉的客观合并的系统性问题。目前，《民事诉讼法》关于诉的合并主要集中于诉的主观合并涉及的共同诉讼形态、诉讼请求的追加变更以及反诉等问题，唯一涉及诉的单纯客观合并的仅有《民诉法解释》第221条，[③]但对该条的适用亦存在不同理解。最高人民法院认为该条的重心乃诉的客观合并制度，[④]但亦有学者认为，从《民诉法解释》第221条“是由法官行使诉讼指挥权而将原告分别所提起的诉讼予以合并辩论的情形，与诉的客观合并理念根本不同”来看，[⑤]立法层面对诉的客观合并规定的缺失较为严重。具体来讲，在诉的客观合并中，司法实践中至少遇到以下问题难以找到法律依据，一是对诉的客观单纯合并中的牵连性认识是否应该坚持“同一事实发生的纠纷”这一标准。二是在诉的客观单纯合并中，当事人的个体权益与纠纷解决的公共利益如何协调，即法院对一些案件是否必须予以合并审理，而一些案件法院是否可以合并审理，这其中是否有法院的释明权和当事人处分权相结合的必要。三是诉的客观合并是否导致案件合并管辖。这些问题如不解决，司法实践中关于诉的单纯客观合并将会变得盲目而任意。

（二）理论和实践的互融互通不足

诉的客观合并制度的产生和发展有其相应的历史基础，归根到底还是现代社

---

① 参见浙江省杭州市中级人民法院（2020）浙01民辖终1087号民事裁定书；天津市第一中级人民法院（2019）津01民终8105号民事判决书；山西省晋中市中级人民法院（2015）晋中中法民初字第3号管辖裁定书。

② 参见江苏省南通市中级人民法院（2014）通中商辖终字第00058号管辖裁定书；江苏省无锡市中级人民法院（2013）锡民辖终字第0081号管辖裁定书。

③ 第221条规定，基于同一事实发生的纠纷，当事人分别向同一人民法院起诉的，人民法院可以合并审理。

④ 参见沈德咏主编：《最高人民法院民事诉讼法司法解释理解与适用》，人民法院出版社2015年版，第574页。

⑤ 赵志超：《论我国诉的客观合并之制度化障碍及其克服》，载《政治与法律》2019年第12期。

会诉讼爆炸的客观事实在法律制度上的映射,通过合并提升纠纷解决效率,防止裁判歧义成为包括诉的客观合并在内的诉的合并制度的根本目的。然而,诉的合并涉及复杂的诉讼法体系问题,从根本上讲,诉的合并首先涉及诉讼标的的确认和识别。其次,诉的合并必然会引起诉讼管辖的合并与否问题。最后,诉讼的合并还关涉到当事人处分权的行使以及由于诉的合并而带来的诸多程序权益保护问题。另外,诉讼法律制度涉及的利益主体并非当然的属于两造双方,司法机关作为裁判机构也属于利益牵连方,法院愿不愿意、能不能充分运用好诉的合并制度,与该制度给法院带来的实益亦有密切关联。如果合并审理仅满足纠纷一次性解决的单极目标而导致司法资源投入过甚,法院自不会轻易选择诉的合并。因此,对诉的合并制度的研究恰恰应该是多极的,是均衡的利益考量结果。而事实上,在有关诉的合并所牵扯的上述问题上,理论和司法实践之间的融合度还不够。在最为基础的诉的标的问题上,学者研究指出,晚近以来的大陆法系对诉讼标的认识研究,是以逻辑主义为导向的,在前提上首先认为“民诉法应当有个统一的、体系化的诉讼标的概念”。[①] 为此,以传统诉讼标的理论为原型,在借鉴国外民事诉讼法理论基础上,我国民事诉讼理论界除了坚持旧实体说外,也相继提出了新二分肢说、衡量说、双重含义说诉讼标的理论。[②] 上述学说虽各有特点和优势,然而,“这样的前设,优点是有助于保持诉讼标的在民诉实践中的逻辑一致性,缺点是研究视角中经验性内容的弱化会影响诉讼标的理论在实务中的生命力和可接受度”。[③] 本书看到,上述理论对司法实务界的影响微乎其微。事实上,司法实务界更为关注的是如何通过较为实用和明确的诉讼标的理论,服务于案件纠纷的解决。在不少案件中,法院有意无意采纳“同一纠纷事实”作为案件标的的识别工具就是典型的例证。[④] 在诉的合并的条件上,有的认为合并审理的法院对数个案件均具有管辖权,[⑤]而有的理论则认为只要其中一个案件有管辖权即可。[⑥] 不同理论的阐释,外加立法层面的不明确,导致甚至加剧了司法实践中法官对诉的客观合并的不同认识。

---

① 梁开斌:《民事诉讼标的:逻辑、经验与本土化资源》,载《东南学术》2020 年第 6 期。

② 参见段厚省:《民事诉讼标的论》,中国人民公安大学出版社 2004 年版,第 66 ~ 93 页。

③ 梁开斌:《民事诉讼标的:逻辑、经验与本土化资源》,载《东南学术》2020 年第 6 期。

④ 参见袁琳:《基于“同一事实”的诉的客观合并》,载《法学家》2018 年第 2 期。

⑤ 参见王福华:《民事诉讼法学》,清华大学出版社 2015 年版,第 188 页;赵志超:《论我国诉的客观合并之制度化障碍及其克服》,载《政治与法律》2019 年第 12 期。

⑥ 参见李浩:《民事诉讼法学》,法律出版社 2016 年版,第 122 页;张永泉:《民事之诉合并研究》,北京大学出版社 2009 年版,第 34 页。

（三）司法效率思维的单极化倾向

我国民事诉讼制度设立之初，社会纠纷的形态无论是在量上还是在复杂程度上，与现在都不可同日而语。复杂诉讼形态制度的缺失正契合了简单化纠纷的审判现实，这也导致过去诉讼程序的“容量”较小。与此相适应，法官固守的观念仍然是“一案一诉”思维，“受传统诉讼标的理论影响，部分法官认为民事程序只能审理相同性质的民事法律纠纷”。[①] 而民事诉讼中涉及诉讼请求的追加变更或者被告提起反诉等制度，法官一般也将此作为《民事诉讼法》的强制性规定对待，很少从诉的合并角度思考。在此种惯性思维支配下，本书看到，一方面法官“并不讳言其对传统诉讼标的理论的热爱，认为不同的法律关系放在同一个案件中进行审理，会复杂化审理进程，影响其庭审驾驭能力”；[②]而另一方面，在对法官乃至法院的考核中，对审判效率的考核往往局限于单位时间内结案的数量，或者单个案件的审理用时。将尽可能多的案件合并审理，显然并不是提升业绩考核的最佳选择。这种关注个案审判效率的单极化倾向势必影响到诉的客观合并的适用。

综上，导致实践中诉的客观单纯合并适用不佳的缘由是多方面的。但唯一确定是，诉的客观单纯合并并非原告一己之利，一项诉讼制度的设立往往兼顾了当事人、司法机关、社会公共利益等多个维度，多重面向。因此对问题的解决，不仅需要本书关注制度设计，更需在前提上明确一项制度涉及的利益分配有哪些维度，进而在利益分配基础上融合不同的利益诉求，以求实现制度效用最大化。

三、客观单纯合并下的权益配置考量

（一）客观单纯合并下的权益主体

客观单纯合并作为诉讼法上重要制度，其功能无疑受制于民事诉讼目的论。从历史发展看，民事诉讼目的论经历了私权保护说、私法秩序维持说、纠纷解决说、程序保障说、法寻求说以及多元论等不同学说，不同国家根据自己国情有不同的价值依归，此毋庸多言。就我们国家来讲，多数学者以《民事诉讼法》第2条为基础，赞同多元说观点。[③] 一方面民事诉讼制度价值要实现对当事人诉讼权利的保护；另

① 罗恬漩、王亚新：《不真正连带责任诉讼问题探析》，载《法律适用》2015年第1期。

② 梁开斌：《民事诉讼标的：逻辑、经验与本土化资源》，载《东南学术》2020年第6期。

③ 参见汤维建主编：《民事诉讼法学》（第2版），北京大学出版社2014年版，第11～18页；李浩：《民事诉讼法学》（第3版），法律出版社2016年版，第9～10页；张卫平：《民事诉讼法学》（第4版），法律出版社2016年版，第8～11页。

一方面通过法院依法审理,定分止争,及时正确地解决纠纷,从而服务于国家治理目标的实现。当然,及时正确地解决纠纷除了表明效率作为重要的价值目标外,纠纷一次性解决,减少社会矛盾总量亦是题中之意。故一言以蔽之,民事诉讼的目的就是要公正、高效并尽可能一次性解决民事纠纷。诉的客观单纯合并因涉及"诉的合并"这一特定领域,更是多元化目标的展现,而多元化的诉讼目的无疑关涉多元化的利益主体。就公正的价值而言,其最重要的利益主体是当事人,这是当事人提起诉讼的根本所求。就高效来讲,除涉及当事人利益外,还涉及司法机关的利益,毕竟司法的投入与产出是衡量诉讼效率的重要指标。就一次性解决纠纷而言,除关涉当事人利益外,还涉及社会总体利益,也即公共利益实现问题。因此,在客观单纯合并中,个人、司法机关、社会公共利益较为集中的纠缠在一起,多利益主体意味着其制度构建需要考虑多利益平衡。

(二)客观单纯合并下权益主体的利益考量基点

上文已述,客观单纯合并关涉到当事人、司法机关以及社会公共利益。那么其利益在客观合并的制度中具体考虑基点又在哪里呢?

1. 当事人的利益考量基点

诉的客观单纯合并是将不同诉的标的合并在一个案件中审理的制度。诉讼标的是当事人争议的法律关系或者说具体请求权,当事人在同一诉讼中提出具有牵连关系的不同请求权,意在通过一次性诉讼手段,有效率地实现纠纷解决目的。从世界各国法律制度看,对诉的客观合并制度一般均予以认同,且在合并范围上很少受到牵连性限制。而在我国,学术界和司法界对诉的客观合并已经形成共识,且从我国民事诉讼法律制度有关合并的规定中已可窥见诉的客观合并的简单规定。因此,允许当事人提出诉的客观合并审理本身就是一项重要的诉讼权利。诚如学者所言,"当事人是否向法院提起民事诉讼以及提起几个民事诉讼,均属于当事人自由处分的范畴。同理,如果法律没有明确的要求,当事人是在同一诉讼程序中合并提出几个诉,还是分别向法院提起不同的诉,或者本诉的被告是否提起反诉、有独立请求权第三人是否提出参加之诉,同样属于当事人自由处分的范畴"。[①] 故而,对当事人利益的衡量基点首先在于应允许当事人在诉讼中提出诉的客观合并申请,此其一。其二,诉的客观合并虽然有助于原告一次性解决纠纷,但也面临着诉讼资料和举证收集等成本扩张现象,被告是否愿意在同一诉讼程序中解决过多的诉讼

① 张晋红:《诉的合并之程序规则研究》,载《暨南学报(哲学社会科学版)》2012 年第 8 期。

纠纷,亦应有相应的利益权衡之法。其三,诉的客观合并属于不同诉讼标的的合并审理,故而,受诉法院对各诉讼标的是否具有管辖权涉及合并审理的合法性问题。如果要求受诉法院对各不同标的之诉均具有管辖权,合法性自然不用说。但如果仅要求受诉法院对合并的案件之一有管辖权即可,则涉及问题比较复杂。在无合并管辖制度的情形下,是否可以合并自应取得对方当事人的同意,否则,如果受诉法院仅需对其中一诉具有管辖权即可合并数个诉,那就意味着诉的客观合并将导致管辖权合并,会成为当事人规避管辖的"风险敞口",引发诉讼风险。[①]

2. 司法机关利益考量基点

现代司法越发强调诉讼的效率价值。随着社会关系的日趋复杂、《民法典》颁布施行后民事权利体系的逐步完善以及个人权利意识觉醒,势必带来了诉讼案件增长,诉讼类型多样等现实情况,"诉讼迟延已经超越不同国家的文化与法律之上的差异而成为现代诉讼的通病"。[②] 除充分利用诉讼外纠纷快速解决机制以化解现实矛盾外,另一个方法就是促进诉讼措施的改进,如将不同主体合并在同一诉讼中审理从而形成诉的主观合并;将不同的诉的标的合并在同一程序中形成诉的客观合并等。然而,诉的合并并非万能之匙,如果原告提出了多种诉讼标的要求法院审理,合并审理也会导致诉讼资料收集的复杂化、司法判断的模糊化,不可能避免存在诉讼拖延的恶果,甚至侵犯对方当事人合法权益。美国诉讼制度中"纠纷事件主义"诉讼标的理论就是典型的例子。美国自1938年联邦民事程序规则实施以来,实务及理论上逐渐采纳"纠纷事件"作为识别诉讼标的的标准,即以"一个纠纷事件或一系列事实群之全部或任一部分"界定判决请求排除效(既判力)的范围,作为这一场景下诉讼标的的衡量标尺。[③] 但是,随着美国社会纠纷的复杂程度提升,诉讼标的涵盖的请求、当事人"越多越好"已不具有足够的说服力,司法实务界已经出现了缩小案件诉讼标的涵盖范围的趋势。[④] 当前,诉的客观合并条件中,数个诉讼标的之间具有牵连性是理论和实践共识,那么如何确定牵连性,是否应对牵连性进一步区分从而优化配置法院的决定权,使客观合并提促效率的功能得到最优发挥,就成为司法机关利益考量的基点。

---

① 参见赵志超:《论我国诉的客观合并之制度化障碍及其克服》,载《政治与法律》2019年第12期。

② 卢正敏:《共同诉讼研究》,法律出版社2011年版,第22页。

③ 参见陈杭平:《诉讼标的理论的新范式——"相对化"与我国民事审判实务》,载《法学研究》2016年第4期。

④ 参见陈杭平:《"纠纷事件":美国民事诉讼标的理论探析》,载《法学论坛》2017年第6期。

3. 社会公共利益的考虑基点

价值层面上，司法效率包括司法迅速性价值和司法的经济性价值。前者要求司法审判的速度，后者则反映社会和国家人力、物力、财力等诉讼成本的投入与产出之间的关系。[①] 纠纷能够在同一程序中一次性解决，既减少社会矛盾总量亦合理化诉讼投入与产出之间的关系，也涉及社会公共利益的实现。从目前来看，各国家无一不将主体合并与客体合并的诉讼制度价值落脚点置于提高诉讼纠纷解决效率之上。因此，从公共利益角度考虑，第一，在民事诉讼法中应该广泛认可诉的客体合并制度价值，允许当事人在诉讼中（包括起诉时以及诉讼中）将不同的诉讼标的放置在同一程序中合并审理。第二，要平衡好公共利益和司法机关利益之间的关系。在对合并审理"牵连性"的处理上，要充分考虑到当前司法机关诉讼合并的承载能力，以公正为底线，并兼顾律师强制代理等制度的缺乏等事实综合考量，这就是社会公共利益的考虑基点。

四、二元化路径的立法论和解释论阐释

（一）比较法上诉的客观单纯合并的观察

在大陆法系的德国，民事诉讼法规定了客观合并的合法性要件，要求多个请求权必须是由同一原告向同一被告所主张，受诉法院必须对每一个请求权都具有管辖权，不过，如果管辖权取决于请求权的价值，多个请求权合并计算时只要合并是合法的，法院对每个请求权都获得管辖权。另外，多个请求权还必须以同一诉讼种类提起且不能存在禁止合并的规定。[②] 同时，法院可以依据案件审理中的具体情形分离诉讼。[③] 值得注意的是，德国法在客观合并中，区分了"法院合并"与"原告合并"两种情形，前者是"通过法院将多个诉讼合并为一个程序产生（《德国民事诉讼法》第 147 条）。如果多个诉讼系属于同一法院并且这些请求权有法律上的关联或者本来能够在一个诉讼（第 260 条）中主张，就允许这样合并。法院合并与原告合

① 参见［日］谷口安平：《程序的正义与诉讼》（增补版），王亚新、刘荣军译，中国政法大学出版社 2002 年版，第 52 ~ 53 页。

② 参见［德］罗森贝克、施瓦布、戈特瓦尔德：《德国民事诉讼法》，李大雪译，中国法制出版社 2007 年版，第 705 ~ 708 页。

③ 参见［德］奥特马 · 尧厄尼希：《民事诉讼法》（第 27 版），周翠译，法律出版社 2003 年版，第 442 ~ 443 页。

并并不是一回事”。[①] 法国法上,所谓诉的合并是将数个诉讼请求合并在同一诉讼程序中审理。合并的要求是被合并的若干诉讼请求相互之间具有一定的关联性。同时,民事诉讼法亦规定了诉讼的分离制度,即将同一诉讼程序中已经提起或审理的若干诉讼请求分离出来,分别在不同的诉讼程序中予以审理。无论是诉讼的合并还是分离,都属于法官的职权范围,法官有权决定诉讼的合并与分离。法官拥有这种职权的理论和法律依据在于,法国法认为诉的合并与分离属于法院的司法行政行为,法官有权利依当事人的申请或者依职权决定诉的合并与分离,无须经当事人的同意且不允许就该决定提起上诉。但一般情况下,诉讼合并或分离仍需要由当事人提出关于合并或分离的申请,然后由法官决定,只是在必要时,法官才可以依职权作出合并或分离的决定。[②] 就管辖而言,法国法上亦规定了管辖的扩张制度,基于数个诉讼之间的关联关系,受诉法院对数个案件拥有管辖权符合法定管辖扩张情形。[③] 在日本法上,为了避免审理的重复减少裁判矛盾,同时避免审理的繁杂化,法律一方面对合并审理的要件进行了规定,另一方面也允许合并案件的分离审判。就合并的要件而言,数个请求必须是通过同类诉讼程序予以审判的请求,同时要求受诉法院对合并的各个请求都具有管辖权。[④] 原则上,被合并的数个诉讼标的之间无须具有关联性,属于“各请求相互之间无任何关系,或者是,即使存有关系也只是一种并存关系的数个诉讼上的请求被合并在一个诉中的情形”。[⑤] 关于管辖要求,虽然要求法院对各个请求均具有管辖权,但由于日本法上也规定了合并审理的牵连管辖,因此,除专属管辖的法定情形外,一般案件均因客观合并的事实而产生牵连管辖。[⑥] 在我国台湾地区,诉的客观合并被规定在“民事诉讼法”第 248 条,即对于同一被告之数宗诉讼,除定有专属管辖者外,得向就其中以诉讼有管辖权之法院合并提起之。但不得行同种诉讼程序者,不在此限。法律也并未对诉的客观合并进行具体的分类,在管辖上也不要求法院对数宗案件均具有管辖权,产生了与合并管辖一样的效果。在对哪些案件可以合并上亦无强制规定,只是学理上将客观

---

① 参见[德]罗森贝克、施瓦布、戈特瓦尔德:《德国民事诉讼法》,李大雪译,中国法制出版社 2007 年版,第 705 ~ 708 页。

② 参见张卫平、陈刚编著:《法国民事诉讼法导论》,中国政法大学出版社 1997 年版,第 50 ~ 51 页。

③ 参见张卫平、陈刚编著:《法国民事诉讼法导论》,中国政法大学出版社 1997 年版,第 115 页。

④ 参见[日]新堂幸司:《新民事诉讼法》,林剑锋译,法律出版社 2008 年版,第 519 ~ 520 页。

⑤ [日]中村英郎:《新民事诉讼法讲义》,陈刚、林剑锋、郭美松译,法律出版社 2001 年版,第 123 ~ 124 页。

⑥ 参见[日]中村英郎:《新民事诉讼法讲义》,陈刚、林剑锋、郭美松译,法律出版社 2001 年版,第 44 ~ 45 页。

合并分为有牵连和无牵连的客观合并两种情形。[①] 在英美法系的美国，诉的主客观合并与诉的标的识别标准紧密关联在一起。美国从 1938 年联邦民事程序规则实施以后，实务及理论上逐渐采纳“纠纷事件”作为诉讼标的的识别标准，并将该标准广泛运用于反诉、交叉诉讼、当事人的合并、牵连管辖以及既判力等领域。[②] 学者研究表明，“纠纷事件”其实就是美国法上诉讼审判的最小单元，以“纠纷事件”为判断标准的诉的合并其实并非大陆法系意义上的诉讼合并，因为一个“纠纷事件”只涉及一个诉讼标的，而非多个诉讼标的的合并。“纠纷事件”作为一个诉讼标的，使得“不仅当事人在‘纠纷事件’之外提起的许可反诉、合并的诉讼请求具有既判力，而且只要在逻辑上紧密相关的不同诉讼请求被视为属于同一纠纷事件，即使当事人在前诉中未提出，仍会因既判力的排除效果而禁止其在后诉中提出。因此，除了超越纠纷事件的限制而实际被纳入前诉程序的诉讼内容之外，既判力的效力范围与诉的合并范围大致相当。只有从结果上赋予强制遮断的效力，才能促使当事人在前诉中穷尽一切可以提出的诉讼请求，彻底实现纠纷的一次性解决”。[③] 美国法上之所以通过“纠纷事件”扩充诉讼程序的容量，很重要的原因在于 20 世纪之初纠纷案件还处于相对简单的时代，这种一体化的容纳能够实现纠纷“一揽子”解决的目的，同时，通过庭审分离机制，法官亦能有效控制诉讼复杂程度。现在，随着美国社会案件复杂性的攀升，法官已通过对“纠纷事件”进行灵活性的解释和裁判适用以实现法政策目的。

从以上比较法的阐释中本书可以得到如下结论：第一，尽量通过诉的客观合并增加诉讼程序容量是世界各国通行的做法，这从合并牵连性的有无以及“纠纷事件”的广度中都可窥见，契合了今天本书对诉讼效率提升以及纠纷一次性解决的愿望。第二，司法机关在对诉讼容量的把握上，均具有一定的决定权，能否合并，能否分离，其主要权力还在司法机关。第三，各国（地区）多规定了合并管辖制度，避免诉讼中一方就数宗纠纷提起合并审理申请而带来的管辖合法性问题，在制度层面确保当事人的利益不受侵犯。

（二）利益区隔下客观单纯合并的二元化进路分析

司法制度植根于各国（地区）具体情形。虽然比较法上客观单纯合并的制度为

---

① 参见陈荣宗、林庆苗：《民事诉讼法》，台北，三民书局 1996 年版，第 345 ~ 348 页。

② 参见陈杭平：《诉讼标的理论的新范式——“相对化”与我国民事审判实务》，载《法学研究》2016 年第 4 期。

③ 陈杭平：《“纠纷事件”：美国民事诉讼标的理论探析》，载《法学论坛》2017 年第 6 期。

本书提供了有益的参考，但是客观单纯合并制度如何在我国本土扎根取决于具体的司法土壤，并不能完全照搬西方经验。上文中，对诉的客观单纯合并需要考虑的三方利益基点进行了阐释，即要考虑到公共利益、司法机关利益以及当事人个体利益的平衡。本部分，基于三方利益区隔，尝试找到与各方利益对应的规范路径。

1. 价值——当事人利益保护→规范：当事人的处分及同意

处分原则是我国《民事诉讼法》上重要原则，当事人可自由支配其实体权利和诉讼权利。就诉讼权利来讲，当事人有权在诉讼的各阶段、各个环节中支配其诉讼权利，权利行使贯穿于诉讼的全过程。在客观单纯合并中，涉及当事人处分的情形有，第一，原告是否有权申请将不同标的的案件合并审理以及将哪些案件合并审理；第二，被告是否有权反对案件合并审理；第三，在案件管辖上，法院是否有权直接确定案件合并管辖。

就一个问题，诉讼法理论和司法实践能够形成一致意见，采取适度合并审理的观点有助于提升诉讼效率，也有利于纠纷的一次性解决。制度层面，目前我国《民事诉讼法》第 143 条、《民诉法解释》第 221 条、最高人民法院《关于在经济审判工作中严格执行〈中华人民共和国民事诉讼法〉的若干规定》（已失效）第 2 条等已经对客观合并有所涉及。因此，从尊重当事人处分权的角度而言，本书应该广泛地认可诉的客观单纯合并，允许当事人在起诉时以及诉讼中（本章不涉及该问题）申请将不同诉讼标的的案件合并审理，而不宜在立案阶段予以拒绝受理。虽然比较法上为了扩宽合并审理射程范围多否认合并案件之间具有牵连性，但案件是否需要具有牵连性是合并审理的合法性问题，应将最终是否合并的权限留给法官确定，而非在立案阶段确定。

就第二个问题，合并审理使用不当，容易造成本应及时解决的案件长期不决，就对方当事人来讲，也存在反复搜集诉讼资料疲累的负面影响，法律在保护一方当事人权益的同时，绝不应漠视对方的合法权益。虽然在比较法上并无被告同意的要件，但是鉴于我国诉讼现状以及当事人法律素养不高，外加律师强制代理缺失的现状，原则上应在是否合并的问题上取得被告的同意。该观点实际上也契合我国《民事诉讼法》主观合并中有关普通共同诉讼的启动条件。普通共同诉讼是当事人的合并，是原告要求解决其与不同当事人之间的诉讼纠纷，而在客观单纯合并场合，原告是要解决其与被告之间的多种诉讼纠纷，因此，在诉讼资料的收集、诉讼辩论的难易程度上要明显强于普通共同诉讼中不同当事人的单独诉讼。故举轻以明重，在单纯合并中要求被告同意具有一定的合理性。

就第三个问题，我国《民事诉讼法》并没有关于合并管辖的一般性规定，虽然在《民事诉讼法》和最高人民法院司法解释中也散见一些有关合并管辖的规定，但基本上是针对主观合并或者特别情形下的客观合并，实践中类推适用的难度较大。前者如通过原告自愿加入已经存在的诉讼形成普通共同诉讼而产生的合并管辖，参加诉讼的原告必然接受已受理案件的法院管辖。后者如最高人民法院《关于适用〈中华人民共和国担保法〉若干问题的解释》（已失效）第129条规定，主合同和担保合同引起的诉讼，应当根据主合同确定管辖，则属于强制的合并管辖。另外，通过对《民诉法解释》第233条第3款进行反向解释，也可以得出反诉的强制管辖制度。在客观单纯合并中，如果原告将数个不同管辖法院的诉讼合并在一起，一方面违反了基本管辖制度，另一方面也侵害了当事人的管辖利益。本书注意到，在日本法有关共同诉讼即诉的主观合并中，只有诉讼标的共同或诉讼标的是基于“同一”事实上及法律上的原因时，则该类型普通共同诉讼可以适用合并管辖。如果基于“同种”的事实上及法律上的原因时，该类型共同诉讼不得适用合并管辖。故而，域外制度也并非毫无顾忌地适用合并管辖，而是要充分考虑案件类型以及具体案件中当事人的利益状态。鉴于我国目前诉讼实践，本书认为，多个合并的案件首先不能违反级别管辖、专属管辖以及协议管辖之规定，如果数案件并不符合地域管辖，应以当事人同意为准，通过“同意”类推适用关于协议管辖的相关规定解决，此后文另述。

2. 价值——司法机关利益保护→规范：合并的许可与分离

本书认为，在对待司法机关利益和公共利益保护的维度上，应该采取许可与强制并行的模式。该模式一是借鉴英美法中的许可性合并与强制性合并的分类，区分不同价值考量。二是参考我国《民事诉讼法》有关必要共同诉讼（强制合并）和普通共同诉讼（许可合并，以同意等要件为基础）的规定，形成合并制度的一体性化模式。

从上文比较法的观察可知，世界各主要国家和地区在对客观合并案件的牵连性上均予以弱化处理，不考虑牵连性成为主要趋势，其目的意在扩大程序容量，尽可能地将不同案件置于同一诉讼程序中处理。从国内学者研究来看，多数还是主张将数个案件之间具有牵连性作为客观合并的条件。本书对此种试图约束客观合并范围的观点表示认同，因为它兼顾了学理以及司法实践的状况。但是，从案件样本分析来看，不具有牵连性的案件也存在合并审理的现象。在一些案件中，原告与被告发生多起纠纷，各个纠纷之间并无牵连性，最多只是相似性，而相似性与牵连性是不同的概念，对这些案件一律否定合并审理亦存在不合理之处。当然，如果将原被告同一性作为牵连性的标准，则原告只要针对被告的任何案件都具有牵连性，但此种对牵连性的认识显然无分析价值。本书认为，从实践样本以及客观合并的制度价值出发，对牵连性的认定应该坚持“诉讼主体 + 纠纷事实类型”的界定标准，如此，既不用改变牵连性表述又能赋予牵连性实际意义。应辨析的是，这里纠纷事实类型的“纠纷事实”不能与美国法中的“纠纷事实”对应。美国法上的“纠纷事实”是诉讼标的的识别工具，而在我国，至少目前还应坚持理论通说即“旧实体法”说，故而这里的纠纷事实只能从纠纷产生的背景原因角度去理解，是“自然事实”的一部分。纠纷事实类型可以区分为同一事实引起的不同纠纷类型（典型的情形如合同确认与合同履行请求）以及不同事实引起的同类纠纷类型（典型的情形如数宗相同交易产生的纠纷）。前者具有同一事实基础，使法院在审理中对事实的查明无须耗费过重的资源，而后者具有同类纠纷的同一性思维，使法官在审理中能够聚焦纠纷，提升审判效率，更容易达到客观单纯合并的制度效果。

“诉讼主体 + 纠纷事实类型”是客观单纯合并的最低条件。域外立法经验表明，立法者只需规定诉的客观合并最低标准和要件即可，①在符合上述条件并经当事人同意时，法院可以根据实际情况准许合并。同时，还可借鉴比较法上的诉讼分离制度，当庭审中不同纠纷呈现复杂化趋势，继续合并审理不利于诉讼的及时解决时，可赋予法院将案件分离的权力。通过法院的许可和分离制度，能够在客观合并中将司法机关的利益充分考虑在内，从而避免无原则的任意合并。

3. 价值——公共利益保护→规范：强制性合并及其条件

那么诉的合并中公共利益如何实现？本书认为，应该在许可合并的基础上增加强制合并制度。许可合并规定了案件可以合并的最低条件，并赋予法官在合并和分离中更多的自由裁量权，有效平衡司法机关的利益和当事人利益。但是，仍有可能出现法院滥用诉的合并权力，尽量保持“一案一诉”的审判模式，故而在一定类型的案件中可考虑强制法院合并审理，确保在一定时间和空间范围内，客观单纯合并的数量达到最低限度，使社会纠纷总量得到一定程度的减少。

至于何种情形构成强制的客观单纯合并，本书认为，第一，法律规定情形。例如道路交通事故损害中，交强险与事故损害责任一并审理。离婚纠纷中，身份关系和未成年子女的直接抚养权一并审理等。第二，同一纠纷中产生的互有联系的不同

---

① 参见赵志超：《论我国诉的客观合并之制度化障碍及其克服》，载《政治与法律》2019 年第 12 期。

权利请求。这些诉请往往具有逻辑关联，比如合同确认与履行，共有物的分割与赔偿，在请求权竞合时也是如此，因为请求权竞合的审理与裁判不可等同对待。第三，在同类纠纷中，如果：①引起民事权利义务发生的法律事实具有同质性；②当事人得以主张权利的请求权基础相同；③争议的法律事实均针对请求权基础中的同一要件事实，合并审理有利于统一评价的，应该合并审理。比如，相同当事人之间的多起民间借贷，均存在预期还款的事实，要求承担违约责任的。相同当事人之间的多起标的性质相同的买卖合同，均存在欺诈行为，要求承担违约责任的。该两类案件请求权基础相同，要件事实相同，预期还款以及欺诈行为可以在一个案件统一认定，那么此类案件就符合强制合并的情形。当然，如果案件请求多样，只是部分请求可以统一评价，则不符合强制合并审理的条件。对强制合并审理的，不以当事人同意为必要条件。

（三）利益区隔下的客观单纯合并的实践处理

上述内容勾画了客观单纯合并的路径，但从实证法的角度观察，在未来《民事诉讼法》修改前，具体案件应如何处理不无疑问。本书认为可从以下几个方面考虑。

1. 强化对当事人合法权益的保护

实践中，要注重对《民事诉讼法》第 55 条第 1 款的类推适用。该条规定，当事人一方或者双方为二人以上，其诉讼标的是共同的，或者诉讼标的是同一种类、人民法院认为可以合并审理并经当事人同意的，为共同诉讼。该条虽然规定的是共同诉讼形态，但普通共同诉讼实质上是诉的主观与客观的一并合并制度，不同当事人作为被告自然有不同的诉讼标的，此无须多言。既然不同当事人之间的诉的客观合并需当事人同意，那么在诉的单纯合并场合，要求被告同意也符合此处的立法本意。同时，还可对“诉讼标的是同一种类”进行扩大解释。最高人民法院在民事诉讼法解释的理解适用中将第 221 条定位于客观合并，而“基于同一事实发生的纠纷”，很显然已经通过司法解释对诉讼标的“同一种类”进行了扩大解释。① 有学者亦研究指出，可将诉讼标的下降到纠纷事实这一层次，作为“同一诉讼标的”。② 故而，对“诉讼标的是同一种类”可以扩大理解为“同一事实”引起的不同纠纷类型以及不同事实引起的同类纠纷类型，基于相似事物相似处理的原则，在客观单纯合并的法律适用上可类推适用《民事诉讼法》第 55 条予以解决。

---

① 参见沈德咏主编：《最高人民法院民事诉讼法司法解释的理解与适用》（上），人民法院出版社 2015 年版，第 574 ~ 577 页。

② 罗恬漩、王亚新：《不真正连带责任诉讼问题探析》，载《法律适用》2015 年第 1 期。

就管辖而言，我国《民事诉讼法》规定了地域管辖、级别管辖、专属管辖以及协议管辖等。在客观单纯合并中，如果案件属于不同的地域管辖、级别管辖以及专属管辖，应依据法律规定处理，不应合并审理，建议未来修法时对合并管辖增加规定。对被告在案件审理中同意合并审理的情形，本书认为，可以适用《民事诉讼法》第 35 条解决，即合同或者其他财产权益纠纷的当事人可以书面协议选择被告住所地、合同履行地、合同签订地、原告住所地、标的物所在地等与争议有实际联系的地点的人民法院管辖，但不得违反本法对级别管辖和专属管辖的规定。实践中，如果某一合并案件的联结点不属于上述典型的 5 种类型，可通过对“与争议有实际联系的地点”进行扩大解释，将客观合并审理有利于纠纷一次性解决的事实作为实际联系的地点对待，最终按照双方协议确定管辖处理。处理中，一是注重对当事人进行积极释明，尽量让当事人选择合并审理；二是依据《民事诉讼法》规定，由双方签订管辖协议或者将双方当事人的意思表示记入笔录。

2. 注重法院在客观单纯合并中的职权发挥

法院在是否许可合并的问题上，可以类推适用《民诉法解释》第 221 条之规定，即基于同一事实发生的纠纷，当事人分别向同一人民法院起诉的，人民法院可以合并审理。按该条文义理解，基于同一事实发生的纠纷，可指引至诉的客观单纯合并、客观竞合合并，当然也包括本诉与反诉的客观合并等。法院对该类案件是“可以”合并审理，意在表明法院有根据具体案情酌情判定的权限。之所以要类推适用，是因为该条规定了当事人分别向同一法院起诉的条件，而非当事人在一个案件中同时提出不同的纠纷主张。实践中，法院应该根据数宗案件的牵连性程度，即是否不当增加了案件的审理难度，是否有利于提升效率，合并审理对裁判同一评价的影响等情形做出认定。如果当事人已经起诉数宗案件满足第 221 条规定的条件的，法院还应出具合并审理的民事裁定书。

至于上文比较法中的合并案件的诉讼分离制度，我国《民事诉讼法》中无此类规定，在诉讼法缺乏合并案件分离制度下，会对是否合并审理产生不利影响，建议今后修改《民事诉讼法》时予以考虑。目前，法院在作出客观单纯合并的决定时应充分考虑案情，固定好当事人诉讼请求，把好合并关口，尽量不发生客观合并导致案件审理过于复杂的问题。

3. 强化对公共利益保护

对于强制合并，目前法律并无明确规定，因强制合并涉及当事人处分权的行使、管辖制度以及法院对案件解决的效率考核等要求，在无明确法律规定时，不可进行案件强制合并。对于该问题，亦有待于《民事诉讼法》在未来修改时予以妥善解决。

五、本章观点集成

本章对民事诉讼制度中的客观合并规则展开了论述。诉的客观合并是将不同诉的标的合并在一个案件中审理的制度。虽然《民事诉讼法》及司法解释对诉的客观合并有一些规定，如《民事诉讼法》第54条、第141条，《民诉法解释》第221条，但对诉的客观合并所要解决的基本问题，如诉的合并应当由谁提出、是否形成诉的合并最终由谁来决定、决定是否形成诉的合并需要考量哪些因素、法院的释明与诉的合并之形成的关系等，法律和司法解释欠缺较为周详的规定，导致实践中虽有适用的需求，但适法依据不足。具体而言，在诉的客观合并中，司法实践中至少遇到以下问题难以找到法律依据，一是对诉的客观单纯合并中的牵连性认识是否应该坚持“同一事实发生的纠纷”这一标准。二是在诉的客观单纯合并中，当事人的个体权益与纠纷解决的公共利益如何协调，即法院对一些案件是否必须予以合并审理，而一些案件法院是否可以合并审理，这其中是否有法院的释明权和当事人处分权相结合的必要。三是诉的客观合并是否导致案件合并管辖。

比较法上，在大陆法系的德国，民事诉讼法规定了客观合并的合法性要件，要求多个请求权必须是由同一原告向同一被告所主张，受诉法院必须对每一个请求权都具有管辖权，不过，如果管辖权取决于请求权的价值，多个请求权合并计算时只要合并是合法的，法院对每个请求权都获得管辖权。另外，多个请求权还必须以同一诉讼种类提起且不能存在禁止合并的规定。同时，法院可以依据案件审理中的具体情形分离诉讼。值得注意的是，德国法在客观合并中，区分了“法院合并”与“原告合并”两种情形，前者是“通过法院将多个诉讼合并为一个程序产生(《德国民事诉讼法》第147条)。如果多个诉讼系属于同一法院并且这些请求权有法律上的关联或者本来能够在一个诉讼(《德国民事诉讼法》第260条)中主张，就允许这样合并。法院合并与原告合并并不是一回事”。法国法上，所谓诉的合并是将数个诉讼请求合并在同一诉讼程序中审理。合并的要求是被合并的若干诉讼请求相互之间具有一定的关联性。同时，民事诉讼法亦规定了诉讼的分离制度，即将同一诉讼程序中已经提起或审理的若干诉讼请求分离出来，分别在不同的诉讼程序中予以审理。无论是诉讼的合并还是分离，都属于法官的职权范围，法官有权决定诉讼的合并与分离。法官拥有这种职权的理论和法律依据在于，法国法认为诉的合并与分离属于法院的司法行政行为,法官有权利依当事人的申请或者依职权决定诉的合并与分离,无须经当事人的同意且不允许就该决定提起上诉。但一般情况下,诉讼合并或分离仍需要由当事人提出关于合并或分离的申请,然后由法官决定,只是在必要时,法官才可以依职权作出合并或分离的决定。就管辖而言,法国法上亦规定了管辖的扩张制度,基于数个诉讼之间的关联关系,受诉法院对数个案件拥有管辖权符合法定管辖扩张情形。在日本法上,为了避免审理的重复减少裁判矛盾,同时避免审理的繁杂化,法律一方面对合并审理的要件进行了规定,另一方面也允许合并案件的分离审判。就合并的要件而言,数个请求必须是通过同类诉讼程序予以审判的请求,同时要求受诉法院对合并的各个请求都具有管辖权。原则上,被合并的数个诉讼标的之间无须具有关联性,属于各请求相互之间无任何关系,或者是,即使存有关系也只是一种并存关系的数个诉讼上的请求被合并在一个诉中的情形。关于管辖要求,虽然要求法院对各个请求均具有管辖权,但由于日本法上也规定了合并审理的牵连管辖,因此,除了专属管辖的法定情形外,一般案件均因客观合并的事实而产生牵连管辖。在我国台湾地区,诉的客观合并被规定在"民事诉讼法"第 248 条,即对于同一被告之数宗诉讼,除规定有专属管辖者外,得向就其中以诉讼有管辖权之法院合并提起之。但不得行同种诉讼程序者,不在此限。法律也并未对诉的客观合并进行具体的分类,在管辖上也不要求法院对数宗案件均具有管辖权,产生了与合并管辖一样的效果。在对哪些案件可以合并上亦无强制规定,只是学理上将客观合并分为有牵连和无牵连的客观合并两种情形。在英美法系的美国,诉的主客观合并与诉的标的识别标准紧密关联在一起。美国从 1938 年联邦民事程序规则实施以后,实务及理论上逐渐采纳"纠纷事件"作为诉讼标的的识别标准,并将该标准广泛运用于反诉、交叉诉讼、当事人的合并、牵连管辖以及既判力等领域。学者研究表明,"纠纷事件"其实就是美国法上诉讼审判的最小单元,以"纠纷事件"为判断标准的诉的合并其实并非大陆法系意义上的诉讼合并,因为一个"纠纷事件"只涉及一个诉讼标的,而非多个诉讼标的的合并。"纠纷事件"作为一个诉讼标的,使"不仅当事人在'纠纷事件'之外提起的许可反诉、合并的诉讼请求具有既判力,而且只要在逻辑上紧密相关的不同诉讼请求被视为属于同一纠纷事件,即使当事人在前诉中未提出,仍会因既判力的排除效果而禁止其在后诉中提出。因此,除了超越纠纷事件的限制而实际被纳入前诉程序的诉讼内容之外,既判力的效力范围与诉的合并范围大致相当。只有从结果上赋予强制遮断的效力,才能促使当事人在前诉中穷尽一切可以提出的诉讼请求,彻底实现纠纷的一次性解决”。美国法上之所以通过“纠纷事件”扩充诉讼程序的容量，很重要的原因在于20世纪之初纠纷案件还处于相对简单的时代，这种一体化的容纳能够实现纠纷“一揽子”解决的目的，同时，通过庭审分离机制，法官亦能有效控制诉讼复杂程度。现在，随着美国社会案件复杂性的攀升，法官已通过对“纠纷事件”进行灵活性的解释和裁判适用以实现法政策目的。

本书初步意见认为，采取适度合并审理的观点有助于提升诉讼效率，也有利于纠纷的一次性解决。从尊重当事人处分权的角度而言，应该广泛认可诉的客观单纯合并，允许当事人在起诉时申请将不同诉讼标的的案件合并审理，而不宜在立案阶段予以拒绝受理。但与此同时，合并审理使用不当，容易造成本应及时解决的案件长期不决，就对方当事人来讲，也存在反复收集诉讼资料疲累的负面影响，法律在保护一方当事人权益的同时，绝不应漠视对方的合法权益，故合并审理应取得对方当事人的同意。虽然在比较法上并无被告同意的要件，但是鉴于我国诉讼现状以及当事人法律素养不高，外加律师强制代理缺失的现状，原则上应在是否合并的问题上取得被告的同意。该观点实际上也契合我国《民事诉讼法》主观合并中有关普通共同诉讼的启动条件。普通共同诉讼是当事人的合并，是原告要求解决其与不同当事人之间的诉讼纠纷，而在客观单纯合并场合，原告是要解决其与被告之间的多种诉讼纠纷，因此，在诉讼资料的收集、诉讼辩论的难易程度上要明显强于普通共同诉讼中不同当事人的单独诉讼。故举轻以明重，在单纯合并中要求被告同意具有一定的合理性。

对于合并审理引发的管辖问题，我国《民事诉讼法》并没有关于合并管辖的一般性规定，本书初步意见认为，多个合并的案件首先不能违反级别管辖、专属管辖以及协议管辖之规定，如果数案件并不符合地域管辖，应以当事人同意为准，通过对“与争议有实际联系的地点”进行扩大解释，将客观合并审理有利于纠纷一次性解决的事实作为实际联系的地点对待，最终按照双方协议确定管辖处理。

第八章　诉的客观合并(二)：预备合并

客观的诉之预备合并(又称顺位合并、假定合并)，通常是指在同一诉讼程序中，原告针对相同被告提起主位(或先位)之诉，同时提起或者追加提起备位(或后位)之诉，若主位之诉败诉则对备位之诉作出判决，若主位之诉胜诉，则备位之诉无须审判。[①]《民诉法解释》第221条规定："基于同一事实发生的纠纷，当事人分别向同一人民法院起诉的，人民法院可以合并审理。"据此，只要当事人基于同一事实起诉，法院可对当事人提出的不同诉讼请求(包括前后相互排斥的诉讼请求)合并审理。

一、司法现状分析

我国现行立法对于诉的客观预备合并存在的不足用"模棱两可"一词即可概括。《民事诉讼法》与《民诉法解释》中与诉之客观合并相关的法条用词模糊，无法使人准确揣摩条文明确指向，进而导致适用指引的缺失，但似乎又不明确否认对其适用的可能性，实为司法实践适用的一大难题。

事实上，诉的客观预备合并制度尚未得到我国立法与司法实践的普遍认同，对于原告在起诉状中提出的假定性主张，在实务中很可能被以"请求不明确"为由驳回。《民事诉讼法》上虽无明确承认预备合并之诉，但也未明确禁止，鉴于诉的客观预备合并符合程序法上处分权主义和纠纷一次除尽的价值理念，司法实践也一直进行着有益尝试。由于缺乏统一规则指引，法官对客观预备合并的态度和处理方式千差万别。

第一，将客观预备合并视作同一诉讼中不同请求的合并，认为本质仍属于一个诉。

① 参见江伟：《民事诉讼法》，中国人民大学出版社2013年版，第36页。

第二，将主观合并与客观合并相混淆。例如，某法院在审查合并要件时认为，先、后位之诉的牵连性主要体现在先位请求与后位请求为同一标的。显然，这里将标的具有不可分性的必要共同诉讼和基于不同标的发生的客观合并混同。

第三，坚持“一案一诉”，否认诉的客观预备合并发生的可能。例如，在一借款纠纷中，某法院认为，两个不同的法律关系导致两个不同的诉，我国《民事诉讼法》没有客观预备合并制度，此两诉不应包含在一个诉讼中审理。

二、诉的客观预备合并的价值

1. 司法改革的需要

我国民事诉讼案件受理量逐年上升，在实施法官人员员额制、限制法官数量之前，我国的审判员便业已背负着巨大的审判工作量，并呈现不堪重负之态，法官数量在不断涌现的民事案件面前已然捉襟见肘。① 在案件审理制度上确立起一套高效率并行之有效的诉讼合并制度，有利于从根本上缓解案件数量与法官人数之间的这一矛盾。换言之，确立诉之客观合并制度符合我国审判现状以及司法实践之需求。

2. 有利于纠纷一次性解决

2019 年，最高人民法院发布的《全国法院民商事审判工作会议纪要》第 36 条和第 104 条中两次提及纠纷一次性解决的审判政策。纠纷的一次性解决已成为高效审结案件的理念和目标。而在民商事案件审判中如何实现这一目标，关涉审理裁判单元的确定以及诉讼程序容量的设计，实践经验有如下方式：(1) 以诉讼标的新说扩展诉讼标的容量；(2) 通过诉的合并实现程序扩容；(3) 法官依职权扩展审理范围。② 对于第一种方式，由于新说相较于旧说在前诉对后诉的遮断范围上更加宽广，因而更有利于纠纷的一次性解决。但由于诉讼标的新说在我国缺乏现实基础，加之《民诉法解释》也认为诉讼标的旧说更符合我国诉讼现实。因此，当下以诉讼标的新说进行程序扩容在我国不具期待可能。第三种方式是指在当事人不作主张的前提下由法官提出诉讼标的或者进行诉讼抗辩，由于这一方式违背当事人意志，有悖于处分权主义要求，因而也不应作为程序扩容的实现方式。第二种方式通过诉的合并实现程序扩容，既有一定实践经验支撑也有成熟的比较法经验可供借鉴，

---

① 参见苏力：《审判管理与社会管理——法院如何有效回应“案多人少”？》，载《中国法学》2010 年第 6 期。

② 参见任重：《民事纠纷一次性解决的限度》，载《政法论坛》2021 年第 3 期。

或为可行路径。

诉的客观预备合并给予了原告将其所具有关联之诉呈现给法院的机会同时,使得原告有依据自身所判断的胜算概率而将多诉按照个人主观意愿自由排列组合成为可能。原告在多诉所指向的利益实现相同时,其能将自认为最有可能获得胜诉判决的请求放置于第一位进行诉请;在多诉所指向的利益在数量级上具有强弱之分时,其能将获得利益最大之诉放置于首位,利益数量级略小的置于其后,以此类推进行。在这样的制度设置原理以及排列规则之下,原告得以依据前诉的有无理由之情况,依次向后推进,使得其所能考虑到的维护其法律利益的多个诉讼均有了呈现机会,即使其前诉未被承认,也有机会依照另一理由继续进行自身利益的捍卫。即使最终依旧为败诉,由于原告已穷尽其所能,一般不会额外地引发更多诉讼,从而使其所争之利益获得法律上的最终裁判,最大限度达到息讼止争的结果。

此外,从被告应诉答辩的角度来看,允许原告将其所具有的多诉合一进行审理,也使得被告可以在一套程序中对原告按照先后次序进行对抗与防御,这样的层次化利于被告梳理防御技巧,依照原告的不同诉请依次展开回应,进一步查清案件事实,全面审查原告的诉求是否能成立。

3. 避免矛盾裁判

将有联系的多诉分次进行,交由不同的法官审理,一个严重的弊端便在于矛盾裁判结果的产生,这不仅是对司法裁判的公允性与尊严的挑战,也牺牲了当事人合法利益的实现。而在实践中承认客观预备合并的存在,便可使这一消极现象出现的概率有效降低。

三、诉的客观预备合并的比较法观察

(一)域外立法透视

1. 德国

德国法学界以及司法实践领域对诉的预备合并经历了由反对到默许、又从默许到积极承认的阶段。在理论出现的初期,因其认为预备合并理论的内涵与德国传统的诉讼法学理念不相融合,呈现互相冲突的态势,因此,德国早期的学界从大体上是反对诉的预备合并的。到理论发展中期,司法实践中大量涌现出当事人选择适用预备合并之诉的情况,但由于司法判例中鲜有对预备合并的正当性进行论证,也未见从立法上给予预备合并以确定的合法性,因此实践中法院仅是采取默认的态度,即既不明文禁止其适用,也不明文进行积极的推行。随着情况的发展及后期司法实践中对预备合并的应用比例逐渐增加,德国学界对诉的预备合并的态度日趋包容,发展到现今已经很少有人对该理论再提出质疑。

德国学界目前通说认为,客观预备合并的主位请求与备位请求之间并非必须具有相互排斥之关系,且两请求之间也并非必须具备事实或者法律上的关系。在理论初期,德国帝国法院关于客观预备合并这类问题的判决意见认为,当事人需在其主位之诉的诉讼请求遭到法院驳回的前提下方可提出备位之诉的诉讼请求,此时该备位请求方才合法。这一观点一直被沿用,直到帝国法院在 1932 年进一步对彼此之间不存在互斥关系的主位请求与备位请求的情况作出判决后才有所改变,此时的帝国法院认为,即使处于主、次位置的多个诉讼请求之间并不存在相互排斥的关系,当事人也可以采取客观预备合并之诉的形式发起诉讼。[①] 这一观点一直沿用至今。在主位与备位之诉是否应该存在法律上或者事实上之关系这一问题上,其理论发展脉络与上述大致相同,也历经了从认为应当具有到可以不具有的过程。德国学界初时认为,一般而言,客观预备合并中的主位与备位请求之间必须在法律上具备必然的依赖关系,抑或在法律上虽不具有依赖关系,但在事实上存在一定的事物关系,即两个请求的发生在本质上源于相同的事实关系而且追求相同的目的。[②] 然而诉的合并理论发展到后期,学界转而认为,主位请求与备位请求之间可以既在实体法上没有必然的依赖关系,也可以在事实上不存在一定的事物关系,可以依照原告的自由意愿而为预备合并。一个典型的例子是,原告以给付合同价金作为主位请求起诉被告,而以人身侵权损害赔偿作为预备请求与主位请求合并审理,很明显,这里的两个请求之间并无任何联系,而仅是因为原告意欲合并审理而为之。

总的来说,德国法学界对诉的客观预备合并的理论发展至今,对先前的观念进行了较大幅度的改变,并具有以下两个特点:(1)主备位请求之间不需具备相互排斥之关系;(2)主位请求与备位请求之间不需具有法律上或者事实上之联系。

2. 日本

与德国不同,日本学界与司法实践领域一直认可诉的客观预备合并的积极意义,认为其可以实现提高诉讼效率、有效避免矛盾判决的产生等诉讼经济目的。这

① 参见陈荣宗:《民事诉讼之起诉:预备合并之诉》,载杨建华主编:《民事诉讼法论文选辑》(下),台北,五南图书出版公司 1984 年版,第 516 页。

② 参见陈荣宗:《民事诉讼之起诉:预备合并之诉》,载杨建华主编:《民事诉讼法论文选辑》(下),台北,五南图书出版公司 1984 年版,第 535 页。

一情况的原因在于,《日本民事诉讼法》乃是对《德国民事诉讼法》的学习与继受,德国在学说与实务上承认了客观预备合并的积极意义后,日本便接受了这一既有成果。

但是,德日两国的客观预备合并制度仍存在一定的差异,即日本学界普遍认为,主位请求与备位请求之间的相互排斥之关系乃客观预备合并所应具备的一个必须前提,这与上述的德国学说大相径庭。

然而,日本民诉法学界近年来也出现了不同声音,认为主备位请求之间可不具备互斥关系。虽然并非主流,但日本的部分判例也与该观点保持一致,承认并许可当事人在数个请求并不互相排斥的情况下提起诉的客观预备合并。这与德国后期的观点一致,实质上是认为应当将诉的合并之形态交由当事人决定,最大限度尊重当事人的自由意愿,原告既可以提出客观预备合并,又可以提出诉的选择合并。这样的变化体现了日本司法实践领域出现客观预备合并与选择合并日趋融合的态势,但同时也导致诉的客观预备合并与诉的选择合并之间的界限不甚清晰,具有一定的弊端。

3. 英美法

《英国民事诉讼规则》历经多次修订,目前最新修订后的第 3. 1(2)(g)条赋予法院合并诉讼程序的权力①。第 3. 1(2)(h)条允许法院尝试在同等情形下审理两个或多个起诉。② 除此之外,《英国民事诉讼规则》第 7. 3 条也作出了规定:"原告可使用一份起诉表格来进行所有可被合在同一诉讼程序中的诉讼请求。"这一规定被学者 Stuart Sime 视为诉因的合并(Joinder of causes of action)③。他同时类化了《英国民事诉讼规则》第 19. 1 条所规定的情形为诉的主体合并(Joinder of parties)④,该第 19. 1 条规定:"任何数量的原告或者被告均可以合并在同一诉讼中。"

《美国联邦民事诉讼规则》第 18(a)条规定,一方当事人可以尽可能多地提出诉讼请求、反请求、交叉请求或第三人请求,作为独立或者替代性的请求,以对抗相对方。第 18(b)条规定,一方当事人可以合并两项请求,即使其中一项请求依赖于

---

① 该条原文为:"Except where these Rules provide otherwise, the court may (g) consolidate proceedings。"

② 该条原文为:"Except where these Rules provide otherwise, the court may (h) try two or more claims on the same occasion。"

③ Stuart Sime, *A Practical Approach to Civil Procedure*, 16th edition, Oxford University Press 2013, p. 209.

④ Stuart Sime, *A Practical Approach to Civil Procedure*, 16th edition, Oxford University Press 2013, p. 209.

另一项请求的审理结果;但法院可以仅依据当事人的相关权利来授予救济。特别是原告在未事先取得返还金钱判决的情况下,同时提出索要金钱以及撤销在欺诈下做出的财产让与的诉请。

(二)域外立法比较

英美法系建立了诉的客观合并规范体系,《美国联邦民事诉讼规则》的相关规定内容在各条款内部形成了有机联系的体系,关于客观预备合并的受理范围,其在第18(a)条关于诉的客观合并的规定中使用了"as many claims as it has against an opposing party"这一表述,这一用语的内在含义是只要原告对被告有诉讼意义上的请求,无论是与本诉有关的还是无关的,只要存在,便可一并并入本诉审理。

德国学界的观点与美国的相似,均十分看重当事人的自由意愿,但二者仍有区别。在德国,大多仅强调原告对客观合并的自由意愿,而美国既重视原告的意愿,也重视被告的意愿,为双方当事人均设置了可以进行诉的合并的具体条件。德国学者所提出的自由意愿在绝大多数情况下仅是原告的意志体现,意在赋予原告起诉时自由选择客观预备合并抑或单纯合并的权利,提倡法院在这一阶段了解与尊重起诉者的意愿,但对被告的自由意愿并未过多涉及。虽然目前《美国联邦民事诉讼规则》的规定乃是主体合并的具体体现,但仍给本书提供了有益的参考与借鉴。至于具体是尊重当事人一方的自由意愿,还是兼顾双方意愿,需要结合我国司法实践情形决定。

在德国学界,关于客观预备合并的通行观点认为,主位与备位请求之间并不以在法律或者事实上具有牵连关系作为存在条件,两者之间也并非必须具备相互排斥之关系。然而在日本和我国台湾地区,认为主备位请求之间须存在相互排斥之关系是通说,虽有部分学者认为两诉之间也可不相互排斥,但这仅是少数派观点,不足以形成通说与主流观点,因此仍在本质上与德国学界的观点有所区别。

四、诉的客观预备合并程序构造

重庆市高级人民法院于2007年出台了《关于当前民事审判若干法律问题的指导意见》,其中涉及了补充性诉讼请求的处理原则。补充性诉讼请求,又称预备性诉讼请求,是指当事人提出两个或两个以上的诉讼请求,为了防止第一位的主要请求不被承认,事先就提出如果第一位的主要请求不被承认就要求审理第二位次要请求,如果第一位的主要请求被承认就不用审理第二位次要请求的情形。人民法院应当允许当事人提出补充性诉讼请求,在未评议确定第一个请求能否支持前,对当事人的多个请求均应予以审理。诉讼中不必要求原告必须选择一个请求提交法院审判,但判决必须确定具体。从上述司法裁判及指导意见可以看出,司法实务界对于诉的客观预备合并制度早有关注,也进行了积极探索与尝试。

（一）诉的客观预备合并要件

我国理论上通常认为诉的客观合并应当包括三项要件。(1)同一原告对同一被告提出数个诉讼标的;(2)受诉法院对合并的数诉之一有管辖权;(3)合并的数诉必须适用同一诉讼程序。

诉的客观预备合并必须要确定诉讼标的的识别基准。我国实践中通常将诉讼标的确定为法律关系,这就使得"国内旧说"与传统旧说在内涵、外延方面存在些微区别。传统旧实体法说认为给付之诉诉讼标的为原告主张的实体请求权,确认之诉诉讼标的为原告主张的法律关系,形成之诉诉讼标的为原告主张的形成权。在给付之诉中,以法律关系抑或实体请求权作为识别基准,对于是否发生诉的客观合并所得结论会截然不同。例如,实践中如果原、被告之间签订房屋买卖合同,现原告请求被告继续履行,如果履行不了,终止合同关系。如果以法律关系为识别基准,此时并不构成诉的合并,因为原告的诉求是基于同一合同法律关系,只有唯一的诉讼标的。然而如果采用实体请求权为识别基准,此时不同的诉求分别构成不同的实体请求权,自然构成诉的合并。可以说,法律关系说考虑到了传统性、现实性、操作性、简便性、可接受性等诸多要素,具有现实合理性。但是,仅以法律关系识别诉讼标的仍存在以下困难:一是法律关系与法律行为不具有对应性。《民法典》在有名合同的确定上,本着因应工商现实需求的务实立法思想,并未从规范体系的逻辑或给付类型的代表性出发,抽象地思考应如何确定合同的类型。[①] 在数个合同文本构成的结构化的交易行为中,存在大量的合同文本的组合、混合、转化、借名等"合同集群",合同与合同文本、意思表示与合同条款不具备一一对应性,而是可以分离。二是"法律关系"声明与诉讼事实不完全对应。法律关系的内涵与案件事实有着不可分割的联系,一般而言,单一的法律事实可以凭借当事人的社会经验判断法律关系,当事人所主张的法律关系当然对应于某一法律事实,而该事实范围就是诉讼标的。但对于稍许复杂的法律事实,法律关系的性质就难以判断,即便专业如法官者亦需在当事人所提供的事实和法律规范之间反复审视,方能作出法律关系性质判定并进行相应事实裁剪。最高人民法院《关于印发修改后的〈民事案件案由规定〉

① 参见朱广新:《民法典之典型合同类型扩增的体系性思考》,载《交大法学》2017年第1期。

的通知》(法〔2011〕42 号)指出“民事案件案由应当依据当事人主张的民事法律关系的性质来确定……但是,考虑到当事人诉争的民事法律关系的性质具有复杂性,为了更准确地体现诉争的法律关系性质和便于司法统计,修改后的《民事案由规定》在坚持以法律关系性质作为案由的确定标准同时,对少部分案由也依据请求权、形成权或确认之诉、形成之诉的标准进行确定,对少部分案由也包含争议焦点、标的物、侵权方式等要素。”

依实体法诉讼标的理论来理解,比较符合我国民事诉讼的实际情况。旧实体法说从实体法上的请求权出发来界定诉讼标的,认为诉讼标的乃是原告在诉讼上所为一定具体实体法之权利主张。原告起诉时,在诉状中必须具体表明其所主张之实体权利或法律关系。这与我国民事诉讼实践中长期以来对审判对象的理解是一致的。最高人民法院在法律适用中均直接或间接认为诉讼标的是当事人发生争议并请求人民法院裁判的民事权利义务关系,①理由是“简便易行,法院审理范围十分明确,诉讼程序秩序稳定,当事人攻击防御目标集中”。旧实体法说具有的上述优势是其他诉讼标的理论无法比拟的,与我国民事诉讼实践需求也更为契合。

因此,本书倾向认为,在诉讼标的要件上,应当坚持以旧实体法说作为诉的客观合并的识别基准,诉讼标的在给付之诉中指向实体请求权,在确认之诉中指向法律关系,在形成之诉中指向形成权。在给付之诉中,通过在最狭窄意义上以当事人主张的实体权利作为诉讼标的,才能保障客观预备合并的顺利进行。②

(二)诉的客观预备合并的主导权限

是否允许合并属于程序进行事项,涉及程序进行采当事人主义或者职权进行主义的问题。大陆法系国家或地区一般认为在诉讼的实体内容方面应当采当事人主义,但在程序进行方面则实行职权进行主义。③ 不过,对于民事诉讼程序的构造,纯粹的当事人主义或职权进行主义都是不可想象的,要结合具体行为的性质以及诉讼目的而对当事人主义与职权进行主义予以组合。④

由于诉的客观预备合并是由当事人提出一个主位的诉讼请求,在主位诉讼请

① 参见刘庆国:《重复诉讼的识别与规制——以〈民事诉讼法司法解释〉第 247 条为视角》,载《山东法官培训学院学报》2018 年第 2 期。

② 参见陈杭平:《诉讼标的理论的新范式——“相对化”与我国民事审判实务》,载《法学研究》2016 年第 4 期。

③ 参见王亚新:《对抗与判定:日本民事诉讼的基本结构》,清华大学出版社 2002 年版,第 158 ~ 159 页。

④ 参见[日]伊藤真:《民事诉讼法》,曹云吉译,北京大学出版社 2019 年版,第 160 页。

求无理由时,申请法院审理备位诉讼请求,因此在诉讼标的及其程序出入口方面要由当事人支配。也就是说,当事人具有申请利用诉的客观合并制度的机会。第一,是否提出客观预备合并之诉,应由原告自主选择而决定,对于符合客观预备合并之适用条件的起诉,法院不能予以限制和更改。第二,原告提起的客观预备合并之诉,先位之诉与预备之诉的顺序确定,也应由原告确定。但客观预备合并要件应由法院审查。因为从本质上来说,合并审理是法院行使诉讼指挥权的内容之一,旨在产生审理方法上的法律效果以规制庭审秩序。从性质上来看,诉讼指挥权属于法院①。当事人可以向法院申请合并诉讼,由法院根据案件的牵连程度等考量因素作出决定。

(三)客观预备合并之诉之间的牵连关系

上文已述,德国关于客观预备合并之诉并不限制先位之诉与预备之诉之间的关系,并且,还在少数情形下认可先位之诉有理由时,可同时提起预备之诉。日本的通说适用范围最为狭窄,认为客观预备合并之诉的成立一定要满足两个条件,一是先位之诉与预备之诉之间具有不相容的、排斥的关系;二是先位之诉有理由是预备之诉的解除条件。本书初步认为,我国目前的审判实践应采取最为狭义的观点来界定客观预备合并之诉。

首先,诉的客观预备合并区别于其他种类的诉的客观合并最为关键的因素即在于其先位之诉与预备之诉的不相容关系,以及两诉之间的顺序性。具体而言,两诉之间实体法上的不相容关系以及程序上的序位性是客观预备合并区别于其他诉的客观合并形态的关键,如果否定了这种不相容关系,会在一定程度上否定预备合并这种客观合并形态独立存在之价值。其次,我国尚未形成关于诉的合并的完备理论和实践基础,在此情况下,对诉的合并完全放开,会导致大量诉讼进入法院,而无相应配套的诉讼制度。最后,诉的客观预备合并设置的目的之一是纠纷的一次性解决和避免矛盾裁判,无牵连关系的诉,不属于同一个纠纷,分由不同法官审理,亦不会导致矛盾的裁判。《民诉法司法解释》第 233 条规定,反诉的当事人应当限于本诉的当事人的范围。反诉与本诉的诉讼请求基于相同法律关系、诉讼请求之间具有因果关系,或者反诉与本诉的诉讼请求基于相同事实的,人民法院应当合并审理。因此,对牵连性的认定可参考该条适用。

在牵连性关系的判断上,本书认可分为以下几类情形。

---

① 参见[日]兼子一、松浦馨、新堂幸司、竹下守夫:《条解民事诉讼法》,弘文堂,2011 年版,第 329 页。

1. 基于同一事实

我国《民诉法解释》第 221 条将诉的合并限定于"基于同一事实"的两个请求，则二者在事实认定、证据采信、法律关系定性等方面，必然会存在相应的牵连性。

2. 基于同一法律关系

基于同一法律关系，当事人可以提出给付之诉，亦可以提出形成之诉、确认之诉，给付之诉中，亦可以依据不同的实体请求权提出不同的诉求，均是为解决同一法律关系，为了纠纷的一次性除尽，可允许当事人申请诉的客观预备合并。

3. 基于同一诉讼目的

当事人提起诉讼的主要目的无非是实现其权利救济之目的，基于此，可以要求被告承担不同的责任方式。由于其目的都是实现权利救济，此时可以理解为诉讼目的具有同一性。

(四) 法院的审理程序构造

在一审中，客观预备合并所涉程序问题是：第一，两诉的审判顺序，即先审理先位之诉，在先位之诉无理由时，再审理预备之诉，抑或同时审理先位之诉与预备之诉，而在裁判时对二者作出顺序上的先后之分；第二，先位之诉胜诉后，如何处理或如何看待预备之诉在程序法上的法律效果。二审中所涉程序问题是：第一，当事人如何提起上诉？第二，一审法院未处理的备位请求，二审如何处理？

1. 一审程序构造

就第一个问题，在审理阶段，即审查证据、组织辩论、庭审调查等一系列过程中，即便无需对预备之诉作出裁判，也会对先位之诉与预备之诉产生相应的推理与判断，同时审理既符合审判思维和认知规律，也符合诉讼经济的原则。顺序性主要针对裁判阶段。

就第二个问题，关于先位之诉胜诉后，预备之诉的程序法效果，有撤诉、视为撤诉、败诉、诉讼系属解除等观点。具体而言，"败诉说"认为，主位之诉胜诉的法律效果，必然包含着预备之诉败诉的法律效果。"判决驳回说"认为，若原告不撤回预备之诉，则法院必须同时作出驳回预备请求之判决。"拟制撤诉说"认为，主位之诉胜诉，则预备之诉视为原告撤诉。① 先位之诉与后位之诉之间存在顺序性，也就是说，先位之诉败诉的情况下，法院才审判后位之诉，先位之诉胜诉后，实际未启动对预备之诉的裁判，故"败诉说"不成立，不应判决驳回原告预备之诉的诉讼请求；撤诉、

① 参见陈荣宗、林庆苗：《民事诉讼法》，三民书局 1996 年版，第 354 ~ 355 页。

视为撤诉亦需要当事人的意思表示,因此亦不属于撤诉、视为撤诉。由于先位之诉胜诉的情况下,后位之诉实际未被法院裁判,无既判力,当事人也不能对此提起上诉,应采"诉讼系属解除说"较为合理,未来可在《民事诉讼法》修改时,增加规定"当事人在同一诉讼程序中同时提出两个不能并存的请求,请求法院在第一顺位的请求被承认时,无须裁判第二顺位的请求"。

2. 二审程序构造

就第一个问题,上诉主体。先位诉讼败诉后,原告是否能对先位之诉、后位之诉同时提起诉讼,答案是肯定的,先位之诉未胜诉,故备位之诉仍存在,故原告可以就先位之诉和备位之诉提起上诉;先位之诉败诉,后位之诉胜诉,原告能否就先位诉讼提起上诉?先位诉讼败诉后,原告可对败诉的主位之诉提起上诉,而被告针对自己败诉的预备之诉可以提起上诉。

就第二个问题,一审法院未处理的备位请求,如何处理?基于诉讼系属解除说的观点,二审法院应该根据一审法院实际支持原告的先位还是后位请求分别确定程序规则。原告就先位、后位诉讼请求均不成立提起上诉时,经审理认为一审法院正确的,维持原判。因一审法院已经对先位、后位诉讼请求均进行了审理,故一审法院错误的,二审法院可以依法改判支持原告先位或后位诉讼请求,或者发回重审。一审判决先位请求不成立,后位请求成立,但原告坚持就先位请求成立提起上诉时,经审理认为一审法院错误的,因一审法院对先位、后位请求均进行了审理,故二审法院可依法改判支持原告先位诉讼请求,或者发回重审。被告就原告的先位诉讼请求成立提起上诉时,经审理认为一审法院错误的,因一审法院未就后位诉讼请求进行审理,为保证审级利益,故应发回重审。经当事人同意,可在二审中对先位、后位诉讼请求一并审理。被告就原告的后位诉讼请求成立提起上诉时,经审理认为一审法院错误的,因一审法院已就先位诉讼请求进行了审理,故可以直接判决驳回原告诉讼请求或改判支持原告的先位诉讼请求,或者发回重审。

五、本章观点集成

1. 对于原告在起诉状中提出的假定性主张,法院能否受理?

有观点认为,以"请求不明确"为由驳回。

也有观点认为,我国《民事诉讼法》没有客观预备合并制度,此两诉不应包含在一个诉讼中审理。

本书初步意见认为,诉的客观预备合并有利于纠纷的一次性解决,有利于全面维护当事人的合法权益,提升裁判质量和效率。《民诉法解释》第 221 条规定:“基于同一事实发生的纠纷,当事人分别向同一人民法院起诉的,人民法院可以合并审理。”在同一诉讼程序中,原告针对相同被告提起主位(或先位)之诉,同时提起或者追加提起备位(或后位)之诉,法院可对当事人提出的不同诉讼请求合并审理。

诉的客观预备合并给了原告将其所具有关联之诉呈现给法院的同时,使原告有依据自身所判断的胜算概率而将多诉按照个人主观意愿自由排列组合成为可能。原告在多诉所指向的利益相同时,其能将自认为最有可能获得胜诉判决的请求放置于第一位进行诉请,在多诉所指向的利益在数量级上具有强弱之分时,其能将获得利益最大之诉放置于首位,利益数量级略小的置于其后,以此类推进行。在这样的制度设置原理以及排列规则之下,原告得以依据前诉的有无理由之情况,依次向后推进,使其所能考虑到的维护其法律利益的多个诉讼均有了呈现机会,即使其前诉未被承认,也有机会依照另一理由继续进行自身利益的捍卫。即使最终依旧为败诉,由于原告已穷尽其所能,一般不会额外地引发更多诉讼,从而使其所争之利益获得法律上的最终裁判,最大限度达到息讼止争的结果。

我们初步认为,我国尚未形成关于诉的合并的完备理论和实践基础,在此情况下,对诉的合并完全放开,会导致大量诉讼进入法院,而无相应配套的诉讼制度。因此,诉的客观预备合并应坚持先位之诉与预备之诉的不相容关系,两诉之间的顺序性以及两诉之间的牵连性。应将基于同一事实、同一法律关系或者同一诉讼目的而产生的互相具有牵连性的不同诉讼请求合并审理。

2. 诉的客观预备合并中诉讼标的的识别基准?

有观点认为,诉讼标的应确定为法律关系,诉的客观预备合并中的诉讼标的应理解为不同的法律关系。

本书初步意见认为,在诉讼标的要件上,应当坚持以旧实体法说作为诉的客观合并的识别基准,诉讼标的在给付之诉中指向实体请求权,在确认之诉中指向法律关系,在形成之诉中指向形成权。

3. 先位之诉胜诉后,是否需要审理预备之诉?

有观点认为,若原告不撤回预备之诉,则法院必须同时作出驳回预备请求之判决。

也有观点认为,先位之诉与后位之诉之间存在顺序性,也就是说,在先位之诉败诉的情况下,法院才审判后位之诉,先位之诉胜诉后,实际未启动对预备之诉的裁判,故不应判决驳回原告预备之诉的诉讼请求。

本书初步意见认为,先位之诉与后位之诉之间存在顺序性的观点更为可取。未来可完善相关民事诉讼制度,允许当事人基于案件事实在诉讼中提出多个具有独立地位且互不相容的诉讼请求,法院可以按照当事人请求的顺序合并审理。先位诉讼请求成立时,法院无须对后位诉讼请求进行审理。

当事人提起上诉的,第二审人民法院经过审理,按照下列情形,分别处理:

(1)原告就先位、后位诉讼请求均不成立提起上诉时,经审理认为一审法院正确的,维持原判;一审法院错误的,依法改判支持原告先位或后位诉讼请求,或者发回重审。

(2)原告就先位诉讼请求不成立,后位诉讼请求成立提起上诉时,经审理认为一审法院错误的,依法改判支持原告先位诉讼请求,或者发回重审。

(3)被告就原告的先位诉讼请求成立提起上诉时,经审理认为一审法院错误的,发回重审。经当事人同意,可在二审中对先位、后位诉讼请求一并审理。

(4)被告就原告的后位诉讼请求成立提起上诉时,经审理认为一审法院错误的,判决驳回原告诉讼请求或改判支持原告的先位诉讼请求,或者发回重审。

符合《民事诉讼法》第176条之规定的,按照第176条处理。

对于客观预备合并之诉的一审程序设计,首先应该考虑的是先位之诉胜诉后,预备之诉的程序法效果。对此,有撤诉、视为撤诉、败诉、诉讼系属解除等观点。"败诉说"认为,主位之诉胜诉的法律效果,必然包含着预备之诉败诉的法律效果。"判决驳回说"认为,若原告不撤回预备之诉,则法院必须同时作出驳回预备请求之判决。"拟制撤诉说"认为,主位之诉胜诉,则预备之诉视为原告撤诉。由于先位之诉与后位之诉之间存在顺序性,也就是说,在先位之诉败诉的情况下,法院才审判后位之诉,先位之诉胜诉后,实际未启动对预备之诉的裁判,故"败诉说"不成立,不应判决驳回原告预备之诉的诉讼请求;撤诉、视为撤诉亦需要当事人的意思表示,因此亦不属于撤诉、视为撤诉。由于在先位之诉胜诉的情况下,后位之诉实际未被法院裁判,无既判力,当事人也不能对此提起上诉,应采"诉讼系属解除说"较为合理,即当事人在同一诉讼程序中同时提出两个不能并存的请求,请求法院在第一顺位的请求被承认时,无须裁判第二顺位的请求。

基于诉讼系属解除说的观点,二审法院应该根据一审法院实际支持原告的先位还是后位请求分别确定程序规则。原告就先位、后位诉讼请求均不成立提起上诉时,经审理认为一审法院正确的,维持原判。因一审法院已经对先位、后位诉讼请求均进行了审理,故一审法院错误的,二审法院可以依法改判支持原告先位或后位诉讼请求,或者发回重审。一审判决先位请求不成立,后位请求成立,但原告坚持就先位请求成立提起上诉时,经审理认为一审法院错误的,因一审法院对先位、后位请求均进行了审理,故二审法院可依法改判支持原告先位诉讼请求,或者发回重审。被告就原告的先位诉讼请求成立提起上诉时,经审理认为一审法院错误的,因一审法院未就后位诉讼请求进行审理,为保证审级利益,故应发回重审。经当事人同意,可在二审中对先位、后位诉讼请求一并审理。被告就原告的后位诉讼请求成立提起上诉时,经审理认为一审法院错误的,因一审法院已就先位诉讼请求进行了审理,故可以直接判决驳回原告诉讼请求或改判支持原告的先位诉讼请求,或者发回重审。

第九章　诉的客观合并(三)：竞合合并

一、请求权竞合的实体法视角观察

(一)请求权竞合理论阐释

请求权竞合是社会生活的复杂性和法律规范抽象性冲突的结果。“现代法律均为抽象规定,并从不同角度规范社会生活,故常发生同一事实符合数个规范之要件,致该数个规范皆得适用的现象,学说上称为规范竞合。”①基于规范竞合所产生的数个请求权,若可以由当事人同时主张,则构成请求权聚合。若多个请求权具有相同的目的,其中任一请求权的实现,都使其他请求权的行使没有必要,否则权利人可能构成不当得利,则出现了请求权竞合问题。

由于民法中请求权竞合的现象无法避免,围绕着如何看待因为满足了规范构成要件而成立的请求权,以及不同请求权之间的关系等问题,产生了关于请求权竞合理论的多种学说。基本理论有以下三种②。

1. 法条竞合说

法条竞合说认为,一个事实虽然符合多个法条所规定的构成要件,但是数个法条之间具有位阶关系,或为特别与普通关系,或为补充关系,或为吸收关系,因此在法律适用上,只能适用其中一种法律规范。例如,在侵权与违约的关系上,认为违约是侵权行为的特别形态,如果同一行为同时构成侵权和违约,依特别法优先于普通法之原则,仅发生违约请求权,不发生侵权请求权。依该学说,仅法条之间存在竞合关系,不存在多个独立的请求权,因而不会产生请求权的竞合。

---

① 王泽鉴:《民法学说与判例研究》,北京大学出版社 2015 年版,第 591 页。

② 请求权竞合的基本理论已有众多学者深入研究。参见王泽鉴:《民法学说与判例研究》,北京大学出版社 2015 年版,第 590 页;江伟、段厚省:《请求权竞合与诉讼标的理论之关系重述》,载《法学家》2003 年第 4 期;王利明:《侵权责任法与合同法的界分——以侵权责任法的扩张为视野》,载《中国法学》2011 年第 3 期。

2. 请求权竞合说

请求权竞合说认为，一个具体事实满足多个法律规范的构成要件时，依据多个法律规范会产生多个并存的请求权。权利人可以择一行使，一个请求权得到满足，其他请求权随之消灭。依请求权之间的关系不同，又有请求权自由竞合说和请求权相互影响说两种理论。

请求权自由竞合说认为，多个请求权之间相互独立并存，在成立要件、责任范围、抵销、时效、举证责任等方面，都根据各自法律规范单独判断。如其中一个请求权因为达到目的以外的其他原因无法行使，其他请求权仍然存在并可单独行使。

请求权相互影响说认为，多个请求权绝对独立会发生违反法规目的的问题，为了克服请求权自由竞合带来的不协调或矛盾，应当认可请求权之间会相互作用，如侵权法对于责任成立要件的特别规定适用于因合同产生的请求权，反之亦然。

3. 请求权规范竞合说

德国著名学者拉伦茨认为，一个具体生活事实符合违约及侵权两个要件时，并非产生两个独立请求权，而是仅产生一个请求权，但有两个法律基础。也就是说，发生竞合的是请求权的法律基础，而请求权只有一个，不会发生竞合。

通过对上述三种基本理论的阐述可以看出，只有在请求权竞合说之内，才存在同一事实引起的复数请求权，由此产生请求权的竞合问题；其他理论均不认可存在相互竞合的请求权，从而从根本上解决了请求权的竞合问题。三种理论中，请求权竞合说是被接受最为广泛的一种学说；法条竞合说目前仅在法国有较大影响力，在其他国家和地区并非主流，但在国内理论界仍然可以见到以其为基本内容的衍生观点；[①]而请求权规范竞合说作为对前述两种学说的修正，也得到了越来越多的认可。[②] 各种理论观点虽经长期讨论，但仍然众说纷纭，而且丝毫没有统一的趋势。在司法实务中处理请求权竞合问题，需要立足我国《民法典》的既有规定，作出既符

---

① 周清林：《理性的困惑：请求权竞合理论解构——兼评我国〈合同法〉第 122 条》，载《现代法学》2003 年第 6 期；李锡鹤：《请求权竞合真相》，载《东方法学》2013 年第 5 期。前文认为一行为同时符合违约和侵权构成要件，是由于人为分割侵权和合同两种关系所导致的，可以将此种法律关系单独作为侵权契约关系，从而只产生一个请求权。后文认为，侵权本身与违约的责任性质不同，责任范围不同，请求权标的没有重合范围，二者构成责任的聚合而不是竞合，可以同时主张。后文认为，如同一受害人就同一行为发生侵权之诉和违约之诉的相遇，逻辑上均为违约导致侵权；且侵权本身与违约的责任性质不同，责任范围不同，请求权标的没有重合范围，二者构成责任的聚合而不是竞合，可以同时主张。

② 参见朱广新：《合同法总则研究》（下册），中国人民大学出版社 2018 年版，第 753 页；郗伟明：《论诉讼标的与请求权规范之竞合——以旧诉讼标的理论的两岸实践为视点》，载《法商研究》2016 年第 3 期；王泽鉴：《民法学说与判例研究》，北京大学出版社 2015 年版，第 601 页。

合实体法内涵，又与我国诉讼制度最相适应的解释。

在进一步讨论请求权竞合问题前，有必要对本节使用的请求权概念加以澄清。本部分在三个层面使用了请求权的概念，第一为实体法意义上的请求权，即具备全部成立要件的实体请求权，如请求权竞合。第二为诉讼上的请求权，“诉讼上的请求权是原告于诉讼中具体主张的实体请求权，不是既存的实体请求权”①。前两种请求权的概念分别具有实体法和程序法的意义，但都与法律关系对应，如违约请求权，不当得利请求权。第三个层面的请求权则指具体的权利义务内容，不再区分实体与程序，可与责任方式及诉讼请求对应，如损害赔偿请求权、返还原物请求权。对于概念界定不清晰给请求权竞合问题造成的困扰，下文还将做详细说明，故本部分将尽可能在表述时分别使用实体请求权与诉讼请求权指代前两个层面的请求权。

（二）《民法典》中的请求权竞合

《民法典》第 186 条规定于《民法典》总则编“民事责任”部分，是从义务人、责任人的角度作出的责任竞合规定，从权利人角度而言，则为请求权的竞合，二者仅为视角的区别。从该条的文义来看，受损害方可以在违约责任和侵权责任中择一要求对方承担，前提必然是受损害方同时享有实体两项请求权，故可以认为我国《民法典》认可同一行为可以同时成立违约请求权与侵权请求权，实体请求权可以发生竞合。从立法资料、司法观点来看，也都认可原《合同法》第 122 条、现《民法典》第 186 条规定了责任竞合或请求权竞合。②

尽管《民法典》第 186 条的内容是违约请求权与侵权请求权竞合时的处理规则，但由于该条规定于总则编，在《民法典》对于其他请求权的竞合未做明确规定的情况下，该条规定被认为可以类推适用于侵权请求权与不当得利请求权竞合等竞合现象的规制中。③ 崔建远教授对于《民法典》中的请求权竞合规定进行了梳理和阐释，认为在违约责任与侵权责任（第 186 条）、不当得利与侵权责任（第 985 条与第 1165 条）之外，还有一般违约责任与物的瑕疵担保责任（第 582 条与第 583 条）、准无因管理与不当得利（第 980 条与第 985 条）、物权请求权与占有人的物上请求权

① 江伟、段厚省：《请求权竞合与诉讼标的理论之关系重述》，载《法学家》2003 年第 4 期。

② 参见胡康生：《〈中华人民共和国合同法〉释义》，法律出版社 1999 年版，第 190 页；黄薇主编：《中华人民共和国民法典释义及适用指南（上）》，中国民主法制出版社 2020 年版，第 289 页；最高人民法院民法典贯彻实施工作领导小组：《中华人民共和国民法典总则编理解与适用（下）》，人民法院出版社 2020 年版，第 937 页。

③ 参见杨立新：《中华人民共和国民法典条文精释与实案全析》，中国人民大学出版社 2020 年版，第 256 页。

（第235条至第237条与第462条第1款）、不当得利返还请求权与占有物返还请求权（第985条与第235条）、恶意占有人的侵权责任与一般侵权责任（第459条与第1165条）、占有物孳息返还请求权与无因管理中的孳息返还请求权（第460条与第979条）、需要事由的合同解除权与任意解除权（并非解除权竞合，而是解除后果的赔偿责任竞合，第566条第2款与第933条）共九项可能出现竞合的规范。[①] 韩世远教授在合同法分则领域，列举了违约责任与侵权责任竞合的典型形态，如买卖合同中的标的物不符合质量要求与产品缺陷致人损害；租赁合同中承租人保管不善致租赁物毁损灭失与一般侵权等。[②]

本书认为，请求权竞合问题除了上述九种实体请求权竞合外，至少还存在以下两种可能的竞合情形：

1. 合同不成立、被撤销、无效时的特殊种类物返还请求权与不当得利返还请求权（第157条与第985条）。《民法典》第215条确立了合同效力与物权变动的区分原则，但物权变动模式仍然采用“合意＋公示”的债权形式主义，这是物权变动的基础，物权变动是基于合意产生的法律效果。[③] 在合同不成立、被撤销、无效时，当事人之间自始没有合同关系，以合同成立或生效为前提的给付因缺少物权变动原因，不产生物权变动的效果，依法应当返还。由于物权未发生变动，此时的返还请求权性质为物权返还请求权。[④] 但对于货币等特殊种类物而言，转移占有时所有权同时转移，在引起给付的合同不成立、被撤销或无效的情况下，对特殊种类物的返还请求权与自始无给付原因的不当得利返还请求权，存在竞合关系。

需明确的是，合同解除情况下的返还，不发生与不当得利返还请求权的竞合。根据《民法典》第557条将“合同解除的，该合同的权利义务终止”从“债权债务终止情形”中单独列出的规定方式可以推知，合同解除不发生合同本身自始的消灭，不导致合同当事人之间全部债权债务的终止，而是产生了新的返还债务。对于已经履行的部分，不能认为没有法律依据，故不存在不当得利的适用空间。

2. 预约合同违约责任与订约失败时的缔约过失责任的竞合（第495条与第500条）。《民法典》第495条在合同编通则部分新增了对预约合同的构成及其救济方

---

① 参见崔建远：《中国民法典所设竞合规范论》，载《兰州大学学报（社会科学版）》2021年第1期。

② 参见韩世远：《合同法总论》（第3版），法律出版社2011年版，第722页。

③ 参见王利明：《论债权形式主义下的区分原则——以〈民法典〉第215条为中心》，载《清华法学》2022年第3期。

④ 德国法上认为此时的返还请求权为法定请求权，会出现与不当得利请求权的竞合，参见［德］迪特尔·梅迪库斯：《请求权基础》，陈卫佐等译，法律出版社2012年版，第109页。

式的一般规定；第500条规定的缔约过失责任，对当事人违反先合同义务应依法承担的民事责任作出了界定。根据上述两条规范，在合同订立阶段，若出现当事人违背诚信原则，在与对方达成预约后又违反预约约定，导致本约未订立并造成对方损失时，即存在预约合同违约责任与订约失败时的缔约过失责任的竞合。

上述内容仅是调研组对于《民法典》中请求权竞合规范的不完全列举，由于《民法典》对于民事权利进行了体系化的整合，伴随着法典实施，请求权竞合的新类型还将不断被发现。在《民法典》视野之外，同样存在其他实体法律与民法，如《票据法》中的票据追索权与合同权利、《消费者权益保护法》中的惩罚性赔偿与侵权责任的竞合等问题。可见，在实体法领域，我国法律承认请求权竞合，并且请求权竞合规范大量存在，无法避免。

（三）竞合请求权的相互关系分析

在确定《民法典》采请求权竞合说的基础上，需进一步讨论竞合请求权是否存在相互影响的关系，也就是理论上所谓自由竞合说还是相互影响说的细化问题。学术界对此问题存在很大分歧，有观点认为《民法典》第186条采“请求权自由竞合说”①；有认为是“请求权相互影响说”②；也有观点认为是“修正的请求权自由竞合说”③。本书认为，《民法典》就此问题并没有作出明确规定，司法者应当将学说之间的争议暂时搁置，不套用某一种特定学说，也不以现有学说为模板裁剪可能的法律适用方法，而是立足解释论，综合立法目的、法律体系等解释方法，妥善解决法律供给的不足。

1. 请求权相互影响是指请求权成立要件之间的相互影响

请求权间相互关系，作为请求权竞合的下位问题，也是实体法问题。请求权相互影响说认为“为顾及法律对契约责任所设的特别规定，其侵权责任的成立应受限制”④。从责任竞合的角度可以更加清楚地发现，讨论请求权之间是否相互影响，实际是实体责任在责任成立要件、责任减轻特别规定或约定等方面是否能够互相影响的问题。正如谢鸿飞教授指出，竞合的中心在于责任成立，聚合的中心在责任承担。⑤ 有观点认为，请求权相互影响说意味着当事人只可主张一个请求权，但允许

---

① 傅鼎生：《赔偿责任竞合研究》，载《政治与法律》2008年第11期。
② 叶名怡：《〈合同法〉第122条（责任竞合）评注》，载《法学家》2019年第2期。
③ 韩世远：《合同法总论》（第3版），法律出版社2011年版，第724页。
④ 王泽鉴：《侵权行为》，北京大学出版社2016年版，第79页。
⑤ 参见谢鸿飞：《违约责任与侵权责任竞合理论的再构成》，载《环球法律评论》2014年第6期。

在管辖法院、诉讼时效、证明负担、证明标准、赔偿范围等方面互相影响，[①]本书认为该观点对请求权相互影响的理解过于泛化。原告提起侵权之诉时，合同中对于管辖法院的管辖约定，是否影响侵权之诉中管辖法院的确定，此类诉讼法上问题具有专门分析讨论的价值，但并非请求权竞合的实体法问题，不属于本部分的内容。

《民法典》第186条规定，“因当事人一方的违约行为，损害对方人身权益、财产权益的，受损害方有权选择请求其承担违约责任或者侵权责任”。法条使用的“违约行为”“损害对方人身权益、财产权益”的表述，应理解为法律对两种责任的构成要件未做特别规定的情况，也就是依据违约责任和侵权责任的一般规定，判断两项责任同时成立。同时，受损害方有权选择行使违约请求权和侵权请求权，意味着多个请求权不能同时实现，应按照受损害方选择的请求权，确定责任方式、责任范围；同时也应对该请求权对应的抗辩权进行处理。也就在适用一般规定时，请求权自由竞合说与请求权相互影响说没有实质区别。[②]

2. 法律对责任成立要件有特别规定或当事人有特别约定时，请求权成立与否相互影响

如前所述，竞合的请求权是否相互影响，主要在于法律对某项责任存在特别规定，如减轻债务人注意义务，或当事人对责任成立作出特别约定，如在合同中约定免责条款时，是否同时作用于另一项请求权。本书认为，法律对于一种责任规定有减轻责任的特别要件时，其通过该规定所要实现的目的较为明确，责任减轻的特别规定应优先实现。同理，若合同中约定了免责条款，或约定了低于法定责任成立要件的标准时，也应当适用于竞合的另一项请求权，否则将因当事人选择行使另一项请求权，而避开法律特别规定或特别约定所要实现的目的，法律所作特别规定将失去意义。可以认为法律关于责任构成要件有特别规定或当事人有特别约定时，竞合构成的条件被改变，该条件同时适用于侵权责任。[③]

---

① 参见李静：《不当得利纠纷与合同纠纷的重复起诉规制》，载《中国社会科学院研究生院学报》2019年第5期。

② 通说认为，请求权相互影响说不认可多个请求权的分离，如权利人将其中之一转让他人而自己保留另一个，或将两个请求权分别转让。关于请求权自由竞合说是否允许权利人分别处分两个请求权的问题，理论上存有争议。因请求权仅能够择一实现，调研范围内未发现有权利人转让竞合请求权引起的争议，故不涉及此问题。具体可参见史尚宽：《债法总论》，中国政法大学出版社2000年版，第230页；王泽鉴：《民法总则》，北京大学出版社2009年版，第75页；叶名怡：《〈合同法〉第122条（责任竞合）评注》，载《法学家》2019年第2期。

③ 参见谢鸿飞：《违约责任与侵权责任竞合理论的再构成》，载《环球法律评论》2014年第6期；崔建远：《合同法》，北京大学出版社2012年版，第350页。

例如,《民法典》第 662 条关于赠与人瑕疵担保责任规定,赠与人故意不告知瑕疵或者保证无瑕疵,造成受赠人损失的,应当承担赔偿责任。赠与人就赠与物瑕疵承担损失赔偿责任,需要赠与人具有故意不告知瑕疵或保证无瑕疵的主观要件,这是法律对于无偿合同关系而作出的特别规定,[①]若不适用于受赠人基于侵权关系提出的请求权,则该主观要件的特别要求会因受赠人的选择而被架空。同理,《民法典》第 897 条关于无偿保管人承担保管不善的赔偿责任需要具有保管人故意或重大过失、第 929 条第 1 款规定无偿委托合同中委托人损失赔偿的请求权,需要受托人有故意或重大过失的主观要件,都应当适用于权利人基于侵权关系产生的请求权。

3. 不同请求权的诉讼时效规定不发生相互影响

《民法典》第 188 条第 1 款规定,向人民法院请求保护民事权利的诉讼时效期间为三年。法律另有规定的,依照其规定。据此,原《民法通则》中关于 1 年短期诉讼时效与 2 年普通诉讼时效的区分已经消除,因短期诉讼时效对于竞合请求权造成的法律适用困难已经大大减少,但法律中仍存在特殊诉讼时效规定。如《民法典》第 594 条规定,"因国际货物买卖合同和技术进出口合同争议提起诉讼或者申请仲裁的时效期间为四年"。该规定相对于《民法典》第 188 条即为"另有规定",对于国际货物买卖合同和技术进出口合同争议,应当按照特别规定优于一般规定的规则,适用四年的时效。此时若权利人依据侵权请求权主张权利,是否也应当适用四年诉讼时效,则成为一个难以抉择的问题。

由于诉讼时效是债务人对请求权的抗辩,本身即带有对抗请求权的属性。当法律规定有特殊诉讼时效时,该特殊诉讼时效的立法目的,与法律保护的其他价值之间会出现冲突,无论选择何种价值,都会存在理由不够充分的问题:从保护债权人或受害人的角度出发,应当适用长的诉讼时效,[②]从法律规定特殊诉讼时效目的出发,应当适用特殊诉讼时效,[③]从诉讼时效制度本身促进权利行使的目的来看,应当适用短期诉讼时效,而从《民法典》第 186 条的文字内容来看,应当根据权利人选择的请求权,分别适用对应的诉讼时效。[④]

本书认为,对于诉讼时效,应当依据当事人主张的请求权分别确定,即相互竞

---

① 最高人民法院民法典贯彻实施工作领导小组:《中华人民共和国民法典合同编理解与适用(二)》,人民法院出版社 2020 年版,第 1198 页。

② 参见李宇:《民法总则要义:规范释论与判例集注》,法律出版社 2017 年版,第 879 页。

③ 参见叶名怡:《〈合同法〉第 122 条(责任竞合)评注》,载《法学家》2019 年第 2 期。

④ 参见韩波:《论请求权竞合时诉的客观合并之形态》,载《现代法学》2022 年第 1 期。

合责任的诉讼时效不发生相互影响。首先，诉讼时效并非权利或责任的成立要件，也不同于消灭时效或除斥期间，不是权利本身存在的期限，而是被告拒绝履行的抗辩。依循请求权或责任的相互关系问题存在于权利或责任成立层面的思路，抗辩权的行使不应属于请求权相互影响的范围。其次，诉讼时效作为履行抗辩，与实体权利具有对应性，只有在明确权利类型并确定权利成立后，才能确定时效抗辩是否成立。而且诉讼时效存在中止、中断的可能，中止中断仅发生于特定情形，例如中断的原因为对诉讼请求权的行使或对履行的认诺，若不确定所行使的具体的请求权，则无法判断诉讼时效是否发生了中止或中断。也就是说，责任类型、责任成立与诉讼时效抗辩的判断，二者具有对应性及顺序性，对于两种责任竞合的状态，亦应当区分权利类型做具有针对性的判断。最后，《民法典》中已经不存在短期特殊诉讼时效，在特殊的合同债权诉讼时效长于侵权诉讼时效的情况下，当事人通过选择请求权以绕开短期特殊诉讼时效的做法已不再有空间。即使当事人通过选择合同请求权，以寻求国际货物买卖合同项下较长的诉讼时效保护，亦与法律规定较长诉讼时效的目的是相符的，不会产生规避法律适用的道德风险。

基于上述分析所得结论为，对于一项请求权在责任成立、责任减轻的方面特别规定或特别约定，对于另一项请求权也同样适用；而诉讼时效则应依据当事人选择实现的请求权分别确定。从形式上看，上述结论似乎在不同问题上分别采纳“请求权相互影响说”与“请求权自由竞合说”，存在理论贯彻的不彻底性。但理论不应成为法律适用的桎梏，而应为解决实践问题的工具，选择最适合的理论，本就是理论与实践相结合的最佳方式。

二、请求权竞合的诉讼法视角观察

（一）请求权竞合与诉讼标的理论

尽管请求权竞合本质是实体法问题，但却与诉讼法特别是诉讼标的理论具有紧密联系。原告在起诉时，依据实体法律规范主张自己享有实体法上的请求权，该权利是否真实存在，需要由法院审理决定。诉讼过程中，法院最终判决是否支持原告诉讼请求前，原告的请求权应当理解为诉讼上的请求权。请求权竞合在诉讼中引发的争议问题包括：（1）原告能否在同一诉讼中同时主张两个竞合的请求权？（2）原告能否先起诉主张一个请求权，在诉讼中变更为另一个？（3）原告先起诉主张一项请求权，得到支持后认为请求权未全部得到支持，能否另行起诉主张另一个请求权？

上述问题的回答均与诉讼标的的识别有关。根据传统诉讼标的理论，诉讼标的是诉讼上的请求权，而诉讼上的请求权是原告于诉讼中具体主张的实体请求权。[①] 据此，出现请求权竞合时，每个可能实现的实体请求权经由当事人在诉讼中主张，都会出现一个诉讼上的独立诉讼标的。当事人分别依据两个实体请求权提起诉讼，如侵权责任请求权和违约责任请求权，构成不同的诉讼标的，当事人同时在一个诉讼中同时提出两项诉讼请求，构成诉的合并；当事人先后提出侵权之诉和违约之诉，不构成重复诉讼，应当分别进行审理。

传统诉讼标的理论受到的最激烈的批评在于，与实体法上的请求权竞合问题无法完美兼容。在请求权竞合时，当事人之间只有一个实质争议，但可能会产生多个诉讼，当事人已就一个请求权提起诉讼并经审判后，仍可以就另一个请求权起诉。一个事件可以经过数次审判，产生数个判决，从而带来纠纷解决的拖延、诉讼成本的增加。此外，在原告法律知识欠缺的情况下，不能做出最优的选择，可能会因原告主张的实体权利不同而减损原告的实体权利；被告也要承受不止一次的应诉困扰。[②] 学者们为了解决诉讼标的理论在请求权竞合问题上遇到的障碍，发展出了多种新诉讼标的理论，将诉讼标的与实体请求权脱钩。甚至有学者称，诉讼标的理论是由"请求权竞合"问题引发的一个理论怪圈。[③] 可见，实体法的请求权竞合问题与诉讼法中的诉讼标的理论具有密不可分的关系，研究并解决请求权竞合问题，离不开程序法的视角。

尽管近年来不断有学者强调新诉讼标的理论的优点，提倡采纳新诉讼标的理论。但我国司法实践仍然采用传统诉讼标的理论，以当事人在诉讼中主张的实体请求权，作为该案的诉讼标的。《民诉法解释》第 247 条将诉讼标的与诉讼请求并列，作为判断重复起诉的依据。此时只有将诉讼标的解释为实体法律关系，才能够与诉讼请求相区别。而如果采用新诉讼标的理论，诉讼标的作为诉的声明，将与诉讼请求同义重复。最高人民法院明确表示采纳了传统诉讼标的理论，这一点从其出版的对《民诉法解释》第 247 条的解读即可知。因此，下文对请求权竞合问题的实证分析与解决方案论证，仍以传统诉讼标的理论为预设前提。

（二）请求权竞合实践问题剖析

对于诉讼中处理请求权竞合问题，《民事诉讼法》及《民诉法解释》均未作规定。

---

① 参见江伟、段厚省：《请求权竞合与诉讼标的理论之关系重述》，载《法学家》2003 年第 4 期。

② 参见［德］奥特马·尧厄尼希：《民事诉讼法》，周翠译，法律出版社 2003 年版；郗伟明：《论诉讼标的与请求权规范之竞合——以旧诉讼标的理论的两岸实践为视点》，载《法商研究》2016 年第 3 期。

③ 参见吴英姿：《诉讼标的理论"内卷化"批判》，载《中国法学》2011 年第 2 期。

在最高人民法院出台的规范性文件层面，主要有《合同法解释（一）》第30条，《〈民事案件案由规定〉的通知》及《最高人民法院关于津龙翔（天津）国际贸易公司与南京扬洋化工运贸公司、天津天龙液体化工储运公司沿海货物运输合同货损赔偿纠纷一案请示的复函》（以下简称《最高人民法院复函》），见表2-2。

表2-2　最高人民法院关于请求权竞合问题的司法解释

规范性文件	主要内容
《合同法解释（一）》第30条（1999）	债权人依照《合同法》第122条的规定向人民法院起诉时作出选择后，在一审开庭以前变更诉讼请求的，人民法院应当准许。对方当事人提出管辖权异议，经审查异议成立的，人民法院应当驳回起诉
《最高人民法院复函》（2001）	在请求权竞合的情况下，诉讼当事人有权在一审开庭前请求对方当事人承担违约责任或者侵权责任，此后不得进行变更。该案当事人在一审时以违约提起诉讼，二审时不应以侵权确认时效
《〈民事案件案由规定〉的通知》（2020）	在请求权竞合的情形下，人民法院应当按照当事人自主选择行使的请求权所涉及的诉争的法律关系的性质，确定相应的案由

根据上述规定以及最高人民法院对于《合同法解释（一）》第30条规定作出的解读，最高人民法院认为《合同法》第122条的规定，是赋予了受害方选择权，即选择何种案由或者诉因提起诉讼，或者提起违约之诉，或者提起侵权之诉。① 对此本调研简称为“择一起诉”模式，并对“择一起诉”模式下请求权竞合的实践争议问题进行了如下梳理与分析。

1. 主管与管辖

案例1：原告以网络买卖合同纠纷为由提起诉讼，要求被告退还货款，并支付购物款的十倍赔偿。法院认为，在请求权竞合的情形下，人民法院应当按照当事人自主选择行使的请求权，根据当事人诉争的法律关系的性质，确定相应的案由。本案原告起诉主张其与被告存在信息网络买卖合同纠纷，但从诉讼请求来看，原告提起惩罚性赔偿请求，请求权基础为侵权赔偿责任，由此提起的损害赔偿请求之诉应当认定为侵权责任纠纷之下的产品责任纠纷，本案应当依照诉争的产品责任纠纷而不是信息网络买卖合同纠纷确定管辖。②

案例2：原告以侵害技术秘密纠纷为由提起诉讼，要求被告一、被告二、被告三

---

① 参见杜万华主编：《解读最高人民法院司法解释之民事卷（上）》，人民法院出版社2019年版，第443～444页。

② 参见湖南省娄底市娄星区人民法院（2022）湘1302民初1390号民事裁定书。

共同承担侵权损害赔偿责任。但原告与被告一之间签订有仲裁协议,约定因双方之间服务合同"所引起的或与本协议有关的争议、权利主张"均由仲裁机构主管。法院认为,侵权争议因违反合同义务而产生,违约责任和侵权责任有竞合关系,则原告即使选择以侵权为由提出诉讼,仍应受到合同仲裁条款的约束,不应允许当事人通过事后选择诉因而规避仲裁条款的适用。①

案例3:原告与被告之间签订的房屋租赁合同约定有仲裁条款,该租赁合同到期后,原告以排除妨害纠纷为由起诉要求被告腾退返还房屋并赔偿房屋占用损失。法院认为,原告依据排除妨害提出诉讼请求,故本案的案由是排除妨害纠纷,而非房屋租赁合同纠纷,故对于被告依据房屋租赁合同中仲裁条款提出的管辖异议不予支持。②

问题:对于可能存在实体请求权竞合的案件,应以当事人主张的法律关系作为判断主管和管辖的依据,还是应当对原告主张的法律关系进行审查,并以法院认定的法律关系为依据?进而,当事人对于一项法律关系有仲裁协议或管辖约定,但却依据另一法律关系主张权利时,法院能否在管辖争议处理阶段,将当事人在合同关系中达成的主管或管辖协议,适用于另一法律关系,以确定是否由法院主管以及管辖法院?

解析:依据"择一起诉"的规定,当事人只能选择一个案由或诉因(诉讼标的)提起诉讼,案由反映了案件所涉及的民事法律关系的性质,是对当事人诉争的法律关系性质进行的概括。故在案件的程序性审查阶段,法院不应当对原告主张的法律关系是否正确、请求权是否成立、是否确实存在两项竞合的实体请求权等问题进行认定,应仅按照当事人主张的法律关系作为确定主管和管辖问题的依据。此种处理方式是法院确定主管及管辖的通常做法,在请求权竞合的案件中同样适用。但请求权竞合案件中,还有两种特殊类型的问题。

一为原告形式上主张的法律关系与诉讼请求反映的法律关系不一致。如案例1中,原告虽对两种法律关系均有权主张,但"择一起诉"要求其只能提出其中之一,就可能出现原告所称法律关系与其诉讼请求反映出的法律关系不一致的情况。此时,原告主张的案由所称的法律关系只是法院初步判断法律关系性质的依据,当事人请求法院审理的实体法律关系内容,即案件的诉讼标的,要以诉讼请求的内容反映出的基础法律关系为准。法院应当对于原告主张的法律关系进行实质判断,在

① 参见最高人民法院(2020)最高人民法院知民终1360号之一民事裁定书。

② 参见江苏省淮安市中级人民法院(2015)淮中民辖终字第00211号民事裁定书。

此基础上处理主管及管辖争议。

二为合同关系中的主管或管辖协议对于另一种法律关系的影响。在可能存在请求权竞合时，若完全按照当事人选择的法律关系确定主管及管辖，原告可以通过选择起诉的法律关系避开双方已经达成的仲裁或管辖协议，从而实现选择主管或管辖的目的。此时若仅按照当事人自行选择的法律关系（诉讼标的）确定主管和管辖，与双方当事人作出约定时的真实意思不符，也有违诚实信用的基本价值。故实践中常见的解决思路有两种，一种是如案例2中对仲裁条款或管辖协议进行扩张解释，将其解释为包含竞合的两种法律关系；另一种是直接认定竞合的法律关系的基础事实相同，另一法律关系中的主管或管辖协议对于本案也同样适用，"其提起的虽为侵权之诉而非合同之诉，但仍不可避免地涉及对《个人外汇及衍生品交易主协议》的审查认定问题，根据该协议管辖条款之约定，显然本案应由香港特别行政区法院管辖"。① 关于该问题的解决方案下文还将做详细讨论，此处不再赘述。

2. 起诉条件与重复诉讼

案例1：原告以侵权纠纷为由，起诉被告一、被告二、被告三对侵害其财产权利的行为承担连带责任。法院查明原告本案侵权请求与另案合同纠纷构成请求权竞合，合同纠纷立案在先且正在审理中。故法院裁定：当事人基于同一法律事实分别以不同的案由提起的多个诉讼，原告先后向法院提起的确认股权转让协议无效的诉讼和夫妻离婚后的财产纠纷两个案件与本案构成请求权竞合。根据有关法律规定，请求权竞合的，当事人可择一行使，不能同时主张多个请求权。一审法院据此驳回原告本案起诉并无不当。②

案例2：原告在乘坐公交车时摔倒受伤。先以侵权纠纷为由提起诉讼，被法院生效判决认定请求权不成立并驳回诉讼请求。原告再以公交运输合同纠纷为由起诉。一审法院认为，两案实质上系原告针对同一人身损害事实提起的损害赔偿纠纷，前诉判决对该项请求及损害事实进行了实质审查和判断。再次重复起诉，不符合法律规定的起诉条件，故裁定驳回起诉。二审法院认为，两案法律关系不同，法院审理内容不同，两案并非相同的诉讼标的。不构成重复诉讼。③

案例3：原告以旅游合同纠纷为由起诉多名被告，要求赔偿死亡赔偿金、丧葬费。一审法院认为，原告曾以机动车交通事故纠纷起诉并获赔偿，应驳回原告再次

---

① 参见上海市高级人民法院（2010）沪高民五（商）终字第49号民事裁定书。

② 参见最高人民法院（2018）最高人民法院民终860号民事裁定书。

③ 参见北京市第一中级人民法院（2020）京01民终7661号民事裁定书。

要求被告赔偿损失的诉讼请求,故判决驳回原告诉讼请求。二审法院认为,原告诉讼请求已经生效判决处理,原告就相同内容再次提起诉讼,违反了一事不再理原则。二审法院裁定撤销一审判决,驳回原告起诉。[①]

问题:采取"择一起诉"的模式,如何处理当事人分别提起两诉之间的关系?是否意味着选择一个请求权起诉并且必须等待该诉讼终结后,才能提出另一个诉讼?"择一起诉"后,另一项请求权是否因为前诉请求权行使而消灭,以及前诉与后诉是否存在重复起诉?

解析:"择一起诉"模式要求当事人只能选择一种诉因,但并未明确对于当事人分别提出的两诉如何处理。在实践中会出现两种情况,一为当事人分别依据不同法律关系先后起诉;二为分别但同时起诉。

(1)对于先后提出两诉的情况,实践中存在"择一消灭"的做法,即当事人选择一项请求权起诉后,无论该请求权是否得到支持,都不允许再行使另一请求权,[②]案例2中的一审法院论述即为典型。应当指出,将最高人民法院司法解释中的"择一起诉"理解为"择一消灭"是审判实践中的一种误读。

根据前述对《民法典》第186条的分析,该条只是对于实体法上存在竞合的请求权或责任承担作出的规定,违约责任与侵权责任不能重复承担。在一项实体请求权已经实现的情况下,另一个请求权不能再行使,是从结果上对于两项请求权关系的规定,而不是对于当事人诉讼上请求权如何行使的规定。因此,不能根据《民法典》第186条的规定,得出两个诉讼上的请求权存在"择一消灭"的关系。而从程序法中重复起诉的认定标准来看,当事人分别依据侵权与违约的法律关系提起诉讼,两案实体法上的权利主张是不同的,因而诉讼标的不同。《民诉法解释》第247条中"后诉与前诉的诉讼标的相同"在当事人分别提出两诉的情况下也是不成立的。故无论是从实体法还是从程序法来看,"择一消灭"的处理方式都不符合法律规定。

(2)对于当事人分别但几乎同时提出的两个诉,实践中的做法是需等待在先提起的诉讼审理完毕,在先诉讼尚未结束前,不能再提起另外一个诉讼,否则将被裁定驳回起诉。这种做法也存在缺乏法律依据的问题。

---

① 参见陕西省渭南市中级人民法院(2021)陕05民终1370号民事裁定书。

② 参见吴庆宝:《论侵权责任与违约责任竞合的限制》,载《法律适用(国家法官学院学报)》2002年第8期。李盛烨:《诉的合并的实证形态和"三维"认定——以立案工作遇到的诉的合并疑难案例为切入点》,载《法律适用(司法案例)》2019年第4期。

《民法典》第186条规定“受损害方有权选择请求其承担违约责任或者侵权责任”，是从结果层面规定受损害方只能实现一项权利、加害方不重复承担责任，而并未要求当事人必须分别提起两个诉讼。如果要求当事人必须选择一个法律关系提起诉讼，并且在该案未审理终结前不能提起另一个诉，则等同于对在后提起的诉增加了额外的起诉条件，而这种附加的特别起诉条件，对于当事人的诉权会产生不利影响，却缺乏程序法的明确规定。

(3)若在先提起的诉讼请求得到满足，应如何处理当事人在后提出的另一项请求？两项责任“均以损害赔偿为给付之内容，故债权人不得双重请求，此为众所公认，并合乎事理，无待详论”[①]，故在当事人在先请求得到支持的情况下，再提出相竞合的另一项请求，无疑不应当得到支持。但在诉讼中，应当判决驳回诉讼请求，还是应当裁定驳回原告起诉？

事实上，传统诉讼标的理论带来的多次诉讼、多个判决、增加被告诉累等缺陷，在这种情况下体现得最为明显，但该问题的理论意义明显大于实践意义，在实践操作中可通过实体法的解释加以弥补。根据《民法典》第186条规定，请求权竞合情况下权利人虽然享有多个请求权，但任何一个请求权的行使都将达到相同或基本相同的效果，故权利人仅能选择一个请求权加以实现。故可以合理推论，一项请求权因得到满足而消灭，另一项请求权也随之消灭。[②] 对于当事人依据已因实现而消灭的请求权提起的诉讼，裁定驳回当事人的起诉，符合法律规定，同时，由于裁定驳回起诉仅做起诉条件的审查，不进入实体审理阶段，能够简化审理程序、加快诉讼进程并减轻被告的诉讼负担。裁定驳回起诉的方式，也符合最高人民法院对于请求权竞合问题设定的“结合实体法的规定，通过诉讼法上的特别处理加以解决”的解决思路。[③]

3. 请求权竞合的审查认定

案例1：原告以侵害计算机软件著作权纠纷为由起诉，要求被告赔偿制作盗版软件造成的损失。一审法院认为，本案纠纷是双方间就三维扫描仪的研发所签合同而引发的合同纠纷，并非原告主张的侵权法律关系，故裁定驳回原告起诉。二审法院认为，本案中存在违约责任与请求权责任的竞合，原告提起侵权之诉符合法律

① 王泽鉴：《民法学说与判例研究》，北京大学出版社2015年版，第596页。

② 参见江伟、段厚省：《请求权竞合与诉讼标的理论之关系重述》，载《法学家》2003年第4期。

③ 沈德咏主编：《最高人民法院民事诉讼法司法解释理解与适用(上)》，人民法院出版社2015年版，第635页。

规定。一审法院以当事人主张的法律关系与法院认定的法律关系不一致为由,作出驳回起诉的裁定系适用法律错误。①

案例2:原告与被告签订质押合同,约定被告提供谷物作为质物用于担保原告债权。法院查明,被告虚构部分质物,另抽逃部分质物。原告起诉要求被告赔偿因虚构质物和抽逃质物造成的损失承担赔偿责任。一审中,原告未提出其诉讼请求是依据质押合同的违约责任还是侵权责任,一审法院即对原告诉讼请求中的合理部分予以支持。二审法院认定,虚构质物部分属于违约,抽逃质物部分构成违约与侵权的竞合。但由于"被告无论是基于侵权或者基于违约都应承担损害赔偿责任,原告诉请的请求权性质是合同之诉抑或侵权之诉,并不影响人民法院对于本案所涉实体权利义务关系的审理认定"。②

案例3:原告以"优生优育选择权"受到侵害为由起诉,要求被告妇幼保健院承担产前检查漏诊、误诊责任,赔偿手术费、精神损失费、残疾赔偿金。案件审理中,原告未明确其请求权基础为合同关系还是侵权关系。法院认为,从原告的诉讼请求包括精神损失,以及其诉讼中申请对于医疗机构的过错进行鉴定的诉讼行为来看,系以医疗服务过程中产生的医疗侵权纠纷为由提起诉讼。由于本案所涉缺陷出生损害赔偿的请求权基础,现行法律并无明确规定,依据《侵权责任法》以及《合同法》相关规定,该请求权应属于违约请求权和侵权请求权的竞合。③

问题:(1)是当事人负有对请求权竞合的主张责任,还是法院负有识别竞合请求权的义务?若法院对法律关系的把握与当事人主张出现偏差,应如何处理?

(2)法院是否必须在当事人作出选择的情况下才能对其诉讼请求进行审理?若当事人未主张竞合且未明确请求权依据的法律关系、法院审理中亦未加以释明或要求当事人明确,如何认定本案审理的诉讼标的?如果当事人在诉讼中拒绝作出选择,应当如何处理?

解析:相对于请求权竞合及诉讼标的的丰硕理论研究成果,如何在现有的实体法规范及诉讼制度的框架下,规范请求权竞合的具体诉讼程序、明确相应诉讼行为法律效果等实务问题缺乏系统性研究,目前仍未形成相对成熟的处理方式,本调研对此试做以下类型化分析。

(1)法院应当主动识别请求权竞合,并对当事人的选择进行释明,让当事人在

---

① 参见最高人民法院(2021)最高人民法院知民终849号民事裁定书。

② 参见最高人民法院(2019)最高人民法院民终833号民事判决书。

③ 参见最高人民法院(2016)最高人民法院民再263号民事判决书。

理解请求权竞合含义的情况下作出选择。

诉讼活动需以诉讼标的为中心展开，诉讼标的也是法院审理和裁判的对象，[①]基于案件审理的需要，当事人需明确其诉讼标的。在传统诉讼标的理论下，即为当事人在实体法上享有的请求权。若当事人在起诉时未明确诉讼标的，法院应当进行释明，要求当事人确定诉讼标的，法院才能够作出裁判。如果对《民法典》第186条采纳“择一起诉”的理解，那么法院应当主动识别出请求权竞合，并应当对当事人的诉讼标的进行释明。也就是说，对诉讼上请求权进行选择是当事人的权利，让当事人基于对请求权竞合的正确认识而作出选择，是对法院的要求。若法院没有识别出请求权竞合，或未向当事人释明并要求当事人作出选择，法院后续的审理将会陷入困境。

案例2是通过论述两种请求权均能够成立，说明请求权性质不影响案件审判结果；案例3则是通过对当事人诉讼请求及诉讼行为分析出其已经作出了选择，但这两种做法更多地体现出二审法院面对一审未固定请求权基础或诉讼标的这一审判状态的补救性措施。从当事人的诉讼请求内容包括精神损害赔偿及要求对过错进行鉴定，倒推当事人的请求权性质为侵权损害请求权，固然可能符合当事人的真实意思，但二审法院推定当事人要求法院审理的法律关系，难免有司法专横之嫌；而在请求权竞合的情况下，认定无论当事人如何选择其诉讼请求都应当得到支持，是不符合最高人民法院在司法解释中所明确的“择一起诉”的主流观点的。

案例1中一审法院未能准确识别出请求权竞合，原告依据侵权主张权利，法院认为应为合同关系。这就导致因法院自身对法律关系的认识错误，未能尽到释明义务，剥夺了当事人选择的权利，且按照主流观点在此时应“驳回诉讼请求”的处理方式，还会导致当事人无法另行就该法律关系主张权利。[②] 因而法官对于请求权竞合法律关系的准确识别，会影响当事人的诉讼及实体权利，在审判实务中需要引起足够的重视。

（2）当事人拒绝作出选择时的处理。此种情况又可以细分两种情况：一为当事人仅提出诉讼请求而拒绝明确具体的请求权基础；二是经法院释明能够正确认识请求权竞合后，仍坚持要求法院同时审理两种请求权。

---

① 参见张卫平：《民事诉讼法》（第5版），法律出版社2019年版，第198～199页。

② 《证据规定》第53条规定了当事人主张与人民法院认定不一致的处理，要求法院将法律关系性质或者民事行为效力作为焦点问题进行审理，但未明确在当事人不变更法律关系主张时应当如何处理。当前的主流观点认为应当判决驳回诉讼请求。参见最高人民法院（2021）最高人民法院民申5624号民事裁定书。

《民事诉讼法》第 122 条规定的起诉条件，要求起诉有具体的诉讼请求和事实、理由，并不要求当事人必须明确请求权所依据的实体法律关系。其中事实是指纠纷发生的事实经过，即客观情况；理由是根据法律规定说明提出诉讼请求的理由。诉讼请求、事实、理由共同组成诉讼标的的构成要素，[①]若通过当事人的主张无法明确其要求法院审理的对象，意味着诉讼标的无法确定，法院无法进行审理，则应认定为不符合起诉条件，此时裁定驳回起诉。因此，在坚持“择一起诉”模式的诉讼中，若当事人仅提出诉讼请求而拒绝明确具体的请求权基础，而且通过当事人诉讼主张，无法认定其诉讼标的，例如原告仅要求被告返还原物，而不明确是基于合同、物权或是不当得利，不明确请求权所依据的实体法律关系，则应当裁定驳回起诉。裁定驳回起诉后，不影响当事人在明确理由后再次起诉。

原告同时提出两项请求权，但拒绝选择其中之一时。如前所述，起诉条件由《民事诉讼法》第 122 条规定，《民法典》第 186 条的规定，不具有附加起诉条件的效力。在可能存在请求权竞合的情况下，经法院释明存在请求权竞合但仍不选择请求权基础规范的，不构成法院驳回起诉的理由。此时存在争议的是，若经法院释明原告仍拒绝选择请求权基础，有违《民法典》第 186 条规定，此时可否依据《证据规定》第 53 条第 1 款，将请求基础问题作为焦点问题进行审理，若经当事人充分发表意见后，仍无法确定请求权基础，判决驳回当事人的诉讼请求。

本书认为，若将《民法典》第 186 条理解为“择一起诉”，即当事人应选择一项请求权，但法律并未对违反该规定的行为后果作出规定。从该条“受害方有权选择”的赋权型表述，亦无法从反面推出受害方有权选择而拒不选择时，即应当承担被消极评价的法律后果。因而依据《民法典》第 186 条的规定，无法得出在当事人不选择时，会丧失诉讼或实体权利。

《证据规定》第 53 条第 1 款是针对“当事人主张的法律关系性质或者民事行为效力与人民法院根据案件事实作出的认定不一致”的情形所作出的规定，目的在于允许当事人主张错误时根据庭审情况变更诉讼请求，即赋予当事人是否变更诉讼请求及相应主张的选择权。而在请求权竞合的场合，当事人主张的两种法律关系均确实存在，其对法律关系的主张并不存在错误。在两种正确的法律关系作出选择，明显不同于《证据规定》第 53 条所规定的内容。因此本调研认为，即便当事人经释明后仍拒绝选择，也不应以当事人诉讼请求不明确为由驳回起诉，亦不应以当

① 参见韩波：《论请求权竞合时诉的客观合并之形态》，载《现代法学》2022 年第 1 期。

事人主张的法律关系与法院认定不一致为由驳回其诉讼请求。实践中,有地方法院规范性文件规定,在经释明后当事人仍不选择请求权基础的"按照最有利于纠纷解决的原则依职权确定其请求权基础"[①];亦有观点认为,应当按照"最有利于当事人的原则选择适用法律"[②]。但实践中的上述观点和操作处理方式虽符合法律规定,却会出现在当事人拒绝作出选择的情况下,对其权利保护反较其依据法律规定作出选择时更为周全的局面,当事人将因拒绝选择获利,此种结果显然不合法律规定的体系性和逻辑性要求。

通过上述分析可见,将《民法典》第186条规定理解为当事人应当"择一起诉",在当事人拒绝选择时法院会面临两难境地。否定当事人的诉讼或实体权利缺乏法律规定,而同时审查两种法律关系并予以支持,则会与"择一起诉"的要求相违背。

三、《民法典》与诉讼法的衔接适用

(一)由"择一起诉"回归"择一实现"

1."择一起诉":实体法思维的惯性

对于请求权竞合时当事人应如何进行诉讼这一问题,观点之争带有明显的"立场"印记:实体法的立法者及研究学者多认为应当"择一起诉";诉讼法学者虽在具体理论基础上存在分歧,但大多主张两种竞合的诉讼请求可以在一个案件中同时提出,但只能有一项得到支持的"择一实现"。调研认为,请求权竞合问题本身具有非常特殊的地位,它将实体权利与诉讼标的紧密结合在一起,甚至能够直接推动诉讼标的理论的不断演进,在观念上就更容易将请求权竞合问题的实体规范与诉讼法相混同,将实体法上的规范直接适用于诉讼程序。但将《民法典》第186条这一确定权利义务的实体规范,在诉讼中直接用于约束当事人的起诉方式这一本应属于程序法的规范领域,则属于实体法适用的惯性思维,出现了法律适用领域上的跨界。

(1)"择一起诉"存在实体请求权与诉讼请求权的混同。德国著名法学家赫尔维格在20世纪初提出诉讼上的请求权,将诉讼上的请求权与实体法请求权区分开。[③] 二者区分的意义极为重大,被称为传统诉讼标的理论的里程碑,"自从赫尔维

---

① 浙江省高级人民法院民一庭《关于审理医疗纠纷案件若干问题的意见(试行)》(2010年7月)第3条。

② 程啸:《侵权责任法》(第3版),法律出版社2021年版,第89页。

③ 参见[德]康拉德·赫尔维格:《诉权与诉的可能性:当代民事诉讼基本问题研究》,任重译,法律出版社2018年版,第33页。

格将诉讼标的的概念确定下来以后,再也没有人将诉讼标的与实体法上的请求权等同了”[①]。二者的关系,可以通过诉讼过程进一步说明:原告在起诉时,是从实体规范出发,先找到调整这一事件的实体规范,再依据该实体规范来评价事件,主张自己应拥有的实体法上的请求权。“诉讼上的请求权是原告于诉讼中具体主张的实体请求权,不是既存的实体请求权”[②]。实体法规范制定时,无须考虑诉讼中的当事人是否享有真实的权利,只需要在事实确定的前提下为当事人确定权利义务。《民法典》第186条中“因当事人一方的违约行为,损害对方人身权益、财产权益”的内容,应为一方当事人确实已经存在违约行为,且实际上确实损害了对方的权益的情况,而不是指当事人一方的行为可能构成违约,或可能构成侵权,也可能二者都构成或都不构成,需要经过法院审理才能确定的情况。而当本书讨论原告是以侵权之诉还是违约之诉提出请求时,此时的请求权是诉讼上的请求权而非实体请求权。当事人只是在诉讼中主张其拥有实体法上的请求权,提出了诉讼上的请求权。在将《民法典》第186条理解为原告应当“择一起诉”时,已经将实体法上的请求权与当事人在诉讼中主张的请求权混同了。

(2)“择一起诉”不符合实体法在诉讼中的适用条件。实体法关于权利义务的规定,通常可以在诉讼中直接适用,在构成要件具备或不具备的情况下,用于确定当事人之间的实体法律关系。《民法典》第186条规定,“因当事人一方的违约行为,损害对方人身权益、财产权益的,受损害方有权选择请求其承担违约责任或者侵权责任”。将该规定内容理解为“择一起诉”的基本思路为:既然法律规定受损害方有权选择加害方承担违约责任或者侵权责任,意味着其不能要求对方同时承担两种责任,那么诉讼中原告就不能同时提起违约之诉和侵权之诉。

《民法典》第186条既然是关于民事责任承担的规定,那么有权选择加害方承担违约责任或侵权责任,其中的责任应当指的是,已经成立的、责任要件具备的实体责任。也就是说,该条的适用前提是已经确定的存在两个竞合的责任。而在诉讼中,不经过对案件的实体审理,法院无法确认原告主张的权利是否应当支持。如果原告选择一项诉讼请求提起诉讼,法院在最终判决时才能够确定是否对其诉讼请求予以支持,也就是在判决之前,才能够确定责任要件是否具备。如果原告同时提出两项竞合的请求权,也只能在审理结束后、判决之前的阶段才能够确认加害人是否构成了责任竞合。因此,《民法典》第186条的适用前提,在法院审理的最后阶段

① 李龙:《民事诉讼标的的基本概念与民事诉讼的基本理念》,载《现代法学》1999年第1期。

② 江伟、段厚省:《请求权竞合与诉讼标的理论之关系重述》,载《法学家》2003年第4期。

才能够具备。在诉讼中对于《民法典》第 186 条的适用不是在确定被告的行为既构成违约又构成侵权时加以适用，而是在起诉阶段用于规范原告的起诉行为，此时还无法确定原告的请求权是否能够成立，更无从判断是否确实存在请求权或者责任的竞合。因而在诉讼中以《民法典》第 186 条规定要求当事人择一起诉，是不具备实体法的适用条件的。正如诉讼法学者所言，“他们在适用实体法条文时，没有确认其要件已经具备。这便是其所犯的错误”[①]。

（3）对法律条文的解释不能脱离法律原理。从立法机关对于原《合同法》第 122 条、原《民法总则》或《民法典》第 186 条释义来看，无法明确认定立法者的内心是否认同“择一起诉”观点。[②]《合同法》第 122 条释义并未对是否应择一起诉作出说明；原《民法总则》及《民法典》第 186 条的释义内容完全一致，对于起诉方式作出了较为简单的说明，“由于合同纠纷与侵权纠纷在管辖法院和适用法律方面存在区别，允许受损害方选择有利于自己的一种诉由提起诉讼，对受损害方比较方便，也有利于对受损害方的保护”。其同时也认为“如果受损害方行使一种请求权未果，而另一种请求权并未因时效而消灭，则受害方仍可以行使另一种请求权”。有学者将其理解为受损方可以选择一种请求权加以实现，而非仅能选择一种请求权去起诉。[③] 但从最高人民法院出台的《合同法解释（一）》第 30 条，以及对于《民法典》第 186 条所做解读来看，其是明确要求原告选择违约责任之诉或侵权责任之诉的，如果不作选择，则可能导致裁定驳回起诉。[④]

从《民法典》第 186 条“受损害方有权选择请求其承担违约责任或者侵权责任”的文字表述来看，无法解释出法律要求当事人在诉讼中择一请求权起诉的意思，而且前已述及，按照体系解释的方式亦无法得出以实体法对权利义务的分配约束起诉条件的结论。因此，无论法律的制定者在制定该规范时，是否确实有用该法律条款来规范当事人起诉方式的意图，还是对法条表述对于诉讼程序的影响未作周密考虑，该法条对于诉讼程序已经发生真实的影响。

本书认为，法律条文在制定出后即已独立于立法者的主观意图，仅能依据合理的法律解释方法对其含义作出解释，不应当将超出法律规范本身能够容纳的意思，

---

① 严仁群：《实体法：请慎入程序法之域——以民事责任竞合为例》，载《法律科学（西北政法大学学报）》2010 年第 3 期。

② 参见黄薇主编：《中华人民共和国民法典总则编释义》，法律出版社 2020 年版，第 495 页。

③ 参见韩波：《论请求权竞合时诉的客观合并之形态》，载《现代法学》2022 年第 1 期。

④ 参见最高人民法院民法典贯彻实施领导小组：《中华人民共和国民法典总则编理解与适用》，人民法院出版社 2020 年版，第 940 页。

以释义的方式附加于条文本身。《民法典》第186条,并未规定当事人在诉讼中对于可能存在竞合的诉讼上请求权,必须择一起诉。

2."择一实现"的适用准备

基于前文分析,"择一实现"不过是请求权竞合问题在实体法方面的基本含义,可以表述为,在一个事实符合多个法律规定的构成要件时,依据不同的构成要件分别成立多个请求权。原告可以选择其中一个请求权加以实现,一请求权得到满足,其他请求权随之消灭。诉讼中具体的操作方式为:原告可以在可能成立的多项诉讼请求权中选择一项起诉。若原告选择一项请求权起诉,则在该请求权得到满足后,其他请求权随之消灭,再起诉提出其他请求权,则应裁定驳回起诉。若原告选择一项请求权起诉,该请求权未得法院支持,则可依据其他请求权另行提起诉讼。原告也可以选择同时在一个案件中主张数个可能存在的请求权,如同时主张违约赔偿请求权和侵权损害赔偿请求权,应当在一个案件中同时对两个请求权的构成要件分别加以审理,并选择其中一项加以支持。如上所述的诉讼方式,不过是在符合《民事诉讼法》规定的前提下,将《民法典》第186条这一实体法规定在诉讼中加以适用的结果。

由于诉讼法学界普遍认可并呼吁通过诉讼的合并解决请求权竞合带来的弊端,而实体法学界更多关注权利义务的配置方式与最终实现的结果,"择一实现"在诉讼中的具体操作方式,符合诉讼法学界的理论基础,也与实体法理论不相违背,对上述操作方式最激烈的反对,可能会来自司法实务界。在一个诉讼中当事人可以同时提出两种相竞合的请求权,无疑增加了法官在一个案件中的审理工作,但更为重要的是,与普遍存在的"一案一诉""请求权择一消灭"等错误观念之间的冲突。

在一个案件中只审理一种法律关系,不同的法律关系不能合并审理,是司法实践的常见做法。但这种做法有违诉讼法关于诉的客观合并的基本原理,不利于纠纷的解决,导致司法资源浪费,也缺乏法律规范层面的支持,长期以来受到诸多质疑,目前诉讼实践中已有所转变,实务界逐渐加强了对诉的合并的理论研究,认可在特定条件下的诉的合并。在请求权竞合问题上,尽管司法机关普遍存在将实体请求权与诉讼上请求权或所谓"诉因"混同的错误观念,但也逐渐有研究者认识到其中的问题,并提出了认同同时起诉、择一实现的观点。① 浙江省高级人民法院民

---

① 参见江必新、何东宁:《最高人民法院指导性案例裁判规则理解与适用民事诉讼卷(上)》,中国法制出版社2016年版,第109页。

一庭《关于审理医疗纠纷案件若干问题的意见(试行)》第 3 条第 2 款规定,“患者一方对侵权责任之诉与违约责任之诉未做出明确选择的,人民法院应当向其释明并要求其予以明确。释明后患者一方仍未明确选择的,应根据最有利于纠纷解决的原则依职权确定其请求权基础”;也有少量案例对于当事人同时提出的“诉因”进行了审理。[①] 此外,司法实践正在逐渐从“择一消灭”“后诉构成重复诉讼”等错误观点中转变过来。[②]

可见,尽管诉讼场域中作用因素多而复杂,法官及当事人思维惯性力量强大,短时间内难以做到完全转变,但观念上的偏差可以经由理论研究及实践探索而逐步纠正。

(二)诉的竞合合并:“择一实现”的路径选择

责任竞合理论的目的是使债权人获得其本应获得的损害赔偿,而非赋予债权人更多利益,加害人也不因责任竞合而受到双重否定评价。因而在确定“择一实现”的具体方案时,应当将原告权利与被告负担予以平衡考虑,而不应当仅以给受害人提供周全保护作为价值取向。

1. 实体法方案与诉讼法方案分析

在一个诉讼程序中对竞合的多个请求权基础进行审理,对原告成立的请求权基础择一支持,能够实现在给予受害人充分的救济的同时不加重被告负担,并实现纠纷的一次性解决,在平等保护、诉讼经济之间取得平衡。为了实现上述结果,学界从实体法和程序法两个维度都提出了不少解决方案。实体法方案主要为请求权规范竞合说和全规范综合说,将违约请求权和侵权请求权统合为一个请求权,杂糅两种责任的赔偿项目、数量与限制赔偿的方法等内容,可以从根本上消灭请求权竞合。[③] 程序法方案则可以再分为改造诉讼标的和适用诉的客观合并制度两种路径。诉讼标的方面,通过采纳新诉讼标的理论,将诉讼标的界定为诉之声明或诉之声明 + 客观事实,将请求权降为当事人的攻击防御手段。在请求权竞合时仅存在一个诉讼标的,可以在同一个案件中审理不同的请求权基础。第二种路径则是采用诉的客观合并制度,具体又可分为引入诉的竞合合并或者诉的预备

---

① 参见山东省威海市中级人民法院(2019)鲁 10 民初 132 号民事判决书;最高人民法院(2019)最高人民法院民终 833 号民事判决书。

② 参见北京市第一中级人民法院(2020)京 01 民终 7661 号民事裁定书;河北省张家口市中级人民法院(2020)冀 07 民终 1721 号民事判决书;北京市丰台区人民法院(2018)京 0106 民初 9807 号民事判决书。

③ 参见谢鸿飞:《违约责任与侵权责任竞合理论的再构成》,载《环球法律评论》2014 年第 6 期。

合并两种制度。

本节前文已经述明，依据《民法典》第186条规定，我国实体法上承认复数请求权可以相互竞合，采纳了请求权竞合说应无异议。在《民法典》刚刚实施的历史阶段，改变实体法关于请求权竞合的规定，不具有现实可能性。更为重要的是，《民法典》作为实体法规范，仅负责配置权利义务，确定同一行为满足两个要件时，两个请求权同时成立并择一实现即以足够，并不担负解决请求权竞合在诉讼领域产生困难的功能，诉讼领域问题应以诉讼法的方案解决。

诉讼法方面，《民事诉讼法》中的诉讼标的理论采纳了传统诉讼标的理论，在我国已经取得了理论与实务的认可，①并经司法实践长时间检验，符合法官的审判思维，也容易为当事人理解和接受。在此大前提下引入或明确规定诉的合并制度以处理请求权竞合的诉讼问题，相较于将传统诉讼标的理论改造为新诉讼标的理论或再造新的诉讼标的理论而言，对于诉讼制度和司法实践的影响均能够降到最低。

从比较法的视角来看，通过诉的客观合并制度，将基于不同的请求权基础提出的诉讼请求放置于一个诉讼中，从而解决请求权竞合问题并非个例，在一些国家和地区已有成例。例如西班牙司法实践允许受害人提起两项请求，或者选择一项请求权并将另一项请求权作为辅助请求权。未明确选择时，法院适用对其最有利的责任规范。② 日本则采用了诉的选择合并应对请求权竞合。我国台湾地区的司法实务中存在诉的竞合合并的合并类型，用以解决实体请求权竞合。我国澳门特别行政区《民事诉讼法典》第64条第2款、第65条规定了"联合的诉"的，可以归入诉的合并形态。③ 我国学者对于日本等国家和地区竞合合并已多有研究和介绍，完成

---

① 江伟、肖建国主编：《民事诉讼法》（第7版），中国人民大学出版社2015年版，第25页；刘家兴、潘剑锋主编：《民事诉讼法学教程》，北京大学出版社2013年版，第23页；最高人民法院修改后民事诉讼法贯彻实施工作领导小组编著：《最高人民法院民事诉讼法司法解释理解与适用（上）》，人民法院出版社2015年版，第635页。

② Von Bar and Eic Clive(eds.), Principles, Definitions and Model Rules of European Priuaue Law: Draft Common Frameof Reference (DCFR), Sellier, 2009. p. 3123. 美国法的名案 Aice Sullsxn v. James H. O'Connor(363 M9s. 579)亦类似。转引自谢鸿飞：《违约责任与侵权责任竞合理论的再构成》，载《环球法律评论》2014年第6期。

③ 《澳门民事诉讼法典》第64条【原告或被告之联合】：(1)如有同一诉因，或各请求之间在审理方面存有先决或依赖关系，则两名或两名以上之原告得联合以不同请求针对一名或数名被告，而原告亦得以不同之请求一并起诉数名被告。(2)诉因虽不同，但主请求理由是否成立根本上取决于对相同事实之认定，或根本上取决于对相同法律规则或完全类似之合同条款之解释及适用时，亦得联合。(3)如针对数名被告提出之数个请求，一部分系基于债权证券之债务，而另一部分系基于产生该债务之根本关系，则亦得联合。载于中国政法大学诉讼法学研究院网，http://www.procedurallaw.cn/info/1014/5692.htm，2022年5月10日访问。

了基础理论准备。[①]

2. 诉的客观合并制度分析

（1）客观合并形态概括分析。客观合并是在民事诉讼中出现复数诉讼标的时允许当事人合并提起各诉，并由法院将各诉作为一个案件予以审判的诉讼制度。诉的客观合并基本形态有单纯合并、选择合并、预备合并，本调研对各合并形态均有专门章节涉及，此处对于各合并形态的基本内容不再赘述。

原告基于违约及侵权两项请求权基础分别提出诉讼请求时，其请求权是否成立无法确定。而且两项请求权的成立条件、证明责任、责任范围均不相同，实现哪一项请求权对于受害人最为有利，需要对两种请求权分别审理后才能够确定。因两种请求权能够同时成立，不存在相互排斥或矛盾的关系，因而不存在二者之间的顺位选择问题。请求权竞合情形，不符合诉的预备合并适用的逻辑基础。

日本学者以诉的选择合并应对诉讼标的实体法说基础上的请求权竞合及形成权竞合。我国也有学者支持以此种合并形态应对请求权竞合。[②] 选择合并又称择一合并，原告可以在同一诉讼程序中提出两个以上的诉讼标的或诉，任一诉讼标的或诉获得胜诉判决即达到诉讼目的，不得再对其他诉讼标的或诉作出判决。[③] 可见，依据选择合并处理请求权竞合问题，原告同时提出违约请求权与侵权请求权，无须明确各请求权之间的审判次序，法院可以择一而审，其中一个得到支持则其他无须继续审理。

诉的竞合合并，又称重叠合并，是我国台湾地区用于应对请求权竞合的诉的客观合并形态。竞合合并得到德国、日本民事诉讼法学的承认，在我国台湾地区已形成较为成熟的理论学说，亦有审判实例支持。我国澳门特别行政区"不同诉因的诉之联合"的诉的合并形态，与竞合合并极为类似。根据学术界现有研究成果，本调

① 参见张永泉：《民事之诉合并研究》，北京大学出版社 2009 年版，第 49 页；张永泉：《请求权竞合与诉之合并的协调与处理——以实例研究为视角》，载《公民与法（法学版）》2009 年第 3 期；严仁群：《实体法：请慎入程序法之域——以民事责任竞合为例》，载《法律科学（西北政法大学学报）》2010 年第 3 期；韩波：《论请求权竞合时诉的客观合并之形态》，载《现代法学》2022 年第 1 期；齐树洁主编：《台湾地区民事诉讼制度》，厦门大学出版社 2016 年版，第 130 页。

② 参见［日］新堂幸司：《新民事诉讼法》，林剑锋译，法律出版社 2008 年版，第 522 页。段文波：《请求权竞合论：以诉之选择性合并为归宿》，载《现代法学》2010 年第 5 期。

③ 学界对于选择合并制度的认识并不一致，也有观点认为选择合并是指原告在同一诉讼程序中提出多项不同的诉讼请求，并要求法院对各项请求均审理和判决，被告在该多诉讼请求中，可以选择其中之一履行给付义务。同时认为文中所述合并形态为客观预备合并。多数观点参见江伟主编：《民事诉讼法》（第 5 版），高等教育出版社 2016 年版，第 32 页。少数观点参见张永泉：《民事之诉合并研究》，北京大学出版社 2009 年版，第 49 页。

研将诉讼的竞合合并做如下界定:相同原告对相同被告,主张数种可以相互独立的请求权,以单一声明要求法院对各个法律关系一并审理和裁判。诉的竞合合并,实质上是当事人在民事实体法上请求权的竞合,或者说竞合的诉的合并只发生在请求权竞合的场合。①

(2)选择合并与竞合合并的对比分析。选择合并与竞合合并分别在日本和我国台湾地区得到适用,得到学理上的普遍认可,但均未在现行法律中规定。因而无论选择哪一种合并形态,都存在法律制度的增设需求,故二者对于现有法律体系的影响方面的差别基本可以忽略。

根据主流观点,在选择合并与竞合合并情形下,当事人均可以在一个诉讼程序中依据两个不同的请求权基础提出诉讼请求。但选择合并情形下,法院可以择一审理,若先审理的请求权成立则无须审理另一请求权,若在先请求权不成立,则需要对另一个请求权也进行审理,二者都不成立时才能够驳回原告诉讼请求。竞合合并情形下,法院需要逐一审理,并选择对原告最有利的诉讼请求加以支持。选择合并与竞合合并在被告应诉方面的差别在于,在诉讼中需要对几个攻击手段进行防御。若法院在先审理的诉讼请求不成立,则被告在两种竞合形态中均需就两种攻击手段进行防御,负担并无差别。而如果在先审理的请求权成立,被告将承担败诉的后果,其是否减轻防御负担相较于诉讼后果而言影响可以忽略。

从上述对比来看,诉的选择合并更追求诉讼效益,而诉的竞合合并相比于选择合并,能使原告得到理应获得的赔偿,且不会给被告增加不合理的应诉负担。竞合合并最主要的负面影响是加重了法院的审理负担,但这种加重来自对法官"择易而审"的自然倾向的抑制。在实现纠纷一次性解决、节约诉讼成本、保护当事人利益等价值面前,司法实务有理由接受这种合理负担。本书认为,诉的竞合合并是一种能够与请求权竞合相适应的诉讼制度,应当进一步明确竞合合并具体制度内涵,以便在司法实务中具有可操作性,并为纳入成文法体系提供理论支持。

(三)制度设计:竞合合并的适应性改造与细化

1. 原告的主张方式:诉的声明与诉讼请求

国内学者在论及竞合合并制度时都会以"单一声明"为前提。此时应当如何理解"单一声明",是否意味着当事人仅能提出唯一的诉讼请求?澄清竞合合并理论中诉讼请求与诉的声明的关系,确定当事人如何主张权利,对当事人权益保护至关

① 参见张永泉:《民事之诉合并研究》,北京大学出版社2009年版,第49页;韩波:《论请求权竞合时诉的客观合并之形态》,载《现代法学》2022年第1期。

重要，也决定了法院的审理裁判内容，是具体制度设计的起点。

（1）从法律概念含义的角度来说，诉之声明或诉的声明不是我国民事诉讼法中现存的法律概念，学理上和司法实务中通常理解为与诉讼请求对应。[①] 若依此理解，单一诉的声明似应理解为单一诉讼请求。但德国等国家和地区所使用的“诉的声明”概念，与我国法律中规定的“诉讼请求”并不能完全等同。在德国法中，诉的声明并非从诉讼请求的基础上发展而来，而是作为诉讼标的的诉讼法说的重要识别要素，可以理解为不因请求权基础的改变而变化的诉讼目标。[②] 而诉讼请求在我国则至少存在两种含义，一种与上文“诉的声明”同义，另一种为“原告向被告提出的要求人民法院予以审理和裁判的实体主张”[③]，其中已经包含了实体法律关系的具体内容。例如，原告要求被告支付 1 万元，可以理解为诉的声明，而原告要求赔偿损失 1 万元，或支付货款 1 万元，即构成诉讼请求。显然，在司法实务中使用诉讼请求概念，多为第二种含义。例如，根据《证据规定》第 53 条规定，当事人主张的法律关系与法院认定不一致时，允许当事人变更诉讼请求，若将诉讼请求理解为诉的声明，则不存在变更的需要。

（2）从实际效果的角度来说，若原告基于不同的实体请求权所提出的要求或声明仅有一项内容，如赔偿损失或返还物品，则原告提出单一声明，与其提出单一诉讼请求的实际效果不存在差别。但由于违约责任与侵权责任的责任方式及范围不同，分别成立的实体请求权项下可能存在多种可以聚合的责任方式，而不同责任方式所对应的范围亦有区别。例如，侵权责任中的恢复名誉、赔礼道歉等责任方式而在违约责任中不能主张；又如，同为损失赔偿责任，违约责任赔偿可得利益而侵权责任仅赔偿固有利益损失。如果此时只允许原告提单一的诉讼请求，则意味着实际上仍然要求原告在起诉时即选择一种实体请求权起诉，与请求权择一实现的目标出现冲突。

学理上对于竞合合并的介绍与讨论，多止于对竞合合并合理性层面，并未对于操作层面如何与现有概念、制度对接的细节问题作出说明。且诉讼法学者对于诉

---

① 参见常怡主编：《民事诉讼法学》（第 3 版），中国政法大学出版社 2013 年版，第 170 页。江伟主编：《民事诉讼法》（第 5 版），复旦大学出版社 2016 年版，第 27 页。

② 参见任重：《论我国民事诉讼标的与诉讼请求的关系》，载《中国法学》2021 年第 2 期；严仁群：《实体法：请慎入程序法之域——以民事责任竞合为例》，载《法律科学（西北政法大学学报）》2010 年第 3 期。

③ 最高人民法院民事诉讼法修改研究小组编著：《〈中华人民共和国民事诉讼法〉修改条文适用解答》，人民法院出版社 2012 年版，第 175 页。

的竞合合并的关注,常常忽视了实体法角度的责任内容。但若不对诉的声明与现有概念的关系作出说明,不将诉的声明转化为我国司法中的通常概念,则将出现理论与实践的脱节。因此,调研认为,对于学理上的竞合合并理论中单一诉的声明,应当理解为要求当事人提出唯一的诉讼目标,而非仅能提出唯一的诉讼请求。诉的竞合合并,应当允许原告基于不同的实体请求权分别提出可并存的诉讼请求。

2. 法院审理方式

(1)起诉审查

《民法典》第186条规定,"受损害方有权选择请求其承担违约责任或者侵权责任",即就实现何种请求权做出选择的权利在受损害方。对应于诉讼中,原告亦有权选择起诉方式,可以选择任一请求权基础提起诉讼,亦可以选择同时主张两种请求权要求法院逐一审理。是否适用竞合合并,应当尊重当事人的处分权。

若当事人仅主张一项请求权,法院在审理初期应当对可能存在的请求权竞合向当事人作出释明,便于原告在正确认识自己实体权利的前提下做出选择,可以避免出现原告在不清楚请求权竞合情况下做出选择后,再依据另一项请求权提起后诉的情况。释明后,原告仅选择一种请求权基础的,法院应当依当事人主张继续审理,若原告选择同时提出两种实体请求权,法院应当受理并逐一审理。

(2)主管与管辖

在案件的程序性审查阶段,当事人主张的请求权是否成立、是否真实存在实体请求权的竞合等问题尚无法认定,对于主管与管辖问题,应以当事人主张的法律关系作为确定依据。若当事人在释明后仍坚持以一种法律关系提出诉讼请求,则应当按照该法律关系确定主管与管辖。在当事人存在仲裁或管辖约定时,需进一步区分情况讨论如下:

当事人对合同关系存在仲裁协议。原告经释明后仅依据合同关系起诉时,应由仲裁主管。原告仅依据侵权关系起诉,则应当尊重受害人选择法律关系的权利,法院对侵权之诉有权主管,但此时应当注意对仲裁协议内容的解释,若仲裁协议内容可理解为包括因履行合同构成的侵权关系,也属于仲裁范围,则法院不应主管。在原告同时提出两项法律关系时,因法院对合同关系并无主管权利,若原告坚持不撤回合同关系项下的诉讼请求,则法院可对此部分请求裁定驳回起诉,仅保留侵权关系进行审理。

当事人对合同关系存在地域管辖约定。原告仅依据合同关系提出诉讼请求,则应当按照约定确定管辖法院;若原告经释明仍选择依据侵权关系起诉,即使原告内心确实是希望通过选择法律关系而选择管辖法院，基于对原告实体权利和诉讼权利的尊重，仍应按照侵权关系确定管辖法院；若原告同时提出合同之诉与侵权之诉，则对其中之一有管辖权的法院均对全案有管辖权。此项管辖规则的确立为诉的竞合合并的本质要求，需要通过在诉讼法中增加规定方能实现。

对于前文提到的，直接认定竞合的法律关系的基础事实相同，另一法律关系中的主管或管辖协议对于本案也同样适用的观点，[①]虽然能够确保两种不同法律关系由同一司法机关处理，提高效率、节约资源，但法院确定诉讼主管与管辖的标准应为诉讼标的即实体法律关系，而非案件事实。实体法上的请求权相互影响说，是指责任成立要件或减轻要件之间的相互影响，不应当直接套用于诉讼程序，将其扩展为争议解决方式也发生相互影响。认为当事人对一种法律关系存在主管或管辖的约定，当然适用于另一种法律关系，缺乏法律依据。

级别管辖方面，存在按照各诉累计金额确定级别管辖的观点，[②]调研认为，各诉之间为竞合关系，无论从当事人起诉要求的角度还是最终判决结果的角度，均仅能实现其中之一。在当事人的本意为要求法院对于各诉中对自己最为有利者予以支持而非要求法院全部支持的情况下，应以不同诉中请求金额较高的一项，作为确定级别管辖的依据。同理，诉讼费用亦应当按照此标准收取。

(3)实体审理

通过诉的竞合合并，在当事人同时依据两种法律关系提出请求时，法院应对各请求权基础逐一审理。逐一审理不仅是实体请求权“择一实现”的保证，更是现阶段“择一起诉”做法所致困境的纾解方案。一方面，法院在案件受理阶段或审理初期不需要对原告主张的实体权利是否存在、是否存在请求权竞合等问题作出判断，也就不存在法院作出错误判断带来的负面影响；另一方面，逐一审理也化解了当事人拒绝在请求权基础之间做出选择时带来的审判困境。

在逐一审理的前提下，若原告对请求权的审理顺序提出了明确的顺位要求，则应当尊重当事人的程序处分权，准许当事人就其诉讼标的排列审判顺位。若原告未提出顺位要求，则法院可以自行按照请求权之间的逻辑顺序或审理方便的标准做出选择。真实案件中，原告多数情况下并不知道哪种诉讼标的对自己更为有利，不具有一定能够做出正确选择的能力，因此此时当事人选择顺位并非必须，亦不成为法院的释明义务。

---

① 参见上海市高级人民法院(2010)沪高民五(商)终字第49号民事裁定书。

② 参见韩波:《论请求权竞合时诉的客观合并之形态》，载《现代法学》2022年第1期。

3. 法院裁判方式

案件的结束以法院作出裁判为标志，且法院裁判的说理及判决主文内容，还可能涉及判决既判力的范围等问题，因而竞合合并制度的设计不能缺少裁判方式。

由于当事人已就两个相互独立的诉讼标的提起诉讼，且法院已经逐一进行审理，故无论原告各项的实体权利是否得到了支持，原告均不能再次提起诉讼。裁判时是否需要对每一项诉讼标的进行说理论述，以及是否针对每一项诉讼请求作出判决的问题，应当依原告实体请求权的成立情况，区别对待：

（1）各项请求权均不成立时，在判决说理中应当分别说明各项请求权不成立的原因，判决主文中应当写明判决驳回原告诉讼请求。

（2）若多项请求权中仅有一项有理由，判决主文对于该项成立的请求权予以支持。需要进一步讨论的是，判决理由中是否应对不成立的请求之所以不成立作出说明，以及判决主文中是否需要对不成立的诉讼请求予以驳回。调研认为，竞合合并中当事人要求法院对其提出的请求权基础分别审理，法院也对各诉讼标的进行了逐一审理，尽管其中仅有一项实体请求权成立，法院实际完成了对其他诉讼标的审理判断。原告就已经审理的诉讼标的及诉讼请求，不能提起后诉，否则即构成重复起诉。此外，若不对不成立的诉讼请求说明不成立的理由，仅靠裁判主文，无法发生完整的既判力效果，故法院应在裁判理由中就不成立的诉讼请求作出说明。判决主文的表述方案方面，即使其他请求权成立，也与得到支持的请求权存在竞合关系，一项请求权得到支持时，其他竞合的请求权因实现目的而消灭。故即使其他诉讼请求成立亦无须判决驳回诉讼请求，因而对于不成立的诉讼请求，更不存在另行驳回的必要。

（3）对于多种诉讼标的分别审理后，还可能出现多个实体请求权均成立的情况。因一项请求权得到支持时，其他竞合的请求权因实现目的而消灭，故裁判主文中无须再次驳回其他诉讼请求。

在多个实体请求权成立，且各请求权对应的诉讼请求内容相同时，需要在裁判理由中对二者均成立作出论述，并说明只能择一实现，并在主文中对诉讼请求内容予以一次支持，无须驳回其他诉讼请求。

此时还可能出现多个实体请求权均成立但对应诉讼请求内容不同的情况，如依违约责任赔偿可得利益损失而依侵权责任可得惩罚性赔偿，此时法院可否直接择一判决？还是应当交由原告作出选择？在原告拒绝选择时，法院应当如何处理？

本书认为，《民法典》第186条规定，“因当事人一方的违约行为，损害对方人身权益、财产权益的,受损害方有权选择请求其承担违约责任或者侵权责任”。在责任范围不同时,原告有权选择实现的请求权范围,是该条的本来含义,且要求被告承担因违反约定或法律规定而本应承担的责任,对其亦不构成苛责。因此,多种责任均成立而范围不同时,法院不应代替当事人作出选择,无权“择优支持”,而是应释明原告在可以实现的请求权之间作出选择。若原告经释明仍不做选择,可以认为原告放弃了选择的权利,此时存在两种可行的处理方案,一为可以参考诉的选择合并制度,在说明原告放弃选择权利的同时,由法院在成立的实体请求权中择一支持;二为在判决中说明选择关系,作出并列判断,交由执行阶段解决“择一实现”问题。两种方案各有利弊,第二种方案赋予原告更多选择机会,对于原告的保护无疑更为周全,但对于被告而难言公允,其须等待进入执行程序才能够确定给付内容,增加其解决纠纷的时间成本,而且即使进入执行程序,亦无法保证原告能够作出及时选择。因而本调研更倾向于第一种处理方式。

四、本章观点集成

1. 问题

(1)对于可能存在实体请求权竞合的案件,法院判断其主管或管辖的依据是什么?

本书初步意见认为,在程序性审查阶段,应以当事人主张的法律关系为依据,至于其主张的法律关系是否正确、请求权是否成立则在所不论。理由在于,案由反映了案件所涉及的民事法律关系的性质,是对当事人诉争的法律关系性质进行的概括,故在案件的程序性审查阶段,法院不应当对原告主张的法律关系是否正确、请求权是否成立、是否确实存在两项竞合的实体请求权等问题进行认定,应仅按照当事人主张的法律关系作为确定主管和管辖问题的依据。

在实体审查阶段,当事人请求法院审理的实体法律关系内容,应以诉讼请求的内容反映出的基础法律关系为准。此时法院应当对原告主张的法律关系进行实质判断,在此基础上处理主管及管辖争议。

(2)《民法典》第186条规定“受损害方有权选择请求其承担违约责任或者侵权责任”,是否意味着原告选择一个请求权起诉并且必须等待该诉讼终结后,才能提出另一个诉讼?

本书初步意见认为,《民法典》第186条是关于实体请求权出现竞合时权利实现方式的规定,而起诉阶段,当事人的实体权利是否能够成立尚需经过法院审理判断，并非已经确定成立的实体请求权。不应将《民法典》第 186 条理解为针对当事人起诉方式和起诉条件的规范，不应要求当事人必须等待在先提出诉讼终结后才能够依据另一法律关系提起诉讼。对于当事人基于相同法律事实，分别依据不同法律关系先后提起诉讼的情况，在前诉尚未审结的情况下，裁定驳回在后起诉缺乏程序法上的依据。应尽可能通过诉的合并制度，在一个诉讼中同时审理两项诉讼请求权，即使现阶段无法完全实现诉的合并，亦应受理原告在后起诉，但应在审理中及时检索前案情况，避免出现被告责任的重复承担。

(3) 当事人选择一项请求权提起诉讼后，另一项请求权是否因为前诉请求权行使而消灭，以及前诉与后诉是否存在重复起诉？

本书初步意见认为，《民法典》第 186 条只是从实体法角度规定违约责任与侵权责任不能重复承担，是从结果上对于两项请求权关系的规定，而不是对于当事人诉讼上请求权如何行使的规定。不能根据《民法典》第 186 条，得出两个诉讼上的请求权存在"择一消灭"的关系。

从程序法中重复起诉的认定标准来看，当事人分别依据侵权与违约的法律关系提起诉讼，两案实体法上的权利主张是不同的，因而诉讼标的不同。《民诉法解释》第 247 条中"后诉与前诉的诉讼标的相同"在当事人分别提出两诉的情况下也是不成立的，故无论是从实体法还是从程序法来看，"择一消灭"的处理方式都不符合法律规定。

(4) 若在先提起的诉讼请求得到满足，应如何处理当事人在后提出的另一项请求？是判决驳回诉讼请求还是裁定驳回原告起诉？

本书初步意见认为，根据《民法典》第 186 条规定，请求权竞合情况下权利人虽然享有多个请求权，但任何一个请求权的行使都将达到相同或基本相同的效果，故权利人仅能选择一个请求权实现权利保护目的。因此，可以合理推论，一项请求权因得到满足而消灭，另一项请求权也随之消灭。对于当事人依据已因实现而消灭的请求权提起的诉讼，裁定驳回当事人的起诉，符合法律规定，亦符合效率原则。因为裁定驳回起诉仅做起诉条件的审查，不进入实体审理阶段，能够简化审理程序、加快诉讼进程并减轻被告的诉讼负担。

(5) 请求权存在竞合时，法院是否必须在当事人作出选择的情况下才能对其诉讼请求进行审理？如果当事人在诉讼中拒绝作出选择，应当如何处理？

本书初步意见认为，此种情况又可以细分为两种情况：一为当事人仅提出诉讼请求而拒绝明确具体的请求权基础；二是经法院释明能够正确认识请求权竞合后，仍坚持要求法院同时审理两种请求权。

对于第一种情形，若当事人仅提出诉讼请求而拒绝明确具体的请求权基础，而且通过当事人诉讼主张，无法认定其诉讼标的，例如原告仅要求被告返还原物，而不明确是基于合同、物权或是不当得利，不明确请求权所依据的实体法律关系，则应当裁定驳回起诉。裁定驳回起诉后，不影响当事人在明确理由后再次起诉。

对于第二种情形，一方面，起诉条件由《民事诉讼法》第 122 条规定，《民法典》第 186 条的规定，不具有附加起诉条件的效力。在可能存在请求权竞合的情况下，经法院释明存在请求权竞合但仍不选择请求权基础规范的，不构成法院驳回起诉的理由。另一方面，在请求权竞合的场合，当事人主张的两种法律关系均确实存在，其对法律关系的主张并不存在错误。因此，即便当事人经释明后仍拒绝选择，也不应以当事人主张的法律关系与法院认定不一致为由驳回其诉讼请求。

（6）当事人对合同关系存在仲裁或管辖约定，该约定是否对于其依据另一法律关系提出的诉讼产生影响？

本书初步意见认为，原告经释明后仅依据合同关系起诉时，应按约定处理；若原告仅依据侵权关系起诉，则应当尊重受害人选择法律关系的权利，法院对侵权之诉有权主管，但此时应当注意对仲裁协议内容的解释，若仲裁协议内容可理解为包括因履行合同构成的侵权关系，也属于仲裁范围，则法院不应主管。在原告同时提出两项法律关系时，因法院对合同关系并无主管权利，若原告坚持不撤回合同关系项下的诉讼请求，则法院可对此部分请求裁定驳回起诉，仅保留侵权关系进行审理。

（7）在请求权竞合引起的诉的竞合合并中，是否允许当事人对于不同请求权的审理裁判排列顺位？

本书初步意见认为，若原告对请求权的审理顺序提出了明确的顺位要求，则应当尊重当事人的程序和实体处分权，准许当事人就其诉讼标的排列审判顺位；若原告未提出顺位要求，则法院可以按照请求权之间的逻辑顺序或依据审理方便标准作出选择。

（8）若当事人提出的多项请求权中仅有一项有理由，判决理由中是否应对不成立的请求之所以不成立作出说明，以及判决主文中是否需要对不成立的诉讼请求予以驳回？

本书初步意见认为，竞合合并中当事人要求法院对其提出的请求权基础分别审理，法院也对各诉讼标的进行了逐一审理，尽管其中仅有一项实体请求权成立，法院实际完成了对其他诉讼标的审理判断。原告就已经审理的诉讼标的及诉讼请求,不能提起后诉,否则即构成重复起诉。因此,若不对不成立的诉讼请求进行说明,仅靠裁判主文,无法发生完整的既判力效果,故法院应在裁判理由中就不成立的诉讼请求作出说明。判决主文的表述方案方面,即使其他请求权成立,也与得到支持的请求权存在竞合关系,一项请求权得到支持时,其他竞合的请求权因实现目的而消灭,因而对于不成立的诉讼请求,不存在另行驳回的必要。

(9)在多个实体请求权均成立,但对应不同的诉讼请求内容,法院可否直接择一判决?还是应当交由原告作出选择?在原告拒绝选择时,法院应当如何处理?

本书初步意见认为,多种责任均成立时,法院不应代替当事人作出选择,应释明原告在可以实现的请求权之间作出选择。若原告经释明仍不作选择,可以认为原告放弃了选择的权利,此时存在两种可行的处理方案:

第一,可以参考诉的选择合并制度,在说明原告放弃选择权利的同时,由法院在成立的实体请求权中择一支持;

第二,在判决中说明选择关系,作出并列判断,交由执行阶段解决“择一实现”问题。

两种方案各有利弊,第二种方案赋予原告更多选择机会,对于原告的保护无疑更为周全,但对于被告而难言公允,其需等待进入执行程序才能够确定给付内容,增加其解决纠纷的时间成本,而且即使进入执行程序,亦无法保证原告能够作出及时选择。因而倾向意见为第一种处理方式。

2. 民事诉讼制度展望

(1)建议

当事人依照《民法典》第 186 条规定向人民法院起诉时,可以选择任一请求权基础提起诉讼,亦可以选择同时主张两种请求权要求法院逐一审理并选择对原告最有利的诉讼请求加以支持。

人民法院应以当事人主张的法律关系作为管辖确定依据。若原告同时提出合同之诉与侵权之诉,则对其中之一有管辖权的法院均对全案有管辖权。

(2)要点

明确赋予当事人在请求权竞合情况下的合并审理选择权。

(3)理由

诉的竞合合并,又称重叠合并,是我国台湾地区用于应对请求权竞合的诉的客观合并形态。竞合合并得到德国、日本民事诉讼法学的承认,在我国台湾地区已形成较为成熟的理论学说，亦有审判实例支持。我国澳门特别行政区“不同诉因的诉之联合”的诉的合并形态，与竞合合并极为类似。根据学术界现有研究成果，本书将诉的竞合合并做如下界定：相同原告对相同被告，主张数种可以相互独立的请求权，以单一声明要求法院对各个法律关系一并审理和裁判。对于当事人在一个诉讼程序中依据两个不同的请求权基础提出的诉讼请求，法院需要逐一审理，并选择对原告最有利的诉讼请求加以支持。诉的竞合合并，实质上是当事人在民事实体法上请求权的竞合，或者说竞合的诉的合并只发生在请求权竞合的场合。

我国《民法典》第 186 条规定，“受损害方有权选择请求其承担违约责任或者侵权责任”，即就实现何种请求权做出选择的权利在受损害方。对应于诉讼中，原告亦有权选择起诉方式，可以选择任一请求权基础提起诉讼，亦可以选择同时主张两种请求权要求法院逐一审理。是否适用竞合合并，应当尊重当事人的处分权。若当事人仅主张一项请求权，法院在审理初期应当对可能存在的请求权竞合向当事人作出释明，便于原告在正确认识自己实体权利的前提下做出选择，可以避免出现原告在不清楚请求权竞合情况下做出选择后，再依据另一项请求权提起后诉的情况。释明后，原告仅选择一种请求权基础的，法院应当依当事人主张继续审理，若原告选择同时提出两种实体请求权，法院应当受理并逐一审理。

在案件的程序性审查阶段，当事人主张的请求权是否成立、是否真实存在实体请求权的竞合等问题尚无法认定，对于主管与管辖问题，应以当事人主张的法律关系作为确定依据。若当事人在释明后仍坚持以一种法律关系提出诉讼请求，则应当按照该法律关系确定主管与管辖。在当事人存在仲裁或管辖约定时，需进一步区分情况讨论如下：

当事人对合同关系存在仲裁协议。原告经释明后仅依据合同关系起诉时，应由仲裁主管。原告仅依据侵权关系起诉，则应当尊重受害人选择法律关系的权利，法院对侵权之诉有权主管，但此时应当注意对仲裁协议内容的解释，若仲裁协议内容可理解为包括因履行合同构成的侵权关系，也属于仲裁范围，则法院不应主管。在原告同时提出两项法律关系时，因法院对合同关系并无主管权利，若原告坚持不撤回合同关系项下的诉讼请求，则法院可对此部分请求裁定驳回起诉，仅保留侵权关系进行审理。

当事人对合同关系存在地域管辖约定。原告仅依据合同关系提出诉讼请求，则应当按照约定确定管辖法院；若原告经释明仍选择依据侵权关系起诉，即使原告内心确实是希望通过选择法律关系而选择管辖法院，基于对原告实体权利和诉讼权利的尊重,仍应按照侵权关系确定管辖法院;若原告同时提出合同之诉与侵权之诉,则对其中之一有管辖权的法院均对全案有管辖权。此项管辖规则的确立为诉的竞合合并的本质要求,需要通过在诉讼法中增加规定方能实现。级别管辖方面,本书认为,各诉之间为竞合关系,无论是从当事人起诉要求的角度还是最终判决结果的角度,均仅能实现其中之一。在当事人的本意为要求法院对于各诉中对自己最为有利者予以支持而非要求法院全部支持的情况下,应以不同诉中请求金额较高的一项,作为确定级别管辖的依据。同理,诉讼费用亦应当按照此标准收取。

在当事人同时依据两种法律关系提出请求时,法院应对各请求权基础逐一审理。在逐一审理的前提下,若原告对请求权的审理顺序提出了明确的顺位要求,则应当尊重当事人的程序处分权,准许当事人就其诉讼标的排列审判顺位。若原告未提出顺位要求,则法院可以自行按照请求权之间的逻辑顺序或审理方便的标准做出选择。真实案件中,原告多数情况下并不知道哪种诉讼标的对自己更为有利,不具有一定能够做出正确选择的能力,因此此时当事人选择顺位并非必须,亦不成为法院的释明义务。

第十章 诉的客观合并(四):反诉

双重合并下的请求权保护主要探讨反诉制度中存在的问题及其完善路径。我国关于反诉制度的法律规范,主要是《民事诉讼法》第 143 条规定:“原告增加诉讼请求,被告提出反诉,第三人提出与本案有关的诉讼请求,可以合并审理。”《民诉法解释》第 232 条规定:“在案件受理后,法庭辩论结束前,原告增加诉讼请求,被告提出反诉,第三人提出与本案有关的诉讼请求,可以合并审理的,人民法院应当合并审理。”第 233 条规定:“反诉的当事人应当限于本诉的当事人的范围。反诉与本诉的诉讼请求基于相同法律关系、诉讼请求之间具有因果关系,或者反诉与本诉的诉讼请求基于相同事实的,人民法院应当合并审理。反诉应由其他人民法院专属管辖,或者与本诉的诉讼标的及诉讼请求所依据的事实、理由无关联的,裁定不予受理,告知另行起诉。”第 239 条规定:“人民法院准许本诉原告撤诉的,应当对反诉继续审理;被告申请撤回反诉的,人民法院应予准许。”《民事诉讼法》及其司法解释虽经几次修改,但立法上对于反诉制度的规定并未有所改变,通过上述法律规定,可以归纳出我国立法上关于反诉制度的适用条件包括:(1)反诉的当事人应限于本诉的当事人,反诉原告应为本诉被告;(2)反诉与本诉具有牵连性,即反诉与本诉的诉讼请求基于相同法律关系、诉讼请求之间具有因果关系,或者反诉与本诉的诉讼请求基于相同事实;(3)反诉提出时间为在本诉案件受理后,法庭辩论结束前;(4)反诉请求具有相对独立性,本诉原告撤回起诉,不影响反诉的审理。虽然立法上对反诉制度有所规定,但通过检索司法案例,可以发现存在法律适用上的不统一和尺度上的差异,对于反诉制度的适用标准也存在应当从严把握还是适度放宽的争议,需要进一步研讨适用条件及优化路径。

一、司法现状分析

在“北大法宝”平台搜索 2021 年至 2022 年 4 月 30 日审结案件,2022 年共搜索到 4224 件涉及反诉案件,其中合同、准合同纠纷 3783 件,与公司、证券、保险、票据有关的民事纠纷95件,物权纠纷154件,侵权责任纠纷64件,婚姻家庭、继承纠纷47件,人格权纠纷27件,其他纠纷26件。2021年共搜索到66,212件涉及反诉案件,其中合同、准合同纠纷58,287件,与公司、证券、保险、票据有关的民事纠纷1778件,物权纠纷2183件,侵权责任纠纷1316件,人格权纠纷1160件,婚姻家庭、继承纠纷691件,其他纠纷586件。可见,反诉主要适用案件类型为合同、准合同类纠纷,本部分以此为主,探讨反诉程序中存在的问题。由于最高人民法院审理案件数量有限,但对于全国四级法院适用法律具有指导作用,因此对于最高人民法院审理的反诉案件审结时间检索时间为从2014年到2022年。通过对上述案件的分析,发现存在以下问题:

一是从反诉的主体因素上看。(1)关于本诉第三人能否成为反诉当事人裁判观点不一。有的法院根据《民诉法解释》第233条第1款"反诉的当事人应当限于本诉的当事人的范围"文义解释,认为本诉第三人可以提起反诉。[①] 有的法院认为本诉第三人可以成为反诉被告。[②] 但有的法院则认为反诉当事人应当限定于本诉原被告,第三人不可以成为反诉当事人。[③] 甚至有的法院对此作出严格解释,认为反诉、本诉的当事人必须相同,反诉的原告只能是本诉的被告,反诉的被告只能是本诉的原告,反诉的当事人和本诉的当事人不增加也不减少,只是诉讼地位互换。[④] (2)关于反诉的当事人是否能够突破"本诉的当事人"范围所限,即按照立法规定,反诉的当事人不可能成为本诉的案外人。有的法院严格适用该项规定,驳回本诉当事人以案外人作为反诉被告的请求。[⑤] 但是有的法院肯定了在反诉中可基于与

---

① 参见山西省洛川县人民法院(2021)陕0629民初2334号民事审判书,本诉第三人为反诉原告。

② 参见湖南省长沙市岳麓区人民法院(2021)湘0104民初17011号民事判决书,本诉第三人为反诉被告。

③ 例如最高人民法院(2015)民二终字第291号民事裁定书,本院认为部分"反诉应当是本诉被告对本诉原告提起的诉讼,反诉当事人应当限于本诉当事人的范围。张某华、张某(被告)提出反诉要求本诉第三人赵某秋承担连带民事责任,不符合民事诉讼法关于反诉的规定"。

④ 参见北京市第一中级人民法院(2020)京01民初268号之二民事裁定书,本院认为部分"民事诉讼中的反诉,是指在已经开始的民事诉讼程序中,被告针对原告提出的与本诉有牵连的诉讼请求,被告反诉的目的旨在通过反诉,抵销或者吞并本诉的诉讼请求,或者使本诉的诉讼请求失去意义。反诉的当事人应当限于本诉的当事人,反诉、本诉的当事人必须相同,反诉的原告只能是本诉的被告,反诉的被告只能是本诉的原告,反诉的当事人和本诉的当事人不增加也不减少,只是诉讼地位互换。无论是提起反诉的主体,亦或是反诉的对象,如果超越了本诉当事人的范围,则均不构成反诉,需要另行起诉"。

⑤ 参见广东省东莞市中级人民法院(2021)粤19民终12421号民事裁定书。

本诉的相同事实追加本诉案外人作为反诉的共同被告。①

二是从反诉的牵连因素上看。实践中对于反诉与本诉的诉讼请求基于相同法律关系、诉讼请求之间具有因果关系，或者反诉与本诉的诉讼请求基于相同事实二种牵连关系具有不同理解，有的法院对于“相同法律关系”“相关事实”进行严格解释，有的法院则认为“在法律或事实上存在牵连关系”即可以成立反诉，②甚至同一案件的一、二审法院对于“牵连性”判断出现差异。③ 对于牵连性的判断，最高人民法院曾在(2016)最高法民再87号裁定中作出“不再将具有债之抵销意义的诉讼请求视作反诉”的裁判，将债之抵销等请求排除于反诉范围之外，但近年来该院部分裁判又从反诉诉讼请求的实现是否产生抵销、吞并本诉诉讼请求的效果上判断是否具有牵连性，④对此问题处理观点发生变化。有的法院则对此问题，进行模糊化处理，并未对个案情况进行说明，仅罗列法律规定和理论观点即得出是否具有牵连

---

① 参见最高人民法院(2015)民申字第1937号民事裁定书。在该案中，最高人民法院认为：“本案系光耀糖酒公司先向人民法院提起确认合同效力之诉，请求确认案涉合同无效并返还其已经支付给金桥公司的利息，金桥公司基于同一诉讼标的提起反诉，符合《民诉法解释》第233条第2款：‘反诉与本诉的诉讼请求基于相同法律关系、诉讼请求之间具有因果关系，或者反诉与本诉的诉讼请求基于相同事实的，人民法院应当合并审理。’的规定。此后，金桥公司作为反诉原告申请追加姚光耀为反诉被告，实质上，是将光耀糖酒公司和姚光耀作为共同债务人提起诉讼。一审法院同意金桥公司的追加被告申请，并通知姚光耀作为反诉被告参加诉讼，有利于查清案件事实并避免对于双方当事人产生讼累，并无不当。故光耀糖酒公司及姚光耀以追加姚光耀为反诉被告严重违反法律程序的申请再审理由不成立。”

② 参见河南省高级人民法院(2021)豫民申2999号民事裁定书，认为“虽然王金海要求银龙公司偿付250万元的诉求与银龙公司要求王金海认缴出资不为同一法律关系，但存在事实关联，应当合并审理，原审法院认为二者之间不存在牵连关系属认定事实错误”。

③ 参见新疆维吾尔自治区高级人民法院(2021)新民终237号民事裁定书，该案一审法院认为“反诉与本诉的诉讼请求必须在同一法律事实或者属于同一法律关系，反诉应与本诉具有同一性质，应建立在同一法律关系上。本案中，德诚劳务公司提起的本诉是要求支付劳务费，中建公司提出的反诉是要求返还超付的工程款，两者法律关系范畴、对施工资质的要求均不一致。本案中，反诉与本诉依据的事实基础不相同，所涉法律关系不具有法律规定的同一性或关联性，诉讼请求之间亦未形成因果关系，裁定驳回中建公司的反诉起诉”。而二审法院则认为，“反诉与本诉必须合并审理的原因在于两诉之间具有牵连关系，而牵连关系表现为本诉与反诉的诉讼请求基于相同的法律关系、具有因果关系或基于相同事实，符合以上三项条件之一，即可视为本诉与反诉具有牵连关系。对于有牵连关系的反诉，只要不违反专属管辖的规定，就应当与本诉合并审理。本案中，提起反诉的一般程序性条件，提起法院、诉讼程序、提起的期限等均符合法律规定，没有争议。反诉与本诉的牵连性是本案反诉是否受理的决定性条件。我国民事诉讼理论一般认为，判断反诉与本诉的诉讼请求或诉讼理由是否基于同一法律关系或同一事实关系关键是反诉的诉讼请求能否排斥、抵销或吞并本诉的诉讼请求。本案中，中建公司提起反诉的理由基于其因案涉工程项目超付德诚劳务公司工程款请求予以返还，与德诚劳务公司的本诉诉讼请求支付劳务费，两者为互负的金钱债务，符合抵销的情形，该反诉请求能够排斥、抵销或吞并本诉的诉讼请求，本诉与反诉之间具有较强的牵连性，上述情节完全符合反诉的本质特征及构成要件，反诉应予受理。一审法院驳回中建公司反诉的起诉不当，本案指令一审法院审理后，应将反诉与本诉合并审理。”

④ 参见最高人民法院(2019)最高人民法院民终1766号民事裁定书。

性的结论,缺乏必要的论证过程。①

三是从反诉的适用案由上看。实践中家事案件比较特殊,被告是否需要提起反诉才能提出具体的诉讼请求处理不一致,有的法院被告需要提出反诉才能提出明确诉讼请求,有的法院不需要提反诉,在答辩中就可以包含请求。

四是从反诉的不予受理方式上看。按照《民诉法解释》第 233 条第 3 款规定,反诉不符合法定条件的,应当以裁定的方式不予受理,但实践中有的法院以口头方式告知当事人对反诉不予受理,有的法院则在“本院认为”部分对反诉不予受理进行阐释。对于反诉不予受理的裁定是否能够被实体判决吸收,还是必须另行出具裁定,有待进一步明确。

通过上述实践中存在的问题可以归纳总结出对于反诉制度需要进一步探讨以下问题:

(1)反诉主体上是否应当扩张。具体包含两个问题,其一是反诉原告是否限定于本诉被告,本诉的第三人是否可以作为反诉原告?是否需要区分有独立请求权第三人和无独立请求权第三人?其二是反诉被告是否限定于本诉原告,本诉的其他被告、第三人以及案外人能否成为反诉被告?

(2)“牵连性”的判断上是否应当作扩张解释。实践中对于同一法律关系或同一法律事实作为反诉牵连性的判断标准并无异议,主要裁判分歧在于如何理解同一法律事实,以及是否将牵连性的内涵扩张到“在法律或事实上存在关联性”。实践中有观点以反诉诉讼请求的实现是否产生抵销、吞并本诉诉讼请求的效果上判断反诉请求与本诉请求是否具有牵连性。对于牵连性的判断是否可以类型化具体的标准。

(3)关于反诉的其他问题。例如对于反诉不予受理的裁定是否能够被实体判决吸收,还是必须另行出具裁定;对于反诉不予受理的裁定能否上诉;决定反诉是

---

① 参见吉林省高级人民法院(2021)吉民申 2125 号民事裁定书,本院认为部分“民事诉讼中的反诉,是指在已经开始的民事诉讼程序中,被告针对原告提出的与本诉有牵连的诉讼请求。被告反诉的目的,旨在通过反诉,抵销或者吞并本诉的诉讼请求,或者使本诉的诉讼请求失去意义。反诉的实质条件是指反诉与本诉之间必须具有牵连关系,它是构成反诉的核心要件。所谓反诉与本诉有牵连关系,是指反诉标的及请求与本诉标的及请求有牵连,这种牵连包括法律上的牵连和事实上的牵连,即反诉与本诉的诉讼请求必须在事实或法律上有牵连关系。只有具备了这种牵连性,反诉才能成立,因而反诉实质条件就是决定被告提出的反请求是否属于反诉范畴的条件。反诉与本诉的牵连关系包括反诉的诉讼请求和本诉的诉讼请求基于同一法律事实或者属于同一法律关系,由于这种牵连,反诉与本诉就可以相互排斥、抵销、吞并。具体来讲,本诉与反诉的牵连关系主要表现为:(1)诉讼请求基于相同法律关系。(2)诉讼请求之间具有因果关系。(3)本诉与反诉的诉讼请求建立在相同事实基础上。这也是判断构成反诉的主要标准。本案中,刘伟峰的反诉请求不符合上述法律及司法解释的规定,一审、二审法院裁定不予受理,于法有据,并无不当”。

否受理的主体是本诉的审判组织还是立案庭的法官;等等。

二、理论基础及域外法研究

对反诉制度进行重塑以及相关裁判规则统一的基础在于明晰反诉制度设置目的以及结合我国国情反诉制度在新时代司法裁判中所应当发挥的作用。

(一)制度价值

总体而言,反诉的制度价值在于实现司法公正,避免矛盾判决以及一次性解决纠纷。在反诉制度尚未建立的时期,法律通过抗辩制度赋予被告以辩护手段,但仅将抗辩作为防御手段并不能完全实现双方当事人之间的武器对等。尽管抗辩可以为被告争取到驳回原告全部诉讼请求的结果,但却不能使被告的合法权益获得司法救济。[①] 当一方通过提起诉讼保障自己的权利时,反诉制度通过确立被告的诉权,使得在同一案件中被告得以通过反诉对抗原告的起诉权,使双方诉权实现平等,并在这一过程中实现双方的实体权利。此外,我国案件数量近年来持续激增,反诉制度的设置将相互牵连的本诉与反诉在同一案件中合并审理,虽然案件的审理难度加大,但对于关联事实可以在一个案件中进行查明,一定程度上降低了诉讼的运行成本,也提高了案件审理的公正性。同时,由于我国既判力制度尚不完善,判决产生既判力的范围并不明确,当事人对于反诉请求如果另行起诉,先行的本诉判决可能对以后的案件审理产生不利影响。[②] 因此,通过合并审理两个具有关联性的诉,可以避免相互矛盾的判决,保证至少在对于关联诉的处理上法律适用的统一性。

(二)域外法简述[③]

总体而言,英美法系对于提起反诉的限制较少,在反诉的主体上,除本诉的当事人之外,第三人亦可成为反诉主体。英美法系将反诉分为强制反诉与任意反诉两种类型。对于任意反诉,并不要求本诉与反诉存在牵连性。对于强制反诉,才要求本诉与反诉存在牵连性。而大陆法系对于反诉的要求较为严格,普遍要求本诉与反诉之间需存在牵连关系。而对于反诉的主体,也逐渐呈现扩张化的趋势。域外反诉制度分析(见表 2-3)。

---

① 参见张晋红:《民事之诉研究》,法律出版社 1996 年版,第 181 页。

② 本诉审理的法官围绕本诉诉请涉及的争议焦点进行审理,但本诉的争议焦点与另案反诉的争议焦点可能存在差别,本诉法官可能因为双方围绕本诉争议焦点进行的举证情况,对案件事实进行了认定,但该事实很可能在反诉案件中因为反诉中双方的证据情况被推翻,但本诉判决已经生效,会对反诉判决的法官裁判产生障碍。

③ 参见王晓飞:《我国反诉制度再构建》,华东政法大学 2020 年硕士学位论文。

表 2-3　域外反诉制度分析

国别	反诉当事人范围	牵连性判断	其他
英国	《英国民事诉讼规则》第20.4条、第20.5条:允许被告向原告以外的其他人提起反诉。但《英国最高法院规则》O15R3规定,被告只得在下列情形中增加案外人作为反诉被告:一是被告主张案外人和原告就反诉标的共同承担责任,二是反诉和被告对该案外人的请求与本诉标的有联系	—	1.《英国最高法院规则》O15R5规定,法官得出于某种理由将反诉勾销或命令反诉分别审理,例如当反诉须花费大量时间核对详细账目时,法官可将反诉分别审理。 2.《英国民事诉讼规则》第20条第4款规定,被告有权通过提交反诉状的形式向原告提起反诉。若被告在答辩期间提起反诉,则无须经过法院许可,在非答辩期间提出反诉则皆须经过法院的许可
美国	《美国联邦民事诉讼规则》第13条(h)规定,案外人按照本规则第19条、第20条规定也可成为反请求或交叉请求的当事人	—	1.《美国联邦民事诉讼规则》第13条规定:反诉是指被告基于原告提出的本诉,在本诉进行中向原告提出的诉讼请求,是以抵销、吞并、缩减原告请求为目的之诉讼请求,或使被告最成功地在事实上从反诉中赢得诉讼。 2.《美国联邦民事诉讼规则》第13条a款规定:"在诉答文书被送达时,答辩人对于对方当事人的任何请求,如果是基于对方当事人的诉讼标的的交易或事件产生的,并且对该请求的裁判不需要第三人出庭(法院不能取得该第三人的管辖权),则该请求必须以反诉的形式提出。" 3.《美国联邦民事诉讼规则》第13条b款规定:"本诉被告针对对方当事人提出的请求,如果并非基于对方当事人的诉讼请求标的或法律事实而产生的,可以以反诉请求的形式提出。"

续表

国别	反诉当事人范围	牵连性判断	其他
德国	1963年德国联邦最高法院采用司法判例的形式，第一次将反诉被告扩张及于本诉当事人之外的第三人	《德国民事诉讼法》第33条第1款规定：反诉须与本诉的诉讼标的或防御方法相关联，反诉可以作为给付之诉、确认之诉及形成之诉提出。《德国民事诉讼法》第256条规定，如果对主诉的裁决全部或部分取决于某项法律关系或权利的存在，而其存在与否在诉讼进行中有争议，则被告得在言词辩论终结前提起反诉，申请法院对该项法律关系作出裁决	《德国民事诉讼法》第145条规定，只有在反诉与本诉没有牵连关系时才可以分别审理
日本	—	《日本民事诉讼法》第146条规定：反诉请求应与本诉请求或针对本诉请求的攻击防御方法存在关联。所谓与本诉关联，是指两者的诉讼标的或者请求权发生的原因事实具有共通性。所谓与本诉的防御方法关联，是指本诉请求依据的理由事实全部或部分地构成反诉请求的理由事实	—

三、关于反诉的完善路径分析

本书建议从以下几个方面对我国反诉制度进行完善，以更适应司法实践的需要。

（一）适度扩大反诉当事人范围

反诉当事人范围的扩张是各国司法实践的趋势，但这种扩张并非毫无边界，结合我国司法实情，反诉当事人范围应否扩张，扩张到何种程序，是应当解决的重点问题，对此，有必要进行类型化分析。

1. 本诉原被告之间提起的反诉。此种情形的主要争议在于“反诉、本诉的当事人是否必须相同,是否只是他们的诉讼地位互换",换言之,此种情形需要讨论的是是否允许反诉当事人数量小于本诉当事人数量的情形,即是否允许部分本诉被告提出反诉、本诉被告对部分本诉原告提起反诉以及部分本诉被告对部分本诉原告提起反诉等情形。本书认为上述情形在符合反诉其他受理条件的情况下均应当准许,理由在于,原告之间、被告之间的具体诉讼请求可能存在差异,对于是否提起反诉,针对谁提起反诉,会结合各自案件中的角色、诉讼成本有着不同考量,如果过分强调反诉、本诉的当事人必须完全相同,与反诉制度设置的初衷及其功能相悖,也不利于平衡当事人诉讼上的攻防能力。

2. 本诉第三人能否成为反诉当事人。此种情况需要区分有独立请求权第三人及无独立请求权第三人。(1)有独立请求权第三人是指对原告和被告争议的诉讼标的有独立的请求权,而参加到原、被告之间正在进行的诉讼中去的人,其与本诉的双方当事人之间本身就存在利害对立关系,在诉讼模式上呈现"三角"关系。此时在满足反诉与本诉牵连性的条件之下,将其作为反诉被告并无理论和现实的困难,反而有助于发挥反诉所具有的纠纷一次性解决和平等保护当事人等功能。(2)无独立请求权第三人是指在民事诉讼中,对原被告双方争议的诉讼标的没有独立的请求权,但案件处理的结果可能同他有法律上的利害关系,而参加到已经开始的诉讼中进行诉讼的人。反诉的请求具有独立性,按照《民诉法解释》规定,本诉撤回或终结而反诉尚未审结,应当继续审理反诉直至作出判决。而无独立请求权第三人对争议诉讼标的没有独立的请求权,因此其不具有提起反诉的基础。综上,本书认为反诉当事人范围可以扩张到本诉中有独立请求权的第三人。

3. 本诉被告能否向案外人提起反诉。根据上文中相关域外法简述,英国及我国台湾地区均对案外人可以作为反诉被告进行了规定,但是本诉被告向案外人提起反诉的条件是案外人与本诉原告应当对本诉被告共同承担责任,本诉被告对案外人提起的反诉也与本诉之间存在牵连,以实现抵销、排斥或者吞并本诉请求的目的,此时案外人应当与本诉原告之间存在必要共同诉讼关系。按照必要共同诉讼的基本理论,将案外人纳入反诉中来具有正当性。如果此时仅以反诉当事人必须限于本诉当事人为由,而将必要共同诉讼的案外人排除在反诉之外,亦与共同诉讼理论相悖。而对于案外人与反诉被告之间仅具有普通共同诉讼关系而言,本书不主张将其纳入本案的反诉范围。理由在于允许提出反诉与防止诉讼拖延之间本身就存在利益衡量关系,普通共同诉讼作为独立的诉也并非一定要合并审理,而是赋予法官裁量权,由法院根据个案情况,决定是否将普通共同诉讼合并审理。仅具有普通共同诉讼关系的情况下，其反诉的牵连性程度较低，对本诉抵销、吞并性较弱，若将此种情况的案外人纳入反诉当事人范畴，要求必须与本诉一并审理，不利于发挥反诉制度本身的目的，也更可能导致当事人滥用反诉权以拖延诉讼的情况发生。

4. 本诉被告之间能否提起反诉。此种情形，大陆法系多持否定观点，英美法系允许共同诉讼人中的一个当事人可以在诉辩状中对其他共同诉讼人提出诉讼请求，即所谓交叉诉讼。本书对此持谨慎态度，理由基本同上，如果反诉仅限于本诉的被告之间，此时反诉与本诉的牵连性程度较低，对本诉抵销、吞并性较弱，而且会增加案件的复杂程度和审理难度。在我国现阶段法官水平参差不齐的情况下，首要解决的是与本诉牵连性较强的反诉制度完善问题。

综上，本书倾向于扩大反诉当事人的范围至本诉有独立请求权的第三人以及与本诉原告有必要共同诉讼关系的案外人。

（二）适度扩大“牵连性”认定

反诉制度的核心即为“牵连性”的判断问题，过分严格地认定“牵连性”不利于反诉制度功能发挥，过于宽松地认定“牵连性”又会导致案件处理难度加大，不利于提高诉讼效率。因此，合理界定“牵连性”识别标准，有着重要意义。

1. 对现有立法规定的理解

（1）将“诉讼请求基于相同事实”放宽至反诉与本诉系源于同一事实或者反诉与本诉所依据的事实具有关联性。如果两者在事实上的牵连程度，有可能实现抵销、吞并、排斥本诉诉讼请求的效果，即应允许被告提起反诉。（2）取消“诉讼请求之间具有因果关系”限制。按照《民诉法解释》的规定，“反诉与本诉的诉讼请求基于相同法律关系、诉讼请求之间具有因果关系”两者必须同时具备才符合法律上的牵连关系。但是既然反诉与本诉基于同一法律关系，两者在事实上必然存在共通部分，法院也必然已对这部分事实予以审查，此时以诉讼请求之间欠缺因果关系为由排除反诉，除了简化了案件的审理，未见有其他益处。① 且立法虽对因果关系作出规定，但因果关系的判断标准难以量化，大多依赖于个案法官的自由裁量，本书建议从适度放宽反诉牵连要件的目的出发，只需要规定反诉与本诉基于同一法律关系即具有法律上的牵连性，此种牵连即包括反诉请求与本诉请求对法律关系的认识一致，也包括反诉请求与本诉请求对法律关系的认识相矛盾，例如一方依据合同成立主张各项费用，另一方主张合同无效。

---

① 参见王晓飞：《我国反诉制度再构建》，华东政法大学 2020 年硕士学位论文，第 41 页。

2. 对现有立法规定的补充

除上述情形外，本书建议将诉讼抵销纳入反诉具有牵连性的范围。反诉制度的目的即在于抵销、排斥或者吞并本诉请求，这使得本诉与反诉在攻击防御方法上具有关联性，而且此种情形在域外也日益得到认可，我国司法实践中也有很多法院将此作为判断反诉与本诉具有牵连性的判断标准。

(三)统一其他反诉问题的执法尺度

反诉制度中亟待解决的是当事人范围及牵连性认定问题，其余问题囿于课题篇幅原因，无法一一详述。本书选取相对重要的表明观点：

1. 对于反诉是否受理的审查主体。有观点认为应当采取立案和审理分离制，由立案庭法官对是否受理反诉进行审理，以防止本诉法官因为自身原因对反诉不予受理。对此，本书倾向于还是由本诉的审理组织决定是否受理反诉。理由在于反诉是否受理的核心在于本诉与反诉是否具有牵连性问题，此问题需要进行实质审查，如果只对此进行形式审查，审查标准及限度难以明确，极易造成不符合反诉受理条件的案件立上案，但作实体审查时仍需要本诉审理组织作出，并无易于反诉制度功能发挥。

2. 对于反诉不予受理的裁定不能提起上诉。反诉不予受理裁定具有程序性的特殊性，当事人可以对其请求进行另诉，因此一裁终裁并不影响当事人的诉权。并且最高人民法院对此具有一定的倾向性意见，最高人民法院编纂的《民事诉讼文书样式》中对“民事裁定书(对起诉不予受理用)”和“民事裁定书(对反诉不予受理用)”内容有所区别，后者尾部并无“如不服本裁定，可以在裁定书送达之日起 10 日内，向本院递交上诉状，上诉于 × × 人民法院”的内容。由于本书倾向于对于该种裁定不能提起上诉，故在最终判决本院认为部分予以评述的方式可以接受，当然单独出具不予受理反诉的裁定书更为规范。但对于实践中仅为口头驳回的方式，不予赞同。

3. 反诉的受理法院。一般情况下，如果两诉分开起诉，均未审结，后受理法院判断属于反诉与本诉关系的，应当及时与先受理本诉的法院联系，将案件移送先受理法院，一并审理。但如果涉及级别管辖和专属管辖，则应当排除本诉牵连管辖的应用，一并将本诉与反诉移送给高级别的法院或专属管辖法院审理。

4. 完善反诉案件法官绩效考核机制。由于反诉与本诉合并审理，故共用一个案号，但在考核时应作为两个案件分别计入法官办案数量。同时由于被告可以在法庭辩论终结前提起反诉，应当明确反诉立案后，案件的审限应当予以延长 6 个月，以便法官可以更好地对本诉及反诉案件进行审理,作出公正判决。

5. 暂不引入强制反诉、再反诉、交叉诉讼等程序。现阶段我国法官的司法能力参差不齐,不宜引入强制反诉、交叉反诉等程序,以免适用不当,影响当事人合法权益保护。

法条修改建议:《民诉法解释》第 233 条规定:"反诉的当事人应当限于本诉的当事人的范围。反诉与本诉的诉讼请求基于相同法律关系、诉讼请求之间具有因果关系,或者反诉与本诉的诉讼请求基于相同事实的,人民法院应当合并审理。反诉应由其他人民法院专属管辖,或者与本诉的诉讼标的及诉讼请求所依据的事实、理由无关联的,裁定不予受理,告知另行起诉。"建议修改为以下几条:

1. 反诉的当事人一般情况下限于本诉的当事人范围。但案外人和本诉原告就反诉标的共同承担责任时,本诉被告可以申请增加案外人为反诉被告。

2. 反诉与本诉的诉讼请求基于相同法律关系,或者反诉与本诉的诉讼请求基于相关联事实,或者反诉请求对本诉请求有抵销、排斥或吞并效果的,人民法院应当合并审理。

3. 当事人就本诉与反诉分别向不同法院起诉,案件均未审结的,除专属管辖和级别管辖外,后受理法院应向先受理法院移送,由先受理法院合并审理。符合专属管辖或级别管辖的,移送至专属管辖法院或者级别较高的人民法院受理,并合并审理。

4. 对于反诉不予受理的裁定,一裁终裁,当事人有异议的,可以告知其另行起诉。

四、本章观点集成

1. 问题

(1)本诉第三人能否成为反诉当事人?

有观点认为,对《民诉法解释》第 233 条第 1 款"反诉的当事人应当限于本诉的当事人的范围"进行文义解释,本诉第三人可以提起反诉。

有观点认为,反诉当事人应当限定于本诉原、被告,第三人不可以成为反诉当事人。反诉、本诉的当事人必须相同,反诉的原告只能是本诉的被告,反诉的被告只能是本诉的原告,反诉的当事人和本诉的当事人不增加也不减少,只是诉讼地位互换。

本书初步意见认为,此种情况需要区分有独立请求权第三人及无独立请求权第三人而定。(1)有独立请求权第三人是指对原告和被告争议的诉讼标的有独立的请求权,而参加到原、被告之间正在进行的诉讼中去的人,其与本诉的双方当事人之间本身就存在利害对立关系,在诉讼模式上呈现“三角”关系。此时在满足反诉与本诉牵连性的条件之下,将其作为反诉被告并无理论和现实的困难,反而有助于发挥反诉所具有的纠纷一次性解决和平等保护当事人等功能。(2)无独立请求权第三人是指在民事诉讼中,对原被告双方争议的诉讼标的没有独立的请求权,但案件处理的结果可能同其有法律上的利害关系,而参加到已经开始的诉讼中进行诉讼的人。反诉的请求具有独立性,按照《民诉法解释》规定,本诉撤回或终结而反诉尚未审结,应当继续审理反诉直至作出判决。而无独立请求权第三人对争议诉讼标的没有独立的请求权,因此其不具有提起反诉的基础。

(2)本诉被告能否向案外人提起反诉?

有观点认为,按照现行立法规定,反诉的当事人不可能为本诉的案外人。

有观点认为,基于与本诉的相同事实,可以追加本诉案外人作为反诉的共同被告。

本书初步意见认为,①按照必要共同诉讼的基本理论,将案外人纳入反诉中来具有正当性。如果此时仅以反诉当事人必须限于本诉当事人为由,而将必要共同诉讼的案外人排除在反诉之外,亦与共同诉讼理论相悖。②对于案外人与反诉被告之间仅具有普通共同诉讼关系而言,则不主张将其纳入案件的反诉范围。理由在于,允许提出反诉与防止诉讼拖延之间本身就存在利益衡量关系,普通共同诉讼作为独立的诉也并非一定要合并审理,而是赋予法官裁量权,由法院根据个案情况,决定是否将普通共同诉讼合并审理。仅具有普通共同诉讼关系的情况下,其反诉的牵连性程度较低,对本诉抵销、吞并性较弱,若将此种情况的案外人纳入反诉当事人范畴,要求必须与本诉一并审理,不利于发挥反诉制度本身的目的,也更可能导致当事人滥用反诉权以拖延诉讼的情况发生。

(3)反诉是否受理的审查主体为立案庭还是审判庭?

本书初步意见认为,由本诉的审理组织决定是否受理反诉。理由是反诉是否受理的核心在于本诉与反诉是否具有牵连性问题,此问题需要进行实质审查,如果只对此进行形式审查,审查标准及限度难以明确,极易造成不符合反诉受理条件的案件成功立案,但作实体审查时仍需要本诉审理组织作出,并不利于制度功能发挥。

(4)对于反诉不予受理的裁定能否上诉?

本书初步意见认为,不能提起上诉。理由是,反诉不予受理裁定具有程序上的特殊性,当事人可以对其请求进行另诉,因此一裁终裁并不影响当事人的诉权。最高人民法院对此具有一定的倾向性意见,最高人民法院编纂的《民事诉讼文书样式》中对“民事裁定书(对起诉不予受理用)”和“民事裁定书(对反诉不予受理用)”内容有所区别,后者尾部并无“如不服本裁定,可以在裁定书送达之日起十日内,向本院递交上诉状,上诉于××人民法院”的内容。具体处理上,可以在最终判决法院认为部分予以评述,也可以出具不予受理反诉的裁定书。

2. 民事诉讼制度展望

(1)建议

反诉的当事人一般情况下限于本诉的当事人范围。但案外人和本诉原告就反诉标的共同承担责任时,本诉被告可以申请增加案外人为反诉被告。

反诉与本诉的诉讼请求基于相同法律关系,或者反诉与本诉的诉讼请求基于相关联事实,或者反诉请求对本诉请求有抵销、排斥或吞并效果的,人民法院应当合并审理。

当事人就本诉与反诉分别向不同法院起诉,案件均未审结的,除专属管辖和级别管辖外,后受理法院应向先受理法院移送,由先受理法院合并审理。符合专属管辖或级别管辖的,移送至专属管辖法院或者级别较高的人民法院受理,并合并审理。

对于反诉不予受理的裁定,一裁终裁,当事人有异议的,可以告知其另行起诉。

(2)要点

对反诉当事人范围、反诉适用情形以及具体适用问题进行调整。

(3)理由

反诉当事人范围的扩张是各国司法实践的趋势,但这种扩张并非毫无边界,应进行类型化分析。首先,对于本诉原、被告之间提起的反诉,此种情形的主要争议在于“反诉、本诉的当事人是否必须相同,是否只是他们的诉讼地位互换”,即是否允许部分本诉被告提出反诉、本诉被告对部分本诉原告提起反诉以及部分本诉被告对部分本诉原告提起反诉等情形。本书认为,上述情形在符合反诉其他受理条件的情况均应当准许,理由在于,原告之间、被告之间的具体诉讼请求可能存在差异,对于是否提起反诉,针对谁提起反诉,会结合各自案件中的角色、诉讼成本有着不同考量,如果过分强调反诉、本诉的当事人必须完全相同,与反诉制度设置的初衷及其功能相悖,也不利于平衡当事人诉讼上的攻防能力。其次,对于本诉被告能否向案外人提起反诉。在比较法上,英国对案外人可以作为反诉被告进行了规定,但是本诉被告向案外人提起反诉的条件是案外人与本诉原告应当对本诉被告共同承担责任,本诉被告对案外人提起的反诉也与本诉之间存在牵连,以实现抵销、排斥或者吞并本诉请求的目的,此时案外人应当与本诉原告之间存在必要共同诉讼关系。按照必要共同诉讼的基本理论,将案外人纳入反诉中来具有正当性。如果此时仅以反诉当事人必须限于本诉当事人为由,而将必要共同诉讼的案外人排除在反诉之外,亦与共同诉讼理论相悖。而对于案外人与反诉被告之间仅具有普通共同诉讼关系而言,本书不主张将其纳入本案的反诉范围,理由在于允许提出反诉与防止诉讼拖延之间本身就存在利益衡量关系,普通共同诉讼作为独立的诉也并非一定要合并审理,而是赋予法官裁量权,由法院根据个案情况,决定是否将普通共同诉讼合并审理。仅具有普通共同诉讼关系的情况下,其反诉的牵连性程度较低,对本诉抵销、吞并性较弱,若将此种情况的案外人纳入反诉当事人范畴,要求必须与本诉一并审理,不利于发挥反诉制度本身的目的,也更可能导致当事人滥用反诉权以拖延诉讼的情况发生。最后,对于本诉被告之间能否提起反诉。此种情形,大陆法系国家(地区)多持否定观点,英美法系国家(地区)允许共同诉讼人中的一个当事人可以在诉辩状中对其他共同诉讼人提出诉讼请求,即所谓交叉诉讼。本书对此持谨慎态度,理由基本同上,如果反诉仅限于本诉的被告之间,此时反诉与本诉的牵连性程度较低,对本诉抵销、吞并性较弱,而且会增加案件的复杂程度和审理难度。在我国现阶段法官水平参差不齐的情况下,首要解决的是与本诉牵连性较强的反诉制度完善问题。综上,本书倾向于扩大反诉当事人的范围至本诉有独立请求权的第三人以及与本诉原告有必要共同诉讼关系的案外人。

反诉制度的核心即为"牵连性"的判断问题,过分严格地认定"牵连性"不利于反诉制度功能发挥,过于宽松地认定"牵连性"又会导致案件处理难度加大,不利于提高诉讼效率,故需合理界定"牵连性"识别标准。本书认为,应将"诉讼请求基于相同事实"放宽至反诉与本诉系源于同一事实或者反诉与本诉所依据的事实具有关联性。如果两者在事实上的牵连程度,有可能实现抵销、吞并、排斥本诉诉讼请求的效果,即应允许被告提起反诉。同时,应取消"诉讼请求之间具有因果关系"限制。按照《民诉法解释》的规定,"反诉与本诉的诉讼请求基于相同法律关系、诉讼请求之间具有因果关系"两者必须同时具备才符合法律上的牵连关系。但是既然反诉与本诉基于同一法律关系,两者在事实上必然存在共通部分,法院也必然已对这部分事实予以审查,此时以诉讼请求之间欠缺因果关系为由排除反诉,除了简化了案件的审理,未见有其他益处。且立法虽对因果关系作出规定,但因果关系的判断标准难以量化，大多依赖于个案法官的自由裁量，本书建议从适度放宽反诉牵连要件的目的出发，只需要规定反诉与本诉基于同一法律关系即具有法律上的牵连性，此种牵连既包括反诉请求与本诉请求对法律关系的认识一致，也包括反诉请求与本诉请求对法律关系的认识相矛盾，例如一方依据合同成立主张各项费用，另一方主张合同无效。除上述情形外，本书建议将诉讼抵销纳入反诉具有牵连性的范围。反诉制度的目的即在于抵销、排斥或者吞并本诉请求，这使得本诉与反诉在攻击防御方法上具有关联性，而且此种情形在域外也日益得到认可，我国司法实践中也有很多法院将此作为判断反诉与本诉具有牵连性的判断标准。

对于反诉的上诉和管辖问题，本书认为，反诉不予受理裁定具有程序性的特殊性，当事人可以对其请求进行另诉，因此一裁终裁并不影响当事人的诉权。如果两诉分开起诉，均未审结，后受理法院判断属于反诉与本诉关系的，应当及时与先受理本诉的法院联系，将案件移送先受理法院，一并审理。但如果涉及级别管辖和专属管辖，则应当排除本诉牵连管辖的应用，一并将本诉与反诉移送给高级别的法院或专属管辖法院审理。

第三编

实体与程序的综合运用

前文分别从诉的主体、诉的合并两方面对诉的制度与实体权利的协调和对接进行了探析，但《民法典》的重要制度，除了诉的主体、主观合并、客观合并之外，还存在其他实体与程序的衔接问题，故有必要围绕相关制度进行综合分析。本编从《民法典》各编选取了《民法典》实施前已建立但尚存在问题的重点制度，以及《民法典》实施后的部分新增制度，对其中争议较大的实体与程序问题进行专题研究。

第一章　合同解除

一、法定解除权及其诉讼性质辨析

(一)法定解除权是普通形成权

《民法典》第565条第1款规定，当事人一方依法主张解除合同的，应当通知对方。合同自通知到达对方时解除；通知载明债务人在一定期限内不履行债务则合同自动解除，债务人在该期限内未履行债务的，合同自通知载明的期限届满时解除。对方对解除合同有异议的，任何一方当事人均可以请求人民法院或者仲裁机构确认解除行为的效力。该条规定沿袭了《合同法》第96条的“通知解除”模式，即通知到达对方时合同解除，无须征得对方同意，也不必向人民法院或者仲裁机构请求公力救济，这意味着解除权人可以依自己单方的意思表示变动法律关系，明确了合同解除权的形成权性质。

依照行使方式的不同，形成权又可分为普通形成权及形成诉权，普通形成权依照一方意思表示即可行使，而形成诉权则须通过诉讼方能行使。[①] 依据《民法典》第565条的规定，解除权人发出的解除通知到达对方时合同解除，无须通过诉讼方式行使，尽管同时规定任何一方当事人可以请求法院或仲裁机构确认解除行为的效力，但此时法院仅是依请求进行确认，产生形成效力仍然是基于当事人的形成权行使，且法院确认程序并非必须，未经法院确认也可以发生解除效果，因而《民法典》第565条第1款规定的法定解除权为普通形成权。《民法典》第533条情势变更制度规定，出现合同的基础条件的重大变化时，“当事人可以请求人民法院或者仲裁机构变更或者解除合同”；《民法典》第147条至第151条的合同撤销权规定，当事人“有权请求人民法院或者仲裁机构予以撤销”，上述两项权利均要求当事人通过诉讼或仲裁的方式行使，诉讼外自行行使则不发生变动法律关系的效果，因而这两种权利都属于形成诉权。在形成诉权之中又存在区分，《民法典》第533条中变更、

---

① 参见朱庆育：《民法总论》，北京大学出版社2013年版，第505页。

解除合同的结果,允许双方当事人通过协商的方式达成合意而实现,仅在协商不成的情况下需通过诉讼方式解决;而《民法典》第 147 条至第 157 条中的合同撤销权,不允许当事人通过合意的方式实现撤销合同的效果,只能由法院或仲裁机构做出相应的裁决后才发生撤销的效果。允许当事人通过意思自治实现形成效果的形成诉权,又被称为不真正形成诉权。

之所以会存在形成诉权与普通形成权的区分,强调形成诉权必须通过诉讼方能实现,是因为“其影响相对人利益甚巨,或为创设明确的法律状态,有由法院审究认定形成权的要件是否具备的必要”①。基于以上对普通形成权、形成诉权实体权利性质的分析可以看出,普通形成权与形成诉权都是当事人的私权利,因当事人的行使而发生变动法律关系的效果。对于形成诉权,法院对于当事人的形成权是否符合要件及是否必要,仅是在当事人的形成权上附加了法院的审查认定,诉讼只是形成诉权的行使方式而不改变权利本身的性质。最终由法院对是否具备变更和解除合同的条件进行判断,并以判决的方式变动法律关系,但法院不是依据单方命令要求形成相对人服从,而是在原告行使实体法上形成权后附加公法判断的外衣,诉讼只是此种形成权的特别行使方式。

(二)法定解除权引起的解除纠纷是确认之诉

与对法定解除权实体权利性质的统一认识相比,学理及审判实务对于法定解除权引起诉的种类的认识则经过了一个由浅入深、由模糊到清晰的过程。在形成权的诉讼程序方面,早期主流观点认为,形成权纠纷形成了形成之诉,其逻辑联系是形成权—形成之诉—形成判决—形成力。② 在《合同法》出台后较长一段时间内,法院对于当事人行使法定解除权的诉讼,认为法院是以判决的方式消灭合同关系,故此类诉讼的性质应为形成之诉。从最高人民法院曾经出台的司法解释中,也可以看出形成之诉的观点。例如 2003 年出台的《关于审理商品房买卖合同纠纷案件适用法律若干问题的解释》(法释〔2003〕7 号)第 8 条规定,“具有下列情形之一,导致商品房买卖合同目的不能实现的,无法取得房屋的买受人可以请求解除合同、返还已付购房款及利息、赔偿损失,并可以请求出卖人承担不超过已付购房款一倍的赔偿责任……”《关于审理建设工程施工合同纠纷案件适用法律问题的解释》第 8 条规定,“承包人具有下列情形之一,发包人请求解除建设工程施工合同的,应予支持:……”最高人民法院 2005 年公报案例“崂山国土局

① 王泽鉴:《民法总则》,北京大学出版社 2009 年版,第 79 页。

② 参见张卫平:《民事诉讼法学》(第 3 版),法律出版社 2013 年版,第 172 页。

与南太置业公司国有土地使用权出让合同纠纷案”的裁判要旨中，明确提出了“解除权在实体方面属于形成权，在程序方面则表现为形成之诉”，也为司法中裁判解除合同提供了支持。

司法实务中形成此种观念的原因，可以总结为以下方面：(1)《合同法》第 96 条规定，当事人一方依照《合同法》第 93 条第 2 款、第 94 条的规定主张解除合同的，应当通知对方。合同自通知到达对方时解除。对方有异议的，可以请求人民法院或者仲裁机构确认解除合同的效力。该条中仅规定对方有异议，可以请求确认解除合同的效力，并未对解除权人提起确认合同解除效力的诉讼作出规定，进而被理解为解除权人不能提起确认之诉。(2)法院有裁判的权利，是对当事人之间利益纷争的决定，由于当事人请求法院解除合同，法院就可以用裁判的方式解除合同，因裁判而消灭法律关系，该诉讼应为形成之诉。(3)在出现合同履行僵局的情况时，要求解除合同的当事人不享有解除权，而享有解除权的当事人拒绝行使该权利，导致法院需要通过裁判的方式解除合同，否则无法打破合同僵局。

2005 年 5 月，中国法院网开展了关于当事人是否可以请求裁判解除合同，裁判机关是否有权裁决解除合同的讨论，学界也开始对此问题加以关注。学界及司法实务界认真研讨后认为，形成之诉与确认之诉在判决效力的主观范围与时间范围方面均有显著不同。确认判决的效力具有相对性，而形成判决具有对世效力；确认判决是对既有民事权利和法律关系的认定，而形成判决是对法律系关系的变更。法定解除权为普通形成权，以法定解除权为诉讼标的的合同解除纠纷属于确认之诉，法院作出的判决是确认判决，判决的效力是对已经因当事人行使解除权而发生的权利状态的确定，只及于参加诉讼的双方当事人，不能通过判决直接产生变更法律关系的对世效力。

《民法典》第 565 条第 1 款在《合同法》第 96 条的基础上，将可以请求人民法院或者仲裁机构确认解除合同的效力的主体，修正为“任何一方当事人”，消除了《合同法》第 96 条可能引起的解除权人不能提起确认之诉的歧义，同时在第 2 款中明确规定未发出解除意思表示，直接提起诉讼或者申请仲裁的情况下，当事人系通过诉讼作出解除意思，法院或仲裁机构仍然是对解除权是否发生效力进行确认，在消除实务中“通知前置说”错误理解的同时，再次明确了以法定解除权为诉讼标的的诉讼类型为确认之诉。

依照《民法典》第 565 条的规定，若一方当事人行使解除权而对方无异议，此时合同自解除通知到达时解除，不会产生诉讼。法定解除权引起的合同解除纠纷存在两种情况,第一种情况为发出解除通知后双方对于合同是否解除存在争议,此时争议问题不是行使合同解除权以发生解除合同效力的法律效果,而是一方是否享有合同解除权,以及是否在法定或者约定的期限内行使了解除权,[①]法院通过对解除权及行使期限、行使程序的审查,判断一方的解除行为是否能够发生解除合同的法律效果;第二种情况,同样是对一方是否有解除权进行审查,并对其在诉讼中作出的解除通知的法律效力予以确认。因此,行使法定解除权引起的诉讼中,法院对当事人对法律关系的变动是否有效进行审查,并以判决的形式进行确认,该诉讼为确认之诉,所作判决为确认判决。

二、请求司法解除权及其诉讼程序

《合同法》中的合同解除体系是以解除权为中心设置的,合同因当事人行使解除权的通知到达而解除。但《合同法》的解除权体系没有周延覆盖全部可能导致合同解除的事由,在一些特殊情况下,法院若不对是否解除合同进行审查并以判决解除合同,则当事人无法摆脱合同的束缚,可能出现合同利益失衡的局面。《民法典》增设了司法解除合同的制度,分别为第 533 条的情势变更制度和第 580 条第 2 款的合同僵局化解制度。[②]

(一)形成诉权与形成之诉

《民法典》第 533 条规定,合同成立后,合同的基础条件发生了无法预见且不属于商业风险的重大变化时,当事人可以请求人民法院或者仲裁机构变更或者解除合同。人民法院或者仲裁机构应当结合案件的实际情况,根据公平原则变更或者解除合同。《民法典》第 580 条第 2 款规定:"有前款规定的除外情形之一,致使不能实现合同目的的,人民法院或者仲裁机构可以根据当事人的请求终止合同权利义务关系,但是不影响违约责任的承担。"二者均要求当事人向法院或仲裁机构提出解除合同的请求,由法院或仲裁机构对当事人要求解除合同的权利是否满足要件进行审查,法院"变更或解除合同""根据当事人的请求终止合同权利义务关系",

---

① 参见王杳飞:《合同解除权的性质辨析》,载《人民法院报》2021 年 1 月 21 日,第 7 版。

② 有观点认为,《民法典》第 580 条第 2 款所作规定为"违约方解除权""违约方申请解除权"或"违约方司法解除",均突出违约方享有请求法院解除合同的权利,但由于《民法典》第 580 条的说明为"非金钱债务实际履行及违约责任",且立法机关的释义中对于该条主旨表述为"本条是关于非金钱债务继续履行的规定",并未对"违约方解除"做出说明,故本书采用合同僵局化解的概念。参见石佳友、高郦梅:《违约方申请解除合同权:争议与回应》,载《比较法研究》2019 年第 6 期;王利明:《论合同僵局中违约方申请解约》,载《法学评论》2020 年第 1 期。

意味着法院的判决发生变更或解除合同的效果，因而是形成判决。

尽管形成判决的内容是法院对形成要件已经充足的公法判断，但单就形成判决本身来看，其效力源于国家意思的表示或处分行为。但法院不是依据单方命令要求形成相对人服从，而是在原告于诉讼中行使实体法上形成权后附加公法判断的外衣。① 因而，《民法典》第533条或第580条第2款规定的申请司法解除合同的权利性质为当事人的形成诉权，而非法院的权利，当事人申请司法解除合同的诉讼为形成之诉，当事人的形成诉权与法院裁判行为共同作用产生了司法解除合同的形成判决。

（二）司法解除判决的主观效力范围

形成判决能够直接创设、变更或者消灭法律关系。这种形成效力原则上具有对世性，区别于原则上仅发生于当事人之间、针对形成理由的实质既判力。② 例如解散公司的判决作出后，即使是未参加诉讼的公司股东，也需要尊重并服从该判决结果。需要明确的是，合同领域的形成判决效力受合同相对性的约束，形成的法律效果仅在合同当事人之间发生作用，即司法变更或解除合同的判决，对合同关系的处理结果原则上仅在双方当事人之间发生效力。但解除合同的判决能够通过对履行部分的返还，从而直接引起所有权的变动，并基于物权的绝对性要求一切第三人服从物权变动的效果。因此，司法解除合同的判决能够成为《民法典》第229条所规定的导致物权变动的法律文书。相对而言，因当事人行使解除权而提起的解除合同诉讼是确认之诉，法院作出的确认判决不可能直接引起物权变动。

（三）司法解除判决的时间效力范围

确认之诉是对既有民事权利和法律关系的认定，判决是对过去的回应；而形成之诉则是对法律关系的变更，判决是面向未来的创造。③ 但形成判决面向将来的时间效力，不意味着只能变更合同在“本判决生效之日”尚未履行的部分，或者只能在“本判决生效之日”解除合同，形成判决的性质与溯及既往地变更或解除合同并不矛盾。学界认为，形成判决能否溯及既往，取决于实体法的安排；在实体法未规定的

---

① 参见曹建军：《民事判决形成力的本质与范围》，载《国家检察官学院学报》2016年第4期。

② 参见曹志勋：《论我国法上确认之诉的认定》，载《法学》2018年第11期。

③ 参见刘哲玮：《普通形成权诉讼类型考辩　以合同解除权为例》，载《中外法学》2014年第5期。

情况下,推定无溯及力更有利于法律关系的安定性。①

尽管《民法典》第533条和第580条第2款均未规定是否可以对合同已经履行的部分进行调整,亦未规定法院是否能以判决生效日以外的其他时间作为合同解除时间,但调研认为此时宜通过解释的方法允许法院溯及既往变更或解除合同。司法解除合同制度本身是对合同严守原则的突破,支撑这一突破的价值基础是公平。情势变更制度目的在于调整当事人之间失衡的合同利益,合同僵局化解也是在守约方拒绝行使解除权对违约方严重不公平的情况下,对双方的利益平衡。若将合同解除时间固定为判决生效之日,解除判决只能面向判决生效后的将来发生效力,解除前的合同权利义务仍应当得到履行。此时由于诉讼程序的滞后性,将无法有效地起到调整合同利益的作用,会将大量的适用需求排除在外。

尤为明显的是,在《民法典》第533条情势变更制度中,因合同基础条件重大变化引起的利益失衡,可能在合同履行中出现,也可能在合同履行完毕后才能确定,租赁、供热、教育培训等继续性合同中大量存在合同履行期限届满后才能够确定当事人利益的情况。此外,在合同履行中出现情势变化时,当事人很难及时准确地判断是否符合情势变更的要件,此时停止履行合同存在违约风险。对约定履行期限的合同而言,继续履行合同完成义务嗣后再提起诉讼请求变更或解除,相比于立即终止履行提起诉讼,对当事人而言是更为合理的选择。因而若限定解除合同只能面向判决生效后的将来发生效力,远远不能满足现实需要。1994年《国际统一私法协会国际商事合同通则》(Principles of International Commercial Contracts,简称PICC)第6.2.3条规定:"……如果法庭认定有艰难事件,只要合理,法庭可以:(a)在确定的日期并按确定的条件终止合同,或者(b)为了恢复合同的均衡而修改合同"。因此,将"继续履行合同"解释为包含按照原约定方式已履行完毕的合同的结果状态在内,允许法院确定变更或解除合同的时间,是必要且可行的。

三、情势变更制度的诉讼程序设计

《民法典》第533条情势变更制度规定了当事人的再交涉义务,其重要意义在于以动态视角观察合同法世界,取代实体法秩序的静态视角,从而使合同关系不再只是合同成立时固定的文字表达,而是在双方当事人的相互交涉过程中形成并不

---

① 参见肖建国、宋史超:《〈民法典〉合同司法解除规则的程序法解读》,载《浙江社会科学》2020年第12期。

断发生变化的利益状态。[1] 再交涉义务的引入受到我国学界普遍认可。[2] 本书认为,再交涉义务至少承载三个层次的价值:一是以促进当事人自主交涉为目的的行为规范,为当事人交涉搭建平台,促成合意变更;二是保障法院查明事实的程序规范,将协商过程纳入规范化的诉讼程序,通过程序保障真实信息的披露;三是约束调整方案实质内容的裁判规范,要求裁判适度公布协商过程,并就最终方案与当事人意思的偏差给出理由。

在法典作出规定后,司法环节应构建具体规则,为再交涉义务功能实现提供保障。

(一)诉前阶段:附加裁判条件[3]

1. 当事人义务。情势变更原则中规定再交涉义务的立法例最早见于 1994 年 PICC 第 6. 2. 3 条(艰难情形的效果)。依据该条的规定,出现艰难情况后,当事人应当先行协商,在合理期限内不能达成协议,任何一方均可向法院提起诉讼。《民法典》第 533 条第 1 款规定:"……受不利影响的当事人可以与对方重新协商;在合理期限内协商不成的,当事人可以请求人民法院或者仲裁机构变更或者解除合同。"尽管法条规定当事人"可以"协商,但结合后文文义,对于向法院提出变更合同请求的一方当事人,起诉前提出或响应协商应为义务而非权利。将再交涉义务定位为诉讼中行使合同变更或解除权利之前,必须要完成的步骤,与 PICC 和《民法典》法条文义相符,亦符合德国、日本的学说及判例观点。[4]

2. 裁判规范。学理上的再交涉义务为手段义务而非结果义务,[5]《民法典》第 533 条亦仅要求义务人起诉前有交涉行为而不要求交涉结果,故法院在审查作为裁判条件的诉前再交涉义务是否履行时,仅对行为是否完成进行审查而不对协商内容及效果作出实质性要求。但不做实质审查不等同于对行为本身没有要求。一个符合促进自主协商目的的诉前协商应至少包含 3 项基本内容:(1)发出或收到协商

---

① 参见[日]加藤雅信等编:《民法学说百年史:日本民法施行 100 年纪念》,牟宪魁等译,商务印书馆 2017 年版,第 608 页。

② 参见吕双全:《情事变更原则法律效果的教义学构造》,载《法学》2019 年第 11 期。

③ 指法院审理并裁判的条件,而非起诉条件或立案条件。

④ 德、日虽法条中虽未规定再协商义务,但学说及判例均肯认再协商行为作为诉讼前置条件。参见刘善华:《日本和德国法上的再交涉义务及对我国合同法的启示》,载《山东大学学报(哲学社会科学版)》2013 年第 6 期。

⑤ See Andreas Nelle, Neuverhandlungspflichtenzur Vertragsanpassung und Vertragsergänzungals Gegenstand von Pflichten und Obliegenheiten, S. 288. 转引自张文婷:《论德国法上情势变更制度以及对中国的借鉴意义》,中国政法大学 2010 年硕士学位论文,第 13 页。

请求;(2)提出明确的协商理由;(3)形式完整的变更方案。当事人就其协商行为提供了相应证据后,即符合了裁判条件。法院不能以诸如请求协商的理由不成立、相对方未回应协商请求、合同调整方案不合理等关乎再交涉义务完成质量的标准,审查裁判条件是否具备。

(二)诉讼阶段:设置协商程序

情势变更原则的适用,是将失衡的利益天平通过调整支点位置而使之恢复平衡的过程。准确确定支点的位置,需建立在充分了解合同基础变化情况、双方利益受影响的程度等真实信息的基础上。

如果充分强调再交涉过程中提供的方案及所作说明的重要性,将其界定为法院确定调整方案的重要依据,则双方当事人向法院提供可行方案及真实信息,从而获取于己有利结果的过程,就成了一场博弈。① 由于诉讼是一个单次博弈,在最终方案的确定上,对方与自己的利益状态必然是相反的,若自己拒绝协商或不提供充分信息,则法院基于对方意见所作调整将会不利于自己。因此,向法院"坦白",即提供合理方案并充分举证,对双方均是占优策略。根据博弈理论,在诉讼中设置专门的协商程序引导协商继续进行,有利于法院获取真实信息,确保变更方案的公平性。协商程序应至少包括以下几个步骤。

1. 初步协商。在开始阶段,法院应向当事人释明变更方案核心要素,同时明确相应待证事实及事实认定将如何影响变更方案,要求一方或双方向法院提交的协商方案必须具备上述内容。无论该当事人在起诉前是否履行了协商义务,均应当在法院要求的时间内提出方案,并认真审查、及时回复。在双方的方案明确后,法院应组织双方就方案进行讨论,固定一致意见并明确争议。

2. 预调整方案开示。初步协商结束后,法院应当结合此前成果,基于公平原则确定第一次调整方案并告知双方。以法院的变更方案作为"靶心",能够提高协商效率。此外,根据法经济学的双边垄断和解模型,当双方对诉讼结果的预期接近时,和解成功的概率将会增加。② 故变更方案开示也是拉近双方诉讼预期、提高调解成功率的手段。

3. 再次协商。对于法院第一次开示的调整方案,双方均有权拒绝,但拒绝的同

① 参见[美]罗伯特·考特、[美]托马斯·尤伦:《法和经济学》,史晋川、董雪兵等译,格致出版社、上海三联出版社、上海人民出版社 2012 年版,第 31 ~ 33 页。

② 参见[美]理查德·波斯纳:《法律的经济分析》(第 2 版),蒋兆康译,法律出版社 2012 年版,第 821 ~ 826 页。

时应提出修改方案并说明理由。法院应组织双方再次进行协商。在此前已进行协商的基础上,法院能够更清楚地掌握双方诉求、争议要素以及对应案件事实。

4. 决定调整方案。若再次协商仍无法达成一致,法院应最终确定变更方案,并以形成判决的方式作出。

(三)裁判阶段:回应协商过程

裁判文书是司法公正的最终载体,在裁判文书中规范、充分说理是保障裁判结果公正性、提高可接受性的重要手段。对于高度依赖自由裁量的情势变更原则,更应当重视裁判文书对审判权规范行使的约束作用,法官需要在裁判中公开合同调整方案的得出过程,并给出依据。在此之外,再交涉义务对裁判文书提出的具体要求有以下两个方面。

1. 记载并评述诉前协商过程。作为裁判条件,当事人是否完成了诉前协商关系到法院是否应当进行实体处理,故应将诉前协商情况作为程序性事实加以查明,并在说理部分首先对是否满足了裁判条件进行评述。

2. 适度公开诉中协商过程和各方调整方案。再交涉义务对自由裁量的约束主要体现于以当事人意思限制司法专横、恣意裁判,因此需要在裁判中适度公开双方提出的调整方案,并将最终确定的调整方案与当事人的方案进行对比,论述最终方案偏离当事人方案的正当性。在此基础上,进一步明确调整结果对双方利益的影响程度,以量化分析的方式对公平原则的表现作出论证。

四、本章观点集成

依据《民法典》第533条情势变更解除合同的,司法实践中如何处理“再交涉义务”?

有观点认为,当事人提起诉讼说明双方协商失败,诉讼过程中不应过多关注“再交涉义务”,否则影响当事人权利的行使,不利于及时解决纠纷。

本书初步意见认为,依据《民法典》第533条的规定,对于向法院提出变更合同请求的一方当事人,起诉前提出或响应协商应为义务而非权利。将再交涉义务定位为诉讼中行使合同变更或解除权利之前必须要完成的步骤,符合立法旨意以及大陆法系主要国家通行的学说及判例观点。

应注意的是,学理上的再交涉义务为手段义务而非结果义务,《民法典》第533条亦仅要求义务人起诉前有交涉行为而不要求交涉结果,故法院在审查作为裁判条件的诉前再交涉义务是否履行时,仅对行为是否完成进行审查而不对协商内容及效果作出实质性要求。协商程序应至少包括:(1)初步协商。无论该当事人在起诉前是否履行了协商义务,均应当在法院要求的时间内提出方案,并认真审查、及时回复。在双方的方案明确后,法院应组织双方就方案进行讨论,固定一致意见并明确争议。(2)预调整方案开示。初步协商结束后,法院应当结合此前成果,基于公平原则确定第一次调整方案并告知双方,变更方案开示也是拉近双方诉讼预期、提高调解成功率的手段。(3)再次协商。对于法院第一次开示的调整方案,双方均有权拒绝,但拒绝的同时应提出修改方案并说明理由。当事人对预调整方案未达成一致意见的,法院应组织双方再次进行协商。在此前已进行协商的基础上,法院能够更清楚地掌握双方诉求、争议要素以及对应案件事实。(4)决定调整方案。若再次协商仍无法达成一致,法院应最终确定变更方案,并以形成判决的方式作出。

第二章　合伙合同中的程序与实体法

《民法典》新增了合伙合同,使之成为典型合同之一。关于合伙债务之清偿,《民法典》区分了内部和外部两种情形加以规定。对内部债务,以《民法典》第 972 条规定之,贯彻合伙人意思自治原则,合伙人有约定的,从约定;没有约定或者约定不明确的,由合伙人协商确定;协商不成,按照合伙人实缴出资比例分配分担;无法确定出资比例的,由合伙人平均分担。对外部债务,则以《民法典》第 973 条规定之,即合伙人对合伙债务承担连带责任,清偿合伙债务超过自己应承担份额的合伙人,有权向其他合伙人追偿。理论界和实务界对合伙合同的对内债务清偿原则普遍认同,鲜有疑问。但对合伙合同的外部债务清偿即连带责任之性质多有分歧。民法理论和立法上将连带责任区分为并行的连带主义和补充的连带主义两种类型,而《民法典》第 973 条没有明定合伙人连带责任的性质,致使《民法典》实施后,关于合伙人连带责任的承担究竟是并行的连带责任还是补充的连带责任产生了疑问,具体案件中该问题的处理也难以有定于一尊的见解。合伙债务清偿责任的性质,直接影响合伙事业的存续,直接决定合伙人如何承担和清偿合伙债务,直接关系债权人的债权能否充分实现,因此,有必要加以研究。

一、合伙合同债务的清偿责任

在合伙制度的立法上,《民法典》采取了二分法的体系:在总则编,明确了非法人组织的民事主体地位,将合伙企业纳入非法人组织的范畴,[①]赋予合伙企业以民事主体的法律地位,同时以专门的合伙企业法规制合伙企业的有关事项。合伙企业应当办理登记,须有属于合伙企业的独立的财产,在合伙企业债务的清偿上,合

① 《民法典》第 102 条第 2 款规定:非法人组织包括个人独资企业、合伙企业、不具有法人资格的专业服务机构等。

伙人承担无限连带责任。[①] 在合同编,设专章,新增合伙合同,使之成为有名合同,结束了合伙合同是无名合同的历史,而对于合伙合同的债务,《民法典》规定合伙人对合伙债务承担连带责任。需要注意的是,无论是合伙企业,还是合伙合同,合伙外部债务的清偿才会产生连带责任的问题。[②] 合伙合同的外部债务,指的是在合伙关系存续期间,合伙作为主体,以全体合伙成员的名义,与合伙外部的第三人发生民事权利义务关系时承担的债务。

合伙债务,是指在合伙关系存续期间,合伙以其全体合伙成员的名义在与第三人发生民事权利义务关系时所形成的债务。[③] 审判实践中,这种债务经常表现为三种形态:一是合伙人为共同事业目的,与第三人签订合同而产生的合同之债;二是合伙人在执行合伙事务过程中侵犯第三人合法权益所产生的侵权之债;三是无正当理由占有第三人财物或者无因管理之债。[④] 合伙的债权人系合伙人以外的自然人、法人或非法人组织。

对于合伙债务之清偿,各国及各地区有关规定达成的共识是不仅要以合伙财产,而且要以合伙人个人财产承担清偿责任,此即合伙债务清偿的无限责任。无限责任的规定,把合伙人个人的财产作为合伙债务清偿的履行担保,扩大了清偿合伙债务的财产范围,这种双重担保的加重责任,有利于债权人债权的充分实现。但是,无限责任的规定,只是较好地解决了合伙人的个人财产对合伙债务承担无限清偿责任的问题,由于合伙人个人财产的有限性,现实生活中会发生合伙人个人财产不足以清偿自己应承担的合伙债务数额的情况,于此情形,其他合伙人是否有义务以个人财产代替该合伙人清偿合伙债务?换言之,合伙人是否有义务以个人财产为其他合伙人所应承担的合伙债务份额承担清偿责任?各国及各地区做法不同,反映到立法上,有分担主义和连带主义两种类型。

分担主义以日本和法国为代表,它是指债权人可将合伙人全体或者一部分作为被告,每一个合伙人仅按其出资比例或损益分配比例对合伙债务承担无限责任。

---

① 《合伙企业法》第 2 条第 2 款规定:普通合伙企业由普通合伙人组成,合伙人对合伙企业债务承担无限连带责任。《合伙企业法》对普通合伙人承担责任的形式有特别规定的,从其规定。该法第 38 条规定:合伙企业对其债务,应先以其全部财产进行清偿。该法第 39 条规定:合伙企业不能清偿到期债务的,合伙人承担无限连带责任。

② 无论是理论研究还是审判实践,多数情况下人们谈及的合伙债务就是指合伙外部债务,本书也是在这一语境下研究合伙合同债务,即合伙合同债务专指合伙合同外部债务。

③ 参见史尚宽:《债法各论》(下),台北,荣泰印书馆股份有限公司 1981 年版,第 691 页。

④ 参见最高人民法院民法典贯彻实施工作领导小组主编:《中华人民共和国民法典合同编理解与适用(四)》,人民法院出版社 2020 年版,第 2753 页。

例如,《日本民法》第675条规定,合伙的债权人,在其债权发生的当时不知道合伙人的损失分担比例时,可以对各个合伙人以相同比例行使其权利。由此条规定可以得知,在日本,合伙人对合伙债务按损益分配比例分担清偿责任。

采取连带主义的国家和地区主要有德国、瑞士、美国及我国的台湾地区,连带主义是指债权人可以将合伙人的全部或者一部分作为被告,请求其清偿全部债务,被诉的合伙人应当予以清偿,不得以有其他合伙人或者按照债务分担比例清偿为抗辩理由。我国《民法典》对合伙合同也采取了连带主义规则。本书认为,连带主义更符合合伙合同的特征,更有利于合伙债权人利益的保护。

分担主义的优点在于:由于合伙债权人为了使自己的债权得以充分实现,须依照法律对全体合伙人提起诉讼,法官可以对合伙债务纠纷一案处理,使每个合伙人无一例外地按照合伙合同约定的份额承担清偿责任,这会使全部责任的承担一步到位,保护了债权人的债权;同时,法官对全体合伙人的债务清偿纠纷一案处理,使每个合伙人均按合伙合同约定的份额承担清偿责任,对其他合伙人所负的债务不承担连带责任,合伙人之间互相没有代位求偿权,这样就不会发生连带责任人之间的代位求偿问题,合伙人间也就不会再提起代位求偿的追偿之诉,从而减少了诉讼程序;另外,分担主义按合伙合同约定的份额承担债务清偿责任,客观上会使合伙人事先把责任份额划分清楚,一定程度上会预防纠纷的发生。

但是,分担主义的缺点也是比较明显的。分担主义要求债权人按合伙人出资比例或损益分配比例向合伙人求偿债权,这无疑是要求债权人承担举证责任,即用证据证明合伙人间的出资比例或损益分配比例,如果债权人不能举证,其将承担败诉的后果。由于各个国家和地区有关规定均不要求合伙人将合伙合同向社会公示,因此,出资比例及损益分配比例作为合伙的内部事项,只有合伙人知道,合伙人以外的债权人很难收集到这些证据,因此,这种举证义务难以履行。由此可见,分担主义的规定加重了债权人的举证责任和败诉的风险,这对债权人的保护十分不利。退一步讲,即使允许债权人在不知道合伙人的出资比例和损益分配比例的情况下,对各个合伙人可以以均等份额求偿债权,由于合伙人出资比例和损益分配比例不相同,有的出资多,有的出资少,采取等额方法求偿,那么,出资份额低于均等份额的债务人,必然会替出资份额高于均等份额的合伙人多承担合伙债务,实际上这是出资少的合伙人替出资多的合伙人承担了连带责任,只不过这种连带责任是在平均份额限度以内承担而已,这与立法上规定分担主义相矛盾。此外,分担主义要求全部合伙人到庭应诉,但现实生活中合伙人中一人或多人不参加诉讼是经常发生的事,一旦有的合伙人不到庭参加诉讼,债权人将无法获得缺席合伙人应承担的债权份额。而连带主义既规定了合伙人的无限责任,又规定了连带责任,无限责任是合伙人以自己的财产为合伙债务提供履行担保,连带责任则是各个合伙人以自己的全部财产为其他合伙人的债务份额提供担保,这种双重担保加重责任,彻底地保护了债权人的债权。与此同时,依据连带主义,在合伙财产不足清偿合伙债务时,债权人可以选择合伙人中的一人或数人甚至全体起诉,要求其偿还债务,而被诉的合伙人不得以尚有其他债务人或有出资比例为由作为不履行全部清偿义务的抗辩,债务人中的一人清偿全部债务,就免除了其他债务人的债务,减少了债权人的诉累,即使债务人中有人无力还债或失踪、躲债藏匿,由于有其他合伙人的个人财产做担保,债权人的债权仍然可以实现。

二、并行连带主义和补充连带主义与合伙合同债务清偿

《民法典》规定了合伙人对合伙债务应当承担连带责任,但是,对合伙财产和合伙人个人财产清偿合伙债务的先后顺序,则没有规定。为了解决这一问题,各国及各地区采取了不同的规则,总体上讲,有并存主义和补充连带主义。

所谓并存主义,就是合伙的债权人可请求就合伙财产进行清偿,也可以选择直接向合伙人请求清偿。① 此时合伙人就个人财产所负的责任,并非补充的债务,亦非有不同的新增债务,而仅有一项债务存在。对于此项债务,合伙财产与合伙人的其他个人财产,同时负责,并且债权人可依其选择,行使其权利。② 采取并存主义的国家,主要有德国和瑞士。③ 例如,《德国民法典》第 427 条规定:"数人因契约对同一可分的给付负有共同责任者,在发生疑问时,作为连带债务人负其责任"。

所谓补充连带主义,就是对合伙债务,债权人应首先要求以合伙财产作为清偿,合伙财产不足清偿时,各个合伙人就不足之额承担连带责任,即合伙人个人对合伙债务仅负补充责任。④

我国立法对合伙制度采取二分法体系,《合伙企业法》第 38 条、第 39 条已经明

① 参见龙卫球主编:《中华人民共和国民法典合同编释义》(下),中国法制出版社 2020 年版,第 1118 页。

② 参见龙卫球主编:《中华人民共和国民法典合同编释义》(下),中国法制出版社 2020 年版,第 1118 页。

③ 参见史尚宽:《债法各论》(下),台北,荣泰印书馆有限公司 1981 年版,第 667 页。

④ 参见郑玉波等编纂:《新编六法参照法令判解全书》,台北,五南图书出版公司 1975 年版,第 161 页。

确规定合伙企业的债务清偿采取补充连带责任，但对《民法典》第973条所规定的连带责任究竟是并存主义还是补充连带主义，存有分歧。一种观点认为，《民法典》第973条所规定的连带责任不同于《合伙企业法》规定的连带责任，是一种并存的连带，理由在于：合伙合同虽有一定的组织性，却是松散型的合伙，并不具有独立的民事主体资格，其财产还是由全体合伙人共有，合伙财产与合伙人的其他财产难以厘清，因此，并不要求对合伙债务先以合伙财产进行清偿，债权人可以直接请求所有合伙人以包括合伙财产在内的所有财产来履行合伙债务。① 另一种观点则主张该条所规定的连带责任属于补充连带主义，理由如下：一是这种解释兼顾了债权人利益保障和合伙人利益保障，在有合伙财产时，首先要求合伙人个人承担责任，对合伙人不公平。二是符合债权人平等主义的要求。合伙的债权人和合伙人的债权人地位平等，合伙合同终止前，合伙人不得请求分割合伙财产，因此，合伙人不能直接以合伙财产来清偿个人债务。合伙的债权人当然也不能要求先以合伙人的个人财产来清偿。三是专门规制商事合伙的《合伙企业法》对此采取了补充连带责任。②

本书认为，将《民法典》第973条解释成补充连带主义更为合理：

1. 合伙合同虽然是一种合同关系，属于契约型合伙，不以成立稳定的组织为必要，无需办理企业登记，但《民法典》承认合伙合同具有特殊性，从合伙财产的角度，规定了独立于合伙人的合伙财产及其构成，③使之与合伙人个人财产相分离。而纵观《民法典》规定的其他合同，均不要求在合同当事人之外再为合同的履行准备专门的财产。这表明有独立的合伙财产是合伙合同成立的必要条件，合伙人不按照合伙合同约定出资的，还需要向其他合伙人承担违约责任。

2. 不同于双务合同，合伙合同属于共同行为，④合伙人订立合伙合同是为了完成共同的事业，如结伴旅游、出资拍摄电影等，为实现共同事业目的，必须有相应的财产用于共同事业的经营，合伙人之间必须出资形成合伙财产，此为《民法典》所明文规定。与合伙企业不同，此种合伙财产不归属于合伙组织，而属于全体合伙人共同共有。共同共有意味着共有人对共有的财产共同享有所有权，这部分财产必须

---

① 参见黄薇主编：《中华人民共和国民法典释义》（中），法律出版社2020年版，第1764页。

② 最高人民法院民法典贯彻实施工作领导小组主编：《中华人民共和国民法典合同编理解与适用（四）》，人民法院出版社2020年版，第2756页。

③ 《民法典》第969条第1款规定：合伙人的出资、因合伙事务依法取得的收益和其他财产，属于合伙财产。

④ 参见最高人民法院民法典贯彻实施工作领导小组主编：《中华人民共和国民法典合同编理解与适用（四）》，人民法院出版社2020年版，第2736页。

区别于合伙人个人的财产，专为经营合伙事业，同时作为合伙合同债务清偿的担保。正如此，《民法典》第969条第2款规定，合伙合同终止前，合伙人不得请求分割合伙财产。这一规定，明确了合伙合同财产与合伙人个人财产的分离性，也意味着尽管合伙合同不是组织体，但合伙财产依然具有独立性，为全体合伙人所共同共有。合伙合同对外所负的债务，是合伙人经营共同事业的结果，是合伙财产所产生的债务，应当首先用合伙财产清偿。否则，《民法典》要求保留合伙财产的正当性将受到质疑。与之相对应，合伙债务的承担责任与个人经营的责任也应当有所区别，只有在合伙财产不足以清偿合伙债务时，各个合伙人对尚未清偿的部分，才承担连带清偿责任，[①]也只有在这种情况下，债权人才有权对合伙人中的任何一人请求全部清偿，如果合伙财产足够清偿合伙债务，债权人只能请求用合伙财产清偿。[②] 不能因为有合伙人个人财产作为合伙财产的清偿保证，就免除合伙财产的偿还责任。

3. 在合伙债务的清偿过程中，并不是所有合伙债务的清偿都会涉及合伙人的个人财产，当合伙债务小于或等于合伙财产的数额时，合伙财产完全可以清偿，无须动用个人财产清偿。在合伙财产足以清偿债务的情况下，如果债权人仅要求合伙人以其个人财产单独承担全部合伙债务，将会发生下列问题。

首先，虽然合伙人个人对合伙债务须以个人全部财产承担无限连带责任，但是，这种责任对合伙债务具有相对性，由于每个合伙人个人财产的数量有限，多数情况下会少于合伙债务，因此，单个合伙人个人财产对合伙债务的担保就具有有限性，如果债权人诉请某合伙人单独承担合伙债务的清偿责任，一旦该合伙人个人财产不足清偿全部合伙债务，就会导致债务履行的迟延。

其次，合伙债务是设有担保的连带之债，连带之债消灭而在合伙人内部转变为按份之债就成了无担保之债，某个合伙人单独履行了给付义务之后只能分别向其他合伙人求偿，而不能要求其他合伙人对他承担连带责任，他能否及时得到补偿取决于许多因素，他的债权远不如合伙的债权人的债权来得可靠，这样有可能发生一系列权利义务关系的争议。[③]

最后，如果合伙人个人财产足够清偿合伙合同债务，将会发生合伙人用个人财产清偿完毕，合伙财产得以保留的情况。例如，王某、李某、张某签订合伙合同，分别出资300万元、400万元和800万元购置重型卡车从事运输业务，经营过程中，发生

---

① 参见刘友：《民法债编通分则实用》，台北，正中书局1975年版，第681页。

② 参见王利明、郭明瑞、方流芳：《民法新论》（上），中国政法大学出版社1988年版，第340页。

③ 参见郑立、王益英主编：《企业法通论》，中国人民大学出版社1993年版，第324页。

交通事故,导致货物损失200万元,货主起诉合伙人王某,要求赔偿。法院判决王某赔偿货主200万元。王某用个人财产赔偿了货主。由于《民法典》规定在合伙合同终止前合伙人不能分割合伙财产,王某无法从合伙财产中获得追偿。实际上会发生合伙人用个人财产优先清偿了合伙合同债务的情况,这与合伙人仅对合伙债务承担连带责任的规定不符。因此,合伙人的连带责任,只是对不足额即亏损承担连带责任,并存主义会导致合伙人对全部合伙债务先于合伙财产承担连带责任,这与合伙是合伙人的共同事业,合伙财产是合伙人共同财产的团体性不符。

4. 补充连带主义同样可以保护债权人的利益。补充连带主义与并存主义,就保护债权人的利益而言,只是债权人求偿次序不同;就债权担保而言,二者的效力和后果完全相同。补充连带主义的规定,强调了合伙事业的团体性,界定了合伙财产与合伙人个人财产的范围,既保护了债权人的债权,又公平合理地解决了合伙人的债务承担,从理论上讲,我国法律规定补充连带主义是符合我国的实际的。将《民法典》的上述规定解释成补充连带主义,不仅有理论依据,而且有行政法规和立法例借鉴。《民法典》颁布前,我国对这类问题的处理,实际上已经采用了补充连带主义,1983年国务院《关于城镇劳动者合作经营的若干规定》第9条规定:“……合作经营组织如有亏损,由合作成员共同负担,并负连带清偿责任。”最高人民法院《关于贯彻执行〈中华人民共和国民法通则〉若干问题的意见(试行)》第47条规定:“全体合伙人对合伙经营的亏损额,对外应当负连带责任……”这里,“亏损”和“亏损额”都是指合作组织或合伙财产总额以外的损失。① 因此,从这些规定不难看出:我国大陆实践中的做法正是先以合伙财产清偿合伙债务,不足部分由合伙人承担连带责任,完全符合补充连带主义的特征。值得一提的是,《合伙企业法》充分考虑到了补充连带主义的优点,明确规定了补充连带主义,该法第38条、第39条规定:“合伙企业对其债务,应先以其全部财产进行清偿,合伙企业财产不足清偿到期债务的,各合伙人应当承担无限连带责任。”对于合伙企业而言,其成立必须签订合伙合同,合伙合同相当于合伙企业的章程,合伙债务清偿责任是其必备条款。在我国大陆合伙制度立法采取二分法体系的情况下,对《民法典》关于合伙合同债务责任采取补充连带主义,保持了合伙企业与合伙合同立法的协调一致,也保证了审判实践中法律适用的统一。否则,合伙企业中的合伙合同对合伙债务的清偿采取补充连带主义,《民法典》中的合伙合同却采取并行主义,势必造成法律体系内部的混乱。

---

① 参见郑立、王益英主编:《企业法通论》,中国人民大学出版社1993年版,第324页。

三、如何确定合伙财产和合伙人个人财产的偿还顺序

值得探讨的问题是:对合伙合同债务清偿采取补充连带主义,在具体案件中如何确定合伙财产和合伙人个人财产的偿还顺序?在合伙企业类案件中,由于合伙企业和合伙人个人都是民事主体和民事诉讼主体,债权人只需以合伙企业为被告起诉即可。从既判力理论讲,以合伙企业之名起诉或被诉,该判决之效力也及于合伙人个人。在合伙成为被告时,胜诉之原告(合伙之债权人),得基于该判决对各合伙人追究个人责任,执行各合伙人之个人财产,而不必另行起诉各合伙人。当然,起诉之初,如果债权人将合伙人列为无独立请求权的第三人,也并无不可。但合伙合同不同,合伙合同是契约型合伙,与合伙企业的最大区别就是合伙人不成立合伙组织体。按照《民法典》第178条第1款的规定:二人以上依法承担连带责任的,权利人有权请求部分或者全部连带责任人承担责任。据此,本书主张,合伙合同债务之清偿,只有合伙人是适格的被告,债权人只能以合伙人的全体或者部分为被告起诉,法院只需判决合伙人承担连带责任即可。判决作出后,在案件执行阶段,先执行合伙财产,对合伙财产按照市价估算后,如果总额少于合伙债务总额,则可以认定合伙财产不足清偿债务,以此作为合伙人承担连带责任的前提条件。对于不足部分,基于补充连带责任的规定,法院可以直接强制执行合伙人的个人财产偿还合伙债务。在未证实合伙财产不足清偿合伙债务前,合伙债权人不得径行诉请合伙人为连带给付。具体案件中,判决主文可作如下表述:(1)合伙人对合伙的债权人以合伙财产清偿债务。(2)合伙财产不足清偿的部分,由合伙人以个人财产承担连带清偿责任。(3)承担合伙债务超过自己应当负担的份额的,合伙人可以向其他合伙人追偿。

四、本章观点集成

1. 合伙人对因合伙事务产生的债务,以合伙人个人财产承担责任时,应按照合伙份额承担责任,还是对全部债务承担连带清偿责任(应采分担主义还是连带主义)?

本书初步意见认为,应采连带主义。尽管采取分担主义,合伙人之间无代位求偿问题,客观上事先使责任份额划分清楚,一定程度能够减少争议和纠纷,但是分担主义要求债权人举证合伙人内部损益分配比例,加重了债权人的举证责任。连带主义以合伙人个人的全部财产为合伙债务提供担保,债权人可以选择合伙人中

的一人或数人进行起诉,减少债权人的诉累,更有利于合伙债权人利益的保护。

2. 对于合伙债务的清偿顺序,债权人应首先请求以合伙财产进行清偿,不足时方能请求以合伙人个人财产清偿,还是既可请求就合伙财产进行清偿,也可直接向合伙人请求清偿(应采并存主义还是补充连带主义)?

有观点认为,《民法典》第 973 条规定的连带责任不同于《合伙企业法》规定的连带责任,是一种并存的连带。合伙合同虽有一定的组织性,却是松散型的合伙,并不具有独立的民事主体资格,其财产还是由全体合伙人共有,合伙财产与合伙人的其他财产难以厘清。因此,并不要求对合伙债务先以合伙财产进行清偿,债权人可以直接请求所有合伙人以包括合伙财产在内的所有财产履行合伙债务。

本书初步意见认为,《民法典》第 973 条规定的连带责任是补充连带责任。其一,此种解释兼顾债权人利益和合伙人利益,存在合伙财产时首先要求合伙人个人承担责任,对合伙人不公平。其二,符合债权人平等主义的要求,合伙的债权人和合伙人的债权人地位平等,合伙合同终止前,合伙人不得请求分割合伙财产,故合伙人不能直接以合伙财产清偿个人债务,合伙的债权人也不能要求先以合伙人个人财产清偿。其三,专门规制商事合伙的《合伙企业法》对此采补充连带责任。

其一,《民法典》规定了独立于合伙人的合伙财产及其构成,使之与合伙人个人财产相分离。《民法典》规定的其他合同,均不要求在合同当事人之外再为合同的履行准备专门的财产。因此,有独立的合伙财产是合伙合同成立的必要条件。其二,合伙财产属于全体合伙人共同共有,该财产专为经营合伙事业,为合伙合同债务清偿担保,故《民法典》第 969 条第 2 款规定,合伙合同终止前,合伙人不得请求分割合伙财产。合伙合同对外所负的债务,是合伙人经营共同事业的结果,是合伙财产所产生的债务,应当首先用合伙财产清偿。否则,《民法典》要求保留合伙财产的正当性将受到质疑。其三,如采并存主义,将产生下列问题:一是,合伙人的个人财产多数情况下少于合伙债务,如债权人诉请某合伙人单独承担清偿责任,在合伙人个人财产不足时会导致债务履行迟延。二是,某个合伙人单独履行了给付义务之后只能分别向其他合伙人求偿,能否及时得到补偿取决于多种因素,可能产生一系列权利义务关系的争议。三是,如果合伙人个人财产足够清偿合伙合同债务,将会发生合伙人用个人财产清偿完毕,合伙财产得以保留的情况。其四,补充连带主义与并存主义,就保护债权人的利益而言,只是债权人求偿次序不同;就债权担保而言,二者的效力和后果完全相同。补充连带主义既保护了债权人的债权,又公平合理地解决了合伙人的债务承担。

3. 如对合伙合同债务清偿采取补充连带主义，在具体案件中如何确定合伙财产和合伙人个人财产的偿还顺序？

本书初步意见认为，对于合伙合同债务之清偿，债权人只能以合伙人的全体或者部分为被告起诉，法院只需判决合伙人承担连带责任。在案件执行阶段，先执行合伙财产，对合伙财产按照市价估算后，如果总额少于合伙债务总额，则可认定合伙财产不足清偿债务，不足部分法院可直接强制执行合伙人的个人财产偿还合伙债务。在未证实合伙财产不足清偿合伙债务前，债权人不得径行诉请合伙人为连带给付。具体案件中，判决主文可作如下表述：(1) 合伙人对合伙的债权人以合伙财产清偿债务；(2) 合伙财产不足清偿的部分，由合伙人以个人财产承担连带清偿责任；(3) 承担合伙债务超过自己应当负担的份额的，合伙人可以向其他合伙人追偿。

第三章　不当得利

近年来,在人民法院受理的案件中,当事人之间发生的是合同关系,但最终却以不当得利案由诉至法院的案件明显增多。这在民间借贷、租赁合同、买卖合同、房屋拆迁补偿合同、委托合同、建筑施工合同、股权转让合同、合作开发合同、劳动争议案件中均有体现,在民间借贷纠纷中表现得尤为突出。① 审判实践中,合同纠纷向不当得利纠纷转化的现象日趋明显已经是不争的事实,在一些极端的案件中,不当得利已经成为当事人获取不当利益甚至诉讼欺诈的工具。合同与不当得利的关联已经成为诉讼实务中一个十分值得关注的问题。

众所周知,不当得利与合同、无因管理、侵权行为等均为债的发生原因,②相比于调整合同之债的《民法典》合同编的517个条文、调整侵权行为之债的《民法典》侵权责任编的97个条文,我国《民法典》共计用5个条文规定了不当得利之债。③由于立法的简略和对不当得利法研究的滞后,在审判实践中出现了对不当得利法的曲解与滥用。④《民法典》总则编对不当得利制度规定的有限性和不完备性,致使实践中对此类案件的处理争议颇大,法官仁者见仁、智者见智的处理,为裁判尺度不统一留下了伏笔,导致了类似案件不同处理的发生。不当得利概念是两大法系经过判例学说的长期发展而形成的一个概念,⑤全国法院积累的数以万计的案例及

---

① 这一现象在审判实践中被称为民间借贷转诉不当得利。这一问题也引起了学者的关注,有关问题的研究请参见李浩:《不当得利与民间借贷的交集:诉讼实务中一个值得关注的问题》,载《清华法学》2015年第1期;吴泽勇:《先诉民间借贷再诉不当得利案件的程序法问题》,载《法律适用》2018年第21期。

② 参见王泽鉴:《不当得利》,北京大学出版社2009年版,第4页。

③ 《民法典》第122条和《民法通则》第92条都规定了不当得利制度,但两者都是仅用一个条文规定了不当得利制度。《民法典》除了第122条规定了不当得利外,还在合同编准合同部分用4个条文规定了不当得利制度,虽然不当得利制度的规定进一步完善,但法律规定的有限性仍然存在,正是由于法律规定的有限性,为具体案件的处理留下了法律解释和适用的空间。

④ 参见刘言浩:《不当得利法的形成与展开》,法律出版社2013年版,第2页。

⑤ 参见王利明:《债法总则研究》,中国人民大学出版社2015年版,第381页。

法官于判决中阐述的见解，使不当得利法则成为真正的活法。

一、合同纠纷中涉不当得利问题的类型化

概括起来，合同纠纷中的涉不当得利问题主要有以下几种类型。①

（一）基于同一事实和证据，先提起合同之诉，法院驳回后再以不当得利起诉

案例1：陆某与周某不当得利纠纷案②

周某向一审法院起诉，请求判令陆某返还150万元款项及利息。一审法院查明：2011年6月1日，陆某作为收款人给周某出具收条一张，载明今收到周某人民币壹佰伍拾万元整。周某主张陆某取得该笔钱无法律依据，属于不当得利。陆某称，现有证据仅能证明陆某收到钱，但不能证明收款无合法根据，这些钱是周某归还陆某的借款，所以陆某出具收条，因周某已还钱，现借据已销毁。陆某未就周某偿还的哪笔借款作出合理解释，也未举证证明。

周某就该150万元曾以民间借贷纠纷为由在一审法院审理的（2014）朝民初字第25877号民事案件中主张过，但生效判决认为在陆某否认该款项系借款的情况下，周某提交的证据不足以证明上述款项系陆某从周某处取得的借款，故周某以民间借贷关系为由要求陆某偿还上述款项不予支持。

本案中，一审法院认为，周某已举证证明其向陆某给付了150万元。陆某辩称该款项系周某向其偿还的借款，但未就该主张作出合理解释，也未举证证明，故判决陆某返还周某150万元及利息。陆某上诉后，二审法院认为周某以不当得利为由主张陆某返还该款及利息的请求应予支持。故判决驳回上诉，维持原判。

（二）基于同一事实和证据，先提起不当得利之诉，法院驳回后再以合同之诉起诉

案例2：乐某与王某不当得利纠纷案③

乐某与王某系恋爱关系。因王某需要钱装修房屋，乐某通过银行转账方式向

---

① 本章所考察的案例来源于中国裁判文书网上公布的最高人民法院，全国各高级人民法院，北京市第一、第二、第三中级人民法院的案例，起止日期为2016年1月至2019年1月。由于《民法总则》于2017年10月1日起施行，故所援引的案例中关于不当得利的裁判依据有的是《民法通则》第92条，有的则是《民法典》第122条。

② 参见北京市朝阳区人民法院（2017）京0105民初78250号民事判决书，一审判决作出后，陆某提出上诉，二审法院驳回上诉，维持了原判。此种现象，审判实践中比较常见，类似案件还可上诉人北京远方国际拍卖有限公司与被上诉人湖北华工生化工程有限公司不当得利纠纷案，参见北京市第二中级人民法院（2016）京03民终247号民事判决书。

③ 参见北京市第二中级人民法院（2016）京02民终2735号民事裁定书。

其支付15万元，应王某要求为其购买了Burberry牌大衣一件和Fendi牌包一个，后双方分手。现乐某提起不当得利之诉，要求王某返还借款、大衣及包。

一审法院认为，乐某主张因双方存在恋爱关系准备结婚而向王某支付装修款，并购买大衣和包，王某称乐某说要结婚坚持给的装修款，恋爱期间乐某主动赠与了衣服和包，由此可见，王某并非没有合法依据占有上述财物，不符合不当得利法律关系的构成要件。经法院释明，乐某坚持以不当得利的法律关系起诉，缺乏法律依据，故裁定驳回乐某的起诉。乐某上诉，二审法院驳回上诉，维持原裁定。

案件裁决后，乐某向法院提起赠与合同纠纷诉讼，要求王某返还装修款、大衣和包。法院认为，乐某支付王某的装修款，是乐某为双方能够确立婚姻关系而支出的费用，该财产的性质应认定为彩礼，现双方已解除恋爱关系，王某应返还该笔费用；对乐某要求返还大衣和包的诉讼请求，恋爱男女间互赠礼物实属正常，上述物品不应认定彩礼性质，对其该部分诉讼请求，不予支持。

（三）当事人提起不当得利之诉，法院认为存在合同关系，驳回当事人的起诉

案例3：江西新房传媒有限公司与新华网股份有限公司不当得利纠纷案①

江西新房传媒有限公司以不当得利案由向一审法院起诉，请求判令新华网股份有限公司返还代理费30万元及利息。一审法院认为：根据双方的陈述，江西新房传媒有限公司与新华网股份有限公司确就新华网江西频道广告代理事宜进行过洽商，江西新房传媒有限公司提交的付款凭单上亦载明该笔30万元款项为代理费。故江西新房传媒有限公司与新华网股份有限公司之间不构成不当得利的法律关系。经一审法院释明，江西新房传媒有限公司坚持以不当得利提起本案诉讼，故其起诉不符合起诉条件。一审法院裁定：驳回江西新房传媒有限公司的起诉。江西新房传媒有限公司上诉，请求撤销一审裁定，指令一审法院继续审理。理由如下：2015年上半年，新华网股份有限公司邀请江西新房传媒有限公司代理其新华网江西频道的广告发布事宜，在双方未就广告代理合同主要条款进行协商的情况下，新华网股份有限公司工作人员要求江西新房传媒有限公司预付30万元帮助他们冲年度任务，并承诺若最终达成广告代理协议，该笔钱作为预付的广告代理费；若未能达成广告代理协议，该笔钱全额退还。江西新房传媒有限公司向新华网股份有限公司转款30万元。后来双方未签订广告代理协议。江西新房传媒有限公司与新华网股份有限公司不构成合同法律关系，新华网股份有限公司提交的证据均为单方制作，

① 参见北京市第二中级人民法院（2017）京02民终12007号民事裁定书。

没有江西新房传媒有限公司签章。双方未就广告版面、数量、期限等事项协商一致，且未签订书面或口头协议，双方之间的合同关系未成立。一审裁定存在错误，应当撤销。

二审法院认为：江西新房传媒有限公司与新华网股份有限公司确就新华网江西频道广告代理事宜进行过协商，江西新房传媒有限公司提交的付款凭单上摘要一栏亦载明该笔30万元款项为代理费。江西新房传媒有限公司与新华网股份有限公司之间不构成不当得利的法律关系。二审法院裁定驳回上诉，维持原裁定。

（四）合同尚在履行期间，当事人提起不当得利之诉寻求违反合同的救济

案例4：甘肃致和房地产开发有限公司与甘肃红旗建设工程集团有限公司、甘肃红旗建设工程集团有限公司第四工程公司不当得利纠纷案①

甘肃致和房地产开发有限公司（以下简称致和公司）向一审法院起诉，请求判令二被告归还不当得利及利息。

一审法院认定事实如下：2011年6月12日，致和公司与甘肃红旗建设工程集团有限公司（以下简称红旗公司）签订《建设工程施工合同》。合同约定：由红旗公司承包宜和小区一期（1#住宅楼、2#住宅楼、二层商铺及车库）的土建、安装工程。竣工日期为2013年7月5日。合同价款采用固定价格，即每平方米1920元造价包干，合同总价款为10,560万元。双方在合同第23.3条约定，“结算时按实际建筑面积调整合同价款……”2011年12月18日，致和公司与甘肃红旗建设工程集团有限公司第四工程公司（以下简称红旗公司第四工程公司）签订《“宜和小区”一期工程建设工程施工合同补充协议》（以下简称《补充协议》），约定变更造价包干的费用为每平方米1970元，并以此支付工程进度款。2012年6月6日，由致和公司和红旗公司第四工程公司签订《“宜和小区”1#楼工程款及前期保证金抵房协议》（以下简称《抵房协议》），约定以1#楼住宅房屋抵保证金和工程款。根据该协议，1#楼1单元33层房屋、32层房屋和31层除A户型（102.01平方米）外的其余房屋，2单元4～15层房屋、21～33层房屋，抵顶工程款及保证金共计4380万元。该协议第6条约定：1#楼2单元18层～20层归红旗公司第四工程公司所有。双方当事人已将《抵房协议》履行完毕，但至今未就涉案工程进行结算。一审法院认为，不当得利请求权的行使，应符合《民法通则》第92条的规定。原、被告之间因建设“宜和小区1#”楼工程而产生权利义务关系，形成建设工程施工合同关系。原告依据与被告签

① 参见甘肃省高级人民法院（2017）甘民终192号民事判决书。

订的《建设工程施工合同》《补充协议》《抵房协议》要求被告返还原告主张的超付工程款，但《抵房协议》形成于房屋建设过程中并已履行完毕，并非双方当事人对涉案工程款的最终结算，且原告不能举证证明被告已收到了关于宜和花园1#楼竣工结算的意见以及宜和花园1#楼工程竣工结算书，故双方当事人未就宜和花园1#楼工程进行结算，现原告要求被告返还多给付的工程款证据不足。判决驳回原告致和公司的诉讼请求。致和公司上诉，请求二审法院依法改判二被上诉人归还不当得利。

二审法院组织当事人进行了证据交换和质证，致和公司提交如下证据：证据1. 付款凭证，证明致和公司截至2012年已经向红旗公司和红旗公司第四工程公司支付了工程款12,046,648.12元。证据2. 工程质量竣工验收记录一份，证明涉案工程红旗公司和红旗公司第四工程公司完成的涉案面积为35,096.84m^2，根据完成的面积可以认定致和公司超付的事实。红旗公司和红旗公司第四工程公司质证认为：证据1不是新证据，致和公司所付现金和钢材款其中有一部分是钢材款。现金和钢材款具体多少庭审后核对，致和公司支付的现金和钢材款是1100多万元，并不是1200多万元。对证据2真实性认可，证明目的不认可，认为只能反映出房屋的面积，反映不出房屋的价格。

二审法院认定如下：2011年6月12日，致和公司与红旗公司签订《建设工程施工合同》并在涉案工程1#住宅楼建设过程中，致和公司作为甲方，红旗公司第四工程公司作为乙方，于2012年6月6日签订《"宜和小区"1#楼工程款及前期保证金抵房协议》，约定：(1)乙方前期支付给甲方的工程保证金380万元(其中80万元为甲方承担的银行贷款利息)，由甲方以1#楼住宅房屋抵给乙方，作为归还乙方前期工程保证金的款项；抵账房单价按2800元/m^2计算；抵房面积为3,800,000元÷2800元/m^2 = 1357.14m^2；抵账房划分为1单元33层、32层和31层除A户型(102.01m^2)外其余按房屋面积多退少补。(2)2012年约完成工作量的工程款51,000,000元，甲方支付乙方工程款约11,000,000元，剩余工程进度款由甲方以1#楼住宅房屋抵给乙方作为建设工程款，抵账房单价按4000元/m^2计算，工程款抵房面积12,898m^2，由甲方1#楼2单元4～15层和21～33层抵给乙方，由乙方自行解决。总工程款剩余2013年完成工程量按原合同约定执行。(3)原《建设工程施工合同》的其他协议内容不便继续履行。(4)甲方抵给乙方的抵账房，如甲方筹到工程款时，甲方可按原抵账房单价4000元/m^2回购部分房屋。(5)1#楼2单元18层、19层、20层归乙方所有。该协议签订后，被上诉人继续施工完成1#住宅楼工程，致和公司给付工程款共计 12,046,648.12 元。2013 年 8 月底，涉案已完工工程除抵顶工程保证金、工程款房屋、被上诉人自建部分房屋外，予以交付。2013 年 12 月 16 日涉案工程经过竣工质量验收，双方至今未进行结算。一审法院查明的其他事实二审法院予以确认。

另查明，红旗公司第四工程公司系红旗公司分支机构，未领取营业执照。

二审法院认为，案件二审争议的焦点为上诉人是否超付工程款。致和公司与红旗公司第四工程公司签订《补充协议》约定，变更造价包干的费用为每平方米 1970 元，故涉案工程以每平方米 1970 元计算。根据单位(子单位)工程质量竣工验收记录，红旗公司建成宜和花园 1#楼工程建筑总面积为 35,096.84m^2，扣除红旗公司自认的自建 34 层建筑面积 1050m^2，红旗公司完成的建筑面积为 34,046.84m^2，工程结算总造价应为:67,072,274.8 元(1970 元/m^2 ×34,046.84m^2)。致和公司已付工程款 12,046,648.12 元，《抵房协议》第 6 条约定:"1#楼 2 单元 18、19、20 层归乙方所有。"但未约定抵顶房屋的价款，因《抵房协议》第 2 条约定以 1#楼住宅房屋抵账欠付的工程款，对欠付工程款，应按照《抵房协议》第 2 条约定抵账房单价 4000 元/m^2 计算，根据红旗公司在一审答辩状对 1#楼 2 单元 18、19、20 层面积计算为 1400 平方米的自认，1#楼 2 单元 18、19、20 层价款计算为 560 万元。致和公司共支付红旗公司的工程款为 69,238,648.12 元(12,046,648.12 元 +51,592,000 元 +5,600,000 元)。据上，致和公司超额支付工程款应为 2,166,373.32 元。

综上所述，致和公司上诉请求成立。二审法院判决:(1)撤销甘肃省兰州市中级人民法院(2016)甘 01 民初 588 号民事判决;(2)甘肃红旗建设工程集团有限公司于本判决生效之日起 15 日内返还甘肃致和房地产开发有限公司超额给付工程款 2,166,373.32 元及相关利息。

(五)合同解除后，当事人提起不当得利诉讼解决合同解除事宜

案例 5:关某与王某不当得利纠纷案①

关某向一审法院起诉，请求判令王某返还关某 8000 元并支付利息。

一审法院查明:2016 年 10 月 26 日，关某、王某双方签订《房屋买卖协议》，后因关某违约双方解除该合同。同年 11 月 3 日，关某账户通过 ATM 机向王某账户分两次分别转账 22,000 元及 8000 元。关某主张 22,000 元系其给付王某的解除合同赔偿金，8000 元系王某擅自转账，构成不当得利。王某主张该 8000 元亦系解除合同

① 参见北京市第三中级人民法院(2017)京 03 民终 14560 号民事裁定书。

赔偿金。根据双方诉辩意见，双方系因解除《房屋买卖协议》后对关某应给付王某的赔偿款数额产生争议，因此本案的法律关系仍应为房屋买卖合同的法律关系，而非不当得利。经法院释明，关某坚持以不当得利起诉，不变更法律关系，一审法院裁定驳回关某的起诉。

二审法院经审查认为：对于涉诉的8000元，关某和王某表述各异，且关某曾以民间借贷为由起诉过王某，然其对于借条中王某签字的真实性难以确认。因关某和王某之间曾就房屋买卖签署过协议，涉诉款项的争议亦是由于上述协议解除后如何确定赔偿数目产生，故其基础法律关系依然是房屋买卖，并非不当得利。故一审法院裁定驳回关某的起诉并无不当。二审法院裁定驳回上诉，维持原裁定。

（六）合同未成立，提起不当得利之诉请求返还已交付的预付款

案例6：北京昊天文文化有限公司与北京般若企业策划股份有限公司不当得利纠纷案①

北京般若企业策划股份有限公司（以下简称般若公司）起诉，请求北京昊天文文化有限公司（以下简称昊天文公司）返还般若公司5万元及利息。

一审法院认为，般若公司于2017年1月22日将5万元转账给昊天文公司，但昊天文公司就收取该款存在合同依据或是确实提供了劳务，均未提交证据予以证明，故昊天文公司理应返还不当利益。故依照《民法总则》第122条、《民事诉讼法》第64条之规定判决：北京昊天文公司于判决生效之日起7日内返还般若公司50,000元。

昊天文公司提起上诉，请求撤销一审判决，发回重审。主要事实和理由如下：(1)昊天文公司与般若公司通过项目负责人微信沟通，2017年1月10日确定了宝马年会服务的合同内容，双方对合作的内容、合同金额、支付方式以及违约责任均作出了明确的约定。且昊天文公司将已盖章的《宝马年会服务合同》递交般若公司，双方还对宝马年会上海活动配置进行了商议和确定。因此双方系合同关系，汇款是基于合同约定的“先付50%的合同款”。(2)昊天文公司为宝马年会派出员工进行了为期一个半月的工作，并多次进驻般若公司工作。般若公司与昊天文公司签订合同后，双方已开始履行合同义务，般若公司与其他公司签约进行了宝马年会活动，未通知昊天文公司，应当承担合同违约责任和赔偿责任。

二审法院认为，昊天文公司主张其与般若公司已就宝马PC大会的会务事宜成

① 参见北京市第三中级人民法院(2018)京03民终1958号民事裁定书。

立合同。但据查明的事实,般若公司与昊天文公司并未签订书面合同。而根据昊天文公司提交的微信记录及邮件往来,也仅能显示双方就合同事宜进行磋商、沟通,以及昊天文公司发出要约,一直催促般若公司签订合同的情节,并未能体现双方就合作的具体内容、合同金额、支付方式以及违约责任等合同主要条款已经达成一致及般若公司做出承诺的意思表示,据此,法院认定双方之间的合同并未成立。在此情况下,般若公司向昊天文公司转账的5万元缺乏合同依据,昊天文公司取得该5万元利益已无法律上的原因,构成不当得利。二审法院判决驳回上诉,维持原判。

(七)合同效力变化后,提起不当得利诉讼解决效力变化后的事宜

案例7:郭某与盐亭县富驿镇宝山社区居民委员会、盐亭县富驿汽车运输有限责任公司不当得利纠纷案①

郭某原审起诉,请求判令盐亭县富驿镇宝山社区居民委员会(以下简称宝山社区居委会)和盐亭县富驿汽车运输有限责任公司(以下简称富驿运输公司)返还其各种投入及利息5,046,236.98元。

2000年,原盐亭县集镇村村民委员会(2004年5月27日更名为宝山社区居委会)以121万元价款竞买取得盐亭县丝绸公司富驿蚕茧站房地产,后在原蚕茧站基础上建成客运站,2003年8月5日成立盐亭县汽车客运公司,营业期限至2004年5月11日。注册资本50万元,其中盐亭县集镇村村民委员会出资48万元,出资方式为土地使用权及构筑物,占注册资本的96%,郭某出资1万元,占注册资本2%,陶某、张某各出资5000元,占注册资本1%。陶某、张某并未实际出资,其出资由集体支付。郭某任公司董事长兼总经理(时任盐亭县集镇村村委会支部书记),陶某、张某及村民王某为监事会成员。盐亭县集镇村村民委员会未向公司办理土地过户手续,但土地一直由公司使用。

富驿运输公司的工商登记材料中一份2006年3月30日以盐亭县集镇村村民委员会名义与郭某、陶某、张某签订的《股权转让协议》载明:盐亭县集镇村村民委员会、郭某、陶某、张某召开股东会,会议一致通过将盐亭县集镇村村民委员会原在公司投入的股权48万元,占总股本的96%全部转让给股东郭某。该协议加盖了盐亭县集镇村村民委员会公章,另有郭某、陶某、张某个人签名,但没有当时村主任顾某签名。村主任顾某称根本不知晓股权转让一事,并称2004年已将盐亭县集镇村村民委员会公章交给民政办。

① 参见四川省高级人民法院(2016)川民终1084号民事判决书。

2006年4月20日,郭某以公司账户在盐亭县农村信用合作社缴存48万元现金作为注册资本。同年4月13日郭某向县工商局提出变更登记申请,变更后郭某享有股权98%,盐亭县集镇村村民委员会不再享有股权,陶某、张某股权未发生变化。同年4月21日,盐亭县工商局向富驿运输公司颁发了新的企业法人经营执照,郭某为公司董事长。2007年1月18日富驿运输公司向盐亭县国土资源局申请办理盐亭县客运站的土地使用权。2008年12月1日郭某缴纳171,226元土地出让金,富驿运输公司取得该土地使用权。

2012年4月18日宝山社区居委会以郭某为被告,陶某、张某为第三人诉至盐亭县人民法院,认为股权转让未经宝山社区居民会议讨论,宝山社区居委会对转让不知情,请求确认2006年3月30日的股权转让协议无效,郭某将96%的股权返还给宝山社区居委会。盐亭县人民法院判决支持了宝山社区居委会的诉讼请求。宝山社区居委会于2013年3月11日接管富驿运输公司,8月1日办理了股权变更登记并取得新的营业执照,宝山社区居委会主任漆某为公司法定代表人,宝山社区居委会所占股权为98%,郭某所占股权为2%。

案件审理过程中,郭某明确其主张的法律关系为不当得利,并申请就其个人2000年至2012年期间对富驿运输公司的各项投入以及富驿运输公司成立至2012年底的财务亏损额度进行鉴定。经原审法院委托,四川瑞峰会计师事务所有限公司作出川瑞会审[2014]026号鉴定报告。

原审法院认为,富驿运输公司成立后,郭某任该公司董事长,实际经营管理该公司,但其经营活动未以公司名义进行,资金往来未通过公司账户……公司财产和郭某个人财产混同,造成公司有名无实,其经营活动违反公司法和会计法的相关规定。现郭某主张宝山社区居委会和富驿运输公司返还其个人在经营富驿运输公司期间对公司的投入……由于鉴定资料缺乏真实性、完整性,据此作出的鉴定结论明显依据不足……该鉴定结论不足以采信。郭某主张的诉讼请求,未能提供充分证据证实,不予支持。故法院判决驳回原告郭某的诉讼请求。

郭某上诉,请求撤销原判,判令被上诉人返还上诉人对富驿运输公司的投入及资金利息。

二审法院认为,此案系双方当事人因股权转让无效而引发的纠纷。《民法典》第157条规定:“民事法律行为无效、被撤销或者确定不发生效力后,行为人因该行为取得的财产,应当予以返还;不能返还或者没有必要返还的,应当折价补偿。……”郭某诉求返还其对富驿运输公司的投入,并申请就其个人2000年至2012年对富驿运输公司的各项投入以及富驿运输公司成立至2012年底的财务亏损额度进行鉴定。经原审法院委托,四川瑞峰会计师事务所有限公司作出鉴定报告。依据该鉴定报告意见:……表明郭某经营期间没有依法建立公司的财会制度,公司财会资料不完整、会计记账不规范,原始记账凭证自制收据、白条列支相当普遍,经营收支不能全面反映企业经营真实情况,公司法人财产与其个人财产混同。……郭某应承担举证不能的后果。原判认定事实清楚,适用法律正确,故判决驳回上诉,维持原判。

二、案例反映问题之评述

对于上述案例,均围绕合同与不当得利展开,主要涉及以下问题。

(一)不当得利返还请求权与合同请求权的关系

案例一和案例二揭示了这一问题,即就同一事实和证据,原告先提起一个诉讼,获得一个裁判结果,再以这个结果为基础进行下一个诉讼,分别提起了先后两次性质不同的诉讼。案例一中,周某与陆某均认可发生了150万元的债务,但双方各执一词。周某主张150万元系其借给陆某的,陆某则主张该款系周某偿还给陆某的欠款。由于双方除了150万元的往来账目外,再无其他证据佐证,周某先是以民间借贷纠纷起诉陆某,法院判决否定了民间借贷关系。周某第二次起诉,将案由更换为不当得利并获得了胜诉判决。案例二则正好相反,乐某基于同样的事实和证据,先以不当得利提起诉讼,法院经过审理认为其法律关系选择不当,驳回其起诉,乐某以赠与合同案由提起诉讼,获得了胜诉判决。在案件事实没有任何变化的情形下,选择不同的案由,获得的判决结果不同,再次证明了请求权选择的重要性。根据民法理论,证据所证明的案件事实,对应的是权利义务关系,权利义务关系要通过请求权的行使来实现。因此,在纠纷的解决上,必须确定请求权是个什么性质的法律关系,法律关系确定后,才能寻找裁判基于这个请求权发生的民事纠纷案件的法律规则,也就是将确定了法律关系性质的请求权"归入""涵摄"到民法对该民事法律关系所规定的法律规范,①即俗称的"找法"。除非在请求权聚合、重合或者竞合的情况下,案件事实所对应的请求权是唯一的,所适用的法律规则也是与请求权对应的,合同请求权所对应的是合同法律规则,不当得利所对应的是不当得利法律规则。案例一和案例二的原告却基于同一事实和证据,分别选择了不同的请求权

---

① 参见杨立新:《民事裁判方法》,法律出版社2010年版,第112页。

起诉了两次，由此所要讨论的是，无论在案例一还是案例二中，是否同时存在合同请求权和不当得利返还请求权？如果同时存在，合同请求权和不当得利返还请求权是什么关系？

（二）在合同合法有效的情况下，当事人能否提起不当得利之诉

此即所谓的本诉与另诉的关系，即法院在案件审理过程中，认为当事人起诉的法律关系与案件的真实法律关系冲突，需要以真实法律关系处理的情形。案例三中，当事人之间唯一的书面证据就是江西新房传媒有限公司提交的付款凭单，该凭单上摘要一栏载明 30 万元款项为代理费。原告认为其与被告之间没有代理合同关系，故被告收取 30 万元没有法律和合同依据，构成不当得利。法院则认为凭单记载的内容足以证明双方之间存在合同关系，其应当提起合同之诉，在合同之诉中查明合同关系是否成立并按照合同纠纷处理。在终审裁定已经明确双方之间存在合同关系的情况下，原告如果想要回 30 万元，只能依照法院的判决，再次提起合同之诉。由此引申的问题是，在合同关系合法有效存在的情况下，原告能否提起不当得利之诉？

（三）不当得利之诉中能否审理合同约定的内容

此问题实际是不当得利返还请求权与合同请求权关系问题的延伸。案例四中，基于合同约定，致和公司履行了支付工程款的义务，但其向红旗公司多支付了工程款 2,166,373.32 元。对于多支付的工程款，致和公司没有提起合同之诉，而是提起不当得利之诉。诉讼中，红旗公司抗辩该案系建设工程施工合同纠纷，并非不当得利纠纷，潜在的意思就是该案应当按照建设工程施工合同纠纷处理。一审、二审法院均认定截至二审判决作出前，双方当事人尚未对涉案工程进行结算。这意味着双方当事人的合同尚在履行期间。一审、二审法院的分歧在于：一审法院认为致和公司没有举证证明双方已经依照合同约定进行了结算，没有结算，是否多支付了工程款则是未知数，也就难谓不当得利，判决驳回其诉讼请求。二审法院则通过审理主持双方进行了结算，经过结算得出致和公司多支付了工程款的结论，改判支持致和公司不当得利返还的诉讼请求。一审法官对该案的处理思路是：双方当事人应当依据合同进行结算并认定原告是否多支付了工程款，在不当得利诉讼中，无法审理合同项下的工程款问题。而二审法官的审理思路则是对当事人双方签订的合同进行审理后，确定了原告多付的工程款，进而按照不当得利的诉讼请求进行了判决。易言之，在不当得利之诉中，法官审理了合同法律关系。由此引发的问题是，法官能否在不当得利诉讼中审理合同关系？如何界定合同之诉与不当得利之诉审

理的范围?

(四)合同解除后,就合同中的争议,能否提起不当得利之诉

案例五中,双方当事人之间发生过房屋买卖合同关系,合同解除后,双方因为赔偿问题发生纠纷,纠纷集中在8000元人民币的性质上。原告认为被告获得该笔款项构成不当得利并以不当得利案由起诉,被告认为该笔款项系解除合同后的赔偿。法院认为该款系基于房屋买卖合同解除而产生,应当在合同纠纷中解决,驳回了原告的不当得利诉讼请求。所要探讨的是,合同解除后,后续事宜的解决,是按照合同之诉,还是按照不当得利诉讼?

(五)当事人能否提起不当得利之诉解决合同未成立所引发的纠纷

案例六中,结合双方当事人的业务往来及相关材料,可以认定双方当事人就合同的订立进行了磋商,但最终合同没有成立,在磋商过程中,般若公司向昊天文公司账户打款5万元,该款项具有合同预付款的性质,既然合同没有成立,般若公司可否以昊天文公司占有该款没有合同和法律依据为由,要求其返还?

(六)合同效力变化后,法院判令返还财产的法律依据是什么

合同效力变化即合同无效或被撤销后,当事人就合同无效或被撤销前发生的债权债务如何寻求救济?理论界的通说认为当事人可以提起不当得利之诉。案例七系股权转让协议无效后,当事人选择提起不当得利之诉来解决协议无效后的财产处理。但值得思考的是,在该案当事人已经明确其请求权是不当得利的情况下,一、二审法院并没有援引《民法通则》第92条关于不当得利的规定进行处理,而是援引《民法通则》第58条关于无效合同后果的规定处理。按照通常无效合同的处理,当事人往往会在一个诉讼中,一并解决合同效力与财产返还的问题。第一项诉讼请求是主张合同无效,第二项诉讼请求则是要求双方按照《民法典》第157条之规定返还财产。一旦分别起诉,当事人鲜有选择《民法典》第157条起诉的,而是多选择《民法典》第122条起诉。① 但法院并不按照《民法典》第122条审理,而是按照《民法典》第157条处理,那么,《民法典》第157条的性质是否和《民法典》第122条一样,属于不当得利请求权?按照目前的裁判思路,《民法典》第157条是否可以替代《民法典》第122条发生作用?

三、不当得利返还请求权与合同请求权的关系

在民法诸制度中,合同法与不当得利之关系最为密切。在给付不当得利之构

① 在《民法总则》颁布前,当事人选择依据《民法通则》第92条起诉。

成中,法律上之原因多为合同,若合同未成立,被撤销、解除或宣告无效,则不当得利请求权与合同法会发生复杂互动关系。[①] 请求权乃要求特定人为特定行为(作为、不作为)的权利,在权利体系中居于枢纽的地位,任何权利,无论是相对权还是绝对权,为发挥其功能,或恢复不受侵害的圆满状态,均须借助请求权的行使。[②] 请求权因民法规定的基础权利的发生而发生。[③] 不当得利返还请求权与合同请求权之间是什么关系,我国法律、法规未予明定,理论界和实务界存在辅助说与竞合说的争论。[④] 上引案例所揭示的问题,均直接或间接与此问题有关。

世界各国的法律,对此问题的规定也各有不同。法国、意大利采取了辅助说,德国、日本采取了竞合说。辅助说主张不当得利请求权作为一种辅助性的权利,没有独立的地位。不当得利请求权和民法上的其他请求权不发生竞合问题,唯有其他请求权不能行使或者不能得到满足时,才能适用不当得利请求权。[⑤] 按照这种主张,当事人之间存在合同关系,原告不得提起不当得利诉讼。只有当合同请求权不能行使时,当事人方可提起不当得利诉讼。

竞合是指某种法律事实的出现,导致两种或者两种以上的权利产生,并使这些权利之间发生冲突的现象。[⑥] 请求权竞合是指同一权利人对同一义务人就同一标的发生数个请求权的情形。[⑦] 在这种情况下,存在多个但相互独立的请求权,他们在内容上完全相同或者相互重叠。按照竞合说的主张,不当得利返还请求权与合同请求权在具体案件中是竞合关系。

本书认为,在处理不当得利返还请求权与合同请求权的关系时,采用竞合说的观点更为妥当,理由如下。

---

① 参见刘言浩:《不当得利法的形成与展开》,法律出版社 2013 年版,第 410 ~ 411 页。

② 参见王泽鉴:《民法总则》,北京大学出版社 2009 年版,第 101 页。

③ 参见邹海林:《不当得利请求权与其他请求权的竞合》,载《法商研究(中南政法学院学报)》2000 年第 1 期。

④ 竞合说与辅助说是两大主流的观点,除此之外,也有的学者主张对两者的融合或者修正。有关竞合说与融合说的观点请参见王泽鉴:《不当得利》,北京大学出版社 2009 年版,第 211 ~ 217 页;邹海林:《不当得利请求权与其他请求权的竞合》,载《法商研究(中南政法学院学报)》2000 年第 1 期。融合说的观点参见左传卫:《论不当得利返还请求权的定性与体系安排》,载《政治与法律》2011 年第 1 期。修正说的观点参见刘书星:《〈民法典〉不当得利请求权的定位及相关诉讼问题》,载《法律适用》2020 年第 19 期。

⑤ 参见邹海林:《不当得利请求权与其他请求权的竞合》,载《法商研究(中南政法学院学报)》2000 年第 1 期。

⑥ 参见王利明:《论返还不当得利责任与侵权责任的竞合》,载《中国法学》1994 年第 5 期。

⑦ 参见郑玉波:《民法总则》,台北,三民书局 1979 年版,第 51 页。

1. 我国现行法律对不当得利请求权的定位,决定了辅助说不符合立法原意。辅助说主张合同请求权和侵权请求权属于基本的请求权类型,而不当得利请求权则是基于衡平的自然法理念而产生的请求权,其主要功能是弥补上述请求权的不足,不是一项独立的请求权。审判实践中,法官首先要适用实体法,无实体法的情况下才能转向自然法,也就是说,只有在穷尽了其他债权请求权的情况下,才能适用不当得利请求权,如法国最高法院的判决所指出的,不当得利之诉只有在原告无其他诉讼可以利用时方可提起。不当得利尤其不能取代原告因时效、没收、丧失抵押物之回赎权、判决之既判力或其无力举证以及其他法律上的障碍而不能提起的诉讼。[①] 但我国与之不同,《民法典》在民事权利一章将不当得利确定为独立的债的发生原因,[②]其第122条更是以法律的形式确认了不当得利制度,明确了构成要件,这表明不当得利请求权作为独立的请求权具有法律上的明确依据。[③] 在债权法的体系中,不当得利与合同、侵权、无因管理均有其各自成立的基础,各有其发挥作用的独立空间。就我国现行法律制度的设计而言,几者之间不是主从或替代的关系,而是并行的关系,各请求权的发生与否应当分别通过其构成要件加以判断,不应受其他请求权的影响。

2. 我国现行法律没有禁止不当得利返还请求权与合同请求权竞合的规定,在法解释学上应当承认二者可以发生竞合。与之相反的例证是《民法典》第186条明确肯定了违约责任和侵权责任的竞合,表明我国法律在债权请求权体系中,是承认不同请求权之间存在竞合关系的。[④]

3. 采用请求权竞合说处理不当得利案件已经成为审判实践的共识。截至2019年1月,在中国裁判文书网的不当得利案件中,运用请求权竞合说判决的案件共计55,216件,占不当得利案件总数的86%;另有8814件案件采纳辅助说进行了审理,占案件总数的14%。殊值关注的是,在最高人民法院审结的不当得利案件中,有6件的判决也持竞合说的立场。由此可见,请求权竞合说已经成为法院处理相关案

---

① See Dame Massselin v. Decaens, Cass. Civ., 29 April 1971, Gaz. Pal. 1971. 2. 554, D. 1971 Somm. 197. IV. 145.

② 参见《民法典》第118条。

③ 参见王利明:《债法总则研究》,中国人民大学出版社2015年版,第389页。

④ 我国学者在涉及请求权竞合问题时,有使用请求权竞合概念的,有使用责任竞合概念的,责任竞合是从不法行为人(债务人)角度观察而产生的概念,请求权竞合是从受害人(债权人)的角度观察而产生的概念,所以责任竞合与请求权竞合是同一问题的两个不同的方面。参见王利明主编:《民法侵权行为法》,中国人民大学出版社1993年版,第211~234页。从学者的论述和研究上看,他们对这两个概念并没有进行区分,实际上是在同一含义上使用。

件的主流学说。

4. 对不当得利返还请求权和合同请求权采竞合说符合请求权竞合的特征。请求权竞合具有三个特征：一是只发生了一个生活事件；二是这个生活事件符合复数的请求权的构成要件，因而可以支持复数的请求权；三是复数的请求权在目的上重合或者交叉。① 以违法转租为例，租赁合同期满后，承租人继续占有房屋并将其转租给第三人收取租金，承租人收取租金的行为，不仅符合租赁合同违法转租的构成要件，也符合不当得利的构成要件，产生了合同请求权和不当得利返还请求权，并且这两个请求权的内容是相同的。

综上所述，不当得利返还请求权属于独立的请求权，可能与其他请求权竞合，在不当得利返还请求权与合同请求权的关系上，我国应当采用竞合说。

在采用竞合说的前提下，审判实践中，民间借贷合同转不当得利诉讼、违法出租和非法转租等纠纷均可能构成不当得利返还请求权与合同请求权的竞合。

（一）民间借贷合同转不当得利诉讼

民间借贷合同转不当得利诉讼，是指原告为索要汇给被告的款项，先提起一个民间借贷合同纠纷诉讼，要求被告偿还借款和利息，由于前一次诉讼未能实现判令被告偿还款项的目的，原告就同一款项，向被告提起第二次诉讼，再次提起诉讼的理由是被告取得了利益并因此造成原告损失，且被告取得钱款并无法律上的依据，请求判令被告返还因不当得利所得的款项。② 前引案例一即为典型。

在近些年陡增的不当得利案件中，民间借贷合同转诉不当得利的案件占比较大，原因有三。

1. 举证责任的差异性决定了转化的必然性

在具体案件的处理上，民间借贷合同的举证责任要难于不当得利。民间借贷合同是自然人之间的借款合同，属于不要式合同、实践性合同。不要式合同的性质决定了当事人无须签订书面借款合同，实践性合同的性质决定了合同的生效以交付金钱为要件，这两个要素加上民间借贷多发生在熟人之间，决定了原告在出借款项时，很少签订书面借款合同，甚至未向被告索要欠条或借据。当被告欠款不付、原告提起民间借贷合同之诉时，多数情况下无法提交借款合同甚至欠条或者欠据作

---

① 参见段厚省：《请求权竞合要论——兼及对民法方法论的探讨》，中国法制出版社 2013 年版，第 80 页。

② 参见李浩：《不当得利与民间借贷的交集：诉讼实务中一个值得关注的问题》，载《清华法学》2015 年第 1 期。

为证据,进而无法证明与被告之间存在借贷关系,在被告否认存在借款关系的情况下,原告常因举证不能而败诉。特别是近年来,为了防止虚假诉讼,有的法官在处理民间借贷纠纷时,不仅要审查当事人欠条、借据的真伪,还要审查欠条、借据背后的基础法律关系,在缺少书面借款合同的情况下,原告欲证明借款法律关系的存在极为困难,获得胜诉判决更是难上加难。但借款关系是确实存在的,只是没有证据能够证明。在这种情况下,原告为了索要欠款,转而提起不当得利之诉。虽然不当得利之诉要求原告提交证明不当得利构成要件的证据,但由于转账记录、银行卡或存折等凭证确实存在,被告无法否认收到原告支付款项的事实,原告主张被告获利没有法律依据为消极事实,难以证明,应由被告证明其获益"有法律上的依据"。实际上,原告的举证责任低于借款合同纠纷。对于原告而言,先诉借款合同纠纷,再诉不当得利纠纷,既是无奈之举,也是一种诉讼策略。由于被告在先诉的民间借贷合同之诉中否认与原告存在借款关系,在不当得利之诉中被告再抗辩其取得款项有法律依据几乎不可能,客观上前述民间借贷合同纠纷的判决在后诉不当得利纠纷中发挥了意想不到的证明作用,以生效裁判确定了被告"与原告之间不存在借贷合同关系"的抗辩,原本对原告不利的先诉判决在不当得利之诉中帮助原告减轻了举证责任。转诉不当得利的案件中,原告大部分都能胜诉的事实证明,对那些确实与被告之间存在借贷关系的原告来说,再诉不当得利,是出于维护自身权利而做出的无可奈何的选择。而对于承办法官而言,经过法庭审理,对当事人之间是否存在借贷关系内心是有确信的,即绝大多数借贷关系是存在的,只是原告缺少证据证明而已。当客观事实与证据证明的法律事实不一致时,由于目前的证据规则不允许法官基于自由心证作出裁判,因此,尽管法官内心确信存在借贷关系,但也无法作出支持原告的判决。而不当得利制度作为实现衡平功能的手段,主要发挥拾遗补阙的作用,当合同等制度无法发挥作用时,通过不当得利制度恰恰可以调整相关的法律关系。这也成为法院允许当事人再次提起不当得利之诉并判决原告胜诉的重要原因。

2. 构成要件符合数个法律规范的多重性决定了转化的合理性

民间借贷合同请求权的构成要件是在约定的还款期间内借用人没有偿还相等数量的金钱。不当得利请求权的构成要件是获益人获得了不当利益。民间借贷合同请求权和不当得利请求权发生的事实是一个,即一方当事人占有对方的金钱不予偿还,只不过符合了借贷合同的构成要件和不当得利的构成要件,从而产生了两个请求权,且两个请求权的内容相同。上述情况的存在导致实务中民间借贷向不当得利转化成为普遍现象。那么，为什么是民间借贷合同，而不是其他合同向不当得利诉讼的转化？这是由民间借贷合同的特征所决定的。民间借贷合同是不要式合同、实践性合同和单务合同。[①] 不要式合同的特征导致当事人关于借款意思表示一致的合意缺少证明；实践性合同的特征决定了当事人必须交付金钱，以转移其所有权与借用人，合同方能成立；单务合同的性质决定了在合同有效期内，贷与人并不负担其他任何义务，待返还期限届至时，借用人负有返还种类、数量相同的金钱的义务。符合这 3 个特征的民间借贷合同纠纷，很难与不当得利纠纷区分开。本书认为，在合同法规定的众多类型的合同中，具备不要式、实践性和单务 3 个特征的合同，都可能会与不当得利请求权发生竞合。

3. 各请求权目的的相同性决定了转化的正当性

各请求权目的的相同性是指其所能够达到的法律上的效果完全相同。以民间借贷合同转不当得利诉讼为例，债权人可以基于民间借贷合同请求债务人返还作为合同标的物的钱款，也可以基于不当得利要求债务人返还作为不当利益的钱款。这两个请求权的目的，都是使债务人将钱款返还给债权人，但两者之间存在竞争关系，一请求权目的实现，其他请求权的目的即不能实现。由于目的相同，转化也就不难理解了。

事实上，民间借贷转化为不当得利诉讼，并非法律意义上的转化，归根结底，是民间借贷合同与不当得利请求权发生了竞合，当事人为了实现其债权，先行起诉合同纠纷，再行起诉不当得利纠纷，行使两个竞合的请求权来实现自身的合法权益。

（二）非法出租时，委托合同请求权与不当得利返还请求权的竞合

当权利人将自己的房屋委托给受托人管理时，如果受托人违反委托合同的约定，将房屋出租给他人，受托人的行为因违反委托合同构成非法出租。此时受托人违反了委托合同的约定，同时，受托人因非法出租而获得的利益也欠缺法律上的原因，构成不当得利，产生委托合同请求权与不当得利返还请求权的竞合。委托人既可以选择请求受托人承担违约责任，也可以选择请求委托人返还因非法出租而获得的不当得利。

（三）非法转租时，租赁合同请求权与不当得利返还请求权的竞合

在租赁合同存续期间内，承租人未经出租人同意或者违反租赁合同中关于禁

---

① 参见黄立主编：《民法债编各论》（上），中国政法大学出版社 2003 年版，第 358 ~ 360 页。

止转租的约定而将租赁物转租他人,此时,承租人既违反了租赁合同的约定,因此获得的利益也欠缺法律上的原因,构成不当得利,此时会发生租赁合同请求权与不当得利返还请求权的竞合。出租人既可以要求承租人承担违约责任,也可以要求承租人返还非法转租房屋所获得的利益。

四、不当得利返还请求权与合同请求权竞合时请求权的行使

当不当得利返还请求权与合同请求权发生并存时,本书采纳竞合说解决这一问题,随之所要讨论的是,当二者发生竞合时,当事人如何行使请求权?在处理请求权竞合问题上,主要有请求权自由竞合论和请求权有限竞合论两种主张。

请求权自由竞合论认为,在因为同一个事实关系而发生复数的请求权,并且这些请求权的给付目的相同时,各个请求权可以同时并存,在成立要件、举证责任、赔偿范围、时效以及抵销等方面,各个请求权相互独立,对这些竞合的请求权,当事人可以选择其中一个请求权进行主张,也可以就所有请求权同时主张,还可以就不同的请求权先后主张,权利人还可以将其中一个请求权让与他人,自己保留其他的请求权,或者将请求权让与不同的他人。也就是说,权利人可以自由处分各个竞合的请求权。当其中一个请求权因遇到目的之外的障碍无法行使时,其他的请求权可以继续行使;当一个请求权因为罹于时效而消灭时,其他未过时效的请求权继续存在;当事人行使其中一个请求权未获满足,可以继续行使其他的请求权。但是,如果其中一个请求权获得满足,其他的请求权即随之消灭。[①] 德国和我国台湾地区在处理请求权竞合问题时便采取请求权自由竞合论。王泽鉴教授就曾指出:各请求权的构成要件、举证责任、内容各有不同,从而在处理具体案件时,所有可能成立的请求权,均须确实加以检讨,始终维护当事人的利益,应特别强调消灭时效的差异……在某种意义上,请求权竞合可谓是消灭时效竞合的问题,某一请求权虽因时效而消灭时,仍得行使另一请求权,此在诉讼上甚属重要,应请注意。[②] 我国台湾地区的法院在处理案件时,也采此观点。[③] 我国大陆的判决也多采纳此说。本书前引案例一上诉人陆某与被上诉人周某不当得利纠纷案即为代表。

请求权有限竞合论认为,在请求权竞合的情形下,应当允许当事人选择请求

---

① 参见段厚省:《请求权竞合要论:兼及对民法方法论的探讨》,中国法制出版社 2013 年版,第 153～154页。

② 参见王泽鉴:《民法总则》,中国政法大学出版社 2001 年版,第 94 页。

③ 参见 1952 年台上字第 871 号判决和 1963 年台上字第 188 号判决。

权,但是并不赞同当事人同时或者先后主张各个竞合的请求权。审判实践中,有的法官即采此说作出了判决,该主张得到了最高人民法院的认可,最高人民法院民一庭在点评一个民间借贷转为不当得利的案件时指出,不当得利作为一种独立的民事法律制度,具有严格的构成条件及适用范围,不能作为当事人在其他具体民事法律关系中缺少证据时的请求权基础。因此,借贷纠纷案件当事人诉讼请求被驳回后,又以不当得利为由另行起诉的,人民法院不予支持。①

本书认为,上述两种主张各具其理,各有利弊,本应由立法作出判断。在立法未予规定的情形下,综合衡量,当不当得利返还请求权与合同请求权竞合时,采请求权自由竞合说比较符合实际。

首先,民法请求权的真谛,在于保障当事人民事实体权利的实现,它不是民事实体权利本身。正因如此,人们更多地把请求权定位于胜诉权,更多的情况下,它是以权利救济手段的方式出现的。在当事人进入诉讼领域后,请求权将派生出诉权,诉权正是请求权在诉讼上的具体表现。② 既然请求权的功能是保证当事人实体权利的实现,当请求权竞合时,每一个请求权的行使都会为胜诉提供机会。在请求权只是为民事实体权利的实现提供可能的情况下,限制竞合论要求当事人只能在不当得利返还请求权与合同请求权之间选择其一,不能同时主张,也不能先后主张,更不能以两诉分别主张,这实际上限制了当事人其他请求权的行使。

其次,对当事人而言,请求权自由竞合论为当事人胜诉增加了一次机会,而限制竞合论则增加了当事人的风险。这是因为请求权行使后能否胜诉,有待法官经过审理作出判断。当请求权竞合时,哪个请求权胜诉的概率较大,当事人在起诉时并不知情,自由竞合论允许当事人充分地行使请求权,自然增加了胜诉的机会。相反,限制竞合论要求原告只能有一次选择请求权的机会,也只能有一次起诉机会。一旦在经历一次选择和一次诉讼之后,原告所选择的请求权获得满足,他固然无须再行主张其他的请求权。但是,如果他所选择的请求权因举证等原因未能得到满足,他将承担败诉的后果。尽管其还享有其他的未被选择的请求权,但该请求权也将无法行使。就此点观之,要求当事人在起诉之时就竞合的请求权做出选择,易发生当事人实体权利无法得到充分保障之虞。当前,我国的民事诉讼没有实行律师强制代理,当事人的法律知识和诉讼常识又有相当差异,要求当事人在起诉之时就

① 案件详情参见中华人民共和国最高人民法院民事审判第一庭编:《民事审判指导与参考》(总第43集),法律出版社2011年版,第135页。

② 参见王利明:《民法总则研究》(第3版),中国人民大学出版社2018年版,第425、426页。

选择对其有利的请求权起诉,无疑是困难的,至于说确保胜诉,更是强人所难。退一步讲,起诉时选择请求权是一回事,经过审理后所选择的请求权能否得到裁判的支持是另一回事。换言之,被告的行为是违约还是不当得利,是个实体问题,必须通过实体审理才能确定,而请求权限制竞合论却要求当事人在起诉之时就做出选择,此时纠纷尚未进入实体审理,要求当事人预测法官的审理是非常困难的,即使是专业的律师,也无法在起诉时预测自己选择的请求权能否得到法官的支持。

最后,采取自由竞合论处理请求权竞合问题在审判实践中已经为多数判决采纳。对民间借贷向不当得利转化的案件,最高人民法院民一庭曾采取了限制竞合的立场,[①]但地方法院的判决,却大量采取自由竞合的立场,据中国裁判文书网的记载,2014 年至 2015 年全国各地法院判决的不当得利案件中,对民间借贷转不当得利诉讼采取自由竞合观点的判决有 20 个,其中原告因不当得利胜诉的有 12 个,充分说明自由竞合论已为地方法院所接受。在不当得利返还请求权与合同请求权竞合时,如果当事人以合同法上的请求权起诉,能够证明对方曾有受领,但是却没有充分的证据证明合同关系存在时,法官在判决驳回当事人合同法上的请求权后,允许当事人再行以不当得利返还请求权起诉并予以审理,并视当事人攻击防御的结果予以支持或者驳回。不仅如此,为了应对审判实践中大量出现的不当得利返还请求权与合同请求权自由竞合的问题,保障原告的诉权,又避免被告二次应诉,进而避免法院二次判决,许多法院已经采取释明的方法,引导当事人变更诉讼请求。[②]此外,在其他的请求权竞合的场合,也出现了采取自由竞合观点指导案件审判的规范性文件,例如在因同一事实引起商标侵权和不正当竞争的竞合时,浙江省高级人民法院的文件指出:由于有的案件中被告的行为在进入实体审理以前,难以判断是不正当竞争行为还是商标侵权行为或者其他侵权行为,应当允许当事人在一个案件中以两个案由起诉——审理时应当按照各自的构成要件分别进行审理。[③] 就审判实践中已决案件进行考察,发现当事人能否主张另一个竞合的请求权,与其所主张的前一请求权有否获得支持有关。若其主张的前一请求权获得支持,则再行主张另一竞合的请求权将不获受理;若其主张的前一请求权未获支持,则其再行主张

---

① 案件详情参见中华人民共和国最高人民法院民事审判第一庭编:《民事审判指导与参考》(总第 43 集),法律出版社 2011 年版,第 135 页。

② 参见江门市中级人民法院(2014)江中法民一终字第 23 号民事判决书;莆田市中级人民法院(2014)莆民终字第 71 号民事判决书。

③ 参见严仁群:《实体法:请慎入程序法之域——以民事责任竞合为例》,载《法律科学(西北政法大学学报)》2010 年第 3 期。

的另一竞合的请求权,极有可能获得法院的受理、审理和裁判。[①]

五、合同效力变化与不当得利返还请求权

合同效力的变化是指合同无效、可撤销和不成立3种情形。

(一)合同无效、可撤销与不当得利返还请求权

《民法典》第157条规定了合同无效、可撤销后的两种后果:(1)因合同取得的财产,应当予以返还;不能返还或者没有必要返还的,应当折价补偿。(2)有过错的一方应当赔偿对方因此所受到的损失;双方都有过错的,应当各自承担相应的责任。由此产生两种请求权,对于后者,大家没有争议,均认为此种情形产生的是侵权损害赔偿请求权。而前者又分为两种情形,一种是财产返还请求权,一种是折价补偿请求权。对于合同无效或被撤销导致的财产返还请求权的性质,存有争议。主流的学术观点主要有不当得利返还请求权说、物权请求权说以及请求权竞合说。[②] 本书认为,请求权竞合说比较符合实际,也利于理解《民法典》第157条与《民法典》第122条之间的关系。原因在于:合同无效是指合同不依当事人的效果意思发生效力,不是指合同在法律上不发生任何法律后果。[③] 合同无效或被撤销后,发生溯及既往的效力,财产应当恢复到合同成立以前的状态,即双方互相返还财产。由于我国法律不承认物权行为理论,依照物权法的规定,一旦合同无效或被撤销,占有标的物的当事人不能取得标的物的所有权,理应返还标的物,此时这种返还请求权在性质上属于物权请求权。与此同时,占有财产没有法律和合同上的依据,这种占有构成无权占有,所有权人又可以基于不当得利的规定,请求无权占有其所有物者返还不当得利。可见,合同无效或被撤销的情形,符合请求权竞合的构成要件,构成请求权竞合。只不过此种竞合,并非合同违约请求权与不当得利返还请求权的竞合,而是所有物返还请求权与不当得利请求权的竞合。《民法典》第157条构成独立的请求权基础,其性质为所有物返还请求权,于合同无效或被撤销时,当事人可依据《民法典》第157条基于所有物返还请求权提起诉讼。当然,当事人也可以援引《民法典》第122条关于不当得利的规定提起不当得利返还之诉。对于当事人而言,两个请求权的区别有二:一是举证责任不同。所有物返还之诉的举证责任显然轻于

---

① 参见段厚省:《请求权竞合要论:兼及对民法方法论的探讨》,中国法制出版社2013年版,第175页。

② 参见陈怡伊:《刍议合同无效或被撤销后返还请求权之性质》,载《法学杂志》2015年第3期。

③ 参见朱广新:《合同法总则》(第2版),中国人民大学出版社2012年版,第295页。

不当得利,当事人只需证明合同无效即完成举证责任。一旦选择不当得利之诉,当事人要按照《民法典》所规定的不当得利的构成要件承担举证责任。二是返还财产的范围不同。所有物返还之诉的标的限于原物和孳息。当合同无效或被撤销后财产的范围超过原物和孳息时,一般应行使不当得利返还请求权,即当《民法典》第157条在处理当事人之间的财产返还关系存在欠缺时,可以参照适用关于不当得利之债的有关规范或司法解释。①

尽管所有物返还之诉与不当得利返还之诉存有上述差异,但需明确,当事人在具体案件中选择所有物返还请求权还是不当得利返还请求权起诉,属于当事人自主选择的范畴,尽管选择不当得利之诉当事人要承担较重的举证责任,但是,一旦当事人选择了其中之一请求权起诉,法院就应当围绕该请求权进行审理,不宜变更当事人选择的请求权进行处理。换言之,当事人选择了不当得利返还之诉,法院不应当援引《民法典》第157条之规定处理案件,而应当按照《民法典》第122条的规定处理。前引案例七中,当事人明确其提起的是不当得利返还之诉,一审、二审法院均确认当事人此次提起的是不当得利返还之诉,该诉系法院在先判决已经认定转让合同无效后另行提起的诉讼。对于不当得利返还之诉,应当援引《民法典》第122条的规定处理。

(二)合同不成立与不当得利返还请求权

《民法典》第157条规定了合同无效和可撤销的后果,但在合同不成立的情况下,其法律后果是什么?合同法并无明文规定,理论上多将其与合同的无效或可撤销相等同,主张其后果即为《民法典》第157条所规定的后果。② 本书认为,合同不成立,财产应当返还,其请求权性质应当与合同无效或被撤销的效果相同,构成所有物返还请求权与不当得利返还请求权的竞合。在行使上,由于《民法典》第157条和《民法总则》均没有规定合同未成立的法律后果,因此,当事人无法基于《民法典》第157条的规定主张权利,应基于《民法典》第122条的规定,行使不当得利返还请求权。

六、合同解除后恢复原状请求权与不当得利返还请求权

合同解除是指在合同成立以后,当解除的条件具备时,因当事人一方或双方的

---

① 参见朱广新:《合同法总则》(第2版),中国人民大学出版社2012年版,第295页。

② 参见崔建远:《合同法总论》(上卷)(第2版),中国人民大学出版社2011年版,第433页。

意思表示,合同关系自始或仅向将来消灭的行为。[①] 不同于合同无效或被撤销,合同解除是要解决有效成立的合同提前消灭的问题,重在提前终止有效的合同。《民法典》第 566 条第 1 款规定了合同解除的效力,即合同解除的后果。合同解除后,尚未履行的,终止履行;已经履行的,根据履行情况和合同性质,当事人可以要求恢复原状、采取其他补救措施,并有权要求赔偿损失。与《民法典》第 157 条关于合同无效或被撤销后果的规定不同,合同解除后,当事人双方均有恢复原状的义务,即均享有恢复原状请求权。审判实践中存有争议的问题是,合同解除后,当事人享有恢复原状请求权的同时,能否再享有不当得利请求权?一种观点认为,双方在合同解除前自对方取得的利益系根据有效合同取得,不构成不当得利,而只能依《民法典》第 566 条第 1 款进行清算。因此,在合同解除的情形下,应当适用《民法典》第 566 条第 1 款之规定,而不应适用《民法典》返还不当得利之规定。换言之,合同解除时双方之恢复原状以及其他补救措施完全属于合同法的领域,与不当得利请求权之间不存在竞合关系。[②] 本书认为,合同解除后,双方互负恢复原状义务,由于合同溯及既往的消灭,因合同的履行而受益的一方,即欠缺法律上的原因,构成不当得利。此时构成恢复原状请求权与不当得利请求权的竞合,当事人可以按照请求权自由竞合的规定,行使请求权。

与返还不当利益不同,恢复原状是指当事人应恢复到订约前的状态。在合同解除以后,当事人要达到订约前的状态,应当包括如下内容:首先,已经做出履行的,除返还财产以外,还应补偿因返还所支付的费用。其次,如果返还的是能产生孳息的物,则除应返还原物之外,还应返还孳息。一方在占有标的物时为维护标的物而支付的必要费用也应返还。[③] 比较而言,恢复原状的范围较大,当事人行使恢复原状请求权比不当得利请求权更为有利。

当然,主张合同解除后恢复原状请求权与不当得利返还请求权构成竞合,并不等于合同解除后的一切债务都构成竞合。对于合同解除,无论是协议解除还是法定解除,都在当事人之间形成一种清算关系,用清算关系替代原合同权利义务。在清算关系中,除了恢复原状外,其他的债权债务关系,都不存在与不当得利竞合的问题。由于其因合同解除而产生,因此,对其债权债务应当回归合同领域,按照合同解除的有关规定处理。以前引案例五为例,对于双方诉争的 8000 元人民币的性质

---

① 参见崔建远:《合同法总论》(上卷)(第 2 版),中国人民大学出版社 2011 年版,第 532 页。

② 参见刘言浩:《不当得利法的形成与展开》,法律出版社 2013 年版,第 422 页。

③ 参见王利明:《合同法研究》(第 2 卷),中国人民大学出版社 2003 年版,第 303 页。

双方当事人各执一词,但该纠纷系因合同解除后的赔偿问题而发生,并不属于房屋买卖合同解除后恢复原状的范畴,不发生与不当得利竞合的问题。因其属于合同解除后的赔偿,系基于当事人的意思表示而产生,应当按照合同的约定,查明后处理。在当事人之间是否就赔偿达成一致的事实未予查明的情况下,提起不当得利之诉,法院无法审理。

七、关于合同超额履行的请求权基础

在合同履行过程中,一方当事人认为自己的履行超过了合同约定的范围,其能否提起不当得利返还之诉,请求返还超额履行的部分?前引案例四中一审、二审法院的判决典型地反映了对这种争议的不同解决思路。实务中有一种观点认为,对于超额履行合同义务的支付人而言,虽然存在合法有效的合同,但通过合同诉讼请求的履行一般都是针对不作为的。对于已经超额履行部分的返还很难通过合同诉讼得到救济。而此时基于合同超额履行获得财产利益的合同相对人实际上也不具有合法保有财产的合法依据,应当予以返还。这类案件,从表面上看,似乎构成不当得利返还请求权与合同请求权竞合,前述观点并无不妥之处。但这类案件是否构成不当得利,尚有探讨的余地。本书认为,这类案件不构成不当得利返还请求权与合同请求权的竞合,其请求权基础是单一的违约请求权,应当按照违约之诉处理。

合同的履行,即实现合同约定的内容的行为,是债务人依据法律的规定和合同的约定作出给付的行为。合同的履行是债权得以实现的前提,合同履行则合同关系消灭。《民法典》第509条规定,当事人应当按照约定全面履行自己的义务。可见,履行的前提条件是合同合法有效,履行的基点是合同义务,这与合同效力变化和合同解除的后果迥然各异。不论当事人的履行是否符合合同的约定,合同应是合法有效的。由于合同合法有效,债务人的履行系基于合同的约定,必然有合同上的原因,至于是否按照合同约定的时间、地点、数额履行,乃属于违约责任的范畴,没有不当得利返还请求权适用的余地。就审判实践考察来看,更多地违约形态表现为不履行或部分履行,超额履行的情形比较少见。但就实质而言,超额履行也属于不符合法定和约定的履行,会转化为违约责任,就有效成立的合同的履行,发生给付上的障碍时,应当依照合同法的规定来解决而不能适用不当得利的规定,因为此处的障碍,并非法律上原因的欠缺,而是履行上的欠缺。①

① 参见黄立:《民法债编总论》,中国政法大学出版社2002年版,第32页。

在承认不当得利返还请求权是一项独立的请求权的前提下，不当得利请求权的适用有严格的界限，应当按照法律规定的请求权范围审理案件。具体言之，合同之诉的审理，应当围绕合同约定的权利义务展开，超出合同约定的，按照其他法律关系另诉；不当得利返还之诉应当按照《民法典》规定的不当得利构成要件审理。以前引案例四为例，二审法院发现当事人之间存在建筑施工合同关系后，并未释明当事人另行提起合同之诉，而是在不当得利返还之诉中，在审查清楚建筑施工合同结算的基础上，将超额支付部分认定为不当得利。按照二审判决的裁判思路，该案审理的核心是工程款结算，处理的是合同之诉，并非不当得利之诉，只不过是将违约多支付的工程款认定为没有合同依据而按照不当得利返还而已，合同之诉是不当得利返还之诉的前提，没有合同之诉的审理，无法判定不当得利。此种处理，名为不当得利，实为合同违约，混淆了基于合同与不当得利的请求权的区别，未免牵强。对于审判实践中此类案件的处理，最高人民法院（2016）最高法民终632号民事判决所确立的原则可资参照：一审法院认为此案不是不当得利纠纷而是合同纠纷，释明并获得当事人同意后，法院变更案由继续审理。基于此，在当事人区分不清请求权的情况下，法院可以行使释明权告知其另行起诉或者在案件中变更诉讼请求，但不能直接审理。合同的归合同，不当得利的归不当得利。当合同合法有效时，应当尽可能按照合同解决。除非已经与合同毫无关系的纠纷，才能按照不当得利处理。

不当得利问题是私法领域最为复杂的问题之一，关于它的探讨不断深入，就这一问题的努力是值得的。合同与不当得利的紧密关系，透过前引案例可以窥见一斑。在涉合同纠纷的不当得利案件的处理上，应当坚持以下原则：对于不当得利返还请求权与合同请求权竞合的案件，依照请求权自由竞合说处理；对请求权不明晰的案件，尽可能适用牵连原则，按照合同纠纷处理，以免不当得利的扩大适用；对适用合同法理无法解决的案件，以不当得利作为辅助，提供救济；法律对某一问题作出特别规定的，排除《民法典》第122条不当得利规定的适用。

八、本章观点集成

1. 不当得利返还请求权和合同履行请求权如何协调？

有观点认为，不当得利返还请求权作为一种辅助性的权利，没有独立的地位。不当得利返还请求权和民法上的其他请求权不发生竞合问题，唯有其他请求权不能行使或者不能得到满足时，才能适用不当得利请求权。

有观点认为,不当得利返还请求权与合同请求权在具体案件中是竞合关系,当事人可以择一行使。

本书初步意见认为,不当得利制度具有独立性。《民法典》在民事权利一章将不当得利确定为独立的债的发生原因,其第 122 条更是以法律的形式确认了不当得利制度,明确了构成要件,这表明不当得利请求权作为独立的请求权具有法律上的明确依据。在债权法的体系中,不当得利与合同、侵权、无因管理均有其各自成立的基础,各有其发挥作用的独立空间。我国现行法律没有禁止不当得利返还请求权与合同请求权竞合的规定,在法解释学上应当承认二者可以发生竞合,司法实践中关于民间借贷纠纷、房屋非法转租导致的租赁合同等纠纷中,当事人可以基于合同或不当得利起诉。

2. 合同无效或被撤销时,当事人能否基于不当得利请求权要求返还财产?

有观点认为,应该按照合同无效或被撤销的法律后果处理,即因合同取得的财产,应当予以返还;不能返还或者没有必要返还的,应当折价补偿;有过错的一方应当赔偿对方因此所受到的损失;双方都有过错的,应当各自承担相应的责任。

有观点认为,返还财产请求权与不当得利返还请求权在特殊情形下存在竞合关系。

本书初步意见认为,返还财产请求权与不当得利返还请求权在特殊情形下不存在竞合关系。合同无效是指合同不依当事人的效果意思发生效力,不是指合同在法律上不发生任何法律后果。合同无效或被撤销后,发生溯及既往的效力,财产应当恢复到合同成立以前的状态,即双方互相返还财产。由于我国法律不承认物权行为理论,依照物权法的规定,一旦合同无效或被撤销,占有标的物的当事人不能取得标的物的所有权,理应返还标的物,此时这种返还请求权在性质上属于物权请求权。与此同时,占有财产没有法律和合同上的依据,这种占有构成无权占有,所有权人可以基于不当得利的规定,请求无权占有其所有物者返还不当得利。可见,合同无效或被撤销的情形,符合请求权竞合的构成要件,构成请求权竞合。只不过此种竞合,并非是合同违约请求权与不当得利返还请求权的竞合,而是所有物返还请求权与基于占有的不当得利请求权的竞合。

第四章 居 住 权

居住权制度作为《民法典》新创设的制度，实现了我国法律规定在居住权领域从无到有的转变，《民法典》实施后居住权案件陆续在司法实践的舞台上得以显现。对于居住权案件的审理，人民法院尚未形成具体、成熟、体系化的裁判经验。居住权制度如何适应民事诉讼程序，如何做好居住权制度与诉的制度的衔接，另外新创设的居住权制度为即将进行的民事诉讼法修订工作能够提供何种引导和支持，是摆在当前的亟切课题。下文从实体与程序双重角度，就居住权实体制度与民事诉讼程序的衔接运用，包括居住权案件管辖、居住权案件的当事人、居住权案件的种类与第三人撤销之诉、居住权案件的中止与终止等问题进行探讨，以期厘清居住权制度与民事诉讼程序之间的协调与对接。

一、司法实践案例列举

案例1：奶奶与孙女约定老宅拆迁所得房产全部归孙女，但孙女需提供给奶奶一套安置房居住。后因奶奶年岁大将房屋出租，将出租所得作为交付养老院费用，孙女以奶奶不再居住房屋而是将房屋出租为由，起诉要求租客搬离房屋并支付房屋使用费。①

在此案例中，案由系房屋租赁合同纠纷而非居住权纠纷，孙女以房屋权利人身份主张租客搬离房屋并支付房屋使用费，但涉案房屋租赁合同的主体是奶奶而非孙女。此案例涉及的问题是，房屋设立居住权后房屋所有权人能否跳过居住权人，而以权利人身份直接起诉租赁关系的相对方？

案例2：杨某与父母生活但一直沉迷赌博，拆迁后家庭分得三套房屋，其中一套出售偿还其赌债，一套出租供家庭生活，一套一家三口居住。因杨某与父母产生矛盾，父母不愿意杨某与其居住在房屋内，杨某遂以从出生后一直与父母居住生活为

① 最高人民法院公众号2022年3月3日收录案例。

由主张双方形成事实上的居住关系，请求判决其对出租的房屋享有居住权。①

在此案例中，杨某的诉求能否得到支持，关键在于其是否享有居住权。杨某主张享有居住权的理由是其自出生起一直与父母居住在一起，其以提起诉讼方式主张居住权，如果其主张成立，该居住权设立方式是法定居住权还是裁判设立居住权？

案例3：甲、乙、丙三人系姐妹，甲经房改购得房屋一套由丙入住至今。他们的父母另有一套房屋，父亲去世后由乙和母亲共同居住，后母亲去世该房屋由丙继承。2018年甲、丙签订房屋置换合同，约定丙继承的房屋与由丙居住的甲的房屋置换。甲、乙遂发生争议，甲诉求法院主张乙排除妨碍并支付房屋使用费，乙主张其有居住权可以继续居住。②

在该案中，甲、乙的诉求所指向的依据是相反的，甲的诉求成立则乙的诉求不能成立，相反亦是如此，该案诉争的焦点问题在于乙是否因其在涉案房屋内长期生活居住的事实而享有对涉案房屋的居住权？

案例4：原告起诉主张涉案房屋系其个人合法财产，但被告与第三人达成的调解协议确定了被告对涉案房屋享有居住权，该居住权的设立未经原告同意，侵害了原告的权利，请求解除被告的居住权。法院认为原告虽起诉主张解除居住权但实际是对涉案房屋所有权有争议，解除居住权应以房屋所有权的确定为前提，故裁定对原告的起诉不予受理。③

在此案例中，法院认定解除居住权应以房屋所有权的确定为前提，此案所设的居住权实体与程序衔接问题是提起居住权纠纷的房屋所有权人的主体资格如何认定，对房屋所有权先行确定是否是认定居住权设立人的前提？

案例5：杨某夫妇去世后留下房屋一套，其子女签署协议约定房屋交由杨某之子杨甲及杨某之女杨乙的儿子张某共同使用，其他子女放弃居住权。现张某起诉杨甲主张其对涉案房屋享有居住权。④

在该案中，杨某夫妇去世后其继承人对涉案房屋处于共同共有状态，共同共有人约定房屋由继承人之外的人享有居住权，居住权人之间发生纠纷后，是否应追加房屋的全部共同共有人为该案的第三人？

---

① 最高人民法院2022年2月23日发布的第二批弘扬社会主义核心价值观典型案例之一。

② 贵州省遵义市中级人民法院发布适用《民法典》典型案件第27个案例。

③ 五华县人民法院(2021)粤1424民初981号。

④ 北京市海淀区人民法院(2021)京0108民初10306号。

二、居住权实体问题与居住权案件管辖问题的衔接

《民法典》创设居住权后,《民事案件案由规定》也对此进行了相应的修改,关于居住权案件的案由有两个,分别是用益物权纠纷案由下的"居住权纠纷"和合同纠纷案由下的"居住权合同纠纷"。对于二者的区别,《民事案件案由规定》进行了明确的规定。[①] 对于居住权纠纷,适用不动产纠纷管辖规定,由设立居住权的房屋所在地人民法院管辖自无争议,但对于居住权合同纠纷案件的管辖确定,则需要进一步分析。

居住权合同纠纷属于合同纠纷,是否应按照合同纠纷管辖规定确定管辖法院?《民事诉讼法》第24条规定,因合同纠纷提起的诉讼,由被告住所地或者合同履行地人民法院管辖。现有法律、司法解释并未对居住权合同纠纷的管辖进行特别规定,因此现阶段对于居住权合同纠纷管辖法院的确定,仍应按照一般的合同纠纷管辖规定予以确认。对于居住权合同纠纷中的合同履行地的确定,有3个问题需要探讨。

(一)实体法上合同履行地与程序法上合同履行地

实体法上合同履行地对缔约人双方之间分担履行费用、转移风险等合同事务的安排具有重要法律意义。[②] 根据《民法典》第470条[③]、第510条[④]、第511条[⑤]的规定,实体法意义上的合同履行地确定顺序为:当事人明确约定合同履行地,协议补充履行地,按照合同相关条款或者交易习惯确定履行地,接受货币一方所在地(给付货币的)、不动产所在地(交付不动产的)、履行义务一方所在地(其他标的)为履行地。就居住权合同而言,居住权合同可以为单务合同,也可以为双务合同,双方约定履行地的,以约定、补充约定的履行地为单方义务人或双方义务人的合同履行地,合同履行地可以为一个或多个。无法确定履行地的,对居住权设立人关于办

---

① 该通知规定,当事人诉争的法律关系性质涉及物权变动原因的,即因债权性质的合同关系引发的纠纷案件,应当选择"居住权合同纠纷"案由;当事人诉争的法律关系性质涉及物权变动结果的,即因物权设立、权属、效力、使用、收益等物权关系引发的纠纷案件,应当选择"居住权纠纷"案由。

② 参见韩世远:《合同法总论》(第3版),法律出版社2011年版,第225页。

③ 该条规定,合同的内容由当事人约定,一般包括下列条款:……履行期限、地点和方式……

④ 该条规定,合同生效后,当事人就质量、价款或者报酬、履行地点等内容没有约定或者约定不明确的,可以协议补充;不能达成补充协议的,按照合同相关条款或者交易习惯确定。

⑤ 该条规定,当事人就有关合同内容约定不明确,依据前条规定仍不能确定的,履行地点不明确,给付货币的,在接受货币一方所在地履行;交付不动产的,在不动产所在地履行;其他标的,在履行义务一方所在地履行。

理登记、交付房屋义务的履行，以设立居住权的房屋所在地为履行地，对居住权人支付价款的义务履行，以居住权设立人所在地为履行地；而程序法上履行地的目的在于确定合同案件的管辖法院，其合同履行地应当具有唯一性，不因合同属于单务合同抑或双务合同而有所区别。[①] 程序法上居住权合同纠纷的履行地点的确定依据为《民诉法解释》第 18 条[②]，根据争议标的即原告诉讼请求对应的客体进行确定，不需要也不能依据前述《民法典》的相关规定进行确定。因此，实体法上的合同履行地点仅具有实体行为的导向意义，并不具有确定地域管辖的程序功能。[③]

(二)居住权合同约定的履行地点的效力

基于前述对实体法上的合同履行地与程序法上的合同履行地的区分，应该对居住权合同中约定履行地点的效力进行区分认定。首先，具有确定管辖意义的约定履行地点是指在居住权合同中明确载明“合同履行地”的情形，居住权合同对某项合同义务履行地点的约定不作为确定程序法意义上的合同履行地的依据；其次，居住权合同约定的履行地点并非设立居住权的房屋的所在地时，该约定地点是否有效。本书认为，法律并未规定合同当事人约定的履行地点必须系合同的实际履行义务的地点，故合同当事人可以自由约定其他地点作为合同履行地。在居住权合同中当事人也可以约定非房屋所在地作为居住权合同的履行地，该约定未违反法律法规的禁止性规定，应属合法有效，可以根据此约定确定居住权纠纷的管辖法院。

(三)确认之诉、形成之诉类型的居住权合同纠纷中如何适用合同履行地确定管辖

《民诉法解释》第 18 条第 2 款对合同履行地的确定仅在给付之诉项下而言。而根据当事人提起诉讼的目的和诉讼请求的内容的不同，诉分为给付之诉、形成之诉和确认之诉。这是各国民事诉讼法最普遍采用的分类方法。[④] 居住权合同纠纷可能为给付之诉，也可能为确认之诉(如确定居住权合同效力)或形成之诉(如主张

---

① 参见刘文勇：《再论合同案件管辖规范中的合同履行地规则——〈民诉法解释〉第 18 条第 2 款规定的反思》，载《时代法学》2018 年第 4 期。

② 该条规定，合同约定履行地点的，以约定的履行地点为合同履行地。合同对履行地点没有约定或者约定不明确，争议标的为给付货币的，接收货币一方所在地为合同履行地；交付不动产的，不动产所在地为合同履行地；其他标的，履行义务一方所在地为合同履行地。合同没有实际履行，当事人双方住所地都不在合同约定的履行地的，由被告住所地人民法院管辖。

③ 参见苏泽林主编：《民商事审判管辖实务研究》，人民法院出版社 2006 年版，第 213 页。

④ 参见王强义：《诉的概念、结构和分类的比较》，载《比较法研究》1989 年第 21 期。

解除居住权合同)。对于后两类的居住权合同纠纷,原告的诉讼请求并非某一具体的权利义务关系对应的诉讼标的,而系整个居住权合同,因此不能按照一般的给付之诉确定管辖。对于确认之诉、形成之诉类型的居住权合同纠纷,如当事人对合同履行地没有约定或者约定不明,只能由被告住所地人民法院管辖。[①]

居住权合同纠纷是否应属于《民诉法解释》第28条第2款[②]规定的应按照不动产纠纷确定管辖的纠纷类型?举轻明重和举重明轻的方法,本质上是逻辑学在法律领域的运用,因而在私法上也不乏其踪影。[③]《民事诉讼法》《民诉法解释》对于居住权合同是否按照不动产纠纷确定管辖没有规定,本书认为,根据举轻以明重的法律解释方法,居住权合同纠纷与房屋租赁合同纠纷相比更倾向属于物权或不动产纠纷,因此本书建议今后在修改《民事诉讼法》或者《民诉法解释》时,将居住权合同纠纷规定在按照不动产纠纷确定管辖的案件范围内。

另外,如果当事人在其他纠纷中主张居住权,如在离婚纠纷中一方主张其对房屋享有居住权,此时应按照离婚纠纷还是按照居住权纠纷确定案件的管辖法院?本书认为,案由的确定是法院根据当事人的诉讼请求进行的认定。以当事人诉讼请求确定案由其实质也是以民事法律关系确定案由,但不能单纯地以当事人承担责任的方式、诉讼标的或其他作为确定案由,因它所反映案件的实际内容,既不确切,也不科学。[④] 因此在居住权纠纷中不因当事人的诉求或者抗辩主张中包含了某一具体主张而改变,在其他案由纠纷中主张居住权的,还是应该按照当事人提起的纠纷类型确定案件类型。

三、居住权主体与居住权案件当事人的衔接

法院受理民事案件后,审判员首先遇到的问题是分清案件中民事法律关系的主体和参加诉讼法律关系的主体。[⑤] 居住权主体包括居住权人和居住权设立人(房屋权利人),其中享有居住权的一方为居住权人,为居住权人提供居住房屋的一方

---

① 参见高民智:《关于民诉法解释中有关管辖若干问题的理解与适用》,载《人民法院报》2015年8月27日,005版。

② 农村土地承包经营合同纠纷、房屋租赁合同纠纷、建设工程施工合同纠纷、政策性房屋买卖合同纠纷,按照不动产纠纷确定管辖。

③ 参见尹腊梅:《论保证人依保证之从属性享有的抗辩权范围——举轻明重方法的运用》,载《比较法研究》2011年第5期。

④ 参见许杰:《民事案件案由的确定——兼谈对最高人民法院〈民事案件案由规定(试行)〉的理解和适用》,载《嘉兴学院学报》2003年第3期。

⑤ 参见张艳丽:《对民事主体与民诉主体差异性的认定》,载《法学》1991年第2期。

为居住权设立人。为厘清二者之间的关系，需要分析以下问题。

（一）居住权案件的主体适格问题

民事诉讼中的原告适格是指原告应是与诉争案件有直接利害关系的公民、法人或其他组织，如果原告不适格，不符合起诉的条件，法院会裁定不予受理或者驳回起诉。从《民法典》第366条的规定可知，居住权制度设立的目的在于满足生活居住的需要。只有自然人才有生活居住的需要，法人和非法人组织并没有生活居住的需要，因此从立法目的上可以推定，居住权人仅限于自然人，不包括法人和非法人组织。根据《民事诉讼法》的相关规定，原告应是与案件有直接利害关系的公民、法人或者其他组织。对于法人或非法人组织而言，其在性质上就不可能成为居住权人，自然无法与居住权有直接利害关系，相应主张不应得到支持。法人或非法人组织签订居住权合同为自己设立居住权的，该居住权合同的效力不受影响，但合同自始不能履行；相反，居住权的设立人并不必然为自然人，司法实践中法人或者非法人组织设立居住权的情形并不少见，比如单位可以采取设立居住权的方式为员工提供住宿，地方政府为引进人才提供一定年限内可供居住的住房，也可以采取设立居住权的方式，另外养老营利机构也可以在购买房屋后为出卖人设立居住权等。

有观点认为，并非任意主体均可成为居住权的权利主体，即居住权人应当与设立人或者所有权人具有一定的人身关系。① 本书不赞成这种观点。法无禁止即允许。《民法典》并未规定居住权人与居住权设立人之间必须具有某种人身关系。而居住权可以采取合同方式设立，居住权合同的内容根据双方自由意志决定，并不需要合同双方具有特定的人身关系。同时，《民法典》还允许有偿设立居住权，有偿性使居住权具有投资性和商业性，将居住权双方主体的范围扩展至非具有某种特殊人身关系范围之外。因此当事人之间是否具有特殊身份关系，并非认定居住权案件中主体是否适格的依据；居住权人入住房屋后，除居住权人本人实际居住外，居住权人还有权准许与其有密切关系的家庭成员、护理人员和保姆居住在房屋内。但居住权人的家属以及提供医务或者家务等服务的人员作为实际居住人，是居住权的间接受益人，而不得直接将其认定为居住权人。② 这是因为这些人实际居住的事实系经居住权人同意，其权益依附于居住权人，居住权人丧失权利后，实际居住

---

① 参见辜明安、蒋昇洋：《我国〈民法典〉设立居住权的必要性及其制度构造》，载《西南民族大学学报（人文社会科学版）》2020年第2期。

② 参见曾大鹏：《居住权的司法困境、功能嬗变与立法重构》，载《法学》2019年第12期。

人亦无法继续居住，即这些人不因实际居住的事实成为居住权人，自然也不是居住权案件的适格主体。

居住权设立人是否必须是房屋所有权人？首先，法律尚未对是否

能在未取得所有权的房屋上设立居住权进行规定。但以合同方式设立的居住权自登记时设立。未取得所有权的房屋，如承租公房、公租房、小产权房等，无法办理居住权登记手续而无法在其之上设立居住权，故应推理一般情况下居住权设立人应为房屋所有权人。非房屋所有权人以居住权设立人身份签订居住权合同的，将因履行不能面临违约的困境。但在以遗嘱方式设立居住权或者裁判设立居住权时，登记并非居住权设立方式而仅系公示方式，因此理论上来说，在此二种情况下并不排除非房屋所有权人成为居住权设立人。比如对于公房、单位集资建房等特殊历史条件下形成的房屋，原房屋权利人始终未取得房产证，但其死亡后房屋亦不被收回，这种情况下原权利人就可以遗嘱方式在该房屋上设立居住权。其次，如所有权人身份尚未确定而提起居住权纠纷之诉，因对房屋权属的确认涉及其他关系人，房屋权属纠纷无法在居住权纠纷中径行裁判，此时应裁定驳回原告的起诉，告知原告先行对房屋进行确权再提起居住权纠纷诉讼。在前述案例四中，原告起诉主张其是房屋所有权人，设立在房屋上的居住权未经其同意应为无效，但原告未提供证据证明其是所有权人，法院最后认定解除居住权应以房屋所有权的确定为前提，以主体不适格为由裁定对原告的起诉不予受理。最后，在居住权纠纷之诉中，法院对居住权人身份的确认仅需进行形式审查即可，即居住权人仅需提交房屋所有权证书、生效裁判文书、遗嘱等在形式上能够证明自己系房屋所有权人的材料，而法院对这些材料的真实性、合法性进行审查而无须对其正确性进行审查。如房屋的真实所有权人与前述材料的载明不一致，待另案生效裁判作出认定后，由真实权利人提起第三人撤销之诉或以新证据为由申请再审的方式来保障真实所有权人的权利。

（二）为第三人设立居住权时当事人的确定

一般情况下居住权合同的当事人是居住权合同案件的诉讼当事人。但特殊情形下，合同当事人也可以约定为第三人设立居住权，即第三人利益合同。但居住权设立人必须是居住权合同的一方当事人，否则相当于约定在合同外第三人的住宅上设立居住权，这种合同或客观履行不能，或对他人构成侵权。

在理论上，依据第三人对债务人是否取得以给付为内容的独立请求，第三人利

益合同可以区分为真正第三人利益合同与不真正第三人利益合同。[①] 我国《民法典》第522条第1款和第522条第2款分别规定了两种第三人利益合同。[②] 为第三人设立居住权的居住权合同在性质上究竟属于哪一种第三人利益合同,需要根据合同的约定进行认定,即判断居住权合同是否约定了居住权人可以直接向房屋所有权人主张履行义务、承担违约责任:居住权合同约定居住权人可以直接向房屋所有权人主张的为真正第三人利益合同,反之为不真正第三人利益合同。但居住权合同未作约定或者约定不明时如何认定,本书认为,居住权合同签订的目的在于为居住权人设立居住权,因此从居住权合同目的及保护居住权人的利益角度出发,当合同未约定或者约定不明时应认定该居住权合同为真正第三人利益合同。

区分居住权合同是真正第三人利益合同还是不真正第三人利益合同的一个重要意义就在于确认诉讼当事人。若居住权合同系真正第三人利益合同,居住权人可以自行提起诉讼,居住权设立人也可以以居住权人为被告起诉。至于为他人设立居住权的合同一方当事人是否应作为诉讼当事人参加,本书认为一般情况下无此必要,这是因为居住权人已经取得了普通债权人的身份,享受居住权合同中约定的权利义务,只是居住权设立人对合同对方当事人的抗辩权利亦全部适用于居住权人,如必须由该合同一方参与方能查明相关事实,也可以追加其为第三人参加诉讼。而在不真正第三人利益合同中,因债务人仅对债权人承担违约责任,并非对居住权人承担违约责任,此时诉讼当事人只能是居住权合同的当事人,同理为查明案件相关事实之必需时也可以将居住权人作为第三人追加。

为第三人设立居住权的居住权合同纠纷案件与普通合同纠纷案件相比,第三人未参与合同条款的磋商与缔结,甚至在多数情况下第三人仅有接受合同权利的意思表示而无合同文本,第三人要对合同约定内容举证证明极为困难。[③] 因此在司法实践中,居住权人应对其同意接受合同权利的意思表示、接受履行的情况、因居住权设立人违约造成的损失承担举证证明责任,而居住权设立人对居住权合同的

---

① 参见[德]迪特尔·梅迪库斯:《德国债法总论》,杜景林、卢谌译,法律出版社2004年版,第583页。

② 《民法典》第522条第1款规定,当事人约定由债务人向第三人履行债务,债务人未向第三人履行债务或者履行债务不符合约定的,应当向债权人承担违约责任。《民法典》第522条第2款规定,法律规定或者当事人约定第三人可以直接请求债务人向其履行债务,第三人未在合理期限内明确拒绝,债务人未向第三人履行债务或者履行债务不符合约定的,第三人可以请求债务人承担违约责任;债务人对债权人的抗辩,可以向第三人主张。

③ 参见吕志轩:《〈民法典〉第五百二十二条第二款评注(第三人利益合同)》,载《法大研究生》2020年第2期。

签订、变更等情况承担举证责任。

（三）诉的主体合并

按照诉的合并理论，可将诉的主体合并划分为三大类：诉的主体合并、诉的客体合并和诉的混合合并。所谓诉的主体合并，是指将一方或双方为二人以上的当事人合并于同一诉讼程序进行审理和裁判。[①] 在居住权案件中，居住权人和居住权设立人均可以为二人及以上。一方面，居住权设立人数量不受限制。如在共有住宅上设立居住权，此时全体共有人为居住权设立人；居住权设立后居住权设立人因自然人死亡、法人分立等事实，且诉讼承继人为多方主体时，也会出现居住权设立人为多人的情况。另一方面，居住权人的数量也不受限制，可以设立居住权由数个居住权人享有。数人享有居住权，其中有的居住人死亡但其他居住人未死亡时，以最后死亡的自然人的生存期限为居住权的存续期限。[②] 前述两种情况均属于诉的主体合并，法律依据为《民事诉讼法》第 55 条[③]。

诉的主体合并属于何种共同诉讼，理论界不存在争议。按照大陆法系的传统，先以"合一确定必要性"为标准将共同诉讼划分为普通共同诉讼与必要共同诉讼，再以"共同诉讼必要性"为标准将必要共同诉讼划分为固有必要共同诉讼与类似必要共同诉讼两种类型。其中固有必要共同诉讼是指依诉讼标的法律关系的性质，判决在多数当事人间必须合一确定，且多数当事人必须同时起诉或被诉，否则当事人适格欠缺的必要共同诉讼类型。[④] 因此，固有必要共同诉讼仅是诉的主体合并。[⑤] 根据固有必要共同诉讼规则，不论在居住权人为数人的诉讼还是居住权设立人为数人的诉讼中，都必须将全部居住权人或居住权设立人追加为当事人，其中一人的诉讼行为经其他共同诉讼人承认的，对其他共同诉讼人发生效力。无法确定人数的固有必要共同诉讼，可以参照《民事诉讼法》第 56 条、第 57 条关于人数不确定的普通共同诉讼的规定，即通过发布公告、通知当事人或其诉讼承继人限期进行登记、推选诉讼代表人等程序进行诉讼，且代表人的诉讼行为对其所代表的当事人均

---

① 参见朱兴有、郑斌锋：《诉的合并与诉讼请求的合并之界定》，载《西南民族学院学报（哲学社会科学版）》2002 年第 8 期。

② 参见钱明星：《关于在我国物权法中设置居住权的几个问题》，载《中国法学》2001 年第 5 期。

③ 我国《民事诉讼法》第 55 条规定，当事人一方或者双方为二人以上，其诉讼标的是共同的，或者诉讼标的是同一种类、人民法院认为可以合并审理并经当事人同意的，为共同诉讼。共同诉讼的一方当事人对诉讼标的有共同权利义务的，其中一人的诉讼行为经其他共同诉讼人承认，对其他共同诉讼人发生效力；对诉讼标的没有共同权利义务的，其中一人的诉讼行为对其他共同诉讼人不产生效力。

④ 参见祝颖：《大陆法系的固有必要共同诉讼制度》，载《人民法院报》2020 年 4 月 24 日，第 8 版。

⑤ 参见袁琳：《多数人之债的诉讼构造与程序规则》，载《中外法学》2021 年第 6 期。

发生效力。值得注意的是,在共同共有的房屋上设立居住权,各共同共有人必须共同作为居住权设立人。而为数人设立居住权时,可以采取两种方式,一是设立一个居住权,居住权人为数人,即前述必要共同诉讼,二是为数人分别设立数个居住权,此时每个居住权人与居住权设立人的关系是相互独立的,居住权设立人与各居住权人之间的诉讼标的非同一而系同一种类,此时不构成必要共同诉讼,应分别单独审理,符合法定条件时,可以按照普通共同诉讼处理。

四、居住权客体与诉的制度的衔接

(一)居住权种类与居住权案件的诉讼类型

《民法典》第 367 条第 1 款规定,设立居住权,当事人应当采取书面形式设立居住权合同。《民法典》第 371 条规定:"以遗嘱方式设立居住权的,参照适用本章的有关规定。"不论是以合同方式设立居住权还是以遗嘱方式设立居住权,在性质上都属于意定居住权。除此之外《民法典》其他章节、其他法律规定或司法解释还规定了法定居住权。法定居住权规定散落在其他法律法规章节之中,侧重保护弱者的居住权益。根据法定居住权是否必须经过法院的裁判才能取得,法定居住权又分为两种:一种是符合法律规定的情形即取得居住权,意为居住权的取得无须经过法院的裁判。例如,《民法典》第 243 条规定,征收个人住宅的,还应当保障被征收人的居住条件。《老年人权益保障法》第 16 条第 1 款也规定,赡养人应当妥善安排老年人的住房,不得强迫老年人居住或者迁居条件低劣的房屋。另一种是居住权需要经过法院的生效裁判才能获得,如根据我国最高人民法院《关于适用〈中华人民共和国婚姻法〉若干问题的解释(一)》第 27 条规定,离婚时,一方以个人财产中的住房对生活困难者进行帮助的形式,可以是房屋的居住权或者房屋的所有权。《关于人民法院审理离婚案件处理财产分割问题的若干具体意见》第 14 条规定,婚姻关系存续间居住的房屋属于一方所有,另一方以离婚后无房屋居住为由,要求暂住的,经查实可据情予以支持,但一般不超过两年。司法实践中法院在审理离婚案件时,可以根据上述司法解释的相关规定,以保护妇女及弱势群体权益为目的,运用自由裁量权,按照公平原则、公序良俗原则,通过裁判的方式为一方当事人设立居住权。

区分居住权种类的实践意义在于《民法典》居住权章规定的居住权为意定居住权,所以该章规定的居住权的相关规范,包括居住权合同、居住权登记生效、居住权消灭等,均适用于意定居住权。对于法定居住权,则不当然地适用该章的相关规定。

司法实践中在审理居住权纠纷案件时，应该先确定居住权的类型，从而正确地适用法律。因法定居住权由相关的婚姻法、老年人保护法等特别法进行规定，在审理时倾向于保护弱者的权益，在审理法定居住权时不能机械适用《民法典》居住权章的相关规定。另外，法定居住权无需签订书面的居住权合同，设立不以登记为必要条件，法定居住权的消灭原因与意定居住权亦不尽相同。

区分居住权种类的另一个意义在于居住权的创设方式不同，居住权案件涉及的诉讼形态也不尽相同。根据当事人提出的诉的内容和目的的不同，民事诉讼分为确认之诉、给付支付和形成之诉三种形态。其中，确认之诉是指原告请求法院确认其与被告之间是否存在某种民事法律关系的诉。[①] 形成之诉是指原告请求法院运用判决变动已经成立的民事法律关系或特定法律事实的诉。给付之诉是最古老的诉讼形态，是指原告向法院提起诉讼请求被告向其作出给付义务的诉。根据前述居住权种类的分析及诉的种类分类标准，可以得出居住权案件的三种诉的形态：在居住权纠纷案件中，以裁判方式设立居住权的，原告系通过法院裁判的形式设立居住权，法院的判决起到了变动双方当事人之间的法律关系的效力，此时的诉讼形态为形成之诉。以遗嘱方式设立居住权，居住权自遗嘱生效之日起设立，当事人在诉讼中以遗嘱效力问题主张抗辩的，法院应先对遗嘱效力进行确认，在此基础上确认居住权是否成立；依法律规定直接取得居住权的，原告起诉主张确认其享有居住权，该类诉讼属于确认之诉。居住权合同纠纷案件，与其他合同纠纷案件一样，可以为给付之诉，也可以为确认之诉（主张确认居住权合同效力）或者形成之诉（主张解除居住权合同）。

（二）居住权与其他权利的顺位

与居住权可能发生权利顺位之争的权利包括所有权、抵押权、租赁权三种权利。区分了居住权与所有权、抵押权、租赁权的权利顺位问题，在诉讼过程中就能够对当事人主张的理由或者反驳对方主张的抗辩是否成立进行判断。

1. 居住权与所有权。从《民法典》第 366 条可知居住权的客体为他人住宅，因此居住权是他物权。所有权人在其所有的住宅上设立居住权，实际就是将其所有权中的占用、使用权属分立出去由居住权人享有，因此，一般情况下对于所有权人而言，居住权优先于所有权。在民事诉讼过程中，当事人以所有权人身份抗辩居住权人的主张的，理由不能成立。若设立居住权后所有权人发生变更，变更后的所有

① 参见江伟主编：《民事诉讼法》，中国人民大学出版社 2000 年版，第 47 页。

权人亦不能以此对抗已经登记公示的居住权人。在保留居住权的房屋买卖关系中亦是如此,出卖人虽将其房屋出售但保留了所有权,买受人虽取得房屋所有权却不能对抗出卖人的居住权。

2. 居住权与抵押权。居住权为用益物权,设立的目的是占有和使用,而设立担保物权的目的是保证债权的实现,这两种权利并不冲突,因此可以在同一客体上共存,但我国法律对于居住权与抵押权的顺位问题未作规定。根据《民法典》第405条的规定,抵押权设立前,抵押财产已经出租并转移占有的,原租赁关系不受该抵押权影响。该条是对租赁权与抵押权权利顺位的规定。居住权与租赁权在发挥房屋基本功能、实现权利途径等方面高度重合,二者均以满足需求人对房屋之占有以及获得房屋使用权为目的订立合同,其区别主要表现为使用的有偿性及修缮义务的分配等。[①] 因此居住权与抵押权的权利顺位可以参照租赁权与抵押权的权利顺位规则。其一,若居住权在先登记,抵押权人在办理抵押登记前应尽审慎检查义务,理应知晓房屋上设有居住权,即此时居住权的效力优先于抵押权,且因居住权的存在本身并不直接影响抵押权的实现,二者互不存在排他性权利冲突,故不得草率以在先居住权直接否定抵押权的实现途径。[②] 其二,若抵押权设置在先,即在有抵押权的房屋上设立居住权,法律并未禁止在设有抵押权的房屋上设立居住权,且实践中存在银行贷款而设有抵押权的房屋非常常见,如果不允许在这些房屋上设立居住权显然不符合我国的国情,因此,《民法典》规定的在他人住宅上设立居住权中的他人住宅包括设有担保物权的住宅自无争议。但因在房屋上设立居住权会导致抵押财产价值减少,因此此种情况应经抵押权人同意、抵押人提供其他足额的担保或提前清偿债务,否则抵押权人有权提起第三人撤销之诉,主张撤销该居住权。

3. 居住权与租赁权。居住权和租赁权都是对房屋的占用、使用,因此二者不能同时存在于同一房屋之上。房屋出租后又设立居住权的,参照"买卖不破租赁"规定,居住权人不得向承租人主张权利,只能等租赁期结束后行使居住权;而在房屋上设立居住权后又将房屋出租的,居住权人的权利不受租赁合同影响,承租人只能依据租赁合同向出租人主张违约责任。

（三）居住权案件涉及的第三人撤销之诉

我国《民事诉讼法》第59条第3款规定:"前两款规定的第三人,因不能归责于

---

① 参见王利明:《论民法典物权编中居住权的若干问题》,载《学术月刊》2019年第7期。

② 参见曹腾:《居住权与抵押权的权利冲突及规则准用》,载《山东法官培训学院学报》2022年第2期。

本人的事由未参加诉讼,但有证据证明发生法律效力的判决、裁定、调解书的部分或者全部内容错误,损害其民事权益的,可以自知道或者应当知道其民事权益受到损害之日起六个月内,向作出该判决、裁定、调解书的人民法院提起诉讼……""前两款规定的第三人"包括有独立请求权的第三人和无独立请求权的第三人。我国第三人撤销之诉制度要求提起第三人撤销之诉的当事人必须是因不能归责于本人的事由未参加诉讼的第三人。① 如果该第三人已经参加了诉讼,其可以在诉讼中维护自身权利,而无须再通过提起第三人撤销之诉予以解决。居住权案件涉及的第三人撤销之诉是指当事人之间就居住权纠纷之诉、居住权合同纠纷之诉已经由法院做出生效裁判后,有独立请求权的第三人和无独立请求权的第三人对已经发生法律效力的居住权纠纷之诉、居住权合同纠纷之诉裁判文书主张撤销。主要包括4种情形:一是房屋的实际所有权人对房屋名义所有权人和居住权人提出的撤销居住权设立之诉;二是在为第三人设立居住权时,居住权人就居住权合同纠纷提起的撤销之诉;三是在居住权纠纷或居住权合同纠纷之诉中遗漏了部分居住权人或居住权设立人,遗漏主体提起第三人撤销之诉;四是在先的房屋抵押权人对后设立的居住权提起的第三人撤销之诉。

五、居住权消灭与居住权案件中止、终结的衔接

《民法典》第370条规定,居住权期限届满或者居住权人死亡的,居住权消灭。这里规定了居住权消灭的两种方式,即期限届满、居住权人死亡。但是司法实践中,关于居住权的消灭还需要思考以下几个问题。

一是在居住权设立期限内居住权人死亡的,居住权是否消灭。《民法典》规定了两种居住权的消灭事由,即期限届满、居住权人死亡,从法律条文来看,"或"表示只要这两种事由出现其中一种,就导致居住权的消灭。但在有偿设立居住权的情形下,居住权人的继承人有权要求居住权设立人退还剩余居住权期限的相应价款。

二是居住权消灭的其他情形,包括:(1)居住权人放弃权利。在不违反公序良俗的前提下,权利人放弃权利是所有私权利消灭的方式之一,居住权的消灭方式也应有这一情形。居住权人放弃居住权需作出明确的意思表示,不能因沉默推定居住权人放弃居住权。(2)居住权主体双方协议一致同意终止居住权。(3)居住权人与所有权人混同。比如出现所有权人将房屋赠与居住权人,房屋被居住权人继承,

① 参见张卫平:《中国第三人撤销之诉的制度构成与适用》,载《中外法学》2013年第1期。

居住权人购买了房屋等情形时，房屋所有权变更到居住权人名下，居住权自然消灭。(4)法律规定产生居住权的情形消失。对于按照法律规定设立的居住权和法院以裁判形式设立的居住权，一旦居住权设立的情形消失，居住权自然也消灭，所有权人可以请求法院确认居住权消灭。(5)居住权合同约定的解除条件成就。居住权可以以合同的形式设立，对于居住权合同的内容，应以双方当事人的自由意志为准，因此如果双方在居住权合同中约定了居住权的解除条件，一旦解除条件成立，则居住权消灭。(6)法院裁判确认居住权消灭。

三是不产生居住权消灭的情形，包括：(1)居住权客体(房屋)灭失后，并不必然导致居住权的消灭，比如房屋拆迁重建等，居住权人可以享受拆迁安置补偿或者对重建的房屋享有居住权。(2)居住权人为两人或者两人以上，其中有的居住人死亡但其他居住人未死亡的，并不发生居住权消灭的效果。应以最后死亡的自然人的生存期限为居住权的存续期限。① (3)居住权人不行使权利，比如居住权人长期不在房屋内居住，并不必然导致居住权的消灭。与居住权人明确表示放弃居住权不同的是，居住权人取得居住权后未实际在房屋内居住，该行为不能推定居住权人放弃了居住权，即消极行使居住权不能产生居住权消灭的效果。

我国《民事诉讼法》第153条第1项规定，一方当事人死亡，需要等待继承人表明是否参加诉讼的，中止诉讼。中止诉讼的原因消除后，恢复诉讼。《民事诉讼法》第154条规定："有下列情形之一的，终结诉讼：(一)原告死亡，没有继承人，或者继承人放弃诉讼权利的；(二)被告死亡，没有遗产，也没有应当承担义务的人的；(三)离婚案件一方当事人死亡的；(四)追索赡养费、扶养费、抚养费以及解除收养关系案件的一方当事人死亡的。"该两个法条构建了我国诉讼中止与诉讼终结制度。诉讼中止是在民事诉讼程序开始后，出现某种无法克服和难以避免的特殊情况，导致诉讼程序不能或者不宜进行，因而受诉法院裁定暂时停止诉讼程序的制度。法院作出诉讼中止裁定后，案件进入搁置阶段，当事人的权利义务进入待定状态，直至诉讼中止情形消失后，法院才会继续对案件进行审理，进而作出最终裁判。② 所谓诉讼终结是指在诉讼进行过程中，一方当事人死亡，致使案件诉讼程序无法继续进行或者无须继续进行时，由法院据此裁定结束案件诉讼程序的制度。③

对于居住权纠纷案件中的中止诉讼与终结诉讼问题，因居住权具有一定的人

① 参见钱明星：《关于在我国物权法中设置居住权的几个问题》，载《中国法学》2001年第5期。

② 参见杨光：《关于诉讼中止的思考》，载《中国律师》2014年第2期。

③ 参见孟波、陈超远：《浅议诉讼终结制度》，载《甘肃政法成人教育学院学报》2004年第3期。

身属性，我国《民法典》第 369 条明确规定，居住权不得转让、继承。因此居住权纠纷案件和居住权合同纠纷案件诉讼过程中的诉讼中止与终结与其他普通民事案件相比具有以下特殊之处。

1. 诉讼中止。在居住权合同纠纷中，居住权人死亡的，其合同利益能被其诉讼承继人继承，但是因诉讼承继人不能享有居住权人的居住权，所以此时法院应该向诉讼承继人释明变更诉讼请求，不得再对居住权享有提出主张，而可以主张合同违约或者目的无法实现要求进行赔偿或者解除合同、返还剩余利益。

2. 在无偿为居住权人设立居住权的纠纷案件中，居住权人死亡的，应终结诉讼。居住权人的权利不能转让或者继承，因此居住权人死亡的，其继承人无法继承该项居住权，亦无法就其生前享有的居住权对应的利益提起诉讼，如居住权人在生前并未享有居住权，其继承人在其死亡后向居住权设立人提起居住权纠纷主张相关赔偿，法院对此应认定原告主体资格不适格，裁定不予受理或者裁定驳回起诉。但在有偿设立居住权的居住权纠纷案件中，居住权人死亡的，居住权人的诉讼承继人可以另诉就居住权人生前为获得居住权享有的剩余给付利益主张赔偿。

六、本章观点集成

1. 问题

(1) 居住权合同纠纷的管辖规定?

有观点认为，居住权合同纠纷应按照不动产纠纷确定管辖，由房屋所在地人民法院管辖。

本书初步意见认为，虽然居住权合同纠纷按照不动产纠纷确定管辖较为适宜，但是现行法律、司法解释并未将居住权合同纠纷纳入按照不动产纠纷确定管辖的范围，因此目前只能根据现行法律、司法解释确定居住权合同纠纷的管辖法院。当事人在居住权合同中明确约定合同履行地的，该约定的合同履行地即为居住权合同的合同履行地，据此可以确定居住权合同的管辖法院，即使当事人将房屋所在地之外的地点约定为合同履行地，该约定依然有效。

(2) 法人、非法人组织能否成为民事实体法意义上的居住权人?

有观点认为，法人、非法人组织可以成为实体法意义上的居住权人。理由如下：第一，《民法典》第 367 条规定，居住权合同一般包括当事人的姓名或者名称和住所，其中“姓名”指自然人的姓名，而“名称”指法人或者非法人组织的名称。可见《民法典》并未将法人、非法人组织排除在居住权人范围之外。第二，实践中存在单位签订居住权合同或者建立小区供其员工居住的实例，此时单位即为居住权人。

有观点认为，非法人组织不能成为实体法意义上的居住权人。

本书初步意见认为，法人、非法人组织不能成为实体法意义上的居住权人。理由如下：第一，根据《民法典》第366条对于居住权人的定义，居住权人有权按照合同约定，对他人的住宅享有占用、使用的用益物权，以满足生活居住的需要。法人、非法人组织虽可以对房屋进行占有、使用，但其本身并无生活居住的需要。第二，《民法典》第367条规定的“当事人的姓名或者名称和住所”，并非指居住权人的“姓名或者名称”，而是指居住权合同当事人的“姓名或者名称”。法人、非法人组织虽不能成为居住权人，但其可以作为房屋所有权人签订居住权合同，或为其员工等第三人设立居住权而作为合同当事人签订居住权合同。第三，实践中，单位建立小区后将房屋交给员工居住，或者单位与他人签署居住权合同并将房屋给员工居住，此时单位并非居住权人，该单位不确定的现在及将来居住在房屋内的员工作为一个整体，系居住权人。

(3)法人、非法人组织能否以居住权人身份作为诉讼主体参加居住权纠纷或居住权合同纠纷之诉？

有观点认为，法人、非法人组织不能成为实体法意义上的居住权人，自然不能以居住权人身份作为诉讼主体参与居住权纠纷或者居住权合同纠纷之诉。

也有观点认为，法人、非法人组织能以居住权人身份作为诉讼主体参与居住权纠纷或者居住权合同纠纷之诉。

还有观点认为，法人、非法人组织参与居住权合同纠纷之诉不受限制，但法人、非法人组织以居住权人身份参与居住权纠纷之诉不应被允许。理由如下：第一，居住权合同纠纷属于合同纠纷范畴，对合同主体法律没有过多限制。法人、非法人组织虽无法享有实体法意义上的居住权，但签订居住权合同为自己设立居住权的，用合同不能履行规则解决即可，不影响根据具体情况认定双方的合同责任。第二，对于居住权纠纷，居住权人一方或依居住权合同而登记的居住权人，或依据遗嘱、法院裁判等方式确定的居住权人，其只能是自然人而不能是法人或非法人组织。因此居住权纠纷中的居住权人一方当事人只能是自然人。

本书初步意见认为，法人、非法人组织能以居住权人身份作为诉讼主体参与居住权纠纷或者居住权合同纠纷之诉。理由如下：民事主体是指能够独立享有民事权利、履行民事义务、承担民事责任的主体。而诉讼主体是指能够参与民事诉讼活动的当事人。二者存在分离，并非完全一致。虽然法人、非法人组织不能成为实体法意义上的居住权人，但是其参与居住权纠纷之诉或者居住权合同纠纷之诉的诉讼权利不受限制。

(4)居住权期限内居住权人死亡,如何处理?

有观点认为,居住权人死亡,居住权消灭,所有权利义务关系终止。理由如下:《民法典》规定了两种居住权的消灭事由,期限届满或者居住权人死亡,从法律条文来看,“或”表示只要这两种事由出现其中一种,就导致居住权的消灭。《民法典》又规定居住权不得继承,因此居住权人死亡的,全部权利义务关系终止。

本书初步意见认为,居住权人死亡,居住权消灭,居住权人的居住权不得继承,但居住权人的继承人可以对居住权人基于剩余居住权期限对应的经济利益主张权利,房屋所有权人也可在居住权人继承人继承居住权人遗产的范围内向居住权人继承人主张尚未给付的居住权价款或基于居住权人生前行使居住权而产生的其他债务。

2. 民事诉讼制度展望

(1)建议

明确居住权合同纠纷的地域管辖规则。

(2)理由

《民法典》创设居住权后,《民事案件案由规定》也对此进行了相应的修改,关于居住权案件的案由有两个,分别是用益物权纠纷案由下的“居住权纠纷”和合同纠纷案由下的“居住权合同纠纷”。根据《〈民事案件案由规定〉的通知》的规定,当事人诉争的法律关系性质涉及物权变动原因的,即因债权性质的合同关系引发的纠纷案件,应当选择“居住权合同纠纷”案由;当事人诉争的法律关系性质涉及物权变动结果的,即因物权设立、权属、效力、使用、收益等物权关系引发的纠纷案件,应当选择“居住权纠纷”案由。对居住权纠纷,适用不动产纠纷管辖规定,由设立居住权的房屋所在地人民法院管辖自无争议,但对居住权合同纠纷案件的管辖确定还需要进一步明确。

第一,应当区分实体法上合同履行地与程序法上合同履行地。实体法意义上的合同履行地确定顺序为:当事人明确约定合同履行地,协议补充履行地,按照合同相关条款或者交易习惯确定履行地,接受货币一方所在地(给付货币的)或不动产所在地(交付不动产的)、履行义务一方所在地(其他标的)为履行地。就居住权合同而言,居住权合同可以为单务合同,也可以为双务合同,双方约定了履行地的,以约定、补充约定的履行地为单方义务人或双方义务人的合同履行地,合同履行地可以为一个或多个。无法确定履行地的,对于居住权设立人关于办理登记、交付房屋义务的履行,以设立居住权的房屋所在地为履行地,对于居住权人支付价款的义务履行,以居住权设立人所在地为履行地;而程序法上履行地的目的在于确定合同案件的管辖法院,其合同履行地应当具有唯一性,不因合同属于单务合同抑或双务合同而有所区别。程序法上居住权合同纠纷的履行地点的确定依据为《民诉法解释》第 18 条,根据争议标的即原告诉讼请求对应的客体进行确定,不需要也不能依据《民法典》的相关规定进行确定。因此,实体法上的合同履行地点仅具有实体行为的导向意义,并不具有确定地域管辖的程序功能。第二,对于居住权合同约定的履行地点的效力,具有确定管辖意义的约定履行地点是指在居住权合同中明确载明"合同履行地"的情形,居住权合同对某项合同义务履行地点的约定不作为确定程序法意义上合同履行地的依据。第三,居住权合同纠纷是否应属于《民诉法解释》第 28 条第 2 款规定的应按照不动产纠纷确定管辖的纠纷类型?举轻明重和举重明轻的方法,本质上是逻辑学在法律领域的运用,因而在私法上也不乏其踪影。因《民事诉讼法》和《民诉法解释》对居住权合同是否按照不动产纠纷确定管辖没有规定。本书认为,根据举轻以明重的法律解释方法,居住权合同纠纷与房屋租赁合同纠纷相比,更倾向属于物权或不动产纠纷,因此本书建议,将居住权合同纠纷规定在按照不动产纠纷确定管辖的案件范围内。

另外,如果当事人在其他纠纷中主张居住权,如在离婚纠纷中一方主张其对房屋享有居住权,此时应按照离婚纠纷还是按照居住权纠纷确定管辖法院?本书认为,案由的确定是法院根据当事人的诉讼请求进行的认定。以当事人诉讼请求确定案由其实质也是以民事法律关系确定案由,但不能单纯地以当事人承担责任的方式、诉讼标的或其他作为确定案由,因为它所反映案件的实际内容,既不确切,也不科学。因此居住权纠纷中,不因当事人的诉求或者抗辩主张中包含了某一具体主张而改变,在其他案由纠纷中主张居住权的,还是应该按照当事人提起的纠纷类型确定案件类型。

第五章　债权人代位析产

因涉及债权人、债务人及其他共有人的利益平衡问题，共有财产的执行难题繁多。为解决共有财产份额不明导致的“执行难”，《查扣冻规定》设立债权人代位析产制度，于2005年1月1日起施行，为强制执行债务人与他人的共有财产提供了便利。发展至今，该制度实施中出现的一些问题比如案由问题①和管辖问题②已被新

① 在新的《民事案由规定》实施之前，当债权人提起代位析产纠纷，要求确认共有财产中共有人各自份额时，债权人起诉或者法院最终确定的案由包括物权确认纠纷[如石家庄市新华区人民法院(2020)冀0105民初3503号民事判决书]、共同共有纠纷[如浙江省义乌市人民法院(2010)金义民初字第1952号民事判决书]共有物分割纠纷[如广东省阳江市中级人民法院(2013)阳中法民一终字第469号民事判决书]、所有权纠纷[如浙江省德清县人民法院(2014)湖德武民初字第1号民事判决书]、分家析产纠纷[如浙江省金华市中级人民法院(2011)浙金民终字第1231号民事裁定书]等。基于债权人代位析产诉讼的制度目的、安排与执行异议之诉类似，强调根据当事人的诉请，对诉讼标的的权属作出判断，对执行行为进行评判，上海市高级人民法院曾在《涉代位析产纠纷若干法律问题的研讨纪要》(沪高法民〔2020〕6号)将代位析产诉讼置于二级案由“执行异议之诉”之下。为应对上述问题，2020年12月，《最高人民法院新民事案件案由规定理解与适用(上)》将共有纠纷规定为第三级民事案由，债权人代位析产纠纷确定为其下设的第四级案由。

② 在管辖问题上，有的法院认为，债权人代位析产诉讼发生在执行过程中，应当由执行法院管辖，比如在陆某与徐某某、刘某1等分家析产纠纷案[上海市高级人民法院(2020)沪民辖221号民事裁定书]中，法院认为代位析产诉讼应由执行法院管辖为宜。《关于执行权合理配置和科学运行的若干意见》(法发〔2011〕15号)第11条第1款也规定，办理代位析产之诉等涉执行的诉讼案件，由立案机构进行立案审查，并纳入审判和执行案件统一管理体系。上海市高级人民法院《涉代位析产纠纷若干法律问题的研讨纪要》(沪高法民〔2020〕6号)认为代位析产诉讼是执行过程中产生的附随诉讼，法院行使的执行裁判权是执行权内部分权的结果，提起代位析产诉讼的前提条件以及后续处置都与执行行为息息相关，从审执兼顾角度，依附于执行权之上的裁判权应由行使执行权的执行法院管辖。江苏省高级人民法院《执行异议及执行异议之诉案件审理指南(一)》同样持此意见。有的法院则认为，代位析产诉讼的目的是分割财产，与确定债权存在的原诉之间不存在诉的争议，因此如果诉争析分的财产是不动产，应该由不动产所在地法院专属管辖。比如在李某某与债权人代位权纠纷案[湖南省高级人民法院(2021)湘民监24号民事裁定书]中，法院判定案件应当由不动产所在地人民法院管辖。在涉及特殊管辖时，则依据相关规定执行，在陈某与黄某某、马某某共有物分割纠纷案[江苏省高级人民法院(2018)苏民辖终154号民事裁定书]中，法院依据最高人民法院《关于对被监禁或被劳动教养的人提起的民事诉讼如何确定案件管辖问题的批复》(法释〔2010〕16号，现已失效)裁定，由于被告被监禁，案件应由原告住所地或者经常居住地的人民法院管辖。对此争议，修改后的《民事案由规定》也明确，债权人代位析产纠纷应区分共有财产的类型分别确定管辖，若为不动产，则由不动产所在地人民法院专属管辖；若为动产，则适用《民事诉讼法》规定的一般地域管辖，由被告住所地或者所在地人民法院管辖。

出台的规定解决，但是还有一些问题仍有待化解。

一、债权人代位析产制度

（一）债权人代位析产制度的概念

《查扣冻规定》第12条第3款规定："共有人提起析产诉讼或者申请执行人代位提起析产诉讼的，人民法院应当准许。诉讼期间中止对该财产的执行。"债权人代位析产纠纷系指民事强制执行过程中，在被执行人（债务人）与他人享有共有财产而不主动析产清偿债务的情况下，由申请执行人（债权人）依法提起诉讼，要求法院确认被执行人在该共有财产中享有的份额。

债权人代位析产诉讼中，债权人诉讼权利衍射过程为：债权—代位权—物权—诉权，具体可从"债权人代位""析产""诉讼"三个方面理解。从债权人代位的角度而言，因与债务人存在债权债务关系，债权人获得以自己的名义代位行使债务人部分权利的法定资格。从析产的角度而言，债权人代位行使的权利的对象指向的是共有财产，行使的是共有人对共有物的分割请求权。从诉讼的角度而言，《查扣冻规定》采纳的是通过诉讼进行分割的观点，即债权人代位析产必须通过诉讼程序，而不能以诉讼外的方式行使。

（二）债权人代位析产诉讼的分类

债权人代位析产诉讼旨在对共有财产进行分割，按照《民法典》的规定，共有包括共同共有和按份共有。由于债权人代位析产诉讼的目的是析出债务人对共有的执行标的物的份额，将共同共有的状态明确为按份共有，或将阻碍债权人权利实现的模糊共有状态清晰化，因此，在按份共有关系下，债权人一般情况下并无提起代位析产诉讼的必要。实务中，债权人提起代位析产诉讼也均为确认债务人在与他人共同共有的财产中的份额。

共同共有以共同关系的存在为前提，[①]一般发生在互有特殊身份的当事人之间。共同共有中，所有共有人对共有财产共同享有所有权，只有在全体共同共有人同意的情况下，才能处分共有财产或者作重大修缮，变更性质、用途。我国学界普遍认为，共同共有包括夫妻共有、家庭共有和遗产分割前的共有。[②] 据此，代位析产诉讼也可分为对夫妻共有财产提起的代位析产诉讼、对家庭共有财产提起的代位析产诉讼以及对分割前遗产提起的代位析产诉讼。

---

① 参见崔建远：《物权法》，中国人民大学出版社2009年版，第261页。

② 参见黄薇主编：《中华人民共和国民法典物权编释义》，法律出版社2020年版，第234页。

（三）债权人代位析产诉讼与债权人代位权诉讼

"债权—代位权—物权—诉权"这一权利衍射过程中的"代位权"与《民法典》法律体系中的债权人代位权并不相同。

从代位的客体来看，代位请求权指向的是债权。在我国的实体法体系中，一般将代位请求权①和代位保存权②并称为广义债权人代位权，其中前者一般又被称为狭义的债权人代位权。早在2005年，最高人民法院就曾明确，所有权不能成为代位请求权的客体。③《民法典》延续这一做法，将代位请求权的权利范围限于"债权或者与该债权有关的从权利"，对比已失效的《合同法》中"到期债权"的表述虽然有所扩展，但是相对《民法典》合同编一审稿和二审稿规定的"债务人的权利"仍有很大程度的限缩。④ 而债权人代位析产制度中，债权人是针对债务人与他人的共有物权提起诉讼。从权利行使的时间来看，代位请求权作为实体法上的请求权，需要债权人在实体法律关系的审理阶段行使，而债权人代位析产诉讼只能在进入执行阶段后提起。⑤ 从权利行使的目的看，债权人行使代位权是为了防止出现债务人责任财产应当增加而不增加的情形，即债务人怠于行使其债权，使其责任财产应当增加而未增加，⑥是通过限制债务人积极地不当行为减少其财产权益或者增加责任财产负担，或者其消极地怠于行使权利而危及财产权益，来保障债权人债权实现的一项法律制度；⑦而债权人代位析产制度的目的是明确执行力的具体范围。⑧ 依据

① 《民法典》第535条：因债务人怠于行使其债权或者与该债权有关的从权利，影响债权人的到期债权实现的，债权人可以向人民法院请求以自己的名义代位行使债务人对相对人的权利，但是该权利专属于债务人自身的除外。代位权的行使范围以债权人的到期债权为限。债权人行使代位权的必要费用，由债务人负担。相对人对债务人的抗辩，可以向债权人主张。

② 《民法典》第536条：债权人的债权到期前，债务人的债权或者与该债权有关的从权利存在诉讼时效期间即将届满或者未及时申报破产债权等情形，影响债权人的债权实现的，债权人可以代位向债务人的相对人请求其向债务人履行、向破产管理人申报或者作出其他必要的行为。

③ 参见最高人民法院《关于深圳发展银行与赛格（香港）有限公司、深圳赛格集团财务公司代位权纠纷一案的请示的复函》，〔2005〕民四他字第31号。

④ 参见韩世远：《债权人代位权的解释论问题》，载《法律适用》2021年第1期。

⑤ 在发布《查扣冻规定》时，有"2004年10月26日最高人民法院审判委员会第1330次会议通过，根据2020年12月23日最高人民法院审判委员会第1823次会议通过的《最高人民法院关于修改〈最高人民法院关于人民法院扣押铁路运输货物若干问题的规定〉等十八件执行类司法解释的决定》修正"这一表述。

⑥ 参见王利明：《债权人代位权与撤销权同时行使之质疑》，载《法学评论》2019年第2期。

⑦ 参见最高人民法院民法典贯彻实施工作领导小组主编：《中华人民共和国民法典合同编理解与适用（一）》，人民法院出版社2020年版，第497页。

⑧ 参见陈克：《代位析产纠纷中若干问题的探讨》，载《法律适用》2020年第5期。

入库规则,[①]债权人代位权的行使增加了债务人的财产,也增加了债务人的责任财产;而债权人代位析产诉讼的提起,并未增加债务人的财产,但是增加了债务人的责任财产。[②]

(四)债权人代位析产制度的性质

1. 民法上代位权制度法律化的产物

债权人代位析产制度属于债的保全范畴,[③]债权人行使代位权,限于保存行为与实行行为,原则上不包含处分行为。[④] 从比较法的角度来看,债权人可代位行使的债务人对第三人的权利包括:合同债权、物上请求权、损害赔偿请求权等财产权利,撤销权、变更权等为财产利益而承认的权利,代位诉讼等诉讼权利。[⑤] 史尚宽先生对我国台湾地区代位权相关条款解读时,认为基于契约、不当得利、无因管理的债权请求权、物权及物权请求权,以财产的利益为目的之形成权均属于可代位的客体。[⑥]

债权人代位析产制度是传统民法上代位权制度法律化的产物,可被纳入广义的代位权诉讼范畴,在制度目的、适用范围、行使方法、行使效果等方面,均能为传统代位权制度所涵括,只是我国大陆合同法意义上的债权人代位权适用范围相对狭窄,才造成了债权人代位析产诉讼与债权人代位请求权诉讼分化的格局。[⑦]

2. 独立的实体审判程序

民事强制执行是指具有民事强制执行权的人民法院依据法律的规定,根据生效的法律文书,采取强制执行措施,促使债务人履行生效法律文书确定的义务的一系列活动与程序。[⑧] 而债权人代位析产诉讼是涉及执行的诉讼,[⑨]需要进行实体审判,将模糊的共同共有的状态确定为清晰的按份共有的状态。

代位析产诉讼程序和民事强制执行程序的衔接关系是:债权债务关系确认后,

---

① 参见郑玉波:《民法债编总论》(修订2版),陈荣隆修订,中国政法大学出版社2004年版,第297页。债权人代位权之行使,因系行使债务人之权利,故其行使之效果,仍应归属于债务人,而为其总债权之共同担保,代位之债权人并不能因之获得优先受偿权,亦即仍应与其他债权人立于平等的地位,而受清偿。

② 共同共有财产上只存在一个物权,因此严格而言,在共同共有关系未解除的情况下,该财产属于全体共有人共有,并不属于某共有人(债务人兼被执行人)的责任财产范围。

③ 参见张磊:《申请执行人代位析产诉讼相关问题》,载《人民司法》2013年第3期。

④ 参见史尚宽:《债法总论》,中国政法大学出版社2000年版,第470页。

⑤ 参见崔建远主编:《合同法》(第5版),法律出版社2010年版,第150~151页。

⑥ 参见史尚宽:《债法总论》,中国政法大学出版社2000年版,第462页。

⑦ 参见邬砚:《代位析产诉讼的理论解析与规则构建》,载《法学杂志》2015年第12期。

⑧ 参见谭秋桂:《民事执行法学》(第3版),北京大学出版社2015年版,第6页。

⑨ 参见《关于执行权合理配置和科学运行的若干意见》,法发〔2011〕15号。

因债务人不积极履行义务进入执行程序;执行程序中,因债务人的份额不明确,无法强制执行被执行人与他人共有的、已采取查扣冻等控制性执行措施的财产的,先停止或暂缓执行;债权人提起代位析产诉讼对共有物进行析产,明确各共有人在共有物中的财产份额;根据析产判决的分割结果进行拍卖等处分性执行措施,实现债权人的债权。[①] 代位析产诉讼的判决在确认执行人与被执行人的债权债务关系的判决基础上,为案件的执行增加了新的执行依据。

代位析产诉讼程序本身属于实体审判程序,债权人(申请执行人)无法径行通过债权人代位析产诉讼达成实现债权的目的,只能获得一份可供执行的财产依据,其确定的财产分割结果的实现还需满足强制执行程序的其他条件。举例来说,如果 A 被法院判决给付 B 合同违约金 50 万元,在诉讼过程中,B 申请法院查封了 A 与其配偶共有的唯一住房。经执行程序,发现除共有房屋外,A 无其他财产可供执行。该房屋由 A 与其配偶、子女及赡养的父母共同居住,且仅能恰好满足生活需要。按照法律的规定,对于该房屋,B 可以提出债权人代位析产诉讼,要求确定 A 对该房屋的财产份额,在确认 A 的财产份额之后,代位析产诉讼已终结。B 能否拍卖、变卖该房屋,实现债权并非债权人代位析产诉讼的制度范畴。

就代位析产制度的法律效果而言,债权人(申请执行人)通过代位析产诉讼明确债务人(被执行人)的财产份额后,其对分割确定的财产并不享有优先受偿权。提起代位析产诉讼的债权人能否取得优先受偿权,应与《民法典》体系下债权人行使代位请求权的效果保持一致。合同法视野下,债权人行使代位权的效果有"直接受偿规则"和"入库原则"的分歧。直接受偿规则认为债权人提起代位权诉讼后,次债务人直接向债权人履行清偿义务,债权人就次债务人的履行优先受偿。入库原则则主张行使代位权取得的财产应先加入债务人的责任财产,然后再依债权清偿的规则进行清偿。[②] 有观点认为,为了鼓励债权人积极行使债权,加大对债权的保护力度,《民法典》第 537 条对代位权的行使效果采纳了直接受偿原则,既能防止债务人责任财产的减少,又便利了债权人的债权实现。[③] 本书认为,《民法典》第 537 条前句来自于《合同法解释(一)》,所谓的直接受偿原则指向债权人和债务人在抵销适状场合,发生法定抵销的效果,债权人只是"直接受领"而非"直接受偿"。[④] 因

---

① 参见江必新主编:《强制执行热点问题新释新答》,人民法院出版社 2010 年版,第 337 页。

② 参见崔建远、韩世远:《合同法中的债权人代位权制度》,载《中国法学》1999 年第 3 期。

③ 参见黄薇主编:《中华人民共和国民法典合同编释义》,法律出版社 2020 年版,第 173 页。

④ 参见韩世远:《债权人代位权的解释论问题》,载《法律适用》2021 年第 1 期。

此,提起代位析产诉讼的债权人对析分而来的财产并不享有优先受偿权。

二、债权人代位析产诉讼的构成要件

《查扣冻规定》第 12 条规定:“对被执行人与其他人共有的财产,人民法院可以查封、扣押、冻结,并及时通知共有人。共有人协议分割共有财产,并经债权人认可的,人民法院可以认定有效。查封、扣押、冻结的效力及于协议分割后被执行人享有份额内的财产;对其他共有人享有份额内的财产的查封、扣押、冻结,人民法院应当裁定予以解除。共有人提起析产诉讼或者申请执行人代位提起析产诉讼的,人民法院应当准许。诉讼期间中止对该财产的执行。”

上述法条确立了共有财产执行程序与债权人代位析产制度衔接的基本规则:(1)共有财产可以作为执行标的,但是法院对共有财产只能采取查封、扣押、冻结等控制性执行措施。(2)法院对共有财产采取控制性执行措施的,必须通知共有人,这一方面是为了保障债务人以外的共同共有人的知情权,另一方面是为了鼓励共有人自行分割共有财产。(3)在债权人认可的情况下,共有人可以协议分割共有财产。这既尊重共有人的意思自治,又避免出现作为债务人的共有人与其他共有人恶意串通、减少自身财产份额,损害债权人权益的情况。(4)赋予债权人提起代位析产诉讼的权利,当共有人不主动分割共有财产、阻碍债权实现时,债权人可以自己的名义代位提起析产诉讼,要求法院明确各共有人的财产份额。(5)根据协议或析产诉讼的分割结果,如果作为共有人的债务人分得的财产可以和其他共有人分得的财产区分处置,应当解除对其他共有人财产的执行控制措施。例如债务人甲和配偶乙共有 A、B 两辆汽车,债权人在诉讼过程中申请法院对其进行查封,经过财产分割后,债务人甲分得 A 汽车,乙取得 B 汽车,那么法院就应解除对 B 汽车的查封措施。如果债务人和其他共有人分得的财产不能区分处置,那么在对共有财产进行拍卖等处置性执行措施变价之后,应保留其他共有人的份额,债权人只能就债务人的共有份额实现债权。例如债务人丙和配偶丁共有一处房屋,债权人在诉讼过程中申请法院对其进行查封,经过财产分割后,丙、丁各分得房屋 50% 的份额,基于房屋的不可分性,法院无法解除查封措施,如果法院最终以拍卖方式将该房屋变价为 100 万元,那么其中的 50 万元必须予以保留,债权人只能在债务人所有的 50 万元内实现债权。

据此,债权人提起代位析产诉讼必须具备以下条件:其一,债权人与债务人的债权债务关系已经得到法律上的确认;其二,债权人就生效债权已经向法院申请强制执行，共有财产已被查封、扣押、冻结；其三，除共有财产外，该债务人已无其他可供执行的财产；其四，财产共有人（债务人和其他共有人）尚未对共有财产进行析产分割。基于平衡保护债权人和共有人的权利的立场，要求债权人提起代位析产诉讼必须是在债权人与债务人的债权债务关系已经得到法律上的确认的前提下进行无可非议，此处主要讨论后三个条件。

（一）债权人就生效债权已经向法院申请强制执行

代位析产诉讼为了解决强制执行制度无法执行债务人与他人的共有财产、部分债务人借此逃避债务的、债权人的债权无法实现的问题，特意设置的一项制度，该制度由《查扣冻规定》界定，而《查扣冻规定》旨在规范人民法院民事执行中的查封、扣押、冻结等行为，最高人民法院《关于执行权合理配置和科学运行的若干意见》亦将代位析产之诉界定为涉执行的诉讼案件，因此，债权人就生效债权已经向法院申请强制执行是提起代位析产诉讼的前提条件。在沈阳沈后建筑安装工程处、沈阳金龙大厦有限公司等债权人代位权纠纷案中，法院认为代位析产诉讼的前提是被执行人与他人存在共有财产，且对该共有财产已经采取了查封、扣押、冻结等执行措施；[①]在高某等与某投资有限合伙企业债权人代位析产纠纷案中，法院在论及债权人提出代位析产诉讼符合法律规定时，也将债务人高某与他人共有的涉案房屋已经被查封作为构成要件之一。[②]

（二）无其他可供执行的财产

债权人享有经生效文书确定的债权，但是债务人以外的共有人对共有财产也享有合法的权利，且该权利及于共有物整体。如禁止代位分割，则在债务人有财产的情况下，生效法律文书确认的债权无法得到实现，明显有违正义之要求；如允许债权人任意提起代位析产之诉，一方面对债务人的支配自由干预过甚，另一方面亦过于忽视其他共有人的固有利益。因此，出于平衡各方利益的考量，以债务人除共有财产外，已无其他可供执行的财产作为债权人提起代位析产诉讼的构成要件并无不当。

至于除共有财产外，已无其他可供执行的财产的判定，可以参照“终结本次执行程序”的规定中的“穷尽财产调查措施”处理，[③]如穷尽财产调查措施未发现债务人有除共有财产外的其他财产，执行法院可以出具终止此次执行的裁定，该裁定也

---

① 辽宁省高级人民法院，(2022)辽民终303号民事裁定书。

② 北京市高级人民法院，(2021)京民申3682号民事裁定书。

③ 《关于执行案件立案、结案若干问题的意见》，法发〔2014〕26号。

足以支持债权人提起代位析产诉讼。如在徐某与张某等债权人代位析产纠纷案中，债权人主张就债务人的共有房屋进行析产之前，已向法院申请了强制执行，因债务人名下已无其他财产可供执行，法院裁定终结执行。[①]

（三）共有人尚未对共有财产进行析产分割

财产共有人（债务人和其他共有人）尚未对共有财产进行析产分割这一构成要件，既包括债务人在内的共有人怠于分割共有财产，或无法达成分割共有财产的协议，也包括债权人不认可共有人之间达成的分割共有财产协议的情形。实务中，有的债权人或其共有人会以已达成共有财产分割协议为由对债务人析产的进行抗辩；婚姻关系存续期间，债权人能否基于其中一方无法清偿债务要求对夫妻共同财产进行析分往往成为诉讼中的争点，以下分论之。

1. 对财产分割协议效力的认定

《查扣冻规定》规定共有人协议分割共有财产，并经债权人认可的，人民法院可以认定有效。以文义解释看，如果该协议未经债权人认可，则法院不应认定有效；如果该协议经债权人认可，法院仍可以依职权审查协议的有效性，即如果财产分割协议未经法院认可，那么其效果与共有人之间尚未达成分割财产的效果一致，债权人依旧可以提起代位析产诉讼。

实务中，共有人之间有的已经存在财产分割协议，但对于协议是否具备对抗债权人代位析产诉讼的效力，司法实践认定不一。

有法院认为，分割协议对债权人无效。颜某某、彭某某等债权人代位权纠纷案[②]中，法院认为，案涉房屋购置于债务人向债权人借款之前，债务人与其配偶签订的关于涉案房屋权属的《协议书》发生于债务人向债权人借款之后，债务人并未提供证据表明债权人知晓《协议书》内容，故该协议书仅在债务人与其配偶之间有效，不具备对抗债权人的效力。黄某某与汤某某等共有物分割纠纷案[③]中，法院认为，债务人金某某及其配偶黄某某在明知金某某尚有对外债务未清偿的情形下，通过签订《自愿××协议书》约定将夫妻共同财产归黄某某一人所有，其逃避履行债务的恶意明显，且严重损害债权人的合法权益，该协议不具备对抗黄某某的效力。

有法院认为，分割协议对债权人有效。在黄某与周某、韩某分家析产纠纷案[④]

---

① 参见北京市朝阳区人民法院（2021）京 0105 民初 75805 号民事判决书。

② 参见广东省广州市中级人民法院（2021）粤 01 民终 25954 号民事判决书。

③ 参见上海市第一中级人民法院（2019）沪 01 民终 15024 号民事判决书。

④ 参见浙江省舟山市中级人民法院（2014）浙舟民终字第 207 号民事判决书。

中,2009年12月1日至2010年4月29日,债务人周某向债权人黄某借款。法院认为,2009年12月25日起房屋产权变更登记为韩某一人所有,且韩某与周某在离婚时,约定该房屋归韩某所有。因黄某无证据证明诉争财产系周某和韩某共有,所以韩某和周某的离婚协议有效,房屋为黄某个人财产。

财产分割协议对债权人有效与否决定着债权人是否有权提起代位析产诉讼。如果已经具备有效的财产分割协议,那么代位析产诉讼因诉讼标的的缺失而无从适用。只有财产分割协议对债权人无效或者效力待定,即尚未对案涉共有财产作析产分割的情况下,债权人才能提起代位析产诉讼。

夫妻共有财产中的债务人份额能增加债权人对债务可清偿的期待,判断在代位析产诉讼中,财产分割协议是否能起到对抗债权人债权的作用,需要结合基础债权发生时间和财产权利外观来判断。如果财产分割协议签订于债务发生前,那么协议对债权人有效,除非债权人能举证证明债务人具备财产权利。如果财产分割协议发生在债务发生后,财产分割协议是否对债权人有效取决于债权人是否知晓,如果债务人能举证证明债权人知晓该协议,那么该协议对债权人有效;如果债务人不能举证证明债权人知晓该协议,那么该协议对债权人无效。李某某与陈某某、盛某某共有物分割纠纷案中,法院认为,在债务人与其配偶离婚前,已对债权人负有到期债务,债务人及其配偶对夫妻共同财产进行分割的效力仅及于其二人,对外不具约束力。①

2. 部分共有人债务无法清偿是否构成分割夫妻共同财产的理由

婚姻关系存续期间,一方债务人无法清偿债务是否构成提起债权人代位析产诉讼的理由,往往成为诉讼中的争点。在张某等与贺某债权人代位析产纠纷案中,债务人祝某与共有人配偶张某就提出,在共有关系基础尚未丧失,也未发生重大理由的前提下,债权人无权提出对共同共有财产进行按份分割。②

《民法典》第1066条规定:“婚姻关系存续期间,有下列情形之一的,夫妻一方可以向人民法院请求分割共同财产:(一)一方有隐藏、转移、变卖、毁损、挥霍夫妻共同财产或者伪造夫妻共同债务等严重损害夫妻共同财产利益的行为;(二)一方负有法定扶养义务的人患重大疾病需要医治,另一方不同意支付相关医疗费用。”该规定属于封闭性条款,在婚姻关系存续期间,夫妻共同财产应以不允许分割为原

① 参见广东省高级人民法院(2020)粤民申4152号民事裁定书。

② 参见张某等与贺某债权人代位析产纠纷案,北京市密云区人民法院(2021)京03民终18179号民事判决书;北京市第三中级人民法院(2021)京0118民初6576号民事判决书。

则,允许分割为例外。①

但是债权人代位析产制度的相关规定亦未排除夫妻共有财产的适用,这是否意味着两者之间存在冲突呢,答案是否定的。《民法典》婚姻家庭编调整对象是夫妻之间、家庭成员之间及其他近亲属之间的人身关系和财产关系。区别于一般民事法律关系的平等性、对价性,婚姻家庭中的人身关系和财产关系具有强烈的伦理性。② 而债权人代位析产制度是债的保全的一种,基于平等民事主体之间存在的债权债务关系而生,虽然代位析产诉讼会对夫妻共有财产进行分割,但追根溯源追求的是债权债务关系的消灭。因此,不宜以《民法典》第 1066 条关于婚姻存续期间夫妻共同财产分割条件的封闭性规定来限制债权人对债务人的夫妻共有财产提起代位权诉讼。

在代位析产诉讼中,债权人代位行使的是分割共有财产请求权。《民法典》第 303 条规定,没有约定或者约定不明确的,共同共有人只有在共有的基础丧失或者有重大理由需要分割时可以请求分割。共有的基础丧失指向共有关系的终止,在夫妻关系存续期间,该条件并不满足。那么作为债务人的一方配偶除共有财产外无其他财产可供清偿债务是否构成分割共有财产的重大理由呢? 回答这一问题需先回答申请执行人的债权和共有人的共有权孰为优先保护的对象。本书认为,男女双方缔结婚姻关系后,就形成了婚姻共同体,债权人并不处于夫妻共有关系这一兼具人身属性和财产属性的关系之内。夫妻共同财产可以维护夫妻团体的稳定性,具有内部性特征。如果取得可以对抗外在债权人的效力,其不可避免地会损害交易伦理。这本身也不利于夫妻团体的发展。故而债权利益应当得到优先保护,不能以共有关系的非必要不可分割的要求来限制债权人。此外,析产只是改变了涉案财产权利状态,本身并未损害债务人以外的共有人的财产权。但是,为了利益保护平衡,实践中应坚持只有在债务人无共有财产以外的财产可供执行的情况下,债权人才能提起代位析产诉讼。

因此,申请执行人的债权优于共有人的共有权,作为债务人的一方配偶除共有财产外无其他财产可供清偿债务构成分割共有财产的重大理由。

---

① 参见最高人民法院民法典贯彻实施工作领导小组主编:《中华人民共和国民法典婚姻家庭编继承编理解与适用》,人民法院出版社 2020 年版,第 181 页。

② 参见夏吟兰:《论婚姻家庭法在民法典体系中的相对独立性》,载《法学论坛》2014 年第 4 期。

三、诉讼实施视角下的实践难点及对策

（一）诉讼形态之债务人诉讼地位

1. 存在的问题

债权人代位析产制度是传统民法上代位权制度法律化的产物，债权人代位析产诉讼的实施方式是债权人以自己的名义行使债务人的权利，债权人在诉讼中担任原告、共有人担任被告在理论和实践中并无争议，而债务人（被执行人）是否应当参加债权人代位析产诉讼，以及处于何种诉讼地位，实践中做法不一。债务人和共有人诉讼地位问题，按照排列组合，有以下类型：

第一，被告＋被告型。在王某某、计某某物权保护纠纷案①中，债务人王某某与其共有人计某某均被列为被告。

第二，被告＋第三人型。在林某、蒋某某、陈某某共有纠纷案②中，债务人陈某某被列为被告，其共有人陈某某之子林某某被列为第三人。

第三，第三人＋被告型。刘某某诉蔡某某债权人代位权纠纷案③中，债务人李某某被列为第三人，其共有人蔡某某被列为被告。

第四，Ø＋被告型。在冯某某与傅某债权人代位权纠纷案④中，债权人冯某某为原告，潘某的继承人傅某被列为被告，债务人潘某因已去世并未被列为该案当事人。

第五，原告＋被告型。债务人与债权人共同担任原告，债务人的共有人担任被告。⑤

2. 解决途径

债务人是否应当参与诉讼、以何种地位参与诉讼这一难题在债权人代位权诉讼中早已存在。对于债务人在诉讼中的地位，已失效的《合同法解释（一）》第16条⑥持

---

① 参见广州市白云区人民法院（2017）粤0111民初12081号民事判决书。

② 参见福州市长乐区人民法院（2020）闽0112民初1727号民事判决书。

③ 参见湖南省郴州市北湖区人民法院（2018）湘1002民初1357号民事裁定书。

④ 参见浙江省义乌市人民法院（2014）金义商初字第2859号民事判决书。类似案件情况见湖州市德清县人民法院（2014）湖德武民初字第1号民事判决书。

⑤ 本书未检索到相关案例，该种分类参见张磊：《申请执行人代位析产诉讼相关问题》，载《人民司法》2013年第3期。

⑥ 债权人以次债务人为被告向人民法院提起代位权诉讼，未将债务人列为第三人的，人民法院可以追加债务人为第三人。两个或者两个以上债权人以同一次债务人为被告提起代位权诉讼的，人民法院可以合并审理。

"第三人说",在该条的理解与适用中,还曾进一步明确债务人不是代位权诉讼的当事人,是无独立请求第三人,是否在诉讼中明确债务人第三人的诉讼地位,是债权人自由决定的范畴。上述观点考量的因素包括:代位权诉讼中债务人是由于怠于行使权利被动参与诉讼;代位权是法律赋予债权人的权利,在代位权诉讼中,债务人只有抗辩权。[①] 但是将债务人作为无独立请求权之第三人的诉讼地位定位并非毫无争议,理论界还存在"共同原告说""共同被告说""有独立请求权第三人说""证人说"。[②] 比如娄正涛认为,债务人与债权人和相对人均既有利益一致之处,又有利益相反的地方,债务人若参加债权人与第三人间的代位诉讼,其诉讼地位无法安排。[③] 发展到"《民法典》时代",这一问题仍未解决,最高人民法院在解读《民法典》合同编第 535 条时表示,是否将债务人的诉讼地位扩展为被告或有独立请求的第三人,涉及债务人能否对债权人提起反诉、债务人能否对相对人提出请求、相对人能否对债务人提出反诉等代位权诉讼审理范围,以及代位权判决的判项如何表达、债务人抗辩权和上诉权保护等复杂问题,有待在司法解释修订中总结审判经验并结合现实需要,重新考证解决。[④] 代位请求权诉讼中,债务人诉讼地位的确认尚有待探索。

初步意见认为,应回到代位析产制度目的来考量债务人的诉讼地位设计。其一,债务人应当参与到代位析产诉讼中来。包括代位析产制度在内的债的保全制度的设置目的除了保护债权人利益外,在一定程度上也是希望能公正、迅速、经济地解决民事纠纷。[⑤] 在代位析产诉讼中,法院至少需要就以下问题作出判定:(1)争讼财产是否确为债务人及其共有人的共有财产;(2)共有人是否已就各共有人所有的份额进行分割,如果已经进行了分割,该分割协议是否对债权人产生效力;(3)如果没有分割,在本诉中析产共有财产的其他条件是否成就;(4)各共有人各自享有的财产份额如何。债权人和债务人的债权债务关系经生效判决确认是债权人提起代位析产诉讼的前提,但是前一诉讼与后一诉讼的争议事实并不一致,如果缺少债务人的参与,法院要查明上述问题难度很大。此外,代位析产诉讼最终影响债务人

① 参见张弛:《代位权法律制度比较研究》,载《法学》2002 年第 10 期;赵钢、刘学在:《论代位权诉讼》,载《法学研究》2000 年第 6 期。

② 参见赵钢、刘学在:《论代位权诉讼》,载《法学研究》2000 年第 6 期。

③ 参见娄正涛:《债权人代位权制度之检讨》,载《比较法研究》2003 年第 1 期。

④ 参见最高人民法院民法典贯彻实施工作领导小组主编:《中华人民共和国民法典合同编理解与适用(一)》,人民法院出版社 2020 年版。

⑤ 参见张卫平:《民事诉讼法》(第 4 版),法律出版社 2016 年版,第 158 页。

物权份额的确定，因此，债务人应当参加诉讼。

其二，债务人应当作为无独立请求权的第三人参加诉讼。有观点认为，鉴于代位析产纠纷的发生，无论是因为被执行人与其他共有人就共有财产的份额达成一致，还是因为申请执行人不同意分割协议等，被执行人与申请执行人都处于对立地位，故申请执行人（债权人）为代位析产诉讼原告，被执行人（债务人）与其他共有人列为共同被告。[①] 最高人民法院民法典贯彻实施工作领导小组也主张无论是按份共有物的分割还是共同共有物的分割，对全体共有人均有重大利害关系，因此全体共有人均应参与诉讼，原告是提出分割共有物的共有人，被告是其他反对共有物分割的共有人，不反对分割但又不愿意共同作为原告起诉的，应列为被告。[②] 但从程序适格的角度说，债权人由于代位实施了债务人作为共有人请求分割财产的诉讼实施权，才成为法定的诉讼担当。倘或将债务人又列为被告，则在诉讼实施中出现了当事人地位混同，债务人同时拥有了作为被告的诉讼能力和原告的诉讼能力。[③] 此外，在代位析产诉讼中，债务人对代位析产诉讼中的诉讼标的无独立的请求权，因为代位析产诉讼的提起意味着债务人未及时行使其共有物分割请求权。

综上所述，债权人代位析产诉讼中，其他共有人应当担任被告，债务人应当担任无独立请求权的第三人。

（二）审查内容之析产份额

1. 存在的问题

在确认各共有人的财产份额时，根据是否考量除共有人数量之外的其他的因素，可将析产份额的确定分为以下类型。

第一，均分型。在吴某1、刘某某与吴某2等共有物分割纠纷案[④]中，法院认为，在对夫妻共同财产予以分割时，若无特殊情况，一般应遵循等分原则，以平衡保障夫妻双方的利益，该案无证据证明涉案房屋系以刘某某个人财产出资或出资较多，也无其他应多分或少分财产的情形，故法院认定债务人及其配偶对涉案房屋各享有50%的份额。

---

① 参见上海市高级人民法院《涉代位析产纠纷若干法律问题的研讨纪要》，沪高法民〔2020〕6号。

② 参见最高人民法院民法典贯彻实施工作领导小组主编：《中华人民共和国民法典合同编理解与适用（一）》，人民法院出版社2020年版，第505页。

③ 参见陈骏：《被执行人在申请执行人代位析产诉讼中属于无独立请求权第三人》，载《人民司法》2014年第20期。

④ 参见广东省湛江市中级人民法院（2021）粤08民终1547号民事判决书。

第二，以贡献确定份额型。在陈某某、钱某某债权人代位权纠纷案[①]中，法院认为对于共同共有财产的分割，没有协议的，应当根据等分原则，考虑共有人对共有财产的贡献大小等情况予以处理。涉案房屋虽然登记在杨某1及女儿杨某2的名下，但杨某2没有固定收入来源，购房款及银行贷款主要由父母承担，其仅作为抵押人、借款人参与贷款，共同承担贷款风险，除此之外，其未能举证证明对系争房屋产权的取得曾作出过其他贡献，故法院判决债务人蒋某某和杨某1占系争房屋权利的85%，女儿杨某2占15%的份额。

在确认各共有人的财产份额时，根据是否将未成年子女纳入共有人的范畴，可将析产份额的确定分为以下类型。

第一，未成年子女无份额型。在吴某1、刘某某与吴某2等共有物分割纠纷案中，吴某1、刘某某为夫妻，吴某2为两人婚生子，涉案房屋购买于婚姻存续期间，登记于刘某某一人名下。法院认为，吴某1、刘某某和吴某2主张涉案房产是三人的共有财产，但是并未举证证明吴某2存在出资行为，故判定吴某1、刘某某各占50%的份额，吴某2不占有任何份额。

第二，未成年子女有份额型。天津开发区永益达商贸有限公司与郭某某债权人代位权纠纷案[②]中，郭某某与周某1婚后购入了涉案房屋，周某2和周某3是两人婚生子，房屋登记在郭某某、周某2和周某3名下。法院认为，周某2和周某3在买受房屋时并未成年，现亦无证据证明二子女有合法经济来源，故涉案房屋应认定为郭某某、周某1、周某2和周某3的家庭共有财产。由于不动产登记簿中并未显示对涉案房屋约定了共有比例，故涉案房屋应在四人之间均等分割，各自享有25%的份额。

2. 解决途径

上述争议的出现，涉及共有关系内部权利分配与其对共有关系外部权利保护之间的矛盾。

本书认为，共同共有财产的分割应考虑共有人对财产的贡献大小，尤其是出资额度的大小。

债权人代位析产诉讼中，往往按照共有人的数量均分共有财产，这种处理方法简单、高效且符合物权法对共同共有财产分割的一般要求。但是，这种绝对的平均主义难免有失公平。举例来说，在夫妻共有财产分割中，存在一方婚前以个人财产

---

① 参见福建省福州市中级人民法院(2020)闽01民终2122号民事判决书。

② 参见天津市第二中级人民法院(2021)津02民初2号民事判决书。

给付首付，婚后夫妻双方共同还贷的情形，如果债权人申请执行时，双方婚姻关系仍在存续期间，不考虑出资上的区别，确认债务人占 50% 的财产份额似乎并无不当。但如果债权人申请执行时，双方婚姻已经破裂但是尚未析产，此时不考虑出资上的区别，确认债务人占 50% 的财产份额似乎有失妥当。更进一步，如果要对父母、两兄弟及其配偶分家析产，其中，兄长及其配偶是家里的主要经济支柱，现因弟弟及其配偶对外举债，债权人提出了代位析产诉讼，要求分割出弟弟以及配偶的共有财产份额，此时不考虑出资上的区别，确认弟弟及其配偶占家庭共有财产的份额为 1/3 实属不当。[①]

家事立法中的扶老携幼、照顾弱者等财产分割时的参考因素，不宜纳入代位析产诉讼的析产考量中。

扶老携幼、照顾弱者是我国的传统美德，我国家事立法一贯以照顾弱者为基本原则。共有人在分割共有财产时，特别是在分割家庭共有财产和夫妻共有财产时，遵循男女平等、保护妇女和未成年子女利益的精神和有利于生产、方便生活的原则。[②] 比如《民法典》第 1141 条规定："遗嘱应当为缺乏劳动能力又没有生活来源的继承人保留必要的遗产份额。"《民法典》第 1090 条规定："离婚时，如果一方生活困难，有负担能力的另一方应当给予适当帮助。具体办法由双方协议；协议不成的，由人民法院判决。"在分家析产只涉及家庭内部成员时，对于房产分割中的无房屋且失去生活来源的当事人，应当考虑首先保障其居住权。[③]

但是涉及债权人代位析产诉讼时，尤其是在共有人尚未对共有财产进行析产分割的情形下，过多考虑婚姻家庭内部照顾共有人生产、生活的实际需要而限制婚姻家庭外部的主体权利有失妥当。一方面，共同共有基于当事人的共同关系而发生，共同关系产生于婚姻家庭领域及具有一定亲属关系的公民之间，扶老携幼、照顾弱者等考量因素也是基于共有人之间特殊的共有关系。而代位析产诉讼处理的是作为债务人的部分共有人与债权人等平等交易的民事主体之间的纠纷。另一方面，《民法典》规定，因分割造成其他共有人损害的，应当给予赔偿，因此，如果债务人以外的共有人认为债权人代位析产诉讼中的分割方式对其造成损害，其可以向作为债务人的共有人要求损害赔偿。

---

① 参见马某 1、马某 2 等与马某 4、者某分家析产纠纷案，参见甘肃省陇南市中级人民法院（2017）甘 12 民终 439 号民事判决书；甘肃省高级人民法院（2018）甘民申 1781 号民事裁定书。

② 参见王利明：《物权法论》（修订 2 版），中国政法大学出版社 2008 年版，第 211 页。

③ 参见沈志先主编：《婚姻家庭案件审判精要》，法律出版社 2013 年版，第 261 ~ 263 页。

在明确债权人代位析产诉讼中,共有财产的分割应考虑共有人对财产的贡献大小后,对未成年子女是否在家庭共有财产中占据一定份额也可以采同样标准。

一项财产是否属于家庭共有财产,需要根据财产的来源、用途等因素予以确定。在未成年子女成年之前,因其尚不能从事生产经营活动,难以对共有财产的形成作出贡献,故其往往只存在夫妻共有财产,而不会产生家庭共有财产。当然,在某些情况下,未成年人对共有财产的形成可以作出贡献,比如以家庭为单位进行拆迁补偿获得的共有财产中,未成年人因人口因素取得财产;[①]再如假设对以家庭为对象进行的赠与的财产进行代位析产,未成年人所占份额不应少于其他共有人。

值得注意的是,实际生活中,夫妻双方共同出资购买房屋后,可能基于各种因素的考虑而将房屋产权单独登记在未成年子女名下,代位析产诉讼中,该类财产是否应当视为父母对子女的赠与,进而认定为未成年子女的个人财产,排除在债务人共有的财产之外呢?本书认为答案是否定的。合同法上的赠与是一种交易行为,交易必须有双方当事人,且双方当事人均具有行为能力和意思表示能力。未成年人作为限制民事行为能力人可以实施与其年龄、智力相适应的民事活动,无民事行为能力人的民事活动由其法定代理人进行。如果受赠子女是未成年,按一般常规应由这个未成年人的法定代理人代理接受赠与,并与赠与人订立赠与合同。但如果受赠人不是接受其他人的赠与而是自己父母的赠与,那么赠与人与接受赠与人皆为未成年人的父母,从而自己与自己发生民事法律行为,这样的行为不可能发生合同法上的效力,即不能成立赠与。[②] 因此,对于登记在未成年子女名下的财产,一般应当认定为夫妻共有财产而非家庭共有财产,除非有证据证明该财产来源于父母以外的第三人或者子女从事的与其行为能力相匹配的经济活动。

(三)审查内容之析产方式

1. 存在的问题

在代位析产诉讼中,在确认财产为债务人与其他共有人的共有财产,以及债权人可以通过代位析产诉讼对共有财产进行分割后,以何种方式对共有财产进行分割,不同法院的做法存在差异。

第一,抽象分割型。如在某有限合伙企业与王某等共有物分割纠纷案[③]中,法

---

① 参见鲁某1、孙某等债权人代位析产纠纷案,浙江省绍兴市中级人民法院(2021)浙06民终4520号民事判决书。

② 参见曹登润、蒋桥生:《父母将不动产登记在未成年子女名下的效力》,载《人民法院报》2008年1月8日,第6版。

③ 参见北京市朝阳区人民法院(2020)京0105民初64710号民事判决书。

院判决两共有人每人享有涉案房屋50%的份额。在李某某诉孙某某、张某某法定继承纠纷案[①]中,法院判定债务人对案涉平房四间享有四分之一份额,余四分之三份额属债务人父母的共同财产,其中二分之一作为遗产在第一顺序继承人中进行继承。

第二,具体分割型。在马某某诉陈某某等共有物分割纠纷案[②]中,债权人申请对债务人与他人共有的一幢二层楼房进行析产,法院判决楼房底层的一间归债务人所有。有的法院更进一步,对涉案财产的执行方式也作出了安排。比如卢某某、邓某与冯某某共有物分割纠纷案[③]中,二审法院认定,涉讼房屋是债务人和其配偶的共同共有财产,由债务人补偿该房屋价值的50%份额款给其配偶后,该房屋归债务人所有。拍卖或变卖上述房屋,所得价款在扣减案外人应优先受偿的款项后,余款的50%由债务人支付给其配偶。

2. 解决对策

债权人提起代位析产诉讼是为了便于后续包括拍卖、变卖、作价抵偿等执行处分程序,如果法院能在代位析产诉讼中对共有财产的分割做出更具体的安排,自然能更高效地实现债权人利益。如卢某某、邓某与冯某某共有物分割纠纷案[④]中,法院实际上将涉案财产所有权分配给了债务人,其配偶获得的是涉案财产价值50%的债权。由于代位析产诉讼已确认债务人拥有了房屋完整的所有权,法院可以在后续的执行程序中直接对该房屋进行拍卖等处置。但是采取具体分割这类析产方式的法院还是少数,多数法院采取的还是抽象分割的办法,以确认债务人和其他共有人的对涉案财产的抽象份额为最终的诉讼目标。

《民法典》第304条规定,共有人可以协商确定分割方式。达不成协议,共有的不动产或者动产可以分割且不会因分割减损价值的,应当对实物予以分割;难以分割或者因分割会减损价值的,应当对折价或者拍卖、变卖取得的价款予以分割。对共有物的分割可以采取实物分割、变价分配和作价补偿三种方式。[⑤] 实物分割指的是某些不动产或者动产可以分割并且不会因分割减损价值的,以原物分配给各共

---

① 参见辽宁省庄河市人民法院(2013)庄民初字第2406号,案例来源法信数据库。

② 在裁判文书网上未找到原判决,案例来源于法信数据库,案例检索关键词为"利害关系人有权对已查封的共有财产提起析产诉讼"。

③ 参见广东省阳江市中级人民法院(2013)阳中法民一终字第469号民事判决书。

④ 参见广东省阳江市江城区人民法院(2012)阳城法闸民初字第36号民事判决书。

⑤ 参见王利明:《物权法论》(修订2版),中国政法大学出版社2008年版,第212页;梁慧星、陈华彬:《物权法》(第4版),法律出版社2007年版,第241页。

有人,比如蛋糕、布匹等。变价分配是指在共有物不宜分割的情况下,共有物变卖后,将价金按份分配给各共有人。① 其适用于实物分割不具备物理上的可能性,或者实物分割会减损共有物价值的情况。作价补偿指部分共有人获得共有财产所有权,其他共有人获得相应份额共有财产市场价值的价金,其适用于:其一,对不可分割之实物,如果共有人中有人愿意取得共有物,有人愿意取得价金,则由前者获得共有物所有权,后者获得前者支付的价金;其二,共有财产的性质,只能使某共有人获得共有物的价值大于其他共有人,则由获得更多共有物价值的共有人对其他人补偿相应价金。②

代位析产诉讼中对共有财产的分割在本质上与物权法体系下对共有财产的分割并无区别,两者均应该充分考虑对物的利用效率、发挥物的价值,以确定对共有物的分割方式。③ 不同的是,债权人代位析产诉讼中共有物分割方式的选择还要考虑后续便于债权人债权实现的执行。

因此,综合考虑法律规定和实践效率,在代位析产诉讼中,首先,法院应当尝试以调解方式让各共有人之间达成债权人认可的财产分割协议,承担调解者而非裁判的角色,从更有利于实现案结事了的角度,法院可以对具体的财产分割协议出具民事调解书。如果不能达成调解,法院在裁判分割时,应先考虑实物分割,并在判项中写明实物分割的具体内容,以便后续高效执行。优先考虑实物分割的重要原因在于,采取变价分割和作价补偿方式的共同弊端是共有人要支付给拍卖、变卖机构一笔费用,这将减少共有财产,影响审理案件的时间和当事人权益的及时实现。

其次,如果财产性质决定其不能进行实物分割,可以再考虑作价补偿或者实物分割 + 作价补偿的方式。例如,对于两共有人共有的两处房产,可以将其中一处的所有权分配给债务人,另外一处的所有权分配给非债务人的共有人,并依据两者的差价要求债务人对分得价值较小房产的共有人进行补偿。考虑到便利债权的实现,如果其中一个房产价值大于债权数额,一个房产价值小于债权数额,应将房产价值大的房屋所有权分配给债务人,方便债权人权利一次实现。再如,对于两共有人共有的一处房产,考虑到便利债权的实现,可以将其所有权分配给债务人,并确定其他共有人应有的份额对应的金钱价值;如果其他共有人能够出具债务人对应

① 参见王泽鉴:《民法物权:通则 · 所有权》(第 1 册),中国政法大学出版社第 2001 年版,第 365 页。

② 参见王利明:《物权法论》(修订 2 版),中国政法大学出版社 2008 年版,第 212 页。

③ 参见王利明:《物权法论》(修订 2 版),中国政法大学出版社 2008 年版,第 211 页。

份额的资金，也可将所有权分配给其他所有人，债权人可以就其他共有人出具的资金实现债权。

最后，如果双方都不愿意取得共有物，则可以采取变价分割的析产方式。通过抽象分割型的析产方式，确认各共有人的财产份额，并在后续执行处置程序中将涉案财产变价之后，预留属于共有人的份额，其余部分可用于清偿债务。

四、本章观点集成

1. 婚姻关系存续期间，作为债务人的夫妻一方无法清偿债务，债权人可否提起债权人代位析产诉讼？

本书初步意见认为，《民法典》第 1066 条限制了婚姻关系存续期间的财产分割，其调整对象是夫妻之间、家庭成员之间及其他近亲属之间的人身关系和财产关系，但是代位析产制度基于平等民事主体之间存在的债权债务关系而生，虽然代位析产诉讼是对夫妻共有财产进行分割，但追根溯源追求的是债权债务关系的消灭。一方面，债权人并不处于夫妻共有关系这一兼具人身属性和财产属性的关系之内，其债权利益应当得到保护，不能以共有关系非必要不可分割的要求来限制债权人。另一方面，析产只是改变了涉案财产的权利状态，本身并未损害债务人以外的共有人的财产权。因此，一方债务人无法清偿债务，可以成为债权人提起代位析产诉讼的理由。但是，为了利益保护平衡，实践中应坚持只有在债务人无共有财产以外的财产可供执行的情况下，债权人才能提起代位析产诉讼。因此，申请执行人的债权优于共有人的共有权，作为债务人的一方配偶除共有财产外无其他财产可供清偿债务是构成分割共有财产的重大理由。

2. 在夫妻之间已经存在财产分割协议，但债权人不认可分割协议的情况下，法院应如何认定？

本书初步意见认为，夫妻共有财产中的债务人份额能增加债权人对债务可清偿的期待，在代位析产诉讼中，财产分割协议是否能起到对抗债权人债权的作用，需要结合基础债权发生时间和财产权利外观来判断。如果财产分割协议签订于债务发生前，基于对未举债一方权利的保护，从利益平衡的角度，可以认为协议对债权人有效，除非债权人能举证证明债务人具备财产权利。如果财产分割协议发生在债务发生后，财产分割协议是否对债权人有效取决于债权人是否知晓该协议，如果债务人能举证证明债权人知晓该协议，那么该协议对债权人有效；如果债务人不能举证证明债权人知晓该协议，那么该协议对债权人无效。

3. 债权人代位析产诉讼中,债务人的诉讼地位如何列明?

本书初步意见认为,债务人应当作为无独立请求权的第三人参加代位析产诉讼。其一,债务人应当参与到代位析产诉讼中来。债权人和债务人的债权债务关系经生效判决确认是债权人提起代位析产诉讼的前提,但是前一诉讼与后一诉讼的争议事实并不一致,如果缺少债务人的参与,法院要查明上述问题难度很大。此外,代位析产诉讼最终影响债务人物权份额的确定,因此,债务人应当参加诉讼。其二,债务人应当作为无独立请求权的第三人参加诉讼。从程序适格的角度说,债权人由于代位实施了债务人作为共有人请求分割财产的诉讼实施权,才成为法定的诉讼担当。倘或将债务人又列为被告,则在诉讼实施中出现了当事人地位混同,债务人同时拥有了作为被告的诉讼能力和原告的诉讼能力。在代位析产诉讼中,债务人对代位析产诉讼中的诉讼标的无独立的请求权,因为代位析产诉讼的提起意味着债务人未及时行使其共有物分割请求权。

4. 代位析产诉讼中,析产份额的考量因素有哪些?

本书初步意见认为,共同共有财产的分割应考虑共有人对财产的贡献大小,尤其是出资额度的大小。但是,家事立法中的扶老携幼、照顾弱者等财产分割时的参考因素,不宜纳入代位析产诉讼的析产考量因素中。未成年子女是否可分得共有财产以及分得的财产份额,应当根据未成年子女对共有财产取得的贡献大小来确定。

5. 代位析产诉讼中,析产方式应如何选择?

本书初步意见认为,综合考虑法律规定和实践效率,在代位析产诉讼中,首先,法院应当尝试以调解方式让各共有人之间达成债权人认可的财产分割协议。如果不能达成调解,法院在裁判分割时,应先考虑实物分割,并在判项中写明实物分割的具体内容,以便后续高效执行。其次,如果财产性质决定其不能进行实物分割,可以再考虑作价补偿或者实物分割 + 作价补偿的方式。最后,如果不能达成共识,双方都不愿意取得共有物,则可以采取变价分割的析产方式。通过抽象分割型的析产方式,确认各共有人的财产份额,并在后续执行处置程序中将涉案财产变价之后,预留属于共有人的份额,其余部分可用于清偿债务。

第六章　离婚诉讼与先行判决

离婚诉讼有权益及时保护、身份财产整体考量的主观诉求，亦有适时裁判、公正高效解决纠纷的客观需要。先行判决在满足身份关系解除迫切性与保持纠纷解决同一性层面有其独特的价值功能。然而先行判决规范命题的一般性与离婚诉讼剩余判决的具体性、牵连性之间的矛盾限制了该制度价值的发挥。婚姻关系解除后剩余财产应如何自处、先行判决作出后剩余部分又应如何自洽亟待分析论证，解决上述问题将助益于法典化时代离婚主体程序与实体的双重权益保障。

一、离婚诉讼适用先行判决的现实考量

协议离婚与诉讼离婚系我国婚姻关系解除的两种方式，《民法典》第1077条针对协议离婚增设冷静期的同时，于第1076条明确离婚协议应当载明双方自愿离婚的意思表示和对子女抚养、财产以及债务处理等事项协商一致的意见。实践中离异双方多因财产分割无法达成一致意见诉诸法院。

（一）身份关系亟待解决与财产关系久拖不决的冲突

《民法典》第1079条虽对法定离婚情形予以规定，但财产形式的多元及财富数量的积累使离婚诉讼本身更具争议性和复杂性，特别是当家庭财产涉及股权分割、公司清算、资产评估等难以及时查清的情形时，案件审理周期可达数年之久。而在涉及家庭暴力等严重危及人身安全情形的离婚诉讼中，其审限、程序等与其他离婚诉讼并无二致，遇及财产众多、审查不易等情形时同样面临一再延长审限，延迟婚姻关系解除时间的尴尬境遇。《民法典》第1042条虽旗帜鲜明地禁止家庭暴力、禁止家庭成员间的虐待和遗弃，但据全国妇联的统计，每年有94万名女性因家庭暴力自杀，超过250万件离婚纠纷中，15%的夫妻因家庭暴力向法院申请解除婚姻关系，但家庭暴力认定率不到4%。面对家庭暴力，无过错方申请人身安全保护令成功率尚不足50%，[①]且基于婚姻关系尚存，诉讼双方人身关系仍互相依附，人身安全保护

---

① 以B市法院受理情况为例，2018年接到申请138份，出具人保令45份；2019年接到申请153份，出具人保令72份；2020年接到申请126份，出具人保令57份。

令可执行程度并不向好。

在双方达成婚姻关系解除合意或存在法定准予离婚情形的诉讼中,也存在身份关系确需解除的迫切和财产关系难以及时作出裁决的冲突,这种冲突背景下,久拖不离或离而久判现象日渐突出,引发的极端恶性事件屡见报端。

(二)离婚诉讼一体考量与另行诉讼脱离实际的对立

离婚诉讼系身份关系与财产关系争议的集合,与等价有偿的交易公平不同,离婚判决的作出应系法院针对身份关系解除、抚养关系确定与财产关系处理综合考量之结果。如案涉婚姻过错虽未达损害赔偿标准,但法官在财产分割时对无过错方稍加倾斜,于二者评价之间寻求衡平;再如考虑未直接抚养子女一方离婚时经济状况不佳而采较低抚养费标准,但在共同财产分割时对直接抚养子女一方予以照顾。如上种种均系综合全案裁量之果,与诉之法院、法官密切相关。基于对离婚主体权益的一体化保护,离婚诉讼应保证审理的同一性。

实践中,为缓解上述婚姻久拖不离与财产分割不清的冲突,法院或碍于审限及结案率的要求判决不予离婚,回避财产处理;或直接建议诉讼双方针对财产问题另行解决,一案变多案。如此将家庭财产脱离身份关系单独处理,不同法院、法官极有可能忽略前述身份关系裁决中多项取舍因素,进而成为离婚案件服判息诉工作难以开展的主要诱因。

(三)先行判决及时止损与离婚主体权益保障的衡平

离婚诉讼若执着于难以查清部分而让裁判时机已届成熟部分悬而不决,实际是对当事人权益的变相损害。受审判实践指引,适用《民事诉讼法》第 156 条①先行判决之规定处理离婚案件的做法应运而生。先行判决针对诉讼标的独立部分裁判时机成熟时,如何保障当事人及时获得判决、避免拖延而设计,其可有效缓解离婚难的现实困境,进而抑制极端事件的发生,与另行诉讼相较,亦避免了程序反复、无端增添诉累的困扰。

与此同时,在因财产分割久拖不决而双方均同意离婚且分居多年的诉讼中,夫妻关系已然不具备实质要件,但夫妻一方或双方基于生理需求与第三人发生性关系,基于生活需求对外产生债务等行为的效果均会作用于离婚诉讼结果。对此,部分国家设立别居制度②来满足"婚姻关系存在,同居义务中止"的现实需求。

---

① 人民法院审理案件,其中一部分事实已经清楚,可以就该部分先行判决。

② 别居制度系夫妻不和无法共同生活时,经当事人申请由法院判决中止夫妻同居义务的制度。参见陈苇主编:《婚姻家庭继承法学》(第 2 版),群众出版社 2012 年版,第 239 页。

而我国并无别居或可替代制度，故在诉讼双方均同意离婚时，对尽快解除婚姻关系、终止同居义务的要求更为迫切，如此亦与人伦情感相合。先行判决能及时切断婚姻关系名存实亡与客观需求之间衍生的负面影响，补足制度空缺。

先行判决一则满足无过错方迅速解除身份关系的需要，防止损害扩大，体现及时性和终结性①的价值目的；二则亦不至于使与身份关系密切相关的财产问题完全割裂于两个案件中，影响整体考量。其在促进诉讼审理程序整理，降低纠纷解决程序成本的同时，最大限度地保护离婚诉讼中无过错方权益。

二、离婚诉讼适用先行判决的实践图式

本书以“先行判决”为条件在中国裁判文书网检索，②考察其诉诸实践的情况。整理发现，2014 年以来适用先行判决的各类案由中，婚姻家庭纠纷占比居第三位。其中离婚纠纷占比超 90%，是适用先行判决的“主力军”之一，见图 3 - 1 所示。

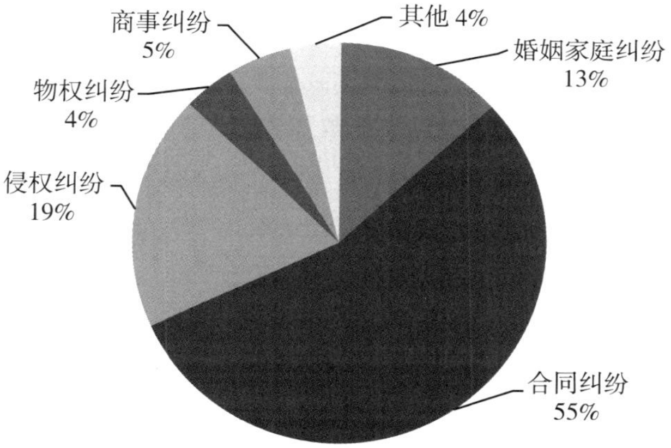

图 3 - 1 2014 年至今各类案由适用先行判决占比

离婚诉讼适用先行判决存在以下实践问题：一是引用法条之间存在碰撞，二是文书样式适用不规范，三是对剩余部分处理方式不一。③ 其中，引用法条与文书样

① 及时性是诉讼拖延与草率两个极端的折中，而终结性则保护判决结果的独立性与安定性。参见孙笑侠：《程序的法理》，商务印书馆 2005 年版，第 101 ~ 103 页。

② 检索条件包括关键词及《民事诉讼法》第 153 条之内容，网址为 http://www.wenshu.court.gov.cn，2021 年 5 月 22 日检索。

③ 参见罗小芳：《我国民事先行判决的适用研究——以 500 份司法裁判文书为切入》，西南政法大学 2019 年硕士学位论文，第 13 ~ 14 页。

式的规范性问题，均可通过技术性处理解决，然先行判决与剩余判决的矛盾问题却如鲠在喉，成为困扰先行判决在离婚诉讼中适用的最大障碍。

（一）矛盾表现：同审级与异审级错乱交织

如上述案例，先行判决同审级生效，当事人提出重要的新证据，若法院仅根据新证据径行处理剩余部分，极有可能造成剩余判决与先行判决的矛盾。若法院审理剩余部分时发现先行判决确有瑕疵而在剩余判决中不予处理，亦会产生此类矛盾。

同样，先行判决异级上诉得到改判结果，而一审剩余部分在该生效结果前已审理完毕，剩余判决与先行判决产生矛盾，当事人则再次根据新结果提起上诉。如此产生的矛盾判决不仅无法实现诉讼定分止争的目的，而且多次上诉、程序反复，严重影响司法之公信，见表 3－1。

表 3－1　离婚诉讼先行判决与剩余判决矛盾典型案例

类型	说明	案号	案件内容
同审级型矛盾	当先行判决生效后，法院在审理剩余部分时，当事人提出重要的新证据，或法院发现先前作出的先行判决确有瑕疵，此时如果对剩余部分径行处理，可能造成剩余判决与先行判决的矛盾	（2019）豫1723 民初768 号	杨某主张丈夫兰某婚内存在长期嫖娼行为导致感情破裂，故要求离婚并多分财产。因双方共同财产涉及公司股权转让、评估等程序，法院就双方婚姻关系解除及已查清的财产部分先行判决，以杨某未提交充分证据证实兰某确有过错为由判决房屋及存款双方各占 50% 比例。该先行判决生效后，法院审理剩余财产部分期间杨某提交多份聊天记录、录音录像等证据证明兰某确存在婚内过错，要求法院对财产部分依法改判
异审级型矛盾	先行判决上诉后，二审法院发现先行判决的事实认定、法律适用存在问题确需改判或发回重审，而一审的剩余部分在先行判决生效前已审理完毕，此时剩余判决与先行判决可能出现的矛盾	（2019）京0108 民初11216 号（2020）京01 民终7998 号	赵某起诉离婚，姚某同意但主张因赵某长期与婚外第三人同居并育有子女对其造成极大伤害，要求多分财产及损害赔偿。法院依姚某申请调取某社区两儿童预防接种管理系统个人信息显示父亲为赵某，母亲为王某。一审法院以双方财产涉及多家公司股权分割且数额较大，需收集证据、进行评估等程序为由先行就离婚作出判决，同时认为本案证据不足以认定赵某存在过错，故驳回姚某损害赔偿之请求。二审法院综合全案证据改判认定赵某确有过错，支持姚某损害赔偿诉求。因该生效判决作出时一审剩余财产部分已裁判，姚某依先行判决二审改判结果对剩余判决再次上诉

(二)矛盾回避:先行判决与剩余判决连接不一

对矛盾判决的处理方式,可从实践中先行判决与剩余判决的关系略窥一二。对 2017 年后中国裁判文书网上能够检索到的 104 份适用先行判决的离婚裁判文书进行分析,发现各法院对离婚纠纷进行先行判决后,剩余部分的处理呈现不同方式。

一是告知当事人另行处理,占 41.3%;二是暂不处理,占 14.4%;三是不予支持,占 8.7%;四是继续审理,占 12.5%,另有 23.1% 对如何处理剩余部分语焉不详。前三种处理方式体现出"在部分案件事实暂时难以或无法查清的情况下,仅针对查清的事实部分进行判决,对剩余部分的诉讼请求予以驳回或不予处理,并在裁判论理部分告知当事人有充足证据后可以另行起诉、另案主张"①的裁判思路,这似乎异化为法官拒绝裁判的理由,成为回避先行判决与剩余判决间矛盾的一种策略,见表 3-2。

表 3-2　离婚诉讼适用先行判决对剩余部分处理方式情况

序号	剩余部分处理方式	文书表述列举	数量
1	另行起诉型	(2018)湘 3101 民初 1871 号 长时间审核该事实,不利于处理双方的感情纠纷,可就已经查明的事实先行判决。……本案确实难以对财产分割问题一并处理,原、被告可在证据充分后,就夫妻共同财产分割和夫妻共同债务承担另行起诉	43
2	暂不处理型	(2019)豫 0402 民初 4320 号 对姜某要求离婚之请求,本院予以支持。姜某所诉分割夫妻共同财产及债务的请求,未提供相应证据,本院无法查明,暂不予处理	15
3	不予支持型	(2018)豫 1723 民初 4317 号 被告杨某要求原告薄某归还欠款 445,000 元,因欠款属于债权债务关系,与本案离婚诉讼非同一法律关系,依据《中华人民共和国民事诉讼法》第一百五十三条规定,本院对被告杨某该请求不予支持	9
4	继续审理型	(2016)京 0108 民初 29263 号 双方财产种类众多、数额巨大,一时难以查清,故本案先行就已查清的离婚及子女抚养问题作出判决,对于财产部分,本院继续审理,待查明后再行裁判	13

① 甄雪皓:《破解"部分判决"制度的适用困境》,载《法治论坛》2020 年第 2 期。

续表

序号	剩余部分处理方式	文书表述列举	数量
5	未加表述型	(2020)皖 1221 民初 1946 号、(2018)湘 0381 民初 2236 号等:案件适用了先行判决,但对剩余部分的处理未做任何说明	24

(三)矛盾认识:审判人员选择适用主观偏差

通过访谈及调查问卷,了解 52 名办理离婚案件审判人员关于先行判决的看法,其中近九成表示不会主动适用先行判决,究其原因主要有以下方面:

审判人员对先行判决制度主要存在两方面顾虑,即一案两书与矛盾判决。同一案中两份文书可能出现矛盾,先行判决上诉后若得改判结果亦容易造成与剩余判决相矛盾,无法真正做到案结事了,以先知的眼光来辨别未来的可能矛盾,①对法官提出较高的要求,处理不当甚至可能引发当事人信访投诉,这也是多数审判人员不愿主动适用先行判决的主要原因,详见图 3 -2 所示。

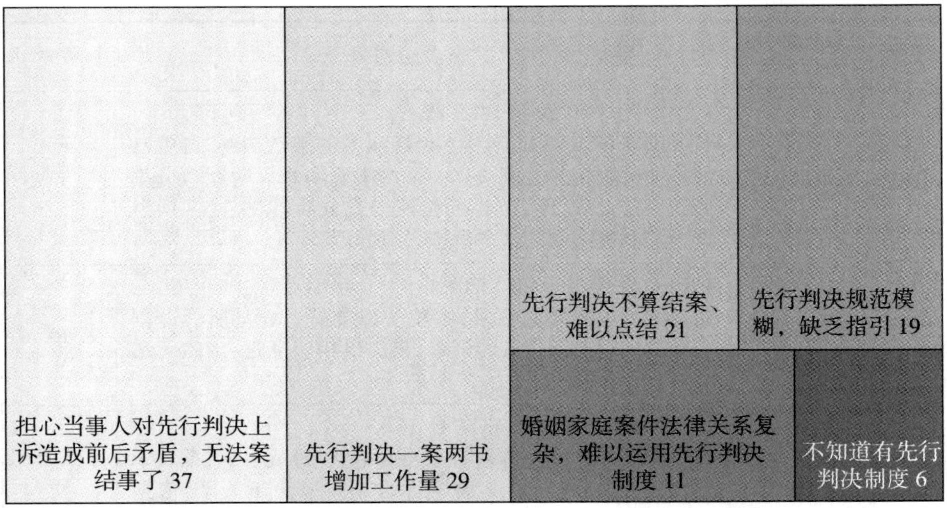

图 3 -2　审判人员拒绝适用先行判决理由

综上,为避免先行判决与剩余判决可能出现的矛盾,司法实践逐渐异化出一种回避的策略。但回避并非解决问题的根本方法,而且让矛盾判决逐渐演化为离婚诉讼适用先行判决的难点。

① 参见[德]奥特马·尧厄尼希:《民事诉讼法》,周翠译,法律出版社 2003 年版,第 312 页。

三、离婚诉讼适用先行判决的矛盾成因

鉴于既往，才能有资于治道。先行判决之于离婚诉讼具有积极的程序价值及必要的实践意义，却远未发挥应有效用。当前研究或未结合离婚诉讼实践需求，或一笔带过仅给出理论上的解决方案，均未直击痛点，反而扩大了选择适用先行判决的主观偏差。因此，必须结合离婚诉讼程序与实体系统性分析矛盾成因。

（一）程序维度：制度规范性供给不足

1. 规定粗疏，欠缺规范指引

我国先行判决制度早在1982年《民事诉讼法（试行）》中就已正式规定，之后的历次修订均予以沿用，但至今没有细化的法律规定或司法解释。立法上的粗疏导致两个方面问题：一是宏观上对先行判决概念本身的理解出现分歧，容易与一部请求判决、中间判决发生混淆。二是微观上先行判决的适用范围、既判力客观范围、先行判决在不同审级的衔接、先行判决与剩余部分的关系等具体运行机制均无规定，导致先行判决的可操作性大打折扣，许多审判人员未关注此条文，或即便关注也仅凭语义理解，逐步异化为回避矛盾的利器。

2. 理论供给脱离实践需求

民事判决依据能否终结诉讼程序，可分为终局判决与中间判决，①我国民事诉讼理论体系中并无中间判决的概念，故我国民事诉讼中规定的判决均属于终局判决。② 终局判决以判决能否终结本审级诉讼的全部为标准，又可进一步划分为全部终局判决和一部终局判决，《民事诉讼法》第153条即与一部终局判决属于同一制度。先行判决、中间判决、一部请求判决的区辨，始终是理论研究的重点，详见表3－3。

表3－3　先行判决与相近概念之区辨

区分	先行判决、一部终局判决	中间判决	一部请求判决
适用情形	诉讼标的独立部分达到可以作出裁判的程度；本诉或反诉有一可为裁判者	独立的攻击防御方法、请求原因数额或其他程序性争点达到可以裁判的程度	当事人就数量上可分的有给付内容的债权进行分割，就其部分请求法院判决，适用范围小于先行判决

① 参见陈计男：《民事诉讼法论（上）》，台北，三民书局2013年版，第379页。

② 参见张瑜：《论一部终局判决——兼议我国民事诉讼法第139条之存废》，载万鄂湘主编：《司法解决纠纷的对策与机制：全国法院第十九届学术讨论会获奖论文集》，人民法院出版社2007年版，第510～511页。

续表

区分	先行判决、一部终局判决	中间判决	一部请求判决
程序发起	一般认为法院依职权先行判决,亦有观点认为应赋予当事人适时裁判请求权	应当在人民法院受理案件之后,终局判决作出之前,由本诉原告或被告申请	由当事人发起
裁判效力	能就诉讼标的的部分终结诉讼,先行判决确定后产生既判力,当事人可申请执行	不终结诉讼程序、不产生既判力、执行力,但对本级法院产生约束	终结诉讼程序,就所请求的部分产生既判力、执行力,对剩余债权是否产生既判力有不同观点
救济途径	可就先行判决进行上诉	不能单独就中间判决提起上诉	可就一部请求判决提起上诉
与剩余部分的关系	理论上剩余部分不受先行判决部分的影响,剩余部分是诉讼程序的继续	不涉及诉讼标的分割,因此不涉及此问题	对剩余部分是否产生既判力的遮断效力、是否允许剩余部分另行起诉,有不同观点

从先行判决在判决体系中的定位及与相近概念的区辨可发现,现有理论普遍认为先行判决具有以下特性:一是终局性,即其一旦成立,就意味着对已解决诉讼标的部分不可再行辩论,该部分诉讼已经终结,整个诉讼已被分为先行判决与剩余判决两段;二是部分性,即先行判决针对可分诉讼标的独立部分作出裁判,整个诉讼程序尚未结束,剩余部分是诉讼程序的继续;三是独立性,即先行判决部分与剩余部分仿佛一开始就被分离起诉,先行判决作为独立的终局判决,当事人可单独提起上诉,不受剩余部分尚未审结的影响,且不允许与剩余判决有任何矛盾之处。①

因此,为了保证先行判决制度的逻辑自恰,以及与中间判决的明确区分,应然层面的先行判决与剩余判决完全分离,互不影响,不论先行判决上诉与否,均不会与剩余部分发生矛盾。然而这种纯诉讼理论的制度构造,无法为离婚诉讼实践中已然发生的先行判决与剩余判决的种种矛盾提供有效解释,无法让先行判决制度成为贯彻落实《民法典》第1041条婚姻家庭受国家保护庄严承诺的利器。

(二)实体维度:请求权基础牵连性难破理论掣肘

离婚之诉为合并之诉,不仅解决是否准予离婚的问题,还须在准予离婚时一并解决离婚的诸多法律后果问题,如子女抚养、共同财产分割,离婚损害赔偿、家务劳

① 因而有学者将一部终局判决(先行判决)称为矛盾自由,参见[德]奥特马·尧厄尼希:《民事诉讼法》,周翠译,法律出版社2003年版,第311页。

动补偿、离婚经济帮助的救济请求亦构成离婚诉讼中的独立请求权基础。概言之,人身法律关系和具有人身依附性的财产法律关系构成离婚诉讼的请求权基础。

离婚诉讼适用先行判决之必要性体现为破解夫妻财产难以及时查清与身份关系亟待处理的尴尬图景,以此可将离婚诉讼请求权分割为婚姻关系解除,子女抚养权归属的先决问题,离婚救济主张的中间地带,以及夫妻财产分割的剩余部分,其中先行判决是否会对财产分割部分产生影响即为矛盾判决发生与否之根本。因离婚诉讼中财产关系以人身关系为基础,与特定亲属身份不可分离,故人身关系的先决必然与剩余财产分割存在牵连,无法与前述先行判决理论所要求的独立、完全分离等特性相匹配,请求权绝对分割困难成为矛盾症结点。

进一步探究先行判决对财产分割产生影响之因素,即矛盾判决产生的具体"肇因"。首先,夫妻身份关系是否解除这一离婚诉讼中的根本前提,为影响财产分割"肇因"自不待言。其次,将《民法典》第 1087 条照顾子女、女方和无过错方权益的离婚财产分割原则作为主要考量,其中照顾女方原则具有客观特性,不易出现歧义,此对产生矛盾判决基无影响。照顾子女原则主要体现为对直接抚养子女一方适当多分财产,以保证子女健康成长具有一定物质基础,故抚养权归属这一主观判定可直接影响财产分割。若二审法院对原审先行判决中子女抚养归属的认定作出更改,而剩余判决又在该二审裁判前作出,则易产生矛盾判决,所以子女抚养归属为"肇因"之二。最后,照顾无过错方权益原则突出表现为对婚姻过错的认定,此处过错并不限于《民法典》第 1091 条规定的重婚、同居、家暴等重大过错行为,还包括其他违反婚姻义务或故意以悖于善良风俗的方法损害婚姻关系的过错行为。① 实践中对过错的事实认定及法律认定均存在差异,故是否构成过错成为产生矛盾判决的"肇因"之三。

综上,立法规定的粗疏、理论供给的不足,加之离婚诉讼各部分请求权基础极强的牵连性、三方"肇因"的不稳定性,共同导致离婚诉讼场域先行判决与剩余判决矛盾多发。

四、离婚诉讼先行判决与剩余判决协调路径规划

直击痛点,方可求突破之路。离婚诉讼先行判决与剩余判决之关系协调,需以防范两者矛盾为中心,结合先行判决的诉讼价值与离婚纠纷的实体特点,构建离婚

---

① 参见薛宁兰、谢鸿飞主编:《民法典评注:婚姻家庭编》,中国法制出版社 2020 年版,第 431 页。

诉讼场域下的先行判决制度。

（一）一阶：离婚诉讼适用先行判决诉的利益之考察

诉的利益是为考量具体请求的内容是否具有进行案件判决之必要性以及实效性而设置的一个要件，[①]需要根据具体诉讼的状况，并紧密结合请求的内容予以综合判断。[②] 先行判决的作出，意味着将原来的一个（合并的）诉分离为先行判决与剩余判决两个部分，为避免可能发生的程序延宕与前后矛盾，诉的分离必须具有适度性。[③] 离婚诉讼适用先行判决诉之利益多表现为财产分割确实困难，而离婚请求又确实迫切两个要素。

一是财产分割确实困难，即财产类别众多且分割程序复杂导致难以短时间内厘清进而无法及时作出裁判。财产类别众多但不存在股权分割、资产评估等需待案外程序结果的，不宜认定为财产分割确实困难；财产类别众多但可以尽早查明厘清的，亦不属此类。

二是离婚请求确实迫切，包括“合意型”与“过错型”两类，其中合意型是指诉讼双方对婚姻关系解除达成一致意见且同意先行就离婚作出裁判；过错型则从权益保护角度出发，将双方未就离婚达成一致意见但一方过错行为对无过错方造成较为严重损害且由无过错方提起离婚诉讼的，或无过错方虽未提出离婚但存在家庭暴力、虐待、遗弃等严重危及人身安全情形的，可以认为属于离婚请求确实迫切。切实考量诉的利益，将离婚诉讼先行判决的适用情况限于此，亦能有效避免基于诸如“法院不应作出先行判决”程序疑问提出的上诉。

（二）二阶：离婚诉讼各项请求之合理分割

先行判决是将适宜裁判的部分和尚不适宜裁判的部分进行分割之后进行的终局判决，常被用于与胜诉当事人的利益相吻合的情形，以及利于剩余部分的审理简化情形。[④] 对离婚诉讼各项诉讼请求的合理分割可考虑三方面。[⑤]

一是诉的类型。婚姻关系解除、子女抚养权归属之诉属于形成之诉，而财产分

---

① 参见［日］新堂幸司：《新民事诉讼法》，林剑锋译，法律出版社2008年版，第187页。

② 参见［日］高桥宏志：《民事诉讼法制度与理论的深层分析》，林剑锋译，法律出版社2003年版，第281页。

③ 参见张晋红：《诉的合并之程序规则研究》，载《暨南学报（哲学社会科学版）》2012年第8期。

④ 参见邓小连：《论部分判决》，西南政法大学2012年硕士学位论文，第15页。

⑤ 离婚诉讼各项诉讼标的均存在一定程度牵连性，故此处诉讼标的可分应采取虽有牵连关系但可分别解决的标准。参见杨建华：《一部终局判决之第三审上诉》，载杨建华：《民事诉讼法问题研析》，台北，元照出版公司2010年版，第1836页。

割之诉属于给付之诉，将相同类型的诉予以合并先行判决，与财产分割之诉分离，应属较为明晰的标准。

二是诉讼标的之可分性。离婚财产纠纷涉及诸多财产类别，房屋、存款等便于分割、能够尽快查清的部分，可与公司股权、清算评估等一时难以厘清的部分相分离。

三是合理处理肇因。婚姻关系解除与否是后续一切问题的前提，如有必要，应先行判决；子女由何方直接抚养，基于最有利于未成年子女原则，考虑若仅判决离婚而不对子女抚养进行妥善处理，将有可能导致未成年子女得不到妥善监护，故应与婚姻关系解除一并处理；由于过错认定与财产分割密切相关，是否先行判决应予审慎，如果针对过错确已产生高度可能性的内心确信，则先行判决并无不可，反之，应在剩余判决中一并处理，从而避免可能出现的矛盾判决。

（三）三阶：先行判决“裁判时机成熟”标准之遵循

先行判决须等待裁判时机成熟才可做出，这不仅是其作为终局判决的应有之义，也是与中间判决的根本区别。诉讼达于可为裁判之程度，系指诉讼之辩论已使法院就该事件应作如何判断获有心证，而为判决之状态。① 我国作为规范处罚型的大陆法系国家，要求法官在进行司法三段论的过程中眼光在事实与法律之间往返流转，透过归摄作用，运用演绎的逻辑方式作出裁判。②

为确保先行判决的适当性，其作出前当事人应得到就案件事实全面阐明的机会，法院也应调查当事人提出的攻击防御方法。离婚诉讼法律关系复杂，所涉攻击防御方法众多，加之《民事诉讼法》以授权性规范赋予法官自由决定适用先行判决的权限而无须经过当事人同意，考虑剩余判决与当事人心理预期的平衡，法官有必要在作出判决前及时开示其心证，明确告知先行判决的意图，促使当事人双方针对需要先行判决的诉讼标的，竭尽证明资源，从而防止突袭，并一定程度上避免与剩余判决的矛盾。因此，在离婚诉讼中作出先行判决要满足三点程序要件：一是先行判决部分均经过当事人充分辩论；二是法官就作出先行判决以及举证迟延的不利后果，向双方当事人进行了充分释明；三是法官对将要先行判决的事项确实清楚，已经形成高度可能性的内心确信。

（四）四阶：妥善处理矛盾判决方案之厘定

1.“同审级型矛盾”以肇因区分原则及例外

终局判决一旦获得确定，该判决对请求之判断就成为规范今后当事人之间法

---

① 参见陈计男：《民事诉讼法论（下）》，台北，三民书局2009年版，第4页。

② 参见杨仁寿：《法学方法论》（第2版），中国政法大学出版社2013年版，第35页。

律关系的准则,当同一事项再度成为问题时,当事人不能对该判断提出争议,不能提出与之相矛盾的主张,法院也不能作出与该判断相矛盾或抵触之判断。[①] 先行判决作为一部终局判决,当然具有既判力。依照既判力消极作用的基本原理,在判决确定后,当事人不能在后诉中提出与产生既判力的前诉判决相反的主张或者请求,法院亦不可在后诉中作出与产生既判力的前诉判决相矛盾的判断,[②]加之前述离婚诉讼先行判决与剩余判决的请求权基础常存牵连性,在先行判决中已处理过的诉讼请求,即前诉所认定的事项,不得与后诉相矛盾。若在剩余判决中发现先行判决确有错误,则属于对判决的冲破与推翻,必须规定严格的限制条件,以尽量维护判决的稳定性并防止当事人权利滥用。[③] 鉴于此,在处理“同审级型矛盾”时,必须格外审慎。

离婚诉讼先行判决与剩余判决矛盾产生的肇因主要有三,即婚姻关系是否解除、子女抚养权归属、是否认定过错。依据《民事诉讼法》第 202 条之原理,当事人对已发生法律效力的解除婚姻关系的判决不得再为异议。子女抚养权归属若确有必要更改,依据最高人民法院《民法典婚姻家庭编司法解释(一)》第 56 条之规定,多系发生了一方不适宜直接抚养子女的事由或子女意愿变更,如果该情形发生在剩余判决前,通过剩余判决进行变更,再将抚养费等相关问题一并处理,自应无不可。反之,若没有法定情形发生,却在剩余判决中声明变更抚养归属,基于身份关系安定性的考量,应不予允许。是否认定过错对离婚财产分割具有重要影响,由于先行判决程序中,已让当事人针对过错充分展示攻击防御方法和证据,并经过充分辩论,如在剩余判决中,当事人以先行判决认定的基本事实缺乏证据证明、主要证据伪造或未经质证为由再行主张,与诚实信用原则有违,故此情况下,仅允许当事人有足以推翻先行判决的新证据为由对先行判决发起挑战,并在三要素限定下作出处理:一是新证据的认定。该证据须在先行判决作出后剩余判决辩论终结前产生,或虽产生在先行判决前但非因本人原因无法提供,且当事人需对举证迟延进行充分说明,否则将承担举证不能的不利后果,人民法院将不采纳该新证据[④]。二是从

---

① 参见[日]新堂幸司:《新民事诉讼法》,林剑锋译,法律出版社 2008 年版,第 472 页。

② 参见[日]高桥宏志:《民事诉讼法制度与理论的深层分析》,林剑锋译,法律出版社 2003 年版,第 483 页。

③ 参见陶志蓉:《民事判决效力研究》,中国政法大学 2004 年博士学位论文,第 91 页。

④ 虽然根据《民事诉讼法》第 68 条的规定,当事人逾期提供证据且拒不说明理由或者理由不成立的,人民法院根据不同情形可以不予采纳该证据,或者采纳该证据但予以训诫、罚款。但在先行判决已生效的情况下,为避免矛盾判决,人民法院在剩余判决中对新证据的把控必须更加严格,所以对逾期举证的后果应从严掌握。

严把控证明标准。当事人通过新证据改变先行判决对过错的认定,不仅要动摇法官原先的心证,还须让法官对"过错是否存在"产生高度盖然性的内心确信。三是若确需改判,则参照再审程序审理。依据新证据,在剩余判决中撤销先行判决的相关判项,并对过错问题进行重新认定,如无须改判,则在剩余判决中向当事人释明后继续审理即可,而无须在文书中说明,以简化剩余判决文书的说理难度。若在审理剩余判决时,发现先行判决确有表述上的瑕疵,则直接在剩余判决中予以补正即可,一方面可避免"一案三书"的繁复,另一方面也处理了瑕疵,避免先行判决与剩余判决的矛盾。

2."异审级型矛盾"以先行判决生效为前提和基点

离婚诉讼先行判决与剩余判决诉讼标的存在普遍牵连性,对先行判决提起上诉的结果将直接对剩余判决产生影响。

于一审法院而言,为避免前述"异审级型矛盾",可在先行判决上诉后,暂停对剩余判决审限的计算,待二审裁判生效后再恢复,同时结合先行判决的生效结果,对剩余部分作出裁决。此外,由于剩余部分法律关系复杂,需付诸大量时间查明,所以暂停审限计算的同时,一审法院并不当然中止审理,而应当在二审审理期间充分查清事实,为剩余判决的作出打下坚实基础。

于二审法院而言,为避免前述"异审级型矛盾",若当事人上诉理由并不充分,应尽快驳回上诉,维持原判,让先行判决尽早得到确定,充分发挥其效益价值;若发现先行判决部分事实认定不清,法律适用确有错误,应当尽可能在查清事实的基础上,正确适用法律予以改判,这一方面避免程序反复造成的延宕,另一方面也为剩余判决的审理迅速指明方向;若在二审程序中双方当事人已然进行充分攻击防御,人民法院仍无法查清事实,此时才能以基本事实不清为由撤销原先行判决,发回重审,并应在发回裁定中对剩余判决进行合理安排,即指令由重新审理先行判决部分的审判组织(新审判组织)对原审剩余判决一并审理,以避免同一离婚诉讼,剩余判决与先行判决由不同审判组织审理的尴尬局面。

法典化时代对离婚主体权益的保护需要先行判决制度的积极适用,但当前先行判决立法规定与理论探讨均难以发挥与离婚诉讼相恰的价值功能。因此,必须以矛盾判决之防范为中心,在遵循"考量诉之利益—合理分割请求—裁判时机成熟—妥善处理矛盾"的四阶进路中寻求突破,以切实可行的具体规则建构符合离婚诉讼的先行判决制度,进而服务于程序正义与整体利益衡量、实质正义与社会稳定的法治建设大局如下图 3 – 3 所示。

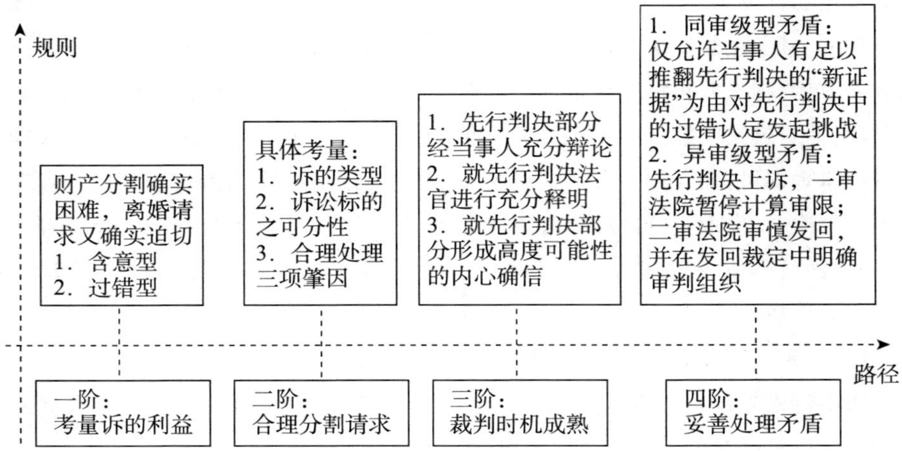

图 3－3　先行判决与剩余判决关系处理路径

五、本章观点集成

我国先行判决制度早在 1982 年《民事诉讼法(试行)》中就已正式规定,之后的历次修订均予以沿用,但至今没有细化的法律规定或司法解释。立法上的粗疏导致两个方面问题:一是宏观上对先行判决概念本身的理解出现分歧,容易与一部请求判决、中间判决发生混淆;二是微观上先行判决的适用范围、既判力客观范围、先行判决在不同审级的衔接、先行判决与剩余部分的关系等具体运行机制均无规定,导致先行判决的可操作性大打折扣。

先行判决现有理论普遍认为其具有以下特性:一是终局性,即其一旦成立,就意味着对已解决诉讼标的部分不可再行辩论,该部分诉讼已经终结,整个诉讼已被分为先行判决与剩余判决两段;二是部分性,即先行判决针对可分诉讼标的独立部分作出裁判,整个诉讼程序尚未结束,剩余部分是诉讼程序的继续;三是独立性,即先行判决部分与剩余部分仿佛一开始就被分离起诉,先行判决作为独立的终局判决,当事人可单独提起上诉,不受剩余部分尚未审结的影响,且不允许与剩余判决有任何矛盾之处。因此,应然层面的先行判决与剩余判决完全分离,互不影响,不论先行判决上诉与否,均不会与剩余部分发生矛盾。这就需要在民事诉讼立法上完善先行判决与剩余判决之关系,尤其是先行判决上诉与剩余判决的关系。

由于对先行判决提起上诉的结果将直接对剩余判决产生影响,于一审法院而言,可在先行判决上诉后,暂停对剩余判决审限的计算,待二审裁判生效后再恢复,同时结合先行判决的生效结果，对剩余部分作出裁决。此外，由于剩余部分法律关系复杂，须付诸大量时间查明，所以暂停审限计算的同时，一审法院并不当然中止审理，而应当在二审审理期间充分查清事实，为剩余判决的作出打下坚实基础。于二审法院而言，若当事人上诉理由并不充分，应尽快驳回上诉，维持原判，让先行判决尽早得到确定，充分发挥其效益价值；若发现先行判决部分事实认定不清，法律适用确有错误，应当尽可能在查清事实的基础上，正确适用法律予以改判，这一方面避免程序反复造成的延宕，另一方面也为剩余判决的审理迅速指明方向；若在二审程序中双方当事人已然进行充分攻击防御，人民法院仍无法查清事实，此时才能以基本事实不清为由撤销原先行判决，发回重审，并应在发回裁定中对剩余判决进行合理安排，即指令由重新审理先行判决部分的审判组织（新审判组织）对原审剩余判决一并审理。

第七章　公司决议

《民法典》总则编将决议行为增加为民事法律行为的新类型。这是重要的立法创举,在民事法律行为制度上贡献了鲜明的“中国元素”。[①] 相应地,从实体法对应至程序法上,本书需要在司法实践中就诉的主体、诉的客体问题予以融贯衔接。

一、新旧实体法项下概念明晰

《民法通则》第 54 条规定:“民事法律行为是公民或者法人设立、变更、终止民事权利和民事义务的合法行为。”《民法典》第 133 条规定:“民事法律行为是民事主体通过意思表示设立、变更、终止民事法律关系的行为。”新旧法条对比可知:(1)民事主体分为自然人、法人、非法人组织,统称为民事主体;(2)民事法律行为的本质特征是意思表示;(3)去掉“合法性”表述,无论合法的、无效的、可撤销还是效力待定的民事行为,统称为民事法律行为。其中,意思表示成为民事法律行为设立的起点,也成为司法审查中的基础。

《民法典》第 134 条第 1 款规定:“民事法律行为可以基于双方或者多方的意思表示一致成立,也可以基于单方的意思表示成立。”第 2 款规定:“法人、非法人组织依照法律或者章程规定的议事方式和表决程序作出决议的,该决议行为成立。”对比第 1 款与第 2 款法条可知,单方法律行为是指仅凭一方的意思表示就能够单独成立的民事法律行为,比如所有物抛弃。双方或多方法律行为是指各方当事人的意思表示相向而行,在意思表示一致时才能成立的民事法律行为,例如“一拍即合”的合同行为,如图 3－4 所示。

A→←B

图 3－4　合同行为

决议行为是基于共同的意思表示,但又不囿于团体中每一个体意思表示的特

---

① 参见王雷:《〈民法总则〉中决议行为法律制度的力量与弱点》,载《当代法学》2018 年第 5 期。

殊一类。如图3－5所示，如果本书把公司作为一个整体看待（圆形），那么公司的股东（A、B、C、D、E、F）根据各自的持股比例分布于圆周各处的点上，为了让公司能够对内作出决策（例如股东分红）或者对外签订合同（例如担保协议），股东会要就具体事宜形成共同的意思表示。当A、B、C、D、E形成多数一致意见时，该决议即成立，即使F持有反对意见，也仍然受到决议约束。

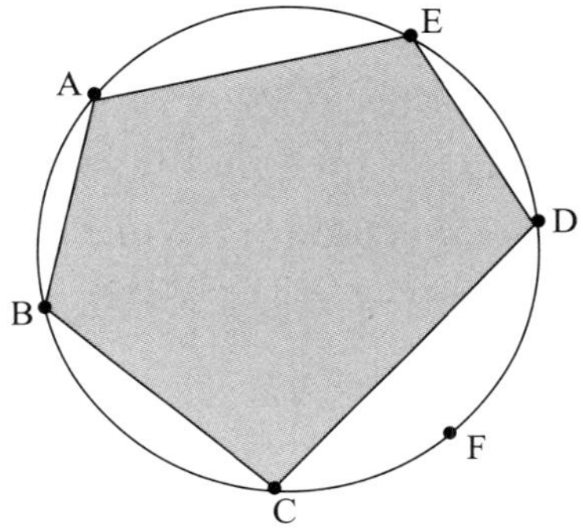

图3－5 公司决议行为

基于上述分析，本书可以得出公司决议行为有如下特征：(1)“少数服从多数”，按多数决方式形成公司的合意；(2)强调“程序正义”，决议行为必须依照法律或公司章程规定的议事方式、表决程序进行；(3)属于法人或非法人组织内部的决议事项，原则上仅对法人或非法人组织发生效力。

二、新旧司法审查路径解读

相较于一般民事法律行为，决议行为采取“意思多数决”机制，彰显了对效率价值的侧重，但是，“意思多数决”之后的法律效力遍及整体，这之间的逻辑关系与私法自治中“自己责任”又有了偏差，如何平衡商事领域的效率价值与正义价值观？如何在意思多数决中尽可能接近所有成员的共同意愿？本书以时间为序，可以梳理出该类案件在审理思路上的变化。

（一）二分法格局下

在效力判定上，我国法律沿袭了传统大陆法系的二分法立法体例，将决议行为效力瑕疵区分为无效、可撤销两种类型。《最高人民法院新民事案件案由规定理解与适用》中载明，公司决议纠纷是指公司股东会或者股东大会、董事会决议的内容违反法律、行政法规，股东会或者股东大会、董事会的会议召集程序、表决方式违反法律、行政法规或公司章程，或者决议内容违反公司章程的，股东向人民法院提起诉讼,要求确认股东会或者股东大会、董事会决议的效力或者撤销股东会或股东大会、董事会决议引发的纠纷。①

所以,本书的纠纷解决路径分为两类:(1)与程序瑕疵相关的可撤销之诉;(2)确认决议效力(无效)之诉。

(二)三分法格局下

为了更好地保护股东权利、维护营商环境,最高人民法院从体系解释出发,解读了《公司法》第22条条文中的默示性规定,即不成立决议当然不具有法律约束力。2017年8月25日公布的《公司法解释四》中,明确规定了决议不成立之诉,由此,决议行为瑕疵之诉包含不成立、可撤销与无效的三分法格局确立。

在三分法格局之下,如何处理好股东与公司共生共荣,但又此消彼长的关系,本书有了更明确、全面的路径。

1. 判断决议成立与否。当公司决议欠缺成立要件时,应称为"决议不成立",比如未开会、未表决(伪造签名),又比如,虽开会,但未形成有效决议(出席人数或股东所持表决权不符合法律、公司章程规定通过比例),这些均属于事实判断问题。

2. 判断决议是否可撤销。会议召集程序、表决方式违反法律、行政法规、公司章程,但仅有轻微瑕疵、对决议没有实质性影响的除外,这属于对已成立决议行为之法律价值判断问题。

3. 判断决议是否无效,即是否违反法律、行政法规。

三分法项下的公司决议之诉,理论上看似泾渭分明,但在实操中,也存在很多成立与可撤销、无效的区分、重合问题。成立与可撤销二者的区别在于,决议不成立时的程序瑕疵程度较决议可撤销时更加严重。成立或无效,则更多涉及诉讼路径的选择与法官释明权运用的问题。

三、程序法项下问题研究

在古罗马,实体私权是以诉权来表示的。②《民法典》等实体法赋予当事人的民事权益,同样需要在程序法项下予以实现。各方当事人在民事诉讼中,对纠纷进行动态的、能动的交涉,民事实体法规定的裁判标准与民事诉讼法规定的诉讼形式在

---

① 参见杨万明主编、最高人民法院研究室编著:《最高人民法院新民事案件案由规定理解与适用》,人民法院出版社2021年版,第387页。

② 参见[意]彼得罗·彭梵得:《罗马法教科书》,黄风译,中国政法大学出版社1992年版,第86页。

该过程中相互渗透、相互作用,最终决定了当事人的法律地位和法院的裁判结果。民事实体法固然是法官判断形成的依据,可是如果该判断不是在符合诉讼规则的程序之内完成,即判断不是在正当程序中作出的,那么判断就不具有公权判断的效力。2022 年 1 月 1 日起,我国新修订的《民事诉讼法》开始施行,2022 年 4 月 10 日,新修订的《民诉法解释》配套施行,但新旧民诉法及其司法解释,均未对公司决议纠纷诉讼做具体规定。在梳理相关案件时,本书仍然面临诉的主体与客体两方面的问题。

(一)诉的主体

公司决议效力纠纷中,诉讼主体的判定在司法实践中存在诸多问题有待解决,以下试以几个典型案例析之。

案例:A 公司成立于 2009 年,股东分别是甲、乙、丙三人。2020 年,该公司股东三人共同签署了一份股东会决议,决议内容涉及同意 B 公司对 A 公司的整体收购计划方案。2021 年,A 公司的股东由甲、乙、丙三人变更为 B 公司。

问题:(1)倘若甲主张案涉股东会决议不成立,其是否可以原告身份提起诉讼?(2)诉讼中,应当以 A 公司作为被告,还是乙、丙作为被告?

关于问题 1,第一种观点认为,公司决议之诉应当以公司股东为诉讼当事人,甲已经将自己持有的 A 公司股权转让给 B 公司,不再具有股东身份,因此,其不是适格原告。第二种观点认为,应当采"决议作出时"和"起诉时"的双重标准审查甲的股东身份,缺少任一要素,甲均不是适格原告。第三种观点则认为,不论起诉时甲是否具有股东身份,只要决议涉及其利益,其均可以起诉。

对此,首先,本书从法律、司法解释角度寻找依据。《公司法》第 22 条第 2 款规定:"股东会或者股东大会、董事会的会议召集程序、表决方式违反法律、行政法规或者公司章程,或者决议内容违反公司章程的,股东可以自决议作出之日起六十日内,请求人民法院撤销。"《公司法解释四》第 1 条规定:"公司股东、董事、监事等请求确认股东会或者股东大会、董事会决议无效或者不成立的,人民法院应当依法予以受理。"该条款并未就公司股东是否包含前股东、现股东予以表述。《公司法解释四》第 2 条规定:"依据民法典第八十五条、公司法第二十二条第二款请求撤销股东会或者股东大会、董事会决议的原告,应当在起诉时具有公司股东资格。"鉴于公司决议纠纷,分为决议成立与否、决议效力无效(有效)以及决议撤销之诉三种类型,所以,该司法解释已经直接回答了撤销之诉的股东资格的判定标准,但是对另两种类型,却并未提及。因此,围绕该条司法解释的理解争议在于:一种观点认为,决议撤销之诉与决议成立、效力之诉性质相同,涉及的利益判定标准亦相同,既然撤销之诉有明确的适格原告之规定,那么决议成立与效力之诉中,可以参照该条款适用。第二种观点则认为,从体例解释出发,《公司法解释四》第1条规定了决议成立之诉应予受理,即明确了该种类型纠纷,第3条又进一步明确规定了成立、无效或撤销之诉三种类型纠纷中适格被告问题,那么,在该部司法解释第2条中,仅规定撤销之诉的原告条件,而非三种类型全囊括,即说明决议成立、效力之诉不受该规定约束。

暂时抛开上述争议,本书可以先从已经明确的答案中去寻找判断标准。首先,公司决议撤销之诉的立法目的在于授权股东通过诉讼对公司内部意思形成的程序和内容瑕疵提供救济,故一般而论,公司的所有股东对公司决议瑕疵都有诉的利益。[①] 本书认为,《公司法》赋予股东对公司决议撤销之诉的权利,系股东的共益权,其功能在于通过公司内部成员的司法救济维护公司正当的内部治理,矫正因决议存在瑕疵而损及的公司整体利益,并进而影响到股东的个人利益。[②] 由此,本书引入诉的利益概念,就公司决议纠纷之诉之适格主体予以判定。

其次,从诉的利益角度寻找路径。诉的利益为大陆法系民事诉讼理论上的概念,是指对于具体的诉讼请求,是否具有进行案件判决的必要性和实效性(判决所能够实现的实际效果)。这一概念之所以强调作出案件判决的必要性和实效性,是因为在大陆法系民事诉讼理论中,将诉的利益归入诉讼要件,即案件判决的要件。[③] 张卫平教授认为,“诉的利益是从诉讼客体的角度对诉讼必要性和实效性的认识和考察;当事人适格是从诉讼主体的角度对诉讼必要性和实效性的认识和考察”,但其也认可“由于诉讼客体与诉讼主体的内在牵连关系,诉的利益与当事人适格也就有了一定程度的交叉连接,尤其是在确认之诉的场合”。司法实践中,法院总是在对确认之诉的适格当事人判定时,就诉的利益进行审查判断。在《公司法司法解释四理解与适用》一书中,对决议撤销之诉这一形成之诉的判定标准也直接纳入了诉的利益。在法信检索平台中,就公司决议纠纷以“诉的利益”进行类案检索,能检索的案例共计341件。[④] 由此可知,引入诉的利益理论就公司决议纠纷之当事人适格

---

① 参见杜万华主编、最高人民法院民事审判第二庭编著:《最高人民法院公司法司法解释(四)理解与适用》,人民法院出版社2017年版,第58页。

② 参见杜万华主编、最高人民法院民事审判第二庭编著:《最高人民法院公司法司法解释(四)理解与适用》,人民法院出版社2017年版,第59页。

③ 参见张卫平:《诉的利益:内涵、功用与制度设计》,载《法学评论》2017年第4期。

④ 检索日期为2022年5月18日。

予以判定,具有理论与实践的支撑。

股东会、股东大会是公司的权力机关,董事会是公司常设的经营决策机关。股东会、股东大会、董事会通过召开会议,形成决议、行使权力。决议一旦作出并生效,则变成公司的意志,对公司整体及全体股东具有约束力。无论是撤销公司决议的形成之诉,还是确认决议是否成立、无效的确认之诉,均系将争讼的法律关系予以安定。无论是决议时还是诉讼时,因为转让、继承等原因变更为公司的股东,其均具有诉之利益,应当成为适格原告。同理,在诉讼时,已经不具备公司股东身份的前股东,不是适格原告。

需要注意的一点是上述判定要件并非一成不变。倘若公司决议内容涉及股东资格问题,甚至直接以公司决议的方式剥夺股东资格的,该决议直接损害了该股东的利益。因此,即使基于公司决议等一系列资料,公司已经在工商部门变更登记股东信息,从登记的信息来看,甲已经不具备股东资格,但仍然可以提起相应的诉讼,维护自己的权益。对此,《公司法解释四》第7条规定:"股东依据公司法第三十三条、第九十七条或者公司章程的规定,起诉请求查阅或者复制公司特定文件材料的,人民法院应当依法予以受理。公司有证据证明前款规定的原告在起诉时不具有公司股东资格的,人民法院应当驳回起诉,但原告有初步证据证明在持股期间其合法权益受到损害,请求依法查阅或者复制其持股期间的公司特定文件材料的除外。"

关于问题2,谁是该类案件适格被告。《公司法解释四》第3条规定:"原告请求确认股东会或者股东大会、董事会决议不成立、无效或者撤销决议的案件,应当列公司为被告。对决议涉及的其他利害关系人,可以依法列为第三人。一审法庭辩论终结前,其他有原告资格的人以相同的诉讼请求申请参加前款规定诉讼的,可以列为共同原告。"该司法解释出台之前,实践中集中存在三种争议:其一,认为其他股东应当列为被告;其二,认为公司应当列为被告;其三,认为股东会、股东大会、董事会的召集人,决议中表决参与者等应当列为被告,鉴于司法解释已就该问题予以明确,本书不再详述。但另一司法实践中存在的现实困境在于案涉决议性质的判定,这最终决定了适格被告的审查标准。

仍以案例为例,案涉决议是以一份文件形式存在的。当甲将该份文件理解为甲、乙、丙三人签订的合同,那么基于合同的相对性原则,其将乙、丙列为案件的被告是妥当的。但若该份文件实属公司决议,那么案件的适格被告应当为公司。据此所知,本书应当注意的两点审查要素在于:(1)案涉文件的性质判定会直接影响诉讼主体的判定;(2)注意在该类型案件中甄别虚假诉讼,如果乙、丙就其被告身份予以认可,对甲的诉讼请求不持异议,很有可能系基于A公司前股东在整体出售公司股权后又反悔,于是进行"手拉手"式的虚假诉讼。

关于问题2的延伸,即其他诉讼主体的诉讼地位问题。采上述同样的判定标准可知:(1)其他股东的态度如果是支持原告的,在一审辩论终结前,可以申请以共同原告的身份参与诉讼;(2)其他股东的态度是反对原告的,则以利害关系第三人身份参与诉讼;(3)其他股东的态度属于"无所谓"的,由其自行决定是否以第三人身份参与诉讼。此部分的争议点在于,有的观点认为,如果其他股东反对原告的诉讼主张,则应与公司列为共同被告,且在该类纠纷中,应当将所有其他并不积极参与诉讼的股东列为第三人。对此,本书认为,与合同纠纷等点对点的交易法不同,公司法意义下的诉分为不同的层次和内涵,它首先属于组织法,即决议效果对应于公司整体而非股东个人,所以,公司应为第一层次的适格被告,同理,公司的意思表示也能代表股东的意思表示,作为第二层次内部关系的股东不必然直接参与前端诉讼。如果股东持反对意见,则其以第三人身份参与诉讼即可。同样地,因为股东对自己的权益具有处分权,当其并非被告时,是否作为第三人参与诉讼应当由其自行选择。

(二)诉的客体

诉的客体,与诉的主体、诉的原因构成诉之三要素。其包含诉讼标的和诉讼请求两方面内容。诉讼标的是指各方当事人之间产生争议,请求法院予以裁判的民事实体法律关系或者民事实体权利。比如,公司股东经表决程序而通过的决议行为、经股权转让而获得的股权等。我国《民事诉讼法》在第55条、第56条、第57条等诉的合并、代表诉讼制度中,直接使用了"诉讼标的"这一词语。诉讼请求是指当事人在诉讼中请求诉讼保护而提出的具体主张。比如,前述案例1中,甲作为原告,请求法院确认案涉决议无效。我国《民事诉讼法》在第122条原告起诉的条件等条款,直接使用了"诉讼请求"这一表述。在诉讼理论上,有的学者认为,诉讼标的等同于诉讼请求。但越来越多的学者主张,诉讼标的与诉讼请求并非完全同一。比如,邵明教授主张,"诉讼标的和诉讼请求是原告与被告之间争议的实体内容,共同体现原告起诉的目的,共同构成法院审判的主要对象或主要范围,所以诉讼标的和诉讼请求是诉的一个构成要素。在我国立法上和实务中,诉讼标的不同于诉讼请求,但是两者之间存在着一致性”①。

梳理公司决议纠纷中,围绕诉的客体产生的程序性问题,主要有:(1)原告请求确认公司决议有效之诉,法院是否应当受理;(2)原告请求确认公司决议无效,但法院经审查认为案涉决议不成立,应当如何处理。

1. 确认公司决议有效之诉是否具有可诉性

案例:②原告诉称,被告是一家2004年3月18日设立的有限公司,包括本案第三人在内的5名挂名股东均未实际出资。其中,第三人出资900万元持股30%,注册资金3000万元由亿富公司垫资完成,验资完成后全部抽回。第三人既未出资也未参与被告的任何设立事项。2005年1月,原告作为实际出资人接管被告并受让被告70%股权。自2014年12月22日以来,第三人陆续对被告提起诉讼,为保护公司和实际出资人的合法权益,被告于2015年12月3日向第三人发出催缴900万元出资的书面通知,但第三人仍未缴纳出资。2015年12月14日,被告向第三人发出召开股东会的书面通知,并于2015年12月31日召开股东会,解除第三人在被告公司股东资格。原告认为,被告以股东会决议解除第三人的股东资格,该决议程序合法、法律依据充分,为此,请求法院判决确认被告解除第三人股东资格的股东会决议有效。

一审法院经审查认为,案件争议的核心在于原告是否可就系争股东会决议的有效性提起诉讼。当前法律虽未涉及股东可以提起确认决议有效之诉,但基于案件的实际情况,原告可以提起诉讼。其原因在于,系争股东会决议的利益相关方对决议效力状态存在分歧,而决议效力影响公司股权结构及股东利益。若该决议的效力迟迟未经司法确认,不仅被告的股东之间纠纷不断,被告存续期间可能涉及的公司减资或股权转让等相关事务处理亦受影响。关于系争股东会决议的法律效力,由于第三人未对被告实际履行出资义务,被告对第三人除名前,亦履行了催告程序,且被告解除第三人股东资格的方式符合法定程序,故系争股东会决议在程序与内容上并无瑕疵,应属有效。二审法院维持了一审判决。

司法实践中,关于公司决议效力纠纷对应的诉讼请求,多为确认案涉决议无效,但也会遇到少数比例的确认案涉决议有效之诉请。对于后一类纠纷,人民法院应否受理?法律对此无明文规定,审判实践中亦有两种不同的处理意见,值得进一

---

① 邵明:《民事之诉的构成要素与诉的识别》,《人民司法》2008年第17期。

② 参见李某某与某投资有限公司等公司决议效力确认纠纷案,上海市浦东新区人民法院(2016)沪0115民初8090号民事判决书;上海市第一中级人民法院(2016)沪01民终5482号民事判决书。

步思考和研究。

持肯定观点的人认为:(1)法律未禁止的视为允许,法院无权拒绝受理;(2)股东在权利受到损害时,有权自行选择诉讼方式来得到法律保护。比如,福建省漳州市中级人民法院在(2009)漳民初字第93号民事判决书中即对股东确认决议有效之可诉性持肯定观点。

持否定观点的理由主要为:(1)确认决议有效之诉的原告即便获得胜诉判决,也需另行提起给付之诉才能使自身权利得到充分的实现,由此,若允许提起确认之诉实属司法资源的浪费;(2)确认决议有效之诉的原告对决议无异议,被告也认可原告之主张,对于不具有民事争议的决议,原告无权提起诉讼。基于此种观点,上海市第二中级人民法院于2008年出具(2008)沪二中民三(商)终字第82号民事裁定书,驳回原告要求确认股东会决议有效的起诉。曾经在《公司法解释四》(征求意见稿)中,有过"……依据公司法第二十二条第一款起诉请求确认决议无效或者有效的,应当依法受理"的表述,但在出台的正式稿中,表述为"……请求确认股东会或者股东大会、董事会决议无效或者不成立的,人民法院应当依法予以受理"。由此,持此观点者更加坚定其理解。

本书从诉的利益出发,分析上述问题。持否定观点者提出的最有利的逻辑维度在于,既然原告认可决议效力,被告公司亦认可决议效力,那么该案件没有争议点,即没有诉的利益。但该等逻辑的盲点在于,忽略了决议行为与合同行为的区别。如果,案例仅是股权转让合同纠纷,本应两相对立的合同相对人均对相关事实予以认可,则确系无诉之利益。但对于决议行为而言,其在公司内部存在多层次利益链条,第一层次是股东与公司之间的关系,第二层次是股东与其他股东之间的关系。所以,即使原告股东与被告公司均认可决议效力,也并不代表该决议处于安定的、无争议的状态。案例中查明的事实表明,正是基于其他股东对于决议效力的不认可、不执行,各方存在确认股东资格、损害公司利益责任纠纷等多起诉讼的可能,也不利于公司的经营与发展。比如,第三人作为被告公司登记股东,有权自决议作出之日起60日内,就股东会程序或决议内容瑕疵提起股东会决议撤销之诉,并有权随时以决议内容违反法律规定为由提起决议无效之诉这一现实状态客观上妨碍了原告实现参与重大决策权的行使目的,其股东权利面临被侵害的风险,故案件的实际争议存在于原告与第三人之间,原告所提起的确认决议有效之诉符合民事诉讼的一般特征。

因此,从诉的利益角度出发,公司决议效力有效之诉,可以将公司内部无法自洽的法律关系得以明确,从而使公司的治理架构得以明晰,以高效的方式维护经济社会中的交易安全及股东的合法权益。

2. 类案中诉的客观预备合并与法官释明权运用

案例1:[①]原告钟某某提出诉讼请求,确认被告利安公司、邱某、王某某伪造的2014年3月12日关于转让原告股权的利安公司股东会决议无效。

一审法院经审查认为,案涉决议中钟某某签名并非其本人所签,系他人未经其同意冒名签署。事后钟某某对前述签名文件内容亦未予追认,故《股东会决议》非钟某某的真实意思表示。现钟某某要求确认案涉股东会决议、股权转让协议无效,但确认股东会决议生效的前提为该决议已成立,因上述股东会决议、股权转让协议不成立,故法院对钟某某要求确认股东会决议、股权转让协议无效的请求不予支持。由此,该法院驳回了原告的诉讼请求。

案例2:[②]该案的上诉人(原告)是丽景旅游公司、闻某某,被上诉人(被告)是南溪旅游公司。丽景旅游公司及闻某某上诉请求撤销一审判决,改判确认落款日期为2017年8月26日的"南溪旅游公司章程更正"(以下简称"章程更正")无效。二审庭审中,丽景旅游公司及闻某某认为案涉决议不成立、不生效。

二审法院经审查认为,按照2013年12月18日"南溪旅游公司章程"的规定,对于公司章程的修改应当经过股东会代表三分之二以上的股东表决通过。该"章程更正"从内容上看系对南溪旅游公司章程的修改,在丽景旅游公司及闻某某均否认该"章程更正"所记载内容的情形下(二者所占公司股权总比例为55%),该"章程更正"的产生不符合南溪旅游公司的章程规定。本案中,双方对于案涉"章程更正"的效力认识发生分歧:丽景旅游公司及闻某某否认该"章程更正"的效力,南溪旅游公司及安东商贸公司认可并维护该"章程更正"的效力。从结果意义上看,不管丽景旅游公司主张该"章程更正"无效还是不成立、不生效,其诉讼目的均系否认"章程更正"的效力。从实质性解决纠纷、减少当事人诉累、节约诉讼成本以及避免浪费司法资源等多重角度考虑,二审法院对"章程更正"的效力问题进行释明并经丽景旅游公司确认后,在全面审查的基础上,应当径行作出确认该"章程更正"不成立的判决。综上,二审法院撤销一审判决,确认案涉决议不成立。

---

① 参见钟某某与利安公司、邱某等公司决议效力确认纠纷案,延边朝鲜族自治州中级人民法院(2019)吉24民初121号民事判决书。

② 参见丽景旅游公司、闻某某公司决议纠纷案,安徽省宣城市中级人民法院(2019)皖18民终763号民事判决书。

案例 1 和案例 2 在诉的客体方面,遇到了相同的问题。当事人提出的诉讼请求是确认公司决议无效,但法院查明事实后判定案涉决议不成立,此时,法院应当判令驳回原告的诉讼请求,还是释明后判令案涉决议不成立?同理,如果原告在提起诉讼请求时,无法判断案涉决议是不成立或者无效,是否可以同时提出上述两项诉讼请求?

关于诉的客观预备合并,前文已专节论述,一般是指原告在起诉时,预虑其所提起的某诉无理由,因而同时合并提起他诉,以备前者无理由时,就后者要求法院进行审判。换言之,这种合并是指原告考虑到其第一位的主要请求(主位请求)有可能不被法院所认可,故而同时合并提起第二位的次要请求作为预备请求,法院认可主位请求时,则不再对预备性请求进行审判;主位请求不被认可时,法院则对预备请求进行审判。[①] 公司决议纠纷案件存在诉的预备合并空间的原因在于:其一,决议成立与效力判定并非泾渭分明的两个概念。实践中,由于原告未实际参与决议过程,缺乏提前判断法律效果的事实依据,只有经过法院的事实查明,才能确定案涉决议是不成立还是无效。比如,案例 1 中的原告,如果其持股比例仅系 20%,起诉时,原告可以确定的事实仅系其未参与表决,其未作出同意的意思表示,但其并不能确定其他持有 80% 股权比例的股东的态度。倘若,其他股东中,也存在冒名签字的情形,未作出真实意思表示的股东持股比例已经达到三分之一以上,则“章程更正”并未获得通过之表决比例,不成立。但若决议召集程序合法,仅是原告由于自身原因错过了表决,但表决事项违法,则“章程更正”可能属于无效。其二,公司决议纠纷折射出来的是股东与股东之间、股东与公司之间的不和睦,倘若不能尽快地将争讼的法律关系确定化,将导致公司权力机构失衡,纠纷不断、诉讼不断,公司很难全面投入到经营中去,损害的将是整个公司的利益,以及对内的股东权益,对外的交易行为的稳定性。因此,在该类案件中,本书应当允许原告提出预备合并的诉讼请求,一次性解决纠纷。

进一步而言,与案例 1 中原告一样,当事人提起诉讼的目的是要否定案涉决议的效力,但其不一定能够在起诉时准确认识到相关法律关系对应的诉讼请求的具体内容,因此,倘若原告仅是提出了案涉决议不成立或者无效“二者之一”的诉讼请求,但法院经审查认为案涉决议性质属于“二者另一”情形的,应当在诉讼中运用释明权,引导当事人就案涉决议性质进行充分的举证与抗辩,并在此基础上,一次性

---

① 参见张永泉:《民事之诉合并研究》,北京大学出版社 2009 年版,第 29 页。

解决纠纷。需要说明的是,法官或当事人可能存在"所判非所请""超出诉讼请求进行裁判"之疑惑,但是,一方面,我国决议效力之诉本身就包含成立与效力两种情形,当原告提出针对决议的否定性诉讼请求时,实际暗含了上述两种可能。另一方面,法院正确行使释明权,再次使原告的诉讼请求明确为预备合并型诉请,不存在超裁的问题。因此,案例2体现的审理及裁判方式,更加符合司法审判规律与我国社会经济交往预期,属于本书应当提倡的能动司法范畴。

四、本章观点集成

1. 公司决议效力之诉中,适格主体的判定标准是什么?

有观点认为,公司决议之诉应当以公司股东为诉讼当事人,如当事人已经将自己持有的股权予以转让,便不再具有股东身份,因此,其不是适格原告。

也有观点认为,应当采"决议作出时"和"起诉时"的双重标准审查当事人的股东身份,缺少任一要素,均不是适格原告。

还有观点认为,不论起诉时当事人是否具有股东身份,只要决议涉及其利益,均可以起诉。

本书初步意见认为,公司决议纠纷分为决议成立与否、决议效力以及决议撤销之诉三种类型。相关司法解释已经直接回答了撤销之诉的股东资格的判定标准,但是对成立与效力两种类型,却并未提及。本书认为,《公司法》赋予股东提出公司决议撤销之诉的权利,系为了矫正因决议存在瑕疵而损及公司整体利益,并进而影响到股东的个人利益的情况。股东具有诉的利益,故主体当然适格。由此可推知,无论是撤销公司决议的形成之诉,还是确认决议是否成立、是否无效的确认之诉,均系将争讼的法律关系予以安定。无论是决议作出时的股东,还是诉讼时因为转让、继承等变更为公司的股东,均具有诉之利益,应当成为适格原告。同理,在诉讼时,已经不具备公司股东身份的前股东,不是适格原告。但是,如公司决议内容涉及股东资格问题,甚至直接以公司决议的方式剥夺股东资格,该决议直接损害了该股东的利益,即便此时当事人不是公司股东,也是适格原告。

2. 公司决议之诉的被告如何确定?

有观点认为,应当依据司法解释的规定处理,即原告请求确认股东会或者股东大会、董事会决议不成立、无效或者撤销决议的案件,应当列公司为被告。对决议涉及的其他利害关系人,可以依法列为第三人。一审法庭辩论终结前,其他有原告资格的人以相同的诉讼请求申请参加前款规定诉讼的,可以列为共同原告。

也有观点认为,依据司法解释的规定处理是正确的,但是诉讼中还应强化证据审查。

本书初步意见认为,如果当事人签订的协议属于合同,那么其他股东是被告;如果协议性质是公司决议,那么公司是被告。司法实践中要注意的是,应结合协议内容对协议性质作实质判断,而不论案涉文件名称为何,因为文件名称的拟定与当事人的法律素养有很大关系。同时在该类型案件中,还要注意甄别虚假诉讼。

3. 公司决议之诉中除了公司之外,其他股东地位如何确定?

有观点认为,如果其他股东反对原告的诉讼主张,则应与公司列为共同被告,且在该类纠纷中,应当将所有其他不积极参与诉讼的股东列为第三人。

有观点认为,应当具体问题具体分析。

本书初步意见认为,要区分不同情形确定:(1)其他股东如果支持原告,在一审辩论终结前,可以申请以共同原告的身份参与诉讼;(2)其他股东如果反对原告,则应以利害关系第三人身份参与诉讼;(3)其他股东不积极参加诉讼的,由其自行决定是否以第三人身份参与诉讼。

4. 原告请求确认公司决议有效的诉讼,法院是否应当受理?

有观点认为,法院应当受理。理由是法律未禁止的视为允许,且股东在权利受到损害时,有权自行选择诉讼方式。

也有观点认为,法院不应当受理。理由是确认决议有效之诉的原告即便获得胜诉判决,也需另行提起给付之诉才能使自身权利得到充分的实现,由此,若允许提起确认之诉实属司法资源的浪费。

本书初步意见认为,应当受理。原因在于决议行为在公司内部存在多层次利益链条,第一层次是股东与公司之间的关系,第二层次是股东与其他股东之间的关系。所以,即使原告股东与被告公司均认可决议效力,也并不代表该决议处于安定的、无争议的状态。从诉的利益角度出发,确认公司决议效力有效之诉,可以将公司内部无法自洽的法律关系得以明确,从而使公司的治理架构得以明晰,以高效的方式维护经济社会中的交易安全及股东的合法权益。